南京师范大学历史文博学院 编

陟彼南山

汤惠生教授
七秩荣庆论文集

上海古籍出版社

图书在版编目(CIP)数据

陟彼南山：汤惠生教授七秩荣庆论文集 / 南京师范大学历史文博学院编. -- 上海：上海古籍出版社，2025.5. -- ISBN 978-7-5732-1616-8

Ⅰ. K85-53

中国国家版本馆CIP数据核字第2025T0T499号

陟彼南山——汤惠生教授七秩荣庆论文集

南京师范大学历史文博学院　编

上海古籍出版社出版发行

(上海市闵行区号景路159弄1-5号A座5F　邮政编码201101)

(1) 网址：www.guji.com.cn

(2) E-mail：guji1@guji.com.cn

(3) 易文网网址：www.ewen.co

上海中华印刷有限公司印刷

开本787×1092　1/16　印张22　插页13　字数429,000

2025年5月第1版　2025年5月第1次印刷

ISBN 978-7-5732-1616-8

K·3868　定价：128.00元

如有质量问题，请与承印公司联系

汤惠生，1955年生于重庆。曾任青海考古研究所副所长、南京师范大学社会发展学院副院长。现为河北师范大学历史文化学院考古系教授、国际岩画断代中心主任。主要学术社团任职：联合国教科文组织国际遗址遗迹理事会岩画委员会执委，《岩画研究》编辑，美国北卡罗来纳州立大学、巴基斯坦白沙瓦大学等学校兼职教授。目前发表论文200余篇，出版著作20余部。

1982年作为考古专业学生参观河南南阳

1983年6月毕业照

1983年冬与父亲汤钟琰教授于青海师范大学图书馆

1984年与父亲汤钟琰、母亲刘联珍及侄女汤珍妮于青海师范大学家中

1987年10月与青海师范大学外教 Wendy Walsh 等人在一起

1991年于贺兰山太阳神岩画处

1992年春与父亲汤钟琰教授于河北师范大学家属院

1992年11月于意大利西西里岛

1996年与作家杨志军于青海

1997年在青海文物考古研究所为时任国家文物局局长张文彬（左一）讲解马家窑彩陶

2002年10月于重庆万州武陵镇胡家坝遗址给学生上课

2002年10月于重庆万州武陵镇胡家坝遗址与学生在一起

2010年4月与焦南峰（右）和张在明（左）考察五尺道

2011 年于美国北卡州立大学校园

2011 年与李峰教授于纽约街头

2011年在美国北卡州立大学做讲座

2014年6月与印度岩画学者（左二）和澳大利亚岩画学者贝德纳利克（右一）
为江苏连云港将军崖岩画做微腐蚀测年

2014年12月在印度本地治里（Pondicherry）参加由印度岩画协会和本地治里大学历史系共同举办的印度岩画协会第十九届大会（在开幕式上点燃蜡烛以象征揭幕）

2015年10月与澳大利亚岩画学家贝德纳利克教授在河北师范大学

2016年与妻子杨永芳于墨尔本海滩

2017年在蒙古乌兰巴托参加中蒙俄三国岩画会议

2017年与李永宪教授在西伯利亚阿巴坎的列宁流放地

2018年4月在巴基斯坦的乔利斯坦考察 Kudwsla Thar 哈拉帕文化遗址时与当地的特警队

2018年与意大利岩画学者阿纳蒂教授（左三）、法国岩画学者让.克劳迪教授（左二）等人于意大利

2019年1月与中国考古队在巴基斯坦 Jang Bahatar 遗址

2019年与霍巍教授（左一）和李永宪教授（右一）于西藏日土

2020年8月与王子今教授（中间）和乌云毕力格教授（右一）在青海同德县文化局

2020 年 10 月在青海湖调查岩画

2023 年 10 月于美国葛兰峡谷国家风景区内的下羚羊峡谷国家公园

2024年10月于宾夕法尼亚大学校园中的本杰明·富兰克林铜雕像旁

2024年12月24日在南京和学生们庆祝七十岁生日

欲不欲，学不学
——七十自述（代序）

六十述志，七十抒怀，都是退休以后才做的事情，无非是"瞻前顾后"的人生体悟。吴世昌的《七十自述》说："读书常不寐，嫉恶终难改。"这是一种平和的自矜与总结。俞伟超先生的《六十述志》，说六十之后才悟得古今一体的道理，谓此乃古今真谛，这是学者的感悟，最后悟得大道。汪曾祺在《七十书怀出律不改》中说"假我十年闲粥饭，未知留得几囊诗"，仍在"瞻前"，是不待扬鞭自奋蹄的老牛。不过学者中可能清代朴学大师赵翼的七十自述最励志，既瞻前也顾后："少年意气慕千秋，拟作人间第一流……若果轮回有来世，誓从髫龀便勤修。"他已经是冠绝一时的大学者了，但犹不自足，说这般狠话，他人何以活？！真是学问越大越努力。先父也是学者，但算是比较颓废的。从青海师范学院退休后返聘到河北师大，古稀之年也做七十述怀，写诗一首："梦里西陲廿七年，觉来已是燕山边。秉烛夜课犹恨晚，不颂板桥糊涂篇。"虽然夜课恨晚，但精神上仍属积极向上。

虽然上述几例略有区别，但他们全部基于儒家入世精神的世界观和人生观，在价值体系基本上都是一致的。个人的修身正心关涉国家大事，关涉治国平天下，所以即便老了，生命的态度仍需端正，进取精神丝毫不能懈怠。生命就是一种知识的积累，活着就是一个学习的过程。在中国传统的知识体系中，"格物致知，知行合一"和"经世致用"，这是我们千百年来的认知传统：知识是为了使用，为了大用。中国知识分子的读书学习并非个人行为，作为读书人正如《礼记·大学》中所说：格物、致知、正心、诚意、修身、齐家、治国、平天下。或如横渠先生张载所谓："为天地立心，为生民立命，为往圣继绝学，为万世开太平。"

特别是后面这个思想，几乎被历代统治阶级所重用和强调。今天亦然："寻找大智慧，考古以决今"（北京大学考古文博学院2018年开学典礼教师代表致辞）、"虽然并非考古人都要去安邦治国，但考古给我们稽古揆今的便利，以历史的事实经验，判断分析现实中遇到的问题"（西北大学2018年考古新生开学典礼上的讲话）。知识分子的个人学习显然不由个人的好恶所决定，而是与一个事先预设好的目标和标准相契合，要达到这个目标和标准，读书才有用，否则无用。也就是说，书本身的价值（科学的、迷信的、宗教的、政治的等）不重要，重要的是这些书的内容和我们预设好的目标和标准相符合才行！换句话说，读书不是个人的爱好，而是社会或国家的使命。

"书中自有黄金屋，书中自有颜如玉"，读书致仕就是一个功利主义最为典型的代表。无怪乎学生们在读书时那些"最有用"的专业（也就是理科喽）往往是上选，这不能怪学生，也不能怪政府，因为我们有几千年的传统，我们一直就是以功利思想为主导的实用主义社会。我们读书只是为了求学，这个学是预设好的为了统治阶级利益服务的知识体系，从汉代董仲舒"罢黜百家，独尊儒术"，到宋代将十三经作为国家的知识体系，到今天知识为政治服务，这是一个延续几千年的传统，至今丝毫没有走样。

亚里士多德认为，求知只是人的本性，是借以区别于动物的手段，而不是为了使用。我经常被学生问道：考古有什么用？我无言以对，因为技术是针对解决生活实践中某一特定问题的技能，但科学并非要解决任何具体问题，而是思考解决问题的方略。按古希腊人的说法，科学是用来满足人类的精神需求，而不是在生活中实用的。换句话说，对于科学，你若不感兴趣就没用，感兴趣就有用。以有用或无用的实用主义来评判和衡量一门学科，这是对科学的世俗理解，在实用主义眼中，学术远不如技术。在没有宗教的社会里，实用主义必定盛行；没有了精神信仰，物质崇拜与功利思想必将大行其道。

西方的哲学和知识体系所追求的是以逻辑上有效为基础、以事实判断为根据的"知"，而不是中国人所谓的"世界观""人生观"之类的东西。中国是以价值判断为前提，西方是以事实和逻辑判断为基础；中国以"用"（人生的解脱、生活的艺术、生产指导等）为宗旨；西方则求"真"（普遍、客观、绝对等），但未必有用。中国学术是实践性的人生观、价值观或世界观学说，而西方学术则是一种思辨性、认知性的学术；中国学术以提供解决现实问题的指导方案为目的，西方学术以求得关于世界的认知为宗旨；中国学术发挥的主要是信仰作用，而西方学术发挥的往往是知识作用。那么现在我们就可以回答另一个问题了，即中国为什么没有宗教。中国古代学术的主体成分（儒、释、道）使用的是宗教思维，扮演的就是宗教角色，所以无需另外单独的宗教了；西方学术运用的"辩证"是科学的思维方式，强调的是"真"与"知"，而无法回答生死和价值观问题，故而需要另外单独的宗教。

"科学"不是表示进步和合理的形容词，而是名词，指发源于古希腊的人类认识，大千世界中一整套思辨的理论和方法。亚里士多德在他的《形而上学》（*Metaphysics*）这部重要著作的第一卷中就区分了经验、技艺和科学。开篇第一句："求知是所有人的本性。我们乐于使用我们的感觉就是一个说明；即使并无实用，人们总是喜好感觉，而在诸感觉中，尤重视觉。"(All men by nature desire to know. An indication of this the delight we take in our senses; for even apart from their usefulness they are loved for themselves; and above others the sense of sight)他把"知"的问题摆在了最为突出的地位。他认为，低等动物有感觉，高等动物除了感觉还有记忆。从记忆中可以生成经验，从经验中可以造就技艺。技艺高于经验，故技艺者比经验者更有智慧、懂得更多。但是技艺还不是最高的"知"，最高的"知"（episteme）是"科学"。多数技艺只是为了生活之必需，还不是最高的知，只有那些为了消磨时间、既不提供快乐也不以满足日常必需为目的的技艺体系，才是科学，也就是说，只有那些上升到理论知识的经验和技术才能成为科学。亚里士多德表明，理论知识与经验知识的不同就在于，理论知识研究事物的"原因"和"本原"，而经验知识只是为了运用和实践。

很明显，这个上升到理论的过程是一个从个别到一般的抽象过程，脱离了个案，与实用无关的究其原因和原理的思辨过程。亚里士多德将这种思辨又称为辩证过程，即正反两方一问一答或一驳一辩的论证过程，所以英语"dialectics"（辩证）一词的词根就是语言、对话的意思，而不同于现在我们用于表述马克思唯物主义之"辩证"。亚里士多德，包括苏格拉底等人认为只有在这种循环往复的一问一答（辩证）的诘问质疑中，才能将事物之理穷尽，才能获得一个圆满的答案，这就是"真知"。苏格拉底认为假如我们是为了"使用"和"有用"去"辩证"一个问题，这种"用"会局限这种一问一答不断的诘问质疑（辩证），因为"用"是存在的，而这种一问一答不断的诘问质疑（辩证）要满足的是逻辑，也就是不再有矛盾才算"真知"，这也就是亚里士多德后来所说的"关于事物的原因与原理的知识"，简单地说是"思辨的智慧"。正如笛卡尔所说：只有我们的知识像几何学那样，从个别绝对正确的、逻辑上牢不可破的、人人不得不接受的公理出发，人类才能建立起真正的知识。所以两千多年来西方的学术是在"辩证"主宰下视"方法优先于结论"的读书方式和传统，这个传统一直超然于社会、政治及经济现实而存在。苏格拉底用生命诠释了这一点：苏格拉底因主张无神论和言论自由，当局给他开出两个选择：要么放弃自己的学说，要么死。苏格拉底选择了死亡，因为结论（生命）不重要，方法（言论）才重要。

雅典哲学家们的辩证，即一问一答的思辨论证，完全出自兴趣与好奇，没有任何功利的实用，此称之为科学，这是打开科学之门的正确姿势。所以亚里士多德最后对科学定性说：人出于本性的求知是为知而知、为智慧而求智慧的思辨活动，不服从任何物质利益和外在目的，因此是最自由的学问。人的本性在于求知，跟任何物质利益和外在目的无关，超越任何功利的考虑、为科学而科学、为知识而知识，这就是希腊科学的精神与定义。

基于传统，我的七十述志似乎也该从正面表达一下要做什么，可事实上我更愿意表达我不想做什么,即"君子有所不为"。无论在传统的还是现代的中国社会,要做到"有所不为"远比"有所为"要难得多。但是作为一个东方人,也许我们完全可以扬弃古希腊对于科学的定义与精神,因为我们还有另一套与儒家入世精神完全相反的老庄哲学。虽然"无用"和"无为"等概念是老庄哲学的核心,但老子的"无用"和"无为"实际上也是一种"用"和"为"。"无为"是为了"无不为";"无用"是为了"无之以为用",一种更强化的利用。《道德经》云:"埏埴以为器,当其无,有器之用。凿户牖以为室,当其无,有室之用。"在这里,"无为"和"无用"是一种增量,而我更倾向于老子"见素抱朴,少私寡欲"的主张,这是一种减量。

其实生命的过程就是一个减量的过程,是一个走向死亡的过程,可以有积极的态度和积极的作为,但不必赋予太多积极的意义。宋代以前唐人的态度更生活,更市井,更接地气,杜甫说:"酒债寻常行处有,人生七十古来稀。"已经是古来稀了,夫复何求?

虽然书还是要读的,也要学习,但不是为了用。这个集子的名字叫《陟彼南山》,当然一方面是鼓励,"扳援陟崔嵬",可以正解;不过也可以有一个 alternative 的解释,即一种期颐之望。若是,可不可以此时驻足眺望一下,然后下山?虽风景依然,但心情焕然:欲不欲,学不学,思之无涯,心灵无羁绊;策杖徐步,衣大布而补之,烟雨入江南;今日访于濠,明日钓于濮,享得鱼忘筌之乐。此七十之志也。

汤惠生
2025 年 1 月

目　录

欲不欲，学不学——七十自述（代序）……………………………汤惠生　1

破译"石刻史书"的先锋……………………………………………杨惠玲　1
岩石上的思想：作为认知考古学重要领域的岩画研究……………徐　峰　6
从蹲踞式人形岩画看广西和云南地区的古代文化联系……肖　波　车　静　19
广西崇左猫形彩绘岩画的发现与研究………………………………李　曼　33
岩画的三维数字化保护与利用——以将军崖岩画为例……………殷　洁　53
漫谈中国早期文明中的贝…………………………………………陈声波　62
临海市博物馆藏清康熙款彩屏风探析……………………………滕雪慧　67
从《临泽晋简》再看西晋"占田课田制"研究中的几个问题………杨国誉　80
有翼兽飞翼造型的跨文化演变——从美索不达米亚到中国………俞方洁　89
细木之光：明清苏作家具产生与发展的历史考察…………………张　丹　104
"操作链"与史前技术的认知过程：法国史前民族学家
　　勒鲁瓦—古朗思想的再解读………………………………许卢峰　120
魂瓶所见中古早期中国人丧葬观与地理想象………………………赵　诣　130
无锡出土明代丝织品保护修复及研究……………………………李一全　151
1917年京师书画展览会…………………………………………叶公平　165
消失的石刻：黄宾虹的访碑图……………………………………叶康宁　174
仙山与祝寿………………………………………………………姜永帅　193
芝兰之交——文徵明《湘君湘夫人图》……………………………薛洁蓉　201

遗址文化改造与透物见人的探索——以杨官寨环壕与H85坑屋为例
　　　　　　　　　　　　　　　　　　　　　　　　叶　娃　陈　淳　杨利平　209
史前黄河流域与印度河流域的文化互动　　　　　　　　　　　　施兰英　227
试论欧亚草原地理环境因素与早期农业发展的困境
　　——以俄罗斯南乌拉尔地区为例　　　　　　　　　　　　　吴传仁　240
"两创"视域下非遗类展览宏大叙事的构建　　　　　　　　　　　马海真　250
考古微信公众号传播研究——以"南京考古"为例　　　　　　　黄芝林　258
概念史视角下的"萨满""萨满教"与"萨满教考古学"　　　　　　石宇轩　268
殷墟、良渚与施昕更　　　　　　　　　　　　　　　　　　　　夏　勇　286
A VERY PRODUCTIVE FRIENDSHIP　　　　　　　　ROBERT G. BEDNARIK　297
PROF TANG HUISHENG AS I KNOW HIM　　　　　　　　GIRIRAJ KUMAR　314
岩画：从青藏高原到印度河上游　　　　　　　　　　　　　　　李永宪　317
考古是一种令人羡慕的生活方式——汤惠生老师的考古随笔印象　徐　峰　324
快乐的"舞铲阶级"——三峡考古往事　　　　　　　　　　　　董　磊　328

附录：汤惠生教授著述目录　　　　　　　　　　　　　　　　　　　　334
编后记　　　　　　　　　　　　　　　　　　　　　　　　　　　　　344

破译"石刻史书"的先锋

杨惠玲

2020年4月下旬，我于2017年申请的国家社科基金项目《中国西北地区岩画艺术史研究》终于顺利结项！结项后研究成果即可付梓出版，经过一番忙碌，出版方面事宜均已告妥，西北大学的罗丰教授也拨冗为我题写了书名，万事俱备只欠序言了。想到汤惠生先生多年来一直乐于扶掖后进，犹豫再三，终于还是忝颜开口向先生索序！作为中国岩画学奠基时期最早的参与者之一，并且是其中坚持田野工作最久的学者，直到现今仍能健步如飞，从容游走于山野之间，先生于中国岩画学界不啻是一个传奇！心怀忐忑中还是幸运地等来了先生的慨然应允，遂有《左图右史 岩画百年》一文的产生。

在序言开篇，先生即发出"西北地区自古为边陲之地，戎狄荒服，'怅乔木荒凉，都是残照'！一派春风不度的朔漠连天景象，从来都是与形容词'落后'相搭配的对象。不过岩画却是个例外"这样具有穿透力和震撼力的语句！其中，既可窥见先生对当前中国岩画学蓬勃发展的欣慰之意，也饱含了先生多年勤奋笃行深深根植于西北大地，并屡创学术新高的感慨之情。

2018年9月12日，《自然》杂志网站上发表了《南非布隆伯斯洞穴发现7.3万年前的抽象绘画》的报道。该报道称，经7年潜心研究后众多科学家一致认为在南非布隆伯斯洞穴发现的那几条红线是人类历史上最早的画作[1]！这一发现再次证明了岩画时代的古老性，也从一个侧面凸显出作为史前象征体系的重要构成部分——岩画，其与生俱来的重要性。不过，"艺术在史前社会不是愉悦品和奢侈品，而是某种具有神秘威慑力的精神力量"[2]。作为镌刻的石头上的"史书"，岩画也是一种世界性的文化现象。目前全球多个地

---

[1] 尹亚利：《人类最早的画作与人类史前洞穴壁画》，《光明日报》2018年11月28日第13版。
[2] 王仁湘：《中国史前文化》，中国国际广播出版社，2011年，第152页。

区和国家发现了岩画,由于其具有能够反映人类精神世界、保护及传承历史与文化、符合一定价值标准的特性,从1979年起至今已陆续有超过50个岩画点与遗址入选《世界遗产名录》。

我国有着极其丰富的岩画资源,也是世界上最早记录岩画的国家。6世纪初郦道元的《水经注》中关于岩画的文字记载就达二十余处,涉及现在的新疆、青海、宁夏、内蒙古等地区的多个岩画点,有些在后来的考古调查中还得到了证实。但有关岩画的研究却相对起步较晚,在很长一段时间内都依附于人类学、民族学、符号学、艺术学等学科,通过借鉴(用)其方法与理论开展研究。并且彼时与国际岩画学界的交流几乎为零,甚至在1983年由国际岩画委员会提交给联合国教科文组织的《世界岩画研究概况》报告中,中国岩画竟付之阙如。直到1985年中央民族大学陈兆复教授用英语给当时的国际岩画委员会主席阿纳蒂写信介绍中国岩画,1989年青海省文物管理所汤惠生先生又在《岩画研究》(Rock Art Research)上首次用英文发表介绍我国西北地区青海岩画的文章[1],才逐渐打破了双方的隔膜状态。前辈们这些具有开拓性意义的破冰行为,引起了国际学界对于中国岩画的关注,进而有了属于中国岩画研究学者自己的声音。

虽然早期多受到西方的影响,但我国学界对于岩画研究理论的探索其实从未停歇。前后历经了从陈兆复先生的"系统论"到盖山林先生的"全方位研究论"的发展,从宋耀良先生的"文化传播说"到汤惠生先生的"二元对立思维"的开创性提出,这些学界的代表性人物孜孜以求,通过不懈地探索努力破除以往形成的西方中心论,其高远的学术抱负为中国岩画学的学科建设与发展奠定了坚实的理论基础,开拓了中国岩画学的研究视野,其成果及研究方法同样也深刻影响了中国岩画学日后的壮大及发展方向。

1992年底,先生远赴欧洲游学,师从意大利著名史前艺术学家、世界岩画界泰斗阿纳蒂教授。纵观先生日后的研究,旅居意大利梵尔卡莫尼卡山谷的这一年对先生后期的学术观点似多有影响。游学期间,先生大量接触世界范围内的岩画资料,给予他特别的学术积累,使其以兼顾中外的眼光重写了之前已完成的《青海岩画》一书,前后历经十年之久,可谓"十年磨一剑"。2001年该书出版后,叶舒宪先生称赞这是一部足以使专业工作者和一般读者都会感到振奋的学术著作,真正做到了考古学的实证性"硬科学"与阐释学的人文性"软科学"的相互结合和与相互补充[2],日后亦成为从事岩画研究人员的必读之书。因为属科班出身,先生曾接受过考古学的系统培训,从西北大学毕业后从事的又都是

---

[1] 编者注:《岩画研究》(Rock Art Research)是国际岩画组织联合会(International Federation of Rock Art Organization,简称IFRAO)的会刊。
[2] 叶舒宪:《序二》,《青海岩画——史前艺术中二元对立思维及其观念的研究》,科学出版社,2001年,第iv页。

考古发掘和岩画研究这类的工作，长年下来积累了丰富的经验。加之自身兴趣广泛，博览群书，学术功底深厚的他在萨满教、图腾、原始宗教、彩陶纹饰，特别是岩画等方面的研究中屡有独到见解。尤其是他所提出的"二元对立思维"在国内外学术界均有着广泛的影响，并在其著作《青海岩画——史前艺术中二元对立思维及其观念的研究》中，加以实证阐述，采用了跨文化的阐述方法完整地加以诠释，在学术造诣上达到了相当的高度。此书名为一本系统介绍并研究青海岩画的优秀学术著作，实则也是先生多年对岩画学具体研究方法和路径层面上诸多探索后的集萃之作，其睿智的学术思想、活跃的理性思维以及学科融合的观念都在这部著作中得以充分展现。

此外，汤惠生先生还发表了多篇论文，闳中肆外，影响深远。其中1996年所发表的《原始艺术中的"蹲踞式人形"研究》，就是一篇极具标志性与总结性意义的学术前瞻性长文，为我国岩画研究提供了极具启发性的思路。在文中，他以国际化的视野、全球性的角度，对彩陶和岩画中的"蹲踞式人形"的分布与文化象征进行了深入阐释，引发了学界关于"蹲踞式人形"岩画的热议，一时间掀起了一股研究高潮，受其影响，很多年轻的研究者也加入讨论中，从书斋走向田野，先后有多篇有关"蹲踞式人形"岩画的文章或著作面世，无形中推动了广西花山岩画研究的深化。2016年7月，以"蹲踞式人形"为表现主题的广西左江花山岩画文化景观成功列入《世界遗产名录》，从中亦可见先生的学术敏感性及广泛的社会影响力。

多年来，汤惠生先生以其严谨的治学态度与科学的研究范式、高效的工作能力让学界赞叹。他不仅是我国在《岩画研究》(Rock Art Research)上发表西北地区岩画文章的第一人，也是科学测年的积极践行者。20世纪90年代他即在国内开微腐蚀断代之先河，填补了中国岩画科学断代的空白。在他的多番努力下，又促成了后来"中国岩画断代工程"的实施。考察人员先后在江苏连云港将军崖、河南新郑具茨山和宁夏贺兰山这三个岩画的密集区开展了科学测年，其系列成果陆续发表在《岩画研究》(Rock Art Research)上，为日后全面建立起中国岩画科学断代体系奠定了坚实的数据基础。

随着"中国岩画断代工程"的深入开展，有关我国微腐蚀断代的资料也日益丰富且更趋完善，这与先生的开创之功是分不开的，也间接反映了先生不断变化的学术风格，显示了先生的治学旨趣与时代风气、个人经历息息相关。当然，也与亦师亦友的澳大利亚学者罗伯特·G.贝德纳里克的支持有关。罗伯特·G.贝德纳里克首创"岩画科学"(The Science of Rock Art)一词，主张以"国际的研究标准、全球性的岩画术语、适于操作的学术规范与体系、科学的研究方法与手段"[1]来建立研究规范，这一理念近年来在我国影响日

---

[1] 汤惠生：《岩画学科的研究范式及相关问题》，《南方文物》2014年第4期。

深。先生与罗伯特教授相识于'91国际岩画委员会年会暨宁夏国际岩画研讨会,他们一见如故,自此在岩画断代、研究层面上一直保持着密切交流,双方的交往跨越了三十余年的时光。2014年6月,先生联合罗伯特教授及其他国际岩画巨擘成立了"国际岩画断代中心"(International Center of Rock Art Dating,简称ICRAD)。此举既是为了满足在中国开展岩画科学测年的需要,也希望以此为基础逐步建立起一个能涵盖所有岩画直接断代工作及结果的综合数据库,为我国岩画研究逐步向科学化方向发展持续发挥引领作用。

2020年12月28日,先生在《中国社会科学报》发表了《探寻人类精神文明起源》一文,对我国金沙江流域岩画的重要性给予了高度肯定,认为"东南亚和中国不仅存在旧石器时代晚期的艺术品(包括岩画),而且可能是世界艺术和象征思维的发源地"[1]。此话并非空穴来风,而是先生多年的田野探查和潜心研究的结晶。20世纪80年代后,受新考古学的影响,岩画学也渐次引入了多种自然科学的测试方法尝试直接断代,这为众多的研究者提供了多元化的观察视角和思维启发。1997年,先生率先在青海省海西地区的6个岩画点运用微腐蚀断代法对其进行科学测年,对比之前运用的综合比较法获取的结果,二者基本相同,进一步验证了微腐蚀断代法的可行性。2007年,澳大利亚格里菲斯大学的奥伯特(M.Aubert)等人先后对东帝汶的动物岩画及苏拉威西岛的动物和手印岩画进行了铀系测年,其数据分别是距今两万、四万年之久。一举打破了"艺术和精神文明起源的欧洲中心论",意义非凡。先生基于他们2017年调查时在金沙江发现的大规模彩绘岩画,结合最新的铀系测年数据,根据南岛语扩散的人类学理论,进而提出"更古老的源头很可能在我国的云南"这一振聋发聩的观点。当然,先生也清醒意识到"研究这种全球范围的人类迁徙和文化传播,仅有人文的理论研究是不够的,在目前的高科技时代还需要各种科学数据的佐证和支持"[2]。

2015年,恰逢中国岩画学发展一百周年之际,先生特撰写了《中国岩画研究的世纪回顾》一文,着重探讨岩画研究的范式,并将中国学界所熟知的阿纳蒂和贝德纳里克两位学者,分别比作西方的宋学传统和汉学传统并加以评述。这两位与先生均为蹑学术前贤而深得其精髓者,先生还曾受业于阿纳蒂教授,熟知其理论观点,又与罗伯特·G.贝德纳里克教授相交甚笃,多有合作,由他来评述两位前辈无疑是最合适的,所作出的评价也是中肯的。但最重要的是先生自己也通过实践走出了将考古新材料结合史籍文献,运用科学的方法,加之实地考察三者相结合的岩画研究"三(N)重证据"的新路径。

此外,先生还在文章中以刘易斯—威廉姆斯运用中程理论的实证研究南非的布须

---

[1] 汤惠生:《探寻人类精神文明起源》,《中国社会科学报》2020年12月28日第4版。
[2] 汤惠生:《探寻人类精神文明起源》,《中国社会科学报》2020年12月28日第4版。

曼桑人岩画为例，认为其研究"不仅一洗19世纪末以来岩画研究中各种形而上阐释理论的空疏和不可证伪性，同时也避免了实证主义者之于岩画研究的无助与无奈"[1]。这些评述也延续了先生一贯大力倡导的追求客观、科学、实证，反对空疏的治学理念与研究模式的严谨作风。刘易斯—威廉姆斯的学说被称为"新萨满教"或"新萨满主义"（Neo-Shamanism），其研究成果在岩画界、考古界、人类学界、宗教学界、艺术研究领域及神经学界虽然都引起了强烈反响，但反对的声音也一直不绝于耳，甚至延伸到对整体普遍萨满教理论的反思。但汤先生认为刘易斯—威廉姆斯将岩画研究提升到一个前所未有的崭新阶段，肯定了其对于岩画研究的理论贡献。在结尾部分，还特别借用张光直先生曾对中国考古学发展所提出的"理论多元化、方法系统化、技术国际化"[2]这三点建议来展望中国岩画学的未来，认为也同样适用于中国岩画学。时隔九年，回看先生这一清醒的认识，其前瞻性依然显著。这也正是先生以卓越的学术眼光立足前沿、多年践行并一以贯之的治学理念的体现。

　　杨惠玲，宁夏文物保护中心（岩画研究中心）研究馆员，中国岩画学会副秘书长。

---

[1] 汤惠生：《岩画学科的研究范式及相关问题》，《南方文物》2014年第4期。
[2] 张光直：《从俞伟超、张忠培二先生论文谈考古理论》，《中国文物报》1994年5月8日第4版。

岩石上的思想：作为认知考古学重要领域的岩画研究

徐 峰

岩画，是岩石上的形象和物化在岩石上的语言，被喻为石头中长出来的"精灵"，是人类思想的萌芽。岩画是一种全球化现象，也是一项世界性的艺术。从学术领域来看，关于岩画的研究是一个相对小众的领域，它处于考古学和艺术学的交叉领域，尤其是在考古学研究中，岩画研究长期以来不幸处于边缘的位置，主流考古学对之着墨不多，甚至不屑为之[1]。这与岩画研究主要是作为一种认知考古学的研究有着密切的关系，而认知考古学在主流考古学界同样处在边缘位置。如此形容岩画研究和认知考古学，想必多少会打消有兴趣者的积极性，但是对于那些真正有志在这一领域耕耘的人而言，有这份自知之明，不见得是坏事，反而是一种警语，一方面提醒有志者入局需谨慎，一方面促使他们尽其所能将这块领域不断完善，尤其是在方法论层面，这不惟对岩画研究本身很有必要，对于让考古学变得更广和更全面也有益处。

肯特·弗兰纳利（Kent Flannery）已经指出，认知考古学是对古代文化中所有人类思想产物的研究，包括：观念、描述、宇宙的分类（宇宙观）、超自然的本质（宗教）；原则、哲学、道德，以及主导人类社会的价值观（意识形态）；用艺术表现的世界各个方面、超自然和人类价值观；以及所有残存在考古记录中的其他形式的智慧及象征性行为[2]。涉及人类智慧活动的四个范畴——宇宙观、宗教、意识形态和肖像学——它们可以被认为是认知考古学研究的合适课题。岩画研究同样如此。岩画是凝结了人类思想、宗教和审美的艺术品，涵盖了认知考古学的大部分课题。岩画从最初作为史前艺术被发现到被系统研究，

---

[1] Jo McDonald, Peter Veth ed. *A Companion to Rock Art*, Wiley-Blackwell, 2012, p.xxx.
[2] [美]肯特·弗兰纳利、乔伊斯·马库斯，寻婧元、陈淳译：《认知考古学》，《南方文物》2011年第2期。

人们对它的关注很大程度上是认知考古学式的[1]。当我们看到岩画,会有一连串的好奇从头脑中蹦出来,岩画的创作者们在想什么？这是典型的认知考古学的问题。某种意义上,认知考古学是始于好奇的研究。从世界范围来看,岩画被关注和研究的历史已经有逾百年的历史。当任何一项研究的发展历史积累到百年时,关于它的学术史的研究自然而然就会成为一个分支性研究涌现出来。尤其近年来,无论是考古学还是岩画研究,都出现了转向的动态,即向科学方向的转变。在此背景下,对作为认知考古学重要领域的岩画研究的若干特征进行回顾与思考,知古以鉴今,温故而知新。

一、地点：岩画在哪里

岩画是很能激发人们的思古之幽情和探古之兴趣的,首要原因是岩画多僻在荒野。1460年,旅行家皮埃尔·德·蒙福特在给他妻子的信中如此描述阿尔卑斯山莫尔维勒斯河谷："这是一个画有恶魔图像的阴府,上千个妖魔鬼怪雕刻在岩石各处。"1598年,西班牙戏剧家维加在他的喜剧《阿尔瓦公爵的白日梦》中提到偏僻的森林地带(卡塞里斯)的图解式的绘画,据说妖魔鬼怪住在那个森林里。1673年,耶稣会传教士和探险家杰克·马奎特在密西西比河上游探险的时候,在日记中记载了今天伊利诺伊州奥尔顿附近的一处山崖高处,有一些可怕的怪兽图像[2]。诸如此类的记载,传递了人类发现不同地区岩画时的神秘、恐怖、新奇等的心理。

如今,人们可以在欧亚大陆、北美、非洲和澳大利亚等全球各个角落的悬崖、岩石和洞穴中发现神秘的岩石绘画和岩刻图像。这些图像的年代远至公元前三万年,近抵现代。例如,单是北美就有超过7 500处岩石遗址。从岩画被发现的那一天起,围绕它们的思考就从未断绝,是特殊的精神关怀？还是有着实际的目的？为什么古代的岩画在很难抵达的地点——岩画可谓"在野的艺术"。为什么古代的画师深藏功与名——把他们的艺术藏在难以企及,甚至连爬行亦难入的狭窄洞穴中？很可能,特殊的地点本身就反映了特殊的认知。

众所周知,旧石器时代的岩画艺术,有不少位于洞穴之中。在法国韦泽尔峡谷附近的多尔多涅省蒙特涅克村,有著名的拉斯科洞穴。拉斯科洞穴内壁画有100多幅保存较好。其中以马最多,还有牛、驯鹿、洞熊、狼、鸟等,也有一些想象的动物和人像。这些壁画很好

---

[1] [英]保罗·G.巴恩著,郭小凌、叶梅斌译:《剑桥插图史前艺术史》,山东画报出版社,2004年,第19～45页。
[2] [英]保罗·G.巴恩著,郭小凌、叶梅斌译:《剑桥插图史前艺术史》,山东画报出版社,2004年,第19～45页。

地反映了1.5万年前穴居的原始人类生活的情景。而在西班牙坎塔布利亚自治区的桑蒂利亚纳·德耳马尔附近的阿尔塔米拉洞窟内，同样有距今17 000～11 000年的壁画。印度的皮姆贝特卡"礼堂岩洞"则发现了已知的世界上最早的岩画——一个杯状标记和一条曲线，定年可能在几十万年前。

如果有机会参观这些洞穴，相信大家都会有一个相似的疑惑：为什么艺术作品位于如此狭窄和逼仄之地。例如，在拉斯科洞穴中，一处汇集猫类动物、马、鹿和其他动物样本的点紧贴地面，人们必须躺下翻身才能看到这些图像。进入一个深洞穴就是离开日常生活的世界，越过它的门槛，就跨进了一个未知的世界。这种认识并不夸张。有的学者将承载这些图像的岩石表面视为神圣的领域。穴壁或岩石不一定是绘画的画布，它们可能是将物质世界和精神世界分隔开来的一层幔帐或薄膜。在那样的社会，特别是在洞穴深处，图像的力量是不可等闲视之的[1]。

很多岩画所在的地点表明，岩画创作者们选择在这里刻凿／绘制岩画和宇宙观有关。在涂尔干（Emile Durkheim）、伊利亚德（Mircea Eliade）等人的认知模式中，世界可以被分为神圣和世俗两个部分[2]。这种二分的空间分类在世界文化中具有普遍性。这种宇宙观会将一些森林视作宇宙中适宜的，如必要的话甚至视作神圣的组成部分。希腊人就视自然环境为诸神活动的领域，因为诸神在旷野中安家，所以存在一种将一块丛林开辟为圣地的广泛实践[3]。

如果对这种宇宙观有所了解，一定程度上会帮助我们理解岩画。在有些岩棚处，先民构建起一处小型的圣所。例如，印度恰蒂斯加尔邦北部的乌沙科提1号点是一处非常重要的遗址，岩石上图像很多。它们大多呈几何形状，内部纹饰复杂多变。直到今天，乌沙科提1号点对当地部落仍然重要，香火很旺。他们世世代代都在那里举行仪式。岩棚处有近期烧火的痕迹和现代沉积物。有理由相信在早期之时，这处岩棚就被视为神圣的地点[4]。

加州考古学家戴维·惠特利（David Wheatley）曾在加州中东部的科索山脉研究岩画。当地的岩画由所谓"努米克语族"（Numic）印第安人，也即今天的肖肖尼（Shoshone）印第安人的祖先在科索山脉雕刻，既有大约一万年前的最早的图画，也有几百年前的凿刻。这些图画中的大部分，数量在十万幅左右是在不到1 500年前制作的。其中一半画的是正被

---

[1] [美]安德烈·兹纳姆斯基著，徐峰、郭卉译：《洞中意识：当考古学遇上萨满教》，《北冰洋研究》第四辑，上海三联书店，2021年，第214页。
[2] [法]爱弥尔·涂尔干著，渠敬东、汲喆译：《宗教生活的基本形式》，商务印书馆，2015年，第48页；[罗马尼亚]米尔恰·伊利亚德著，王建光译：《神圣与世俗》，华夏出版社，2002年。
[3] [美]肯特·弗兰纳利、乔伊斯·马库斯著，寻婧元、陈淳译：《认知考古学》，《南方文物》2011年第2期。
[4] Meenakshi Dubey-Pathak, Jean Clottes, Turtles in Central Indian Rock Art, *Inora*, 2021, pp.19～31.

杀或者已经被杀的山区大角羊。也有表现的是一些男性正搭箭射向羊群。岩石面板上还有其他的图画：动物、爬行动物、搏斗场景，还有一些难以解读的"线条艺术"。惠特利研究认为，科索山脉和其他大盆地地区的历史和史前岩画大多是萨满在向神灵祈求力量，处于恍惚状态中与神对话时产生的[1]。

中国广西左江流域岩画也格外能说明岩画的创作和宇宙观有联系。据调查，从宁明到扶绥两百多千米，分布着89个岩画点，大部分集中于江河两岸。作画的崖壁，多选择宽大、平整、峻峭，基本垂直于地面或上部外突下部内凹者，在沿江两岸的崖壁画，绝大多数是选择临江一面的崖壁作画，有的崖壁底部直接与江水相接[2]。汪宁生曾说："更可能的是人们对该地点存在某种特殊的信仰。如澳大利亚崖画中神的形象Wondjinas就多画在水源附近的岩壁上，动物形象则画在该动物灵魂所居的岩石上。"[3]

江苏连云港锦屏山将军崖下，有一块光滑坡缓、略为隆起的小山丘。其正中原来平放着三块不规则的天然岩石。三组岩画围绕着这三块大石。岩画的内容包括了人面像、农作物、兽面纹、太阳、月亮等各种符号。将军崖岩画是青铜时代的作品。

选择在什么地点刻凿岩画是有认知选择的，很大程度上寄托了早期先民的精神需求。

二、图像：它们是什么

当孩童面对一张白纸，他（她）会画什么？当非职业或职业的艺术家面对不同的媒材，他（她）们会表现什么？搞艺术的人常说，笔墨随时代而变。我们已经在旧石器时代的艺术中看到了野牛，也看到过人的手印。显然，他们已经具备了创造图像的能力。这是一种视觉艺术的诞生，同时也是一种心理进化的反应，是一种从彼时便开始存在的文化模式[4]。

正如众多岩画艺术所反映的，在欧洲，一些洞穴壁画被认为是旧石器时代中期尼安德特人的作品。早期的图形表达有像手印一样的标记、符号等。我们不知道制作者到底是尼安德特人还是早期的智人，但无论如何，只要是有意绘制的图像，都是一种有能力制作图像的思维的表达[5]。

---

[1] [美]安德烈·兹纳姆斯基著，徐峰、郭卉译：《洞中意识：当考古学遇上萨满教》，《北冰洋研究》第四辑，上海三联书店，2021年，第216页。
[2] 覃圣敏等：《广西左江流域崖壁画考察与研究》，广西民族出版社，1987年，第21页。
[3] 汪宁生：《云南沧源崖画的发现与研究》，文物出版社，1985年。
[4] Emmanuel Anati, Introduction, *Expression* 41, 2023, pp.3～4.
[5] Emmanuel Anati, Introduction, *Expression* 41, 2023, p.3.

简单的非画像符号标记在旧石器时代早期即已出现,并持续发展到旧石器时代中期。在一个巨大的时间跨度内,它们似乎经历了一些变化,朝着越来越复杂的方向发展,但它们的范围仍然非常一致:平行线、相交线、放射状图案、之字形或弯曲形、圆点图案、格子、圆圈。它们在旧大陆的广泛分布表明了一种近乎全球的认知传统,也即是可能在早期智人群体普遍存在的一种传统[1]。

不同时代的不同图像能够反映的认知能力和精神文化内涵显然有很大差别。先民认知能力的进化跃变会随着他们表现的图形的特征、组合、叙事反映出来。在反映早期艺术和认知的证据中,有一把年代悠久的手斧格外有说服力。1911年英国诺福克的西托福茨发现了一把手斧,长约13厘米。它的制作颇为细心,为的是在它的中央保存一块海菊蛤的化石贝壳,意味着当时存在一种敏锐的审美感觉。这把似乎是画蛇添足的工具,在匀称的形状上用了相当多的心思,使它远远超出了敲击和砍砸功能的需要[2]。

不同的自然环境和时代背景中有着各色各样的岩画图像,包括了各种动物形象、人形象、混合图像,不可尽数。其中有些形象一目了然,含义也比较显明。也有些则含混不清,为有兴趣研究的学者提供了智力探索的平台。自世界各地的岩画被不断发现以来,针对它们的解读就从未停歇过。这个探索的过程正是一项进入岩画创作者们精神世界的旅程。

三、解读:他们在想什么

这些不同时代不同地区的岩画图像都曾有过丰富多样被解读的历史。要将每一类图像的解读面面俱到是不可能的任务。我们在此重点梳理和评议几种岩画阐释方面的学说。这些学说有如进退有序的潮水,在岩画研究的历史上曾留下了或深或浅的印迹,既名噪一时,又很快时过境迁。

在岩画解读历史上,较早出现的是"为艺术而艺术"的观点。比如拉斯科岩洞中公牛的绘画方式、精准的轮廓线、所具有的"野兽派"风格令毕加索也叹为观止。这类洞穴艺术的艺术水准是毋庸置疑的。不过这种"为艺术而艺术"的观点很快就被人们放弃,阿尔塔米拉、拉斯科、贝佐梅尔等岩洞都有许多岩画的位置不便欣赏。狭窄的凹角和裂隙甚至对于当时的"艺术家"来说也很难到达,更别说想欣赏作品的人了。

---

[1] Robert G.Bednarik, The Earliest Evidence of Palaeoart, *Rock Art Research*, Vol.20, No.2, 2003, pp.89~135.
[2] [英]保罗·G.巴恩著,郭小凌、叶梅斌译:《剑桥插图史前艺术史》,山东画报出版社,2004年,第98页。

接着是"狩猎巫术（hunting magic）"的登场。被称为"史前史的教皇"的步日耶（Abbe Henri Breuil）主要是根据狩猎巫术、生殖巫术的简单化概念来观察旧石器时代的艺术。简单来说，史前艺术家绘制动物形象具有一种神奇的魔力，可以为狩猎活动带来好运。看来，这些图像具有一种丰产性（fertility）。同意"狩猎巫术"的学者们认为，如果古人在岩石上绘或刻凿动物和人的图像，说明他们想对人和动物采取行动。例如，一头野牛或一群野牛被箭刺伤的图像可能意味着人们希望以一种仪式的手段来确保狩猎成功。在另一些情形中，倘若图像中描绘的是食肉动物，如狮子和熊，学者们则猜测这是要毁灭这些动物的巫术企图——黑巫术（the destruction magic）。20世纪初，现代人类学之父之一的詹姆斯·弗雷泽（James Frazer）爵士很好地阐述了这一观点。在反思欧洲旧石器时代洞穴岩画的意义时，他写道，这些图画代表了古代猎人为了让他们将要获得的猎物数量翻倍而做出的象征性努力[1]。

应当承认，狩猎巫术学说直至今日仍然具有解释的效力，或者说它不失为一种能够让人接受的解释。最新在印度尼西亚苏拉威西岛上发现的距今至少4.4万年的一组洞穴壁画再次涉及了这个学说。该幅壁画发现于一个灰岩洞穴后部的洞壁上，在4.5米宽的范围内用单色勾画了至少6个动物形象，可辨识出疣猪和倭水牛，这两类动物在该地区目前仍然生存着。在这些动物的旁边出现至少8个可辨识的"兽人"（therianthrope）形象，绘制简约，与动物造型相比纤细、渺小，既有人的形态又有动物特点，包括长而突甚至呈鸟喙状的吻部。有的"半人"持握细长物件，像是长矛或绳子。这幅壁画展现了古老的人类狩猎场景，显示了人类与动物的复杂关系，折射出当时人类的认知与表现力[2]。

如果说各式各样的动物可以从狩猎的角度去认识。那么岩画中还有大量的抽象图形呢？一些岩画学者从抽象的图形中敏锐地看到了结构。20世纪五六十年代，结构主义思潮盛行。法国著名考古学家雷诺埃·古尔汉（André Leroi-Gouran）将精神分析和结构主义结合起来，他在岩画形象中看到了有序的配对，且认为欧洲洞穴绘画涉及性的象征，可以分为"雄性"和"雌性"形象，这两种形象既对立又互补。对他而言，很难归类的笔直的几何线象征着阳具，而卵形和长方形则代表了外阴。出于某种原因，雷诺埃·古尔汉还推测，对于远古的人而言，野牛是雌性的象征，而马则被视为阳性的[3]。古尔汉的结构主义分析吸引了若干学者。克里斯·提利（Christopher Tilley）将瑞典南部那姆福森地区的青铜时代岩画中最常见的六种符号分为两组。第一组为野鹿、鱼、鸟，与自然界有关；第二组

---

[1] [美]安德烈·兹纳姆斯基著，徐峰、郭卉译：《洞中意识：当考古学遇上萨满教》，《北冰洋研究》第四辑，上海三联书店，2021年，第198页。
[2] Maxime Aubert, et al. Earliest Hunting Scene in Prehistoric Art, *Nature*, Vol. 576, 2019, pp.442～445.
[3] Leroi-Gourhan, *The Art of Prehistoric Man in Western Europe*. Thames & Hudson, 1968.

为鞋、船只、工具,与人类文化有关。自然符号中,野鹿与陆地有关,鱼则与水有关。文化符号中也包括与水有关的船只及与陆地有关的鞋。最常见的两种符号是野鹿和船只。提利观察发现,野鹿大多无角,可能是雌性。然而船只多饰有鹿头,提利认为象征雄性。所以野鹿与船只本质上象征着男性与女性结构。总之,那姆福森岩画母题代表着这样的二元结构:野鹿/船只、陆地/水、自然/文化,以及男性/女性[1]。古尔汉的结构分析当然也有不少被诟病之处。如人为因素较强,孤立地分析了洞穴符号等[2]。

继狩猎巫术和结构主义分析之后,最富影响力的岩画解释是萨满教学说。萨满教学说曾经在岩画图像的阐释上发挥过重要作用。不只是岩画,在认知考古学其他领域,萨满教学说也起过重要作用。

自20世纪80年代以来,萨满教学说作为一抹亮色出现在认知考古学领域。米尔恰·伊利亚德(Mircea Eliade)[3]、彼得·T.弗斯特(Peter T. Furst)[4]、张光直[5]都在萨满教领域卓有成绩。他们的研究也吸引了不少拥趸。在将岩画与萨满教联系起来这一问题上,20世纪60年代的德国学者安德烈斯·劳梅尔(Andreas Lommel)首发其端。劳梅尔复制了伊利亚德研究萨满教的方法,确认古代和现代部落人群艺术中普遍存在的萨满教特点。尤其是,他拣选出四个主题:人与动物的形象、杂交生物、人或兽搏斗的形象,以及所谓"X射线"风格绘画。从而,劳梅尔指出,在他们的降神仪式中,西伯利亚萨满经常将自己变成动物,他认为,在欧洲旧石器时代的绘画中,伪装成动物的人是萨满。劳梅尔用来自法国的"三兄弟洞窟"(Cave of Les Trois Freres)中著名的人—兽混合形象"巫师"(the Sorcerer)来说明。

20世纪70年代,除了劳梅尔,韦斯顿·拉巴尔(Weston La Barre)、托马斯·布莱克本(Thomas Blackburn)和K.赫吉斯(K. Hedges)等学者也认为萨满可能是美国印第安岩画艺术的创造者。伊利亚德的书再一次为他们提供了一个方法论蓝图。在加利福尼亚岩画中发现有萨满教证据的考古学家K.赫吉斯强调说:"米尔恰·伊利亚德的经典研究为任何有关萨满教的调查提供了基础。"不过,这位学者在下结论时还是很谨慎,并没有坚持认为这种现象可以解释所有的岩石艺术。

在萨满教学说内部,另有一个分支,即萨满教学说中的"神经心理学模式(Neuropshychological model)"。这一分支模式是由南非认知考古学家大卫·刘易斯—威

---

[1] Christopher Tilley, *Material Culture and Text: The Art of Ambiguity*, Routledge, 1991.
[2] 曲枫:《二元论结构主义考古学理论述评》,《江汉考古》2015年第2期。
[3] Mircea Eliade, *Shamanism: Archaic Techniques of Ecstasy*, Translated from the French by Willard R. Trask, Arkana, 1989.
[4] Peter T. Furst, The Roots and Continuities of Shamanism, *Arts Canada*, 1973～1974, pp.33～60.
[5] 张光直:《美术、神话与祭祀》,生活·读书·新知三联书店,2013年。

廉姆斯（David Lewis Williams）开发的。他和他的学生托马斯·道森（Thomas Dowson）对早期以经验主义和实证主义为基础的岩画观点提出了挑战。

威廉姆斯之所以想到用神经学来解释岩画，是受到哥伦比亚人类学家吉拉多·瑞歇尔·多尔马托夫（Gerardo Reichel Dolmatoff）的影响。吉拉多曾于20世纪60年代在哥伦比亚的德萨纳（Desana）印第安人中工作，探索能令意识状态变形的草药和精神技巧。应吉拉多之请，一些德萨纳人画出了他们在意识变形状态下幻视之旅中所看到的东西。吉拉多发现这些图像中的许多部分复制了德萨纳住居墙壁上的图案。这些几何图案包括椭圆、菱形、一排排的圆、一排排的小点、平行曲线和螺旋形。最重要的是，印第安人告诉人类学家，他们通常在幻觉的初始阶段就设想出所有这些几何图案，在后来的阶段，他们观察到不同的神话场景、动物和人。吉拉多认为，这些几何图案可能与印第安人用来触发幻觉改变大脑的草药的生化效应有关[1]。

威廉姆斯和托马斯·道森在吉拉多的作品中提取了他们认为的真理种子（the grains of truth），并发展了他们关于岩画萨满教起源的论文。他们在一篇开创性的论文《永恒的符号》中阐述了他们的重要假定，即在意识变型状态下，人们可能会体验到上述不以时间和地点而转移的几何图案。这些视觉物象常常呈现出各种各样的几何形状，如格子、之字形纹、点状纹、旋转纹、曲线等。研究发现，由药物唤起的这种意识变型状态中出现的视觉景象同南美的土著人绘在身体、房屋、衣服、陶器、篮子上的母题相吻合，甚至一些视觉图案同动物幻象以及神话题材相仿[2]。而且，处于意识变型状态下的人和萨满的幻觉体验通常经历三个阶段。在第一阶段，人们只看到几何图案，这些图案代表了基础图像。在第二阶段，人类大脑试图根据个人和文化经验调整这种几何图案。然后，在最后一个阶段，人们看到了真实的图像。此外，这些图像可能与第一阶段的几何图案混合或重叠。根据对这种神经心理学模式的理解，威廉姆斯和道森发现南非土著的岩画中与这个模式所描述的现象是吻合的，尤其是第三阶段的图像十分清晰，这些图像包括动物、怪兽和人兽合体等。

之后，神经心理学模式在不同区域的岩画研究中被实践。美国加州考古学家大卫·惠特利（David S. Whitley）是从萨满教视野重访北美岩画最重要的行动者。惠特利认为科索山脉和其他大盆地地区的历史和史前岩画大多是萨满在向神灵祈求力量，处于恍惚状态中与神对话期间产生的。惠特利强调，古代的修行者需要在现场记录他们的梦幻

---

[1] [美]安德烈·兹纳姆斯基著，徐峰、郭卉译：《洞中意识：当考古学遇上萨满教》，《北冰洋研究》第四辑，上海三联书店，2021年，第210页。
[2] David Lewis-Williams, Brainstorming Images: Neuropsychology and Rock Art Research, in *Hand Book of Rock Art Research*, Edited by Whitley.D.S, Rowman & Littlefield Publishers, Inc. pp.332～357.

意象。否则,他们就有丧失体验和失去药力的风险[1]。惠特利是一位支持对岩画进行意义阐释的学者,他认为不应该将考古工作约束在陶器残片、箭头和食物残渣这些史前时代的垃圾上。

神经心理学模式也被运用到对欧洲新石器时代艺术的研究中。英国的布拉德利发现一些陶器上和巨石上的几何纹饰同神经心理学模式第一阶段是一致的。这些几何纹饰包括螺旋纹、之字纹等,也有的是几何纹饰与人物、怪物等肖像纹的综合[2]。艾兰也赞同新石器时代的艺术母题存在神经学基础[3]。

用萨满教学说来解释岩画,是将岩画视为萨满教观念的产物。岩画描绘的是一个与现实平行的虚幻和象征世界,萨满则是从现实世界到精神世界之间穿梭往来的信使。

如同一个硬币的两面,有人支持,就有人反对。批评者认为,这种神经心理学模型使所有岩画传统同质化。罗伯特·贝德纳里克(Robert G.Bednarik)指出:"致幻或迷狂诱导的光幻视只占这类体验的一小部分。威廉姆斯和道森将他们的关注点放在桑人身上,忽略了南非地区典型的萨满教文化。"[4]罗伯特·雷顿(Robert Layton)打了个比喻:"有关萨满的假设是一只贪婪的野兽,它可以轻易地吞噬世界上的狩猎—采集者们的岩石艺术。"[5]这些批评不无道理,但是需要为威廉姆斯辩护几句的是,威廉姆斯本人并没有说世界各地的岩画图像都可以用神经心理学模式来解读。只不过就如同任何一种流行的理论出现的时候,总有不假思索的追随者,把普遍的模式和有着各自情形的具体个案牵强结合。

以上几种学说是岩画图像解释中影响比较大的,除此之外应该还有若干具体的视角。不管怎么说,岩画图像释读的过程就是一个探索古人如何思考的过程。这些思潮或许并不完美,有着或这或那的不足和缺陷,但是它们代表了一代又一代学者"究天人之际"的努力,不断制造着新的学术生长点,推动着岩画和认知考古学的研究。

---

[1] David S. Whitley, Meaning and Metaphor in the Coso Petroglyphs: Understanding Great Basin Rock Art. In E.Younking (ed.), *Coso Rock Art: A New Perspective*, Maturango Press, Ridgecrest, CA, 1998, pp.109～174.
[2] Richard Bradley, Deaths and Entrances: A Contextual Analysis of Megalithic Art, *Current Anthropology* 30, 1989, pp.68～75.
[3] [美]艾兰:《中国早期青铜礼器中的饕餮纹母题》,《东亚文明》第3辑,社会科学文献出版社,2022年,第39页。
[4] Robert G. Bednarik, On Neuropsychology and Shamanism in Rock Art. *Current Anthropology* 31(1), 1990, pp.77～84.
[5] Robert Layton, Shamanism, Totemism and Rock Art, Les Chamanes de la Préhistoire, in the Context of Rock Art Research. *Cambridge Archaeological Journal* 10(1), 2000, pp.171～174.

四、中程理论：民族志与文献

认知考古学可被视为一项探索古人如何思想的过程。然而远古如异域，如何在今天可见的物质遗存中看见百年、千年乃至万年前的思想呢？倘若有人从现存的物质材料到他（她）所提出的观点（也就是被重建的古人思想）之间没有中间层次的论证，那么我会把这种论证形容为今天印度宝莱坞的古装电影或者香港武侠片，这类电影中的动作是非现实的、无所不能的（当然也代表了一类风格）。科学的方法应当是在证据和建构的认识之间搭建桥梁。不同的主观能动者必须使用木板（可以理解为不同性质的材料）架设桥梁以抵过去，并且搭建桥梁的过程应当是在一种规范、合理的情境中进行的，这个过程本身也是在构建情境。规范合理的情境搭建同时也可以起到规约研究者的作用。情境设置得越多，这种规约的效果就越好，研究者的主观猜测所导致的失误被暴露的概率也就更少，也就使得研究者的解读更加"近真"[1]。搭建桥梁的过程不会一帆风顺，走弯路是大概率事件，但是方向大体无误已经是值得庆幸之事。

这一搭桥的过程就相当于"中程理论"。按照新考古学代表人物宾福德的看法，中程理论是在静态资料（现在）和理解过去的动态之间建立关系，考察民族志，进而将其翻译成古代生活的那种东西。"中程理论"是为考古记录和人工制品所涉及的物质现象提供解释的概念工具[2]。为中层理论提供支撑的有民族学调查、人类学材料、实验考古，也包括历史文献等。中层理论的内涵相当于一种"移情"或"情境构建"，旨在科学推理考古材料背后的人类行为。虽然以"今"推古并不完美，但至少比"印象派"式的猜测要积极得多。

在岩画图像释读中，民族志曾起过非常明显的作用。在这一方面，南非桑人岩画是绕不过去的。20世纪70年代以来，威廉姆斯、帕特里夏·文尼科姆（Patricia Vinnicombe）等研究人员注重查询民族志记录，以获取有关桑人仪式和信仰的信息。他们的工作使南部非洲的岩画成为世界上最容易理解的岩画之一。根据有关研究，桑人社会的核心仪式是出神或治疗性舞蹈。随着舞蹈的加强，仪式专家们的精神能量被激活，他们进入一种出神状态，从而与精神世界有了联系。通过这种舞蹈，许多有抱负的治疗师（即"萨满"）学会了如何进入出神状态。……当新的"萨满"能够进入出神状态时，他们也"获得"了后来被固定在岩壁上的图像，但他们仍然需要学习如何绘画[3]。这样的民族志就让岩画图像与

---

[1] 徐峰：《透物见人：从几则案例谈精神文化考古中的"情境"问题》，《东亚文明》第三辑，社会科学文献出版社，2022年。
[2] ［英］马修·约翰逊著，魏峻译：《考古学理论导论》，岳麓书社，2005年，第52～55页。
[3] Ghilraen Laue, Rock Art, Regionality and Ethnography: Variation in Southern African Rock Art, *Rock Art Research*, Vol.38, 2021.

萨满教的关系比较明确。

威廉姆斯关于大角斑羚的研究也利用了民族志。大角斑羚是生活在非洲的一种羚羊,它们在南非地区岩画中占据着重要位置。

> 大角斑羚的突出地位看上去与它们在布须曼人心中的地位相一致。斑羚之于布须曼人,就像牛之于班图牧民——不仅是他们的主要食物来源,在某种意义上也是一种神圣的动物。[1]

文尼科姆认为,大角斑羚充当了物质世界和精神世界之间的纽带,是布须曼人最深刻的审美感和他最高的道德、知识的思索的焦点所在[2]。桑族民族志表明,这种羚羊与女孩的青春期仪式、男孩的首杀仪式、婚姻和医学,以及治疗、舞蹈有关,这些都是桑人物质和精神世界之间的重要联系[3]。

威廉姆斯还借助民族志讨论了东开普省RSA FET3遗址点中一幅彩绘丰富岩画中的"光之线(threads of light)"。如何理解岩画中的线条。威廉姆斯说光之线这一主题在莱索托和南非的东南部山区很常见,这些线条代表桑人所说的他们在恍惚状态下看到的"光线"。在口头叙述和岩画中,萨满在通往灵界的路上沿着这些线或匍匐或行走或攀爬。这里出现的"光之线"是一个强有力的指针,指向岩画的主题:宗教的感悟和跨宇宙的体验。许多民族学家都描述了桑族关于"光之线"的信仰。桑人认为,这些闪亮的,有时像网一样的线条会引导萨满走向伟大的神在天空中的住所、地下王国,以及地面上的其他地方。正是因为有民族志的帮助,南非岩画图像的释读取得了很好的效果。

在中国的岩画研究中,西藏地区的民族志、民俗材料对岩画解读也发挥了作用。以凹穴岩画为例。凹穴,是人们制作于岩石表面的坑状杯形图案,英文称其为"cupule"或"cup mark"[4]。这是一种世界范围内存在的岩画种类。它们在世界范围内的形态比较相似,造型特征为圆形锅底或直筒状坑穴。人们为什么要制作它呢?有什么样的含义呢?贝德纳里克曾经梳理了七十多种解释,但是他认为其中大多数都缺乏任何实证证明[5]。确

---

[1] Alice Werner, Bushman Paintings, *Journal of the Royal African Society* 7, 1908, pp.387～393.

[2] Patricia Vinnicombe, *People of the Eland: Rock Paintings of the Drakensberg Bushmen as a Reflection of Their Life and Thought*, University of Natal Press, 1976, p.353.

[3] David Lewis-Williams, *Believing and Seeing: Symbolic Meanings in Southern San rock Paintings*, Academic Press, 1981.

[4] Robert G. Bednarik et al., edited, *Rock Art Glossary: A Multilingual Dictionary*, Occasional AURA Publication No.16, Melbourne 2010, p.5.

[5] Robert G. Bednarik, The Interpretation of Cupules. In R. Querejazu Lewis and R. G. Bednarik (eds), *Mysterious Cup Marks: Proceedings of the First International Cupule Conference*, BAR International Series 2073, Archaeopress, Oxford. 2010, pp.67～73.

实,有些地区的凹穴缺乏足够的关联性证据,要对它们的含义进行释读,是颇为困难的。但是,在西藏地区,由民族习俗、文献传统共同构成的情境给了研究者探索的可能。汤惠生认为凹穴的含义是一种"通天"思维。他说,最早的凹穴出现在旧石器时代晚期,那个时期的凹穴如同任何形式的钻孔一样,都会涂以红色,这个传统在藏区延续至今。打凿凹穴是一种"敲山"形式,借以告知天上诸神,我有事相求:有吃有喝,无妄无灾……有的在凹穴中涂以酥油、撒以糌粑等。凹穴与佛塔、叠擦石、天梯共存一处,其"通天"之意味不言而喻。从《西藏王臣记》《拔协》《汉藏史集》等藏文史籍记载的神话传说看,吐蕃的首批赞普都是从天上下凡到人间的神灵之子。他们下凡时,有时是通过攀天光绳,有时是通过木绳之梯来进行的。还有的神话传说称这一天梯是烟柱、光柱或者是高耸入云的圣山[1]。凹穴肯定是一种有意味的形式,但是具体目的是什么,如果没有民族习俗和文献传统构成的情境作为支撑,则很难获知。把凹穴的含义说成是"通天",可以理解为一种深层的思维结构,凿石这个行为和钻甲是相似的,目的是和神灵交流。

至于文献在解读岩画中的作用。大致可以分成两种,一种是岩画图像中本身就有文字、题记。文字是点睛的,有了文字,图像的主题一下子就明晰;另一种是,岩画图像和同时期的文献或者非共时的文献记载之间存在相似、吻合的关系。这种情形通常体现在历史时期的岩画上。

总之,在对岩画图像进行认知考古的研究过程中,中程理论起着不可或缺的作用。没有中程历程,认知考古学便与猜测无异,是一种面对幻想之地的蹦极跳(bungee jump)[2]。这是从事认知考古学研究不得不警惕的。

五、现状与展望

岩画研究毫无疑问是认知考古学的一个重要领域,对于讨论人类早期艺术、宗教的起源起着格外重要的作用。令人担忧的是,岩画研究目前也面临一些危机。首先,是岩画材料本身的增长有限。巧妇难为无米之炊。新材料出新学问。不能与地下材料层出不穷的考古学同日而语的是,岩画,总体上是属于地面岩石上的艺术。在今天已经处于"天眼"的时代,该发现的属于过去时间的岩画资料已经被发现得差不多了,增长空间有限。这就

---

[1] 汤惠生:《纳木错环湖岩画考察之一:桑耶寺》,《石头的记述:寻访史前岩画随笔》,西北大学出版社,2023年,第52~65页。
[2] [美]肯特·弗兰纳利、乔伊斯·马库斯著,寻婧元、陈淳译:《认知考古学》,《南方文物》2011年第2期。

意味着发现新类型、新组合的岩画图像的概率不高,也就难以形成新材料激活旧材料产生新效果的局面。其次,从图像解读层面来说,我们大体有一个印象,即近些年来,具有影响力的新的岩画阐释学说增长乏力。再次,自20世纪80年代以来,考古学家除了关注经济、技术和人类对环境的适应外,虽然也分配出一些精力讨论个体、象征主义和宗教的作用。但是,考古学研究比任何其他人文科学都更倾向于实证主义和唯物主义。最近一些年来,考古学对科学和定量方法的坚持已经回归。岩画科学(Rock Art Science)未来将是岩画研究领域的一个重要范式[1]。这个范式与罗伯特·贝德纳里克的学术旨趣和实践密切相关。岩画研究的这一趋势与第一代新考古学者漠视认知研究可谓如出一辙[2]。

作为认知考古学的一个重要领域,未来的岩画研究,不外乎几个方面:(1)新发现,在现有的中国岩画全集的基础上,及时更新新发现;(2)开展岩画研究学术史的工作,尤其是进一步检讨岩画研究史上的各种学说,去粗取精,在批判的基础上继承和创新;(3)开展国内外岩画比较研究,比较可以出新知;(4)岩画科学,将这一人文科学向科学学科转换。包括采用国际研究标准、全球岩画术语、适合操作的学术规范和体系、科学的研究方法来建立岩画研究规范。应考虑特定的岩画分析方法,包括颜色校准、显微镜观察、微观地层学(nanostratigraphy),以及很少的物理采样[3]。这一科学范式同样可在当前中国考古学的研究中看到。尤其是岩画年代测定,是岩画科学的重要组成部分,一直被视为岩画研究中最微妙的问题之一[4]。断代工作属于岩画研究的基础性工作,如果年代判断有误,相应的其他认识自然也跟着错。

虽然在岩画研究、认知考古学的探索之路上充满了崎岖,但是置之不理、望而生畏、改弦易辙,不是我们的态度。把岩画研究和认知考古学进行到底,是为整个考古学研究添砖加瓦、锦上添花的一项工作。我们总是说考古学是透物见人的研究。见人、识人到何种程度呢?皮相还是人心?不言自明。考古学是架设在古今之间的桥梁。包括岩画研究在内的认知考古学能够帮助人们尝试进入古人的精神世界,探寻"文明之心"。

> 徐峰,2000～2004年就读于南京师范大学文博系,
> 2004～2007年随汤惠生老师攻读硕士学位,现工作单位为南京师范大学。

---

[1] 汤惠生:《岩画学科的研究范式及相关问题》,《南方文物》2014年第4期。
[2] [英]科林·伦福儒、保罗·巴恩著,陈淳译:《考古学:理论、方法与实践》(第六版),上海古籍出版社,2015年,第363页。
[3] Robert G. Bednarik, A Major Change in Archaeological Paradigm. *Anthropos* 98, 2003, pp.511～520.
[4] Robert G. Bednarik, Developments in Rock Art Dating. *Acta Archaeologica* 63, 1992, pp.141～155.

从蹲踞式人形岩画看广西和云南地区的古代文化联系[*]

肖 波　车 静

一、前　言

"蹲踞式人形"（Squatting Figure）是世界范围内广泛存在的一种艺术形式。其主要特点是，人像双腿平蹲，屈膝向下。此类图像广泛见于早期的岩画、陶器、青铜器以及当代的纺织品、树皮画、剪纸等各类艺术形式中。中国学者对蹲踞式人形开展研究的时间较早，并普遍注意到此类图像与青蛙之间存在着密切的关系。在中国考古界，此类图像曾被普遍称为"蛙纹"。另外部分学者虽然认识到这种图像表现的是人像，但是也注意到了其与青蛙之间的关系。中国最早用"蹲踞式人形"来表征这一形象的是汤惠生教授。在1996年发表的文章中，他对世界范围内的蹲踞式人形进行了全面的考察，对其概念、分布、内涵、年代进行了讨论，较为全面地对这一形象进行了梳理[1]。随后，"蹲踞式人形"作为一个专业术语被中国学术界普遍接受。而广西和云南是蹲踞式人形岩画分布较为密集的两个地区，作画方式也一致，均使用红色颜料绘制而成。此外，广西左江岩画和云南沧源岩画是中国岩画中年代研究最为充分的两个地点，科技测年技术在这两个地点均有应用，得出的年代也较为可靠。尤其值得注意的是，上述两地的人群自古以来就互动频繁，因此，将其蹲踞式人形图像放在一起进行比较研究具有坚实的基础。

---

[*]　本成果得到教育部哲学社会科学重大研究项目"中国岩画学研究"（批准号22JZD032）资助。
[1]　汤惠生：《原始艺术中的"蹲踞式人形"研究》，《中国历史博物馆馆刊》1996年第1期。

二、广西左江蹲踞式人形岩画简介

(一)左江岩画的基本情况

广西的蹲踞式人形岩画主要见于左江岩画中。左江岩画分布在崇左市的宁明、龙州、江州、扶绥、大新、天等、凭祥等县、市、区的沿江地区,延续200余千米。岩画制作方式一致,均以赤铁矿(Fe_2O_3)和动物胶、血混合调制的颜料绘制,呈红色。颜料中使用的黏合剂含有植物性胶结材料(植物树液)。邝国敦等研究发现,岩画颜料层表层为以赤铁矿为主的红色薄膜层,紧连着的则是水草酸钙石层,之下才是岩壁面(碳酸钙石),而水草酸钙作为黏合剂使用[1]。左江岩画中最为著名的是宁明花山岩画,这也是世界上最大的单体岩画(图一)。其岩面高270米,南北长350余米,画面宽170余米,高40余米,面积8 000多平方米,尚能辨认的图像有1 900余个。画面从山脚2米处开始绘制,以5~20米高的中间部分的画像最多。图像中最多的是人像,此外还有动物图像和器物图形。人物图像分为正身和侧身两种。正身人像一般较高大,呈蹲踞式。侧身人像一般较小,多为几个侧身人像围绕着一个形象高大的正身人像,部分正身人像下方有犬类图像。学者们普遍认为,侧身人像同样呈蹲踞状。动物图像主要是犬类,少数为禽类。器物图形主要有铜鼓、羊角钮钟、铃和刀剑等。此外,在左江流域还有近80个岩画点,几乎所有岩画点均分布有蹲踞式人形。2016年,左江花山岩画文化景观被联合国教科文组织列入世界文化遗产名录。该遗产点包括宁明县、龙州县、江州区及扶绥县境内的38个岩画点。

图一 宁明花山岩画局部
(朱秋平摄)

(二)左江岩画的年代问题

左江花山岩画的绘制年代为战国至东汉。其年代判定主要是通过将岩画图像与考

---

[1] 邝国敦等:《左江花山岩画颜料合成及其机理早期分析研究》,《中国文化遗产》2016年第4期。

古出土文物进行交叉断代以及科技测年互相验证得到的。交叉断代的使用原则是比较那些具有年代判别要素的图像来推定岩画的年代;而科技测年主要使用的是 ^{14}C 测年法和铀系测年法。研究结果表明,交叉断代得到的年代和科技测年得到的年代具有很高的重合度。

1. 交叉断代法

左江岩画首先根据考古学交叉断代法,通过比较羊角钮钟、环首刀、有格或有首剑、扁茎短剑、铜鼓等图案来判定岩画的年代。但是,由于不同学者选择判定岩画年代的器物不同,对器物流行时间的认识不同,得出的结论也不相同。覃圣敏、覃彩銮等认为,花山岩画应该是春秋到东汉时期的文化产品[1]。而王克荣等则认为其年代在战国至东汉时期[2]。

左江岩画中最具有年代判别要素的图案是羊角钮钟,这种类似羊角钮钟的岩画图案在宁明高山和宁明花山岩画中均有发现,其中一幅如图所示(图二,1)。学者们普遍认为它们是悬挂在架子上的羊角钮钟。广西浦北县官垌大岭脚出土的4件羊角钮钟年代相当于战国时期(图二,2)。广西西林县普驮屯出土的2件和贵港罗泊湾出土的1件年代约为西汉前期(图二,3)。此外,云南晋宁石寨山出土的1件,年代为西汉中期,这是目前所知时代最晚的羊角钮铜钟[3]。其他地方出土的这类钟,年代大致也在西汉前、中期。由此可以判定,出土羊角钮铜钟的年代为战国初期至西汉中期。据此推断,岩画的年代大致与此时期相当。

1　　　　　　　　　　2　　　　　　　　　3

图二　岩画中的羊角钮铜钟与实物比较

---

[1] 覃圣敏、覃彩銮、卢敏飞、喻如玉:《广西左江流域崖壁画考察与研究》,广西民族出版社,1987年,第138页。
[2] 王克荣、邱钟仑、陈远璋:《广西左江岩画》,文物出版社,1988年,第208页。
[3] 蒋廷瑜:《羊角钮铜钟初论》,《文物》1984年第5期。

环首刀在左江岩画中多有发现,大多佩戴于正身人像腰间(图三,1)。广西考古出土文物中的环首刀年代大致为两汉之间,但环首比岩画中的环首要小(图三,3~5)。而战国墓出土的环首削刀首部与其类似,但是刀身与岩画中的刀身不同(图三,2、6、7)。因此,以环首刀来推断左江花山岩画的年代,上限可以至战国,下限可以至东汉。与之类似的还有有格或有首剑长剑,此类图像可见于多处岩画点。根据广西出土的长剑和湖南出土的有长剑图形的青铜器推断,左江花山岩画的年代上限可以到战国早期,下限可以到西汉晚期。

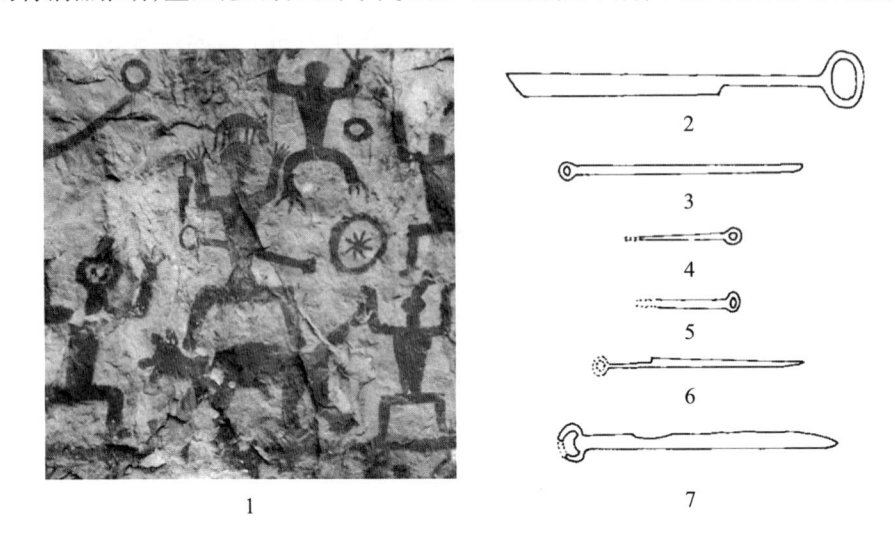

图三 岩画中的环首刀与实物比较

接下来的交叉断代证据是"扁茎短剑"。目前仅在宁明花山岩画中发现一幅"扁茎短剑"图像,悬吊于一个正身人像的左手下方,剑身与人像的小臂平行,长度略大于小臂(图四,2)。扁茎短剑在广西(图四,3、4)和云南李家山墓葬中均有出土,年代在战国中晚期,有的可能延至西汉初年。故以之推断岩画的年代,大致也应与此相当。但是岩画的这幅图像是有争议的,我们并不能完全确认这是一幅"扁茎短剑"图像。从前人的研究来看,他们制作的临摹图看起来与"扁茎短剑"非常类似,但是与岩画中的实际图像差异还是很明显的(图四,1)。首先,临摹图的剑身中间内凹(图四,1a),但岩画中的剑身平滑,无内凹;另外,剑身与剑柄连接处较宽,剑身有明显内凹的痕迹(图四,1b),而岩画中无此种内凹。此外,我们也没见过此种握剑方式,图像和人手的位置关系很难让人认为这是一把扁茎短剑。

此外,部分学者还通过岩画中的"铜鼓"图案,以及渡船和人物形象与出土的铜鼓及其上的同类形象进行交叉断代,也认定花山岩画的时代在战国至汉之间。鉴于岩画上的渡船、人物,以及铜鼓的图案年代跨度很大,不具有交叉比较的意义,所以采用这些图案进

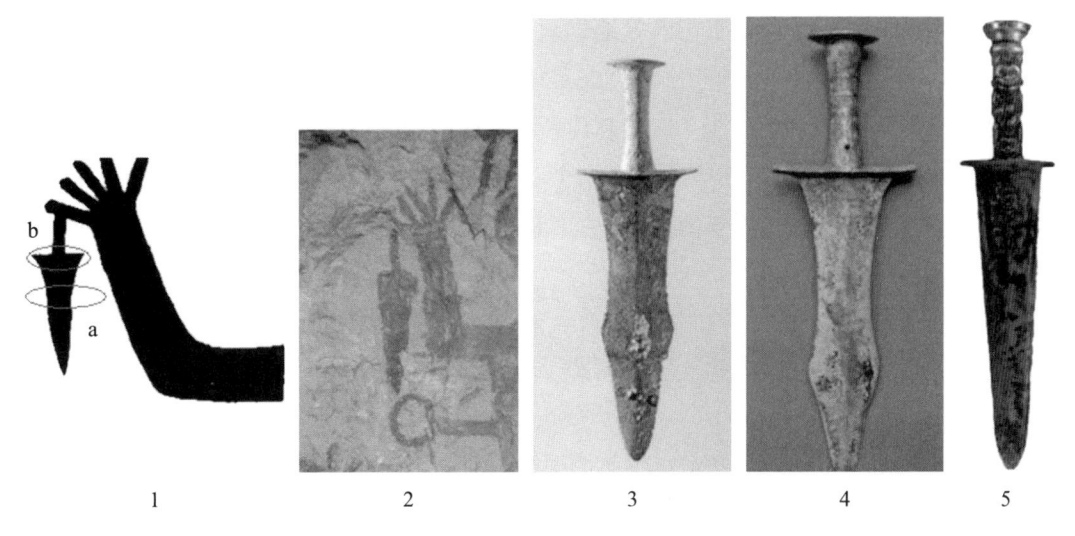

图四 岩画中的环首刀与实物比较

行断代,可能会产生很多问题。虽然用来断代的器物不算很好的具有年代判别要素的器物,但是通过交叉断代仍然可以对花山岩画的大致年代进行确认,花山岩画的创作时代为战国至东汉这一考古类型学断代认识还是可以接受的。

2. 直接断代法

左江花山岩画的 ^{14}C 测年主要有3次。1983年,北京大学考古系 ^{14}C 实验室对宁明花山岩画附近岩洞的一截据认为是协助绘制岩画的木桩进行测定,结果为距今 2680 ± 80 年。如果减掉该木的生长年龄,大致相当于春秋晚期或战国早期[1]。但木桩与岩画的关系需要进一步证明。同年,北京大学考古系等部门对宁明花山岩画采集的钟乳石样品进行 ^{14}C 测年。结果表明,其年代为 $4200 \sim 1680BP$[2]。1985年,北京大学考古系年代测定实验室对宁明花山的12个样品进行 ^{14}C 测年,测定其年代大致在战国至西汉期间。但考虑到各种误差等因素,不排除岩画年代的上下限有波动的可能性,波动的幅度,上限可到春秋,下限可到东汉[3]。

对左江岩画进行铀系测年的工作主要有3次。2013年,澳大利亚西澳大学和卧龙岗大学的学者对宁明花山岩画采集的12份碳酸钙样本进行铀系测年。据分析,花山岩画可能绘制于 $1920 \sim 940BP$[4]。2014年,南京师范大学地理科学学院的学者通过对龙州县

---

[1] 覃圣敏、覃彩銮、卢敏飞、喻如玉:《广西左江流域崖壁画考察与研究》,广西民族出版社,1987年,第136~137页。
[2] 王克荣、邱钟仑、陈远璋:《广西左江岩画》,文物出版社,1988年,第208页。
[3] 原思训、陈铁梅、胡艳秋:《广西宁明花山崖壁画的 ^{14}C 年代研究》,《广西民族研究》1986年第4期。
[4] Benjamin Smith., Maxime Aubert. Uranium-Series Dating of the Huashan Rock Paintings Guangxi Autonom Guangxi Autonomous Region, China. unpublished.

沉香角和棉江花山,以及宁明花山等地岩画进行铀系测年,共采集到碳酸钙样品56份。^{230}Th/U测年结果表明,岩画的年代在1856±16～1728±41BP,相当于东汉中晚期[1]。此外,2016年9月,澳大利亚昆士兰大学赵建新教授团队赴崇左市的宁明、龙州、江州、扶绥等地考察左江岩画,共采集测年样本20余个。但由于种种原因,测年结果一直没有发表。

综合直接测年和间接测年的结果,左江花山岩画的绘制年代约在战国至东汉之间。

三、云南蹲踞式人形岩画简介

云南的蹲踞式人形岩画主要见于沧源岩画、元江它克岩画、文山州的麻栗坡大王岩岩画和岩腊山岩画,以及广南平山岩画几个地点,现分别予以介绍。

(一)沧源岩画

沧源岩画是云南地区蹲踞式人形分布比较集中的一个地点。该岩画点位于云南省沧源佤族自治县境内,沿小黑江及其支流分布,在云南岩画中属于澜沧江系统。沧源岩画用红色颜料绘制在距地面高2～10米左右的石灰岩崖面上,崖面海拔1 000～2 500米,其下方通常有可以容纳20～30人的平台,可能是用于举行仪式的场所。截至2017年,共有17个岩画点,超过1 200幅图像被发现,这些图像的分布范围接近600平方米[2]。通过对岩画点附近捡取的小片有画崖石进行化学分析,证明颜料主要成分是铁,初步估计其是以赤铁矿为颜料的[3]。沧源岩画目前可辨认的图像有1 000余幅,包括人物、动物、器物以及符号等。其中以人物图像居多,约占全部图像的70%以上。人像体型均细小,大的身高在30～40厘米,小的还不到5厘米(图五)[4]。部分人像装饰有羽毛、角、尾巴和耳朵等,另有部分人像带有男性生殖器。根据汪宁生教授的研究,这些古代艺术家是通过将赤铁矿涂料浸在手上、羽毛或植物纤维上来绘画的[5]。

自然科学的方法也被应用于沧源岩画的研究之中。中国科学院古脊椎动物与古人类研究所对覆盖在岩画上的钟乳石进行了^{14}C测年,结果表明,其年代在距今3 030±70

---

[1] Qing-Feng Shao et al. High precision U/Th dating of the rock paintings at Mt. Huashan, Guangxi, southern China. *Quaternary Research*, 2017(88), pp.1～13.
[2] Wu Yun, Ji Xueping. *New thematic study. Rock Art in East Asia* // *Thematic Study on Rock Art in East Asia*, ICOMOS, 2019.
[3] 云南省历史研究所调查组:《云南沧源崖画》,《文物》1966年第2期。
[4] 云南省历史研究所调查组:《云南沧源崖画》,《文物》1966年第2期。
[5] 汪宁生:《云南沧源崖画的发现与研究》,文物出版社,1985年,第17～18页。

图五　沧源岩画局部

年至距今2 300 ± 70年[1]。1984年，胡雨帆、吴学明和史普南从岩画颜料中抽取了216个孢子、花粉和硅藻化石样本，并将孢粉组合与国际上普遍采用的布列特—色南德尔（Blytt-Sernander）北欧冰期后期气候（North-European Postglacial climatic time）和森林演化分层表进行比对。通过分析发现，沧源岩画颜料中的孢粉组合属于亚北方期，处于考古年代的青铜时代，年代为距今3 500～2 500年之间[2]。2021年，邵庆丰等人经铀系法测年，得出其年代在距今约3 800～2 700年间，属于新石器时代文化晚期[3]。与左江花山岩画不同，此处的蹲踞式人形岩画包括带尾巴（或生殖器）和不带尾巴两种，而前者全部不带尾巴。

（二）元江它克岩画

它克岩画位于云南省元江县它克乡（又名龙池村）东北1千米。红河支流元江穿过县城。元江流域多红色的砂页岩地层，水呈红色，故又称红河。岩画位于石酒壶岩壁的下部，岩壁坐北朝南偏东27度，海拔1 532米。画面全长19.5米，一般距离地面2米多，最高处达15米。岩壁上部向外伸出，岩前有平台两层。由于森林破坏，岩体暴露，石壁破裂成

---

[1] Wu Yun, Ji Xueping. *New thematic study. Rock Art in East Asia // Thematic Study on Rock Art in East Asia*, ICOMOS, 2019.
[2] 胡雨帆、吴学明、史普南：《用孢粉化石考证古代崖画》，《化石》1984年第2期。
[3] Qingfeng Shao et al. U-series dating of carbonate accretions reveals late Neolithic age for the rock paintings in Cangyuan, southwestern China. *Quaternary Geochronology* (61), 2021, pp.1～13.

块状。一些图像因岩石剥落或泥浆覆盖等原因,已无法辨认。现存图像94个,其中人物图像62个,动物图像10个,符号及其他图像22个。岩画均呈赭红色,应是用赤铁矿粉调和动物血等制成颜料。岩画绘制采用原始、简单的剪影式平涂手法,人物均不画五官,身体多为倒三角形(图六)。该岩画点目前未做过科技测年,部分学者通过与沧源岩画的比较研究,认为其年代要更早一些,约为新石器时代中、晚期[1]。

图六 元江它克岩画局部

(三)文山岩画

文山州蹲踞式人形岩画主要集中在麻栗坡大王岩岩画和岩腊山岩画,以及广南平山岩画3个地点。其中,大王岩岩画位于麻栗坡县城东面羊角老山南端畴阳河一拐弯处,岩画离河面150米,崖壁垂直陡峭,面向正南,总高20多米,岩画绘制在离地面3.5米的陡峭崖壁上。目前可识别图像38个,可以分为两组。当地壮族群众称"大王岩"为"岜亮",汉译为"绘有红色的岩石"。20世纪80年代,大王岩下还有一个古老的壮族村寨,叫"岜亮寨",村因有岩画而命名。图像包括人物图像、动物图像和符号图像等(图七,1)。其中,动物图像中以牛科动物比较有特色。该岩画点的河对岸有一新石器时代的小河洞遗址,洞内出土了4 100年前的双肩石器和夹砂灰、红、黑陶器碎片,考古界认为这些陶器具有百越文化特征,是骆越先民使用过的器具。部分学者认为,大王岩岩画与小河洞遗址属于同一时代,岩画的绘制者应为当地先民[2]。此外,大王岩岩画也属于红河流域。由此可见,文山州岩画与同属于红河流域的元江它克岩画之间存在密切联系。

---

[1] 杨天佑:《云南元江它克崖画》,《文物》1986年第7期。
[2] 王明富、金洪:《云南壮族"莱瓦"艺术图像集成》,云南人民出版社,2013年,第90～92页。

岩蜡山岩画位于麻栗坡县城西北向约4千米的磨山小寨东北端。岩画绘制在距地面1.3米处的岩壁上。岩壁高2米,宽4米。据文山州文物管理所、麻栗坡县文化馆联合调查组1987年的调查资料显示,岩蜡山岩画有20余幅图像,其中人像13幅,蛇4幅,其他动物图像2幅,"干栏式建筑"1幅。此外,还有符号图像和模糊图像若干(图七,2)。岩体风化剥落严重,致使部分图像漫漶不清。图像均用红色颜料绘制,从线条痕迹判断,可能是用手指作画。

平山岩画位于广南县莲城镇东约12千米处的平山行政村会梁子上村东面1千米处的岩厦内。岩厦朝西南向,高约30米,宽约25米,上、下两端凸出,中间内凹,形成一个内曲面。岩厦下面有长2.5米,宽8米的台地,台地前为深约150米的山谷。整个画面范围约1.7米×4.8米,由于风化,岩画有少许剥落。图像最高处距台地3.7米,最低处距台地2米,均由红色颜料绘制而成,发现蹲踞式人形图像数幅(图七,3～5)。

图七 文山岩画

四、广西与云南蹲踞式人形岩画之间的关联性探讨

广西左江岩画中有两个以"花山"命名的岩画点，分别为宁明花山岩画和龙州棉江花山岩画。"花山"壮语叫"岜莱"，即"有画之山"的意思，只要绘制有岩画的山体都可以被称为"花山"。而云南麻栗坡的大王岩岩画被当地村民称为"岜亮"，汉译为"绘有红色的岩石"。此外，云南沧源岩画的第一地点被当地人称为"帕典姆"，(傣语，意为"画崖")[1]，含义与前述岩画的称谓相同，同时，发音与"岜莱""岜亮"也有类似之处，显示了联系的广泛性。

实际上，通过对上述地区岩画分布规律的梳理，我们能进一步确定岩画潜在的传播路线。云南文山地区是一个重要的岩画分布区，岩画多位于临河的崖壁上，其中一些还位于河流的拐弯处。该地区岩画多数为红色颜料绘制而成，少数为黑、白色。其图像题材与前述岩画点类似，尤其是人像，多为蹲踞式，其中一些人像带有疑似尾巴或生殖器的装饰(图七，2、5)。除了人像之外，还有不少铜鼓图像。其中一幅图像尤其值得注意，在一幅蹲踞式人像前面放了一面铜鼓，表现为人击鼓状(图七，4)，此类铜鼓符号同样见于文山红岩洞岩画中。而蹲踞式人形与铜鼓的组合在广西左江岩画中多有发现。这充分显示了上述地区岩画之间可能存在密切联系。需要注意的是，沧源、麻栗坡大王岩、左江岩画中的蹲踞式人形脚下都踩着地平线。这种表现方式在中国其他地区的岩画中非常少见，这也从另一个方面显示了上述地区文化的特殊性。

此外，蹲踞式人形在广西和云南的出土文物中也有发现，但其来源可能有所不同。广西武鸣出土的晚商铜卣上发现了一个典型的蹲踞式人形铭文，带有明显的中原西周时期风格(图八，1)。中原地区金文中的蹲踞式人形，多为一个正身人像，圆头细颈，双臂下垂，双手外撇，双腿半下蹲。文字学家通常将其释为"天"，即拥有至高无上地位的"神"或"帝"[2]。因此，我们可以合理地推测，左江岩画中的蹲踞式人形可能受到此种风格的影响。此外，金文中的蹲踞式人形下方经常绘一龟状动物，郭沫若和罗振玉等人将其释为"天鼋"，即轩辕、黄帝，将其与祖先崇拜联系在一起(图八，5)[3]。除了龟外，与人组合的动物还有多种(图八，6~10)。邹衡先生认为这类组合图像应当是"天兽"或"族徽"[4]。我们注意到，在广西左江岩画中经常可见蹲踞式人像与狗组合的图像，应为此类观念的延

---

[1] 云南省历史研究所调查组：《云南沧源崖画》，《文物》1966年第2期。
[2] 汤惠生：《原始艺术中的"蹲踞式人形"研究》，《中国历史博物馆馆刊》1996年第1期。
[3] 庞朴：《黄帝考源》，《传统文化与现代化》1993年第2期。
[4] 邹衡：《论先周文化》，《夏商周考古学论文集》，文物出版社，1980年，第338~343页。

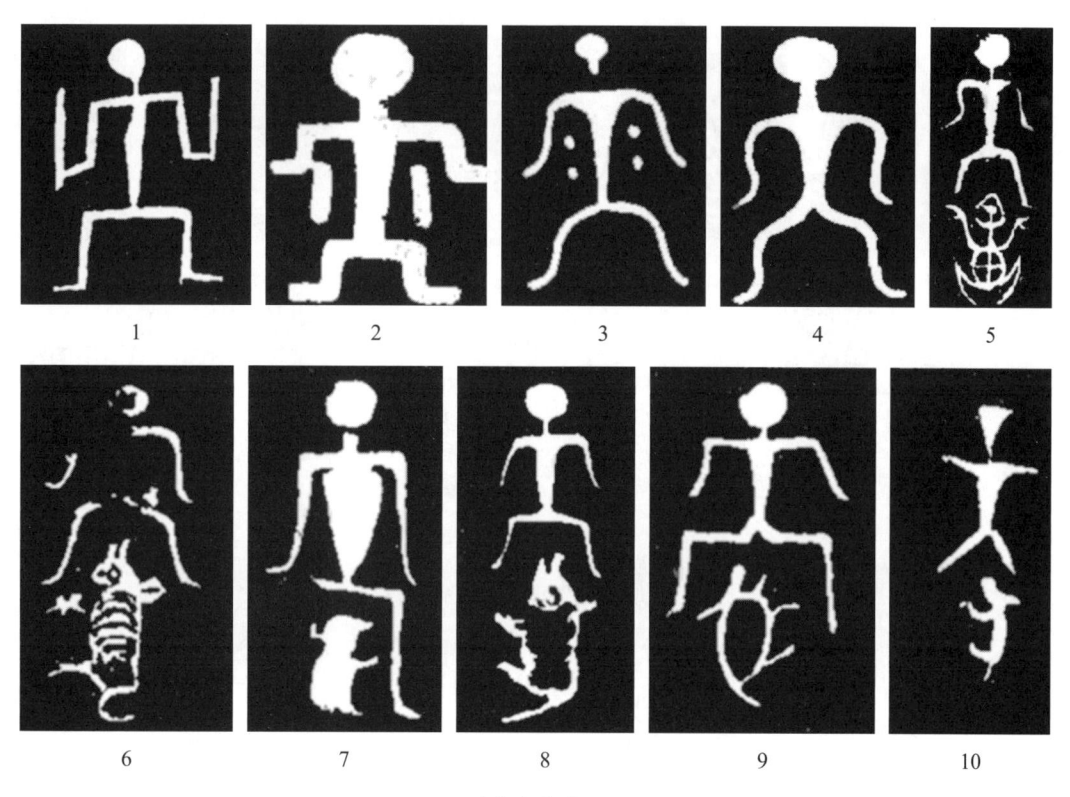

图八 金文中的蹲踞式人形

续。诸如此类的金文还有很多。

与其类似的图像在黄河流域新石器时代仰韶文化（约5000～3000BC）的彩陶中也有发现（图九，1）。人像头部、身体和尾部均用同一根线条表示，不作细节刻画，造型朴拙，形象简约，脸部特征不明显。随后，蹲踞式人形从中原向甘青地区扩散，并在马家窑文化中大量出现。其中一件马家窑文化半山类型（约2450～2150BC）的彩陶上绘制了一幅"X"射线风格的蹲踞式人形，人像带有尾巴（图九，2）。此外，在属于青铜时代的辛店文化早期（约1450BC）的双耳罐上也发现了此类图像，在其耳面和腹部均绘有蹲踞式人形，带有尾巴（图九，3）。

而蹲踞式人形在云南青铜兵器上也有不少发现。有5件出土于曲靖八塔台，兵器包括剑、戈、啄，均为3人牵手上举，中间人形呈蹲踞状，明显比两边要大，且两边人形站立于中间人形的脚上（图一〇，1～5）。其中一幅图像中间人形的膝盖上分别画一人面（图一〇，5）。出土于昆明羊甫头青铜戈（M104：21）上面的蹲踞式人形与前几幅图像类似（图一〇，6）。在昆明羊甫头墓葬中还发现了一件青铜削（M113：172），柄上制作有两幅上下排列的蹲踞式人形，其头部呈骷颅状（图一〇，7）。与之类似的蹲踞式人形在李家山

图九　出土文物中的蹲踞式人形

墓葬中也有发现。其中一件编号为采：158的青铜短剑茎部两面各铸出一人像，形象相同，皆阔口利齿，持短剑，提人头。刃后锋两面亦各铸出一人像，皆作举手，下蹲状，头部同样呈骷颅状（图一〇，8）。发掘者认为，其年代应在汉武帝以前，其上限或可早到战国末[1]。另外一件编号为M57：35的青铜短剑同样出自李家山墓葬，有格，空心圆柱茎，首作鼓形，较宽，曲锷。茎铸浮雕人面，一蛇绕其间。腊末铸一浮雕人物，双手持短棒物，似在舞蹈。其年代在西汉中期武帝以前至东汉前期（图一〇，9）[2]。需要指出的是，蛇在麻栗坡岩蜡山岩画中也有发现。蛇与蹲踞式图像组合的出现，表明青铜短剑（M57：35）和岩蜡山岩画很可能是共同文化观念下的作品。

除上述兵器之外，云南地区出土的带有此类蹲踞式人形的兵器还有很多，年代集中在战国晚期至西汉时期[3]。

---

[1] 云南省博物馆：《云南江川李家山古墓群发掘简报》，《考古学报》1975年第2期。
[2] 云南省文物考古研究所等：《云南江川县李家山古墓群第二次发掘》，《考古》2001年第12期。
[3] 赵德云、杨建华：《西南夷青铜兵器上蹲踞式人形图像初探》，《文物》2020年第5期。

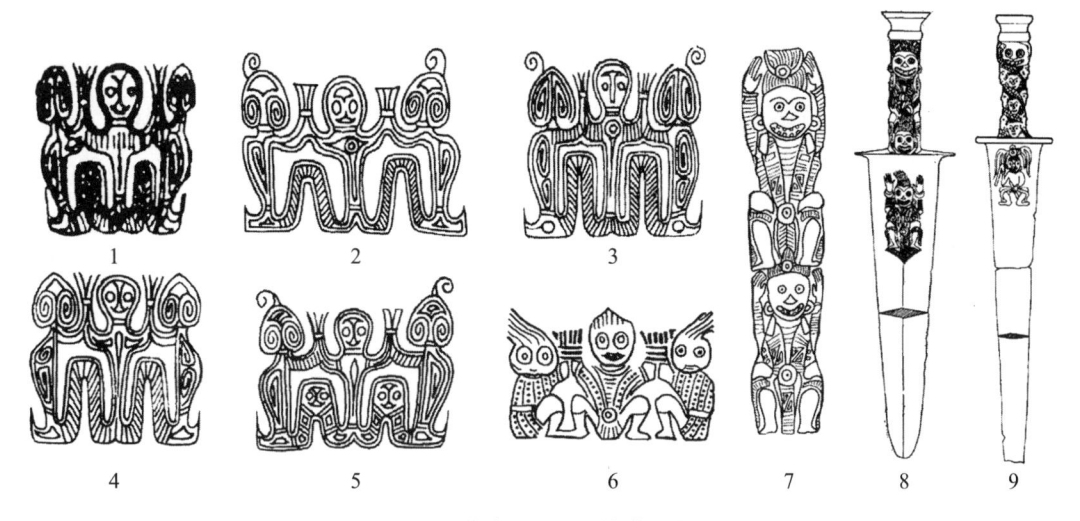

图一〇 云南青铜兵器上的蹲踞式人形

我们注意到,与广西出土的蹲踞式人形属于金文不同,云南出土的蹲踞式人形属于具象的图像,此类图像在中国新石器时代晚期至汉代的墓葬出土文物中经常可见。其中一幅图像见于良渚文化(3300～2300BC)的巨型玉琮上(图九,4)。图像上部为一神人纹,下部为一兽面纹,神人纹与兽面纹相重合组成一幅新的图像。神人头戴方冠,下肢呈蹲踞姿势。此外,在法国赛努施基博物馆藏有一件属于石家河文化(2400～1900BC)的玉人。该玉人裸体,跣足,头发后披,顶戴冠饰,两臂斜伸向腹部,身体呈侧身蹲踞状(图九,5)。这种类型的玉人在商代中晚期的遗址和墓葬中多有发现。此外,蹲踞式人形在商代青铜器中也有大量发现。其中一件为四川广汉三星堆遗址一号器物坑出土的青铜尊,其上绘有虎食人纹,人形上部为共头的两虎,人形左右对称,头部与张嘴的虎头咬合,双臂屈肘上举,下肢半蹲呈蹲踞状,为商代中期器物(图九,6)。另一幅图像见于商代青铜双鸟鼍鼓上。人的头部饰有双角,双臂曲肘上举,双腿作两度弯曲,整体造型呈蹲踞式;另外,人像周围环绕着数幅鱼的图像(图九,7)。

战国到东汉时期的蹲踞式人形多见于青铜器、画像砖、画像石、墓葬壁画和帛画中。战国墓中流行一种头上长角、两手操蛇(或龙)的蹲踞式神人纹饰,如江苏淮阴高庄战国墓出土的刻纹铜器上(图九,8～9)的蹲踞式神人、湖北荆门战国墓中的大舞戚(戈)援部(图九,10)图像等。此外,古越阁藏的一件东周铜剑花纹上制作有蹲踞式神人图像,人像头上饰细长角,双臂斜上伸,右手执兵器,左手握长蛇(图九,11)。一手握蛇的蹲踞式人形在淮阴高庄战国墓和湖北荆门战国墓出土器物中均有发现,与前述云南李家山青铜短剑(M57:35)和岩蜡山岩画构图类似。山东沂南汉画像石墓北壁刻有一幅蹲踞式人形,王崇顺、王厚宇认为描绘的是"蚩尤"(中国的始祖神之一)的形象,而孙作云则认为描

从蹲踞式人形岩画看广西和云南地区的古代文化联系 31

绘的是古代的方相氏（巫）[1]（图九，12）。在马王堆一号汉墓"T"形帛画的下方发现一幅蹲踞式人形，人像赤身裸体，双臂屈肢向上，正平托着白色的苍茫大地，脚下踩踏着两条巨大交叉的鳌鱼，一条巨蟒盘旋于两腿之间（图九，13）。安徽萧县圣村M1东汉墓出土的画像石中的神像组合，画面中央为两腿呈蹲踞状的太一神，头顶戴冠，双目圆睁，两臂向外侧斜伸，双手分拥伏羲、女娲，而伏羲、女娲尾部分别与太一腿部交缠（图九，14）。此类伏羲、女娲题材在汉代墓葬艺术中也经常可见。

五、结　　论

通过上述研究可以发现，广西和云南岩画中的蹲踞式人形存在密切联系。从地理位置上看，云南沧源岩画位于最西端，年代约为距今3 500～2 500（另一种说法为距今约3 800～2 700）年，而广西左江岩画年代约为距今2 500～1 800年，左江岩画开始创作的时间几乎与沧源岩画作画传统消失的时间相同。另外，两个岩画点之间还分布着若干岩画点。其中，文山岩画在地理位置上与左江岩画相近，而且自古以来文化联系密切。从作画颜料和保存状况来看，文山岩画多呈鲜红色，保存状况较好；而左江岩画多数呈鲜红色，另有部分图像呈红褐色，保存状况较差，年代似乎更为古老一些。至于元江它克岩画，一方面与文山岩画的部分岩画点同属于红河流域，存在着文化交流的可能性；另一方面，元江它克岩画颜色呈红褐色，与沧源岩画类似，而与文山岩画差别较大；再者，元江它克岩画人像身体普遍呈倒三角形，也与沧源岩画类似，而迥异于其他几个地点的岩画。说明这里很可能存在着两个岩画系统，一个是"沧源—元江它克"系统；另一个则是"左江—文山"系统，两个系统之间是否发生了文化联系还需要进一步深入研究。另外，还需要注意的是，广西出土的蹲踞式人形属于金文，而云南地区出土的器物则属于具象图形，这两者的差异性与上述两个岩画系统之间的差异性是否存在联系同样需要进一步深入研究。

        肖波，2012～2016年在南京师范大学文博系随汤惠生老师
         攻读博士学位，现工作单位为广西民族大学。

---

[1] 淮安市博物馆：《淮阴高庄战国墓》，文物出版社，2009年，第223页。

广西崇左猫形彩绘岩画的发现与研究

李 曼

一、引 言

　　广西岩画属我国西南彩绘岩画系统,以左江流域花山岩画为代表,岩画风格简洁粗犷,雄壮古朴,图像均以赭红色颜料剪影式绘涂而成。近些年,随着岩画调查工作的不断深入,在广西崇左境内远离河流的地区发现了近30个新的彩绘岩画点。2019年2月,河北师范大学国际岩画断代中心与崇左文物管理中心联合对广西崇左地区进行了两周的彩绘岩画考察。

　　此次岩画调查除了发现蹲踞式人形外,还在广西凭祥市境内发现一种晚近时期的新类型洞穴彩绘岩画,其内容主要是以类猫形、猫面形、类人形及少数文字图像为主。此次在凭祥境内发现的类猫形新类型洞穴彩绘岩画,在内容和形式方面,均与左江流域的彩绘岩画有着明显的区别,因其形制特殊、造型新颖、色彩丰富多样,为其他地方所不见,具有地方唯一性特征,故暂将此类型岩画称为"猫形"洞穴彩绘岩画。此次调查,该类型岩画,主要分布在广西崇左凭祥市上石镇白龙村叫条屯的弄咘山和夏石镇白马村派道屯的猫耳洞,共计8个岩画点。现将各岩画点的详细调查情况简述如下。

二、岩画点分布及内容描述

(一)弄咘山岩画群(NBS)

　　弄咘山岩画位于凭祥市上石镇白龙村叫条屯弄咘山西侧一带,海拔356米。岩画点分布较为密集,共发现有7处岩画点,均分布于弄咘山西侧山脚处,故我们将之称为"弄咘山岩画群"(图一)。据统计,弄咘山岩画群所绘图像符号共计34个,均绘制在距地面高度10～30米不等的天然洞穴或岩棚内壁,母题内容均以类猫形、猫面形、类人形彩绘图像及"陳大人""大人"等相关文字图像为主,且有很多文字图像或单独出现或与彩绘图像组合出现。

图一 弄咘山岩画群的7处岩画点分布图

1. 弄咘山岩画1号点(NBS-1)

岩画绘制在一处天然岩洞内壁,该岩洞距地面约10米,洞口高4.2米,宽9.5米,深7米。岩洞坐东面西,周围植被茂密,洞口已被灌木及藤蔓植物遮挡,洞穴内壁共绘有岩画图像2个,均保存(图二)。

图二 类猫面形图像及类人形图像

左:NBS-1-1;右:NBS-1-2

2. 弄咘山岩画2号点（NBS-2）

该处为一洞穴岩画，岩洞坐东面西，距地面约30米，洞口高4米，宽2.7米，洞穴较深，从洞口到最深处岩画图像深约14米。岩洞周围植被茂密，以灌木草丛及藤蔓植被为主，现洞口已基本被藤蔓植物遮挡，岩洞内壁共绘有岩画图像3个，包括1个类猫形图像和2个类人形图像，均保存较好。

图像NBS-2-2和图像NBS-2-3均为站立状的类人形图像，绘制技法相同，只是人物站姿略有不同。其中，图像NBS-2-2（图三，左），高170厘米，宽55厘米，该图像头戴尖帽，冠顶用赭红色颜料绘制一人字形图案，人物左臂向左侧伸展，平行于地面，右肢伸直上举，贴近头部，双手皆五指张开。下肢岔开，左腿前伸，脚尖朝外，右腿直立，脚尖朝内，且两腿之间似绘有男根，并在其头部左上角用赭红色颜料书写有"大人"二字，呈上下竖直排列。图像NBS-2-3（图三，右），高160厘米，宽130厘米，人像整体姿态呈站立状，双手伸直且上举，五指张开，下肢岔开，脚尖朝外，下身似穿有一裙形服饰。

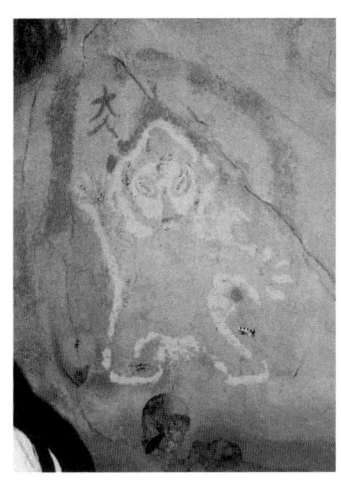

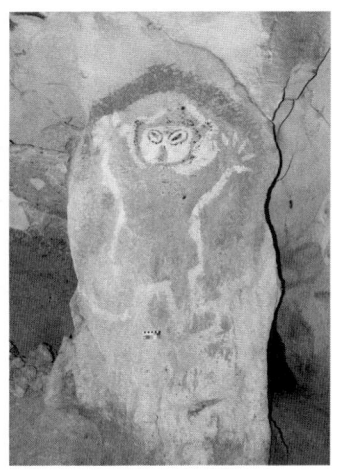

图三　类人形图像
左：NBS-2-2；右：NBS-2-3

3. 弄咘山岩画3号点（NBS-3）

此处为一洞穴岩画，该洞穴距地面高约10米，洞口高6米，宽10米，深10米。岩洞坐东面西，南北向分布，两个洞口相距数米，洞穴内部相互连通，洞口处植被茂盛，南侧洞口已基本被植被遮挡，洞顶有钟乳石柱倒垂。整个岩洞内壁共绘有岩画图像8个，其中北壁绘有6个，南壁绘有2个，包括类猫形图像5个，类人形图像3个。

靠近洞穴洞口处北壁上绘有3个岩画图像，分别是图像NBS-3-1、NBS-3-2与NBS-3-3，分别是站立状类猫形图像和两个站立状类人形图像，但3个图像均保存较差。在距

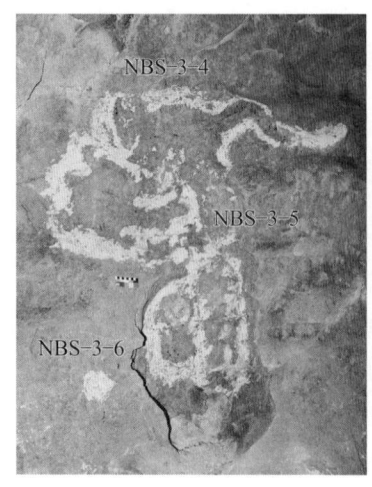

图四 洞穴壁上的岩画图像

左：洞穴北壁上的岩画图像（NBS-3-4、NBS-3-5与NBS-3-6），50厘米×95厘米（H×W），白色，赭红色；
右：洞穴南壁上岩画图像（NBS-3-7与NBS-3-8），80厘米×70/60厘米×100厘米（H×W），白色，赭红色

离洞口约2米处的洞穴北壁中央位置绘有一组图像，分别是图像NBS-3-4、NBS-3-5与NBS-3-6，3个图像呈上下排列（图四，左），在该组图像下方筑有一个蜂巢。洞穴南壁中央偏左位置另绘有2个图像NBS-3-7和NBS-3-8（图四，右）。其中图像NBS3-7，居左，为一倒立式趴伏状类猫形图像。图像NBS-3-8为一站立状类猫形图像。猫头较小，呈倒三角形，五官较清晰，白色线条勾描眼睛外形轮廓，嘴巴处残，存有少量赭红色颜料，身体较为肥圆，脊背隆起，四肢分开水平排列，呈站立状，四肢足底处有赭红色颜料痕迹，尾巴较长且下垂，尾尖微微上扬。

4. 弄呣山岩画4号点（NB-S-4）

此处为一岩棚岩画，该岩棚坐东面西，距地面约25米，岩壁垂直，下为农田，周围植被茂密。岩棚内壁共绘有1个类猫形图像（图五）。岩棚前面部分已被藤蔓植物遮挡，人在山下较难发现。所绘岩画为一卧伏状类猫形图像，画尺寸高约80厘米，宽约150厘米，用白色颜料以镂空法绘制，内部似有红色颜料涂抹痕迹，面部五官较模糊，仅剩两只眼睛依稀可辨，两耳竖立，图像局部剥蚀风化严重，漫漶不清，较难辨识。

5. 弄呣山岩画5号点（NBS-5）

岩画图像均绘制在一个高2.3米，宽8.5米大小的岩棚内壁。该岩棚距地面约10米，面向西南，内壁共绘有岩画图像3个，包括2个字符图像和1个女阴图像。

岩棚最左端，有两个字形图像呈左右分布（图六，左），左侧可辨识"陈大"二字，由于下半部分剥落严重，较难辨识，推测跟其右侧字形一样应为"陈大人"三字。右侧字形图像保存较好，"陈大人"三字清晰可辨。位于岩棚最右端绘有一女阴图像（图六，右），保存

图五 卧伏状猫形图像
NBS-4-1,80厘米×145厘米(H×W),白色,赭红色

图六 文字和女阴图像
左：文字图像（图像NBS-5-1与NBS5-2）,50厘米×30/60厘米×32厘米(H×W),白色,赭红色；
右：女阴图像(NBS-5-3),18厘米×12厘米(H×W),白色,赭红色

较好。图像整体外观呈椭圆形,高18厘米,宽12厘米,外围轮廓用白色颜料涂绘,内部填充赭红色颜料。

6. 弄咘山岩画6号点(NBS-6)

该处为一洞穴岩画。岩洞坐东面西,距地面约10米,洞口高3米,宽2.4米,深9.3米。洞口周围植被茂盛,部分已被灌木植物遮挡。岩洞内壁所绘图像较多,共有岩画图像12个,其中包括类猫形图像5个、猫面形图像1个、文字图像4个及几何图形2个。

其中,图像NBS-6-5、图像NBS-6-6与图像NBS-6-7均被绘制于该洞穴北壁中部转角处的岩壁上（岩洞内西壁）,所绘图像分别是猫面形图像、蹲坐状类猫形图像与圆形几何图案（图七,左）。图像NBS-6-8与图像NBS-6-9均绘于洞穴底部北壁上（图七,右）,均为站立状类猫形图像,呈一大一小前后分布。图像NBS-6-8,为一巨大的站立状类猫形

广西崇左猫形彩绘岩画的发现与研究 37

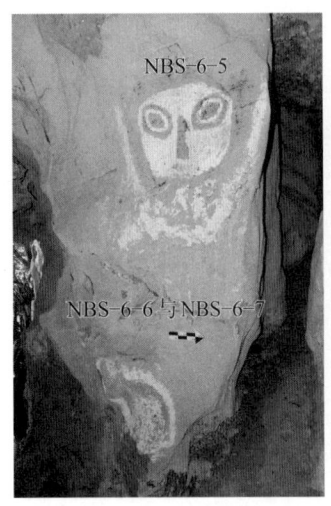

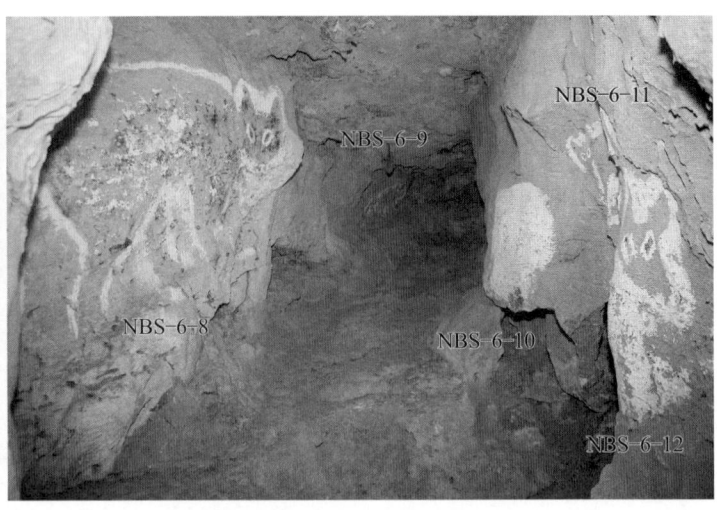

图七　洞穴壁上的岩画图像

左：洞穴北壁中部转角处（岩洞内西壁）岩壁上的岩画图像（NBS-6-5、NBS-6-6与NBS-6-7）；右：靠近洞穴底部北壁上的岩画图像（NBS-6-8与NBS-6-9）与南壁上的岩画图像（NBS-6-10、NBS-6-11与NBS-6-12）

图像，图像整体高160厘米，宽205厘米，是该洞所有岩画图像个体尺寸最大者。该图像以白色颜料勾勒其身体及眼睛的外形轮廓，身体较为肥硕，脊背隆起，四肢粗壮且前后分开，呈行走状。尾巴较长，自然下垂，尾尖处略微上翘。图像NBS-6-9，个体较小，整体高36厘米，宽75厘，其形态特征及表现技法均与图像NBS-6-8相似。

图像NBS-6-10、图像NBS-6-11与图像NBS-6-12，绘制于该洞穴南壁近洞底处，且彼此相距较近（图七，右）。其中，图像NBS-6-10，为几何图形，居左，高60厘米，宽70厘米，以白色颜料通体单色平涂。图像NBS-6-11，为站立状类猫形图像，居中，高35厘米，宽55厘米。以白色颜料勾勒其身体及眼睛轮廓，其眼睛轮廓线之内有黑炭涂抹的痕迹。图像NBS-6-12，为蹲坐状类猫形图像，居右，高77厘米，宽67厘米，其形态特征及表现技法与图像NBS-6-7非常相似。

7. 弄呣山岩画7号点（NBS-7）

岩画绘制在一距地面约10米处的岩棚内壁，共发现岩画图像3个，均为文字图像，其中两个文字图像（NBS-7-1与NBS-7-2）因绘于岩棚的遮蔽处，图像保存较好，字迹清晰可辨（图八）。另外一个字形图像（NBS7-3）因绘于岩棚外壁，图像保存较差，颜色剥落严重，字体漫漶不清，但仍能依稀可辨"陈大人"三字。

其中，图像NBS-7-1，为一组由"陈"和"陈大人上山坐天"组成的字形图形（图八，左），位于该岩棚最左侧，共书写有8个字符，其中左上角为一个"陈"字，右侧书写有"陈大人上山坐天"七字，呈两列竖向布局，且在左侧"陈大人上山坐天"七字外围绘有一圈

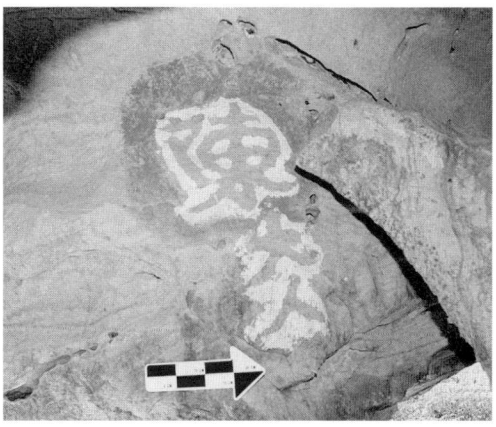

图八 文字图像
左：文字图像（NBS-7-1），70厘米×40厘米（H×W），白色，赭红色；
右：文字图像（NBS-7-2），50厘米×37厘米（H×W），白色，赭红色

赭红色的不规则外框。图像NBS7-2，位于该岩棚右端一小型洞龛内壁顶部位置，由"陳大人"三个字符组成（图八，右），呈上下竖向排列，居最上者为"陳"，字形较大，其外围用赭红色颜料绘制一圈近圆形外框。

（二）猫耳洞岩画（MED）

猫耳洞岩画位于崇左市凭祥市夏石镇白马村派道屯，地理坐标为北纬22°07′36″，东经106°55′12″，海拔225米。岩画分布在距地面高约30米处一个巨大的天然洞穴内（图九）。该洞穴坐北朝南，洞口高1.3～1.7米，宽约8.5米，深约5.5米，洞内分前后两个洞室，前洞室深约3.7米，后洞室深约1.8米。洞穴内壁所绘岩画图像共计7个，均绘制在前

图九 猫耳洞岩画点洞口外观

洞室内壁，包括类猫形图像3个、猫面形图像3个及几何图形1个，多用红、黑、白三种颜色配合绘制而成，均保存较好。

岩洞西壁靠近洞口处绘有2个图像，分别是图像MED-1与图像MED-2，二者相距约40厘米，呈左右分布（图一〇）。其中，图像MED-1，为一直径约20厘米的圆形几何图案，外围绘一圈赭红色圆形外框，圈内用白色颜料平涂填充，局部颜料有剥落现象。图像MED-2，为一猫脸图像，整体高80厘米，宽103厘米。其面部用白色颜料涂抹，用白色线条勾勒眼睛轮廓，且外眼角上挑，呈立目状，鼻子呈梯形，内无填充，嘴巴处似绘有牙齿，并在白色颜料基础之上用赭红色颜料勾描嘴巴外形轮廓。脸部外围用白色颜料绘制的头部及双耳的轮廓，内无填充，留白部分为头部轮廓。图像最外围仍绘有一个赭红色不规则外框，外框顶部未封口。此处岩面局部覆盖有钟乳石沉淀物，但岩画颜料均绘制在其之上，证明岩画绘制时期晚于该钟乳石形成的年代。

图一〇　靠近洞口处洞穴西壁的几何形图像（图像MED-1）与猫脸图像（MED-2）

图像MED-3与图像MED-4位于洞穴西壁中部位置，二者相距较近（图一一，左）。图像MED-3，为一猫脸图像，整体高100厘米，宽105厘米。该图像整体形态类似"熊猫"，其面部用白色颜料涂抹，以白色线条勾勒眼睛轮廓，眼睛及鼻子内部似用黑炭涂抹，仍可见少量黑炭残存，嘴巴处似绘有牙齿，且在白色颜料之上残存有赭红色颜料，双耳呈半圆形用黑色炭笔平涂填充并竖立在其头顶两侧，两耳中间绘有一红色尖帽，内部用赭红色颜料单色平涂填充。图像外围绘制一圈赭红色不规则圆形外框，框内局部用白色颜料涂抹在该图像头部外围。图像MED-4，为一字形图像，位于图像MED-3右侧。系用黑炭笔书写，经辨识内容为"陳大人上山坐天"七字，部分字符笔迹剥蚀较为严重，颜色较淡。

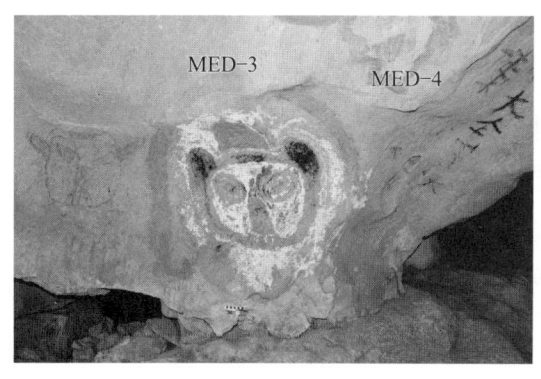

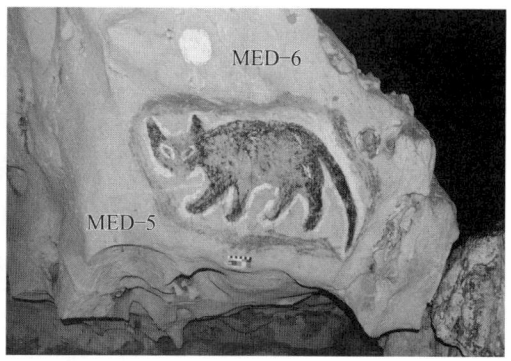

图一一　猫脸形图像与文字题记等
左：猫脸形图像（图像MED-3）与文字题记（图像MED-4）；
右：站立状猫形图像（图像MED-5）与圆形图案（图像MED-6）

图像MED-5和图像MED-6，均被绘于该洞穴前洞室末端偏西侧的一个立柱上（图一一，右）。图像MED-5，为类猫形图像，图像高60厘米，宽95厘米，整体形象为一站立状的黑猫形象，身体外形轮廓用白色颜料勾勒，再用黑炭通身平涂填充，眼睛轮廓用白色颜料勾勒，其内部同样是以黑炭填充，鼻子为赭红色圆点。该图像最外围同样绘有一圈用赭红色颜料绘制的不规则外框。图像MED-6，为一个直径约15厘米的圆形图案，位于图像MED-5红色外框上方约20厘米处，以白色颜料平涂填充。

图像MED-7和图像MED-8，均被绘于洞穴前洞室近底部一段自然形成的东西向巨石隔梁上。该隔梁底部悬空，两图像呈左右分布（图一二）。图像MED-7居左侧，为一猫脸图像，整体高100厘米，宽130厘米。该图像整体形象形似"熊猫"，其面部同样以白色

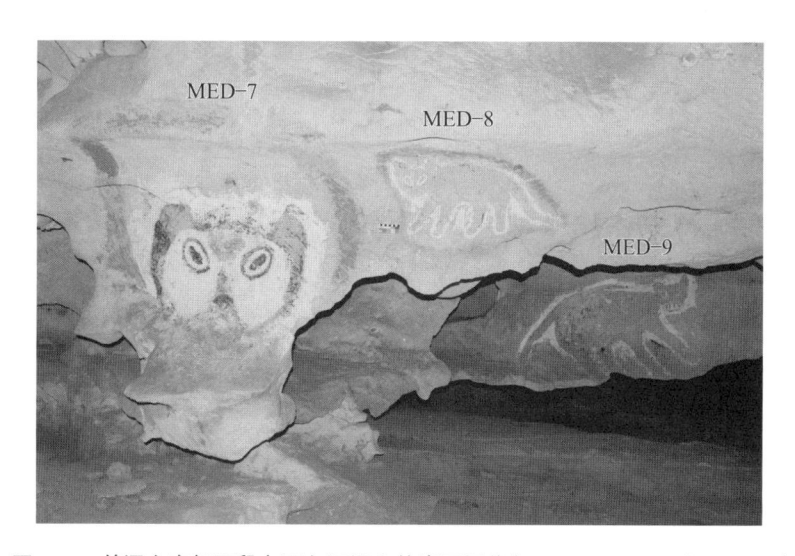

图一二　前洞室底部两段东西向隔梁上的岩画图像（MED-7、MED-8与MED-9）

广西崇左猫形彩绘岩画的发现与研究　41

颜料平涂，眼睛用黑白复线勾勒其轮廓，眉心处有一红色心形图案。鼻子呈三角形，内部以黑色炭笔涂抹填充，嘴巴模糊不清，似乎有一直径约20厘米的赭红色圆圈图案，面部轮廓及其双耳以黑炭勾勒涂抹。头部外围涂抹白色颜料，最外围同样绘制一圈近圆形红色外框。图像MED-8居右侧，为一站立状类猫形图像，整体高50厘米，宽95厘米。图像外形轮廓以白色颜料勾勒，内无填充，该动物头西尾东，头部呈倒三角形，眼睛用白色线条勾勒，呈立目状，鼻子为一淡红色小圆点，脊背微微隆起，尾巴下垂，尾尖微上翘，四肢分开呈一条直线。另外，在主体图像外围同样绘有一圈赭红色不规则外框。图像MED-9，为一站立状猫形图像（图一二）被绘制在前洞室底部一段底部悬空呈东西向的隔梁上，图像个体尺寸较大，整体高约90厘米，宽170厘米。该动物头东尾西，同样是用白色颜料勾勒外形轮廓，猫身轮廓之内局部残存有少量白色颜料及黑炭涂抹的痕迹。双眼圆瞪，其嘴巴及牙齿处在白色颜料基础上用红色颜料勾勒轮廓，鼻子为红色圆点绘制，猫身体型肥大，脊背微隆，尾巴下垂，四肢粗壮呈站立状。

三、岩画图像造型分析与空间选择

（一）以类猫形图像及"陳大人"相关文字图像为主题内容

此次调查在凭祥市境内所发现猫形洞穴彩绘岩画，主要集中在弄咘山岩画点和猫耳洞岩画点，共计岩画图像43个，共包含有6种图像主题，分别是类猫形图像、猫面形图像、类人形图像、文字图像、几何形图像及类女阴图像。这种类型的岩画占目前凭祥地区已知岩画总数的93.5%。详细统计情况见下表（表一）：

表一 猫脸与猫形主题类型岩画图像内容统计表

主题类型	岩画点 弄咘山岩画	岩画点 猫耳洞岩画	总 计	%
猫形图像	11	3	14	32.5
猫脸图像	3	3	6	14
类人形图像	6		6	14
文字图像	10	1	11	25.6
几何形图像	3	2	5	11.6
类女阴图像	1		1	2.3
总 计	34	9	43	100

统计结果显示,类猫形图像共有14个图像个体,占图像总数的32.5%。文字图像共有11个图像个体,占图像总数的25.6%。两者相加,即类猫形图像与文字图像占比高达58%,占了图像总量的一半以上。其次是猫面形图像、类人形图像及几何形图像,类女阴图像仅在弄咘山5号点发现1例。不难发现以类猫形图像和文字图像为主题的岩画图像占了全部图像的绝大多数,类猫形图像及"陳大人"相关的文字题记相伴出现,其背后必定蕴含着某种特殊的象征意义。

(二)以多种颜色的组合搭配为色彩审美特征

岩画图像的表现对于某种色彩的选择运用,正是源于这种颜色本身所被赋予的特殊色彩功能及其背后所蕴含的文化因素。同样,某几种颜色组合形成的固定搭配以及不同颜色在图像中所恪守的规律与秩序,也正反映出这些色彩组合特殊的色彩功利目的,以及该地区独特的群体审美风格和色彩审美心理需求。与广西左江流域彩绘岩画所采用的赭红色单色剪影式平涂的表现方式不同,绚丽的色彩在弄咘山岩画群和猫耳洞岩画点的岩画中占有突出的重要地位。该类型洞穴彩绘岩画所使用的颜色有白色、赭红色和黑色,其中白色占有主导地位。虽然也有单色涂绘的现象,但大多数岩画图像选择两种或三种颜色的结合运用,如出现最多的色彩组合是白色+赭红色,其次是白色+赭红色+黑色组合搭配的图像。由于岩画图像均被绘制在天然岩洞或岩棚遮蔽处,避免了颜料长期受到日晒雨淋而褪色,所以今天大多数岩画图像的色彩仍保存得很鲜艳,关于该类型岩画图像色彩运用的详细情况见下表(表二)。

表二 猫脸与猫形主题类型岩画图像的色彩运用统计表

岩 画 点		白 色	赭红色	黑 色	白色+赭红色	白色+赭红色+黑色	图像数量
弄咘山岩画点(NBS)	NBS-1				2		2
	NBS-2	1				2	3
	NBS-3				9		9
	NBS-4				1		1
	NBS-5				3		3
	NBS-6	3	1		5	4	13
	NBS-7				3		3

(续表)

岩 画 点	白 色	赭红色	黑 色	白色＋赭红色	白色＋赭红色＋黑色	图像数量
猫耳洞岩画点（MED）	1		1	3	4	9
总　计	5	1	1	26	10	43
%	12	2	2	61	23	100

统计结果显示，该类型岩画图像中运用白色颜料的图像个体共计41个，白色颜料的使用率高达图像总量的96%；其次是赭红色，该类型岩画图像中运用赭红色颜料的图像个体总计37，赭红色颜料的使用率占图像总量的86%；最后是黑色，该类型岩画图像中运用黑色颜料的图像个体共计11个，黑色颜料的使用率仅占了图像总量的26%。由此可见，白色是此类型洞穴彩绘岩画的主导颜色，其次是赭红色，最后是黑色。然而，该类型岩画在图像的色彩选择运用方面，较少出现单色涂绘的现象，绝大多数图像选择运用多种颜色的组合搭配，如使用白色与赭红色两种颜色组合绘制的图像最多，共计26个图像个体，占图像总量的61%。其次是白色、赭红色与黑色三种颜色的组合搭配，共计10个图像个体，占图像总量的23%。而使用单色涂绘的图像相对较少，共有7个图像个体，仅仅占了图像总量的16%，其中，白色仍然居于主导地位，使用白色颜料平涂的图像就占了单色涂绘图像总量的71%。

（三）类猫形岩画的空间选择以洞穴为主

岩画所依附的自然空间与岩画共同形成了某种秩序中的精神圣地。正如安妮特·拉明—安贝拉尔（Annette Laming-Emperaire）与安德烈·勒罗伊—古尔汉（Andre Leroi-Gourhan）在其"结构理论"中所说："非流动性的史前艺术创作包含在一个概念体系之中，这一体系要考虑地点、空间、支持的类型及周围的环境形态的选择。"[1]对于岩画创造者而言，不仅要选择性地表现岩画内容，且不同类型的岩画对于其绘制的空间地点及所处的周围环境也是要经过精心选择的，岩画内容与其所处的具体环境相互作用而构成某个特殊的氛围，从而能够产生某种力量或蕴含某种特殊意义[2]。所以说岩画与其所处的空间环境是不可分割的，应包含在同一概念体系中，从而构成特定的"岩画场"，即岩画的"结构性

---

[1] Emmanuel Anati, The Civilisation of Rocks. Edizioni Del Centro, Capodi Ponte, 2008, pp.168.
[2] ［英］肯·达柯著，刘文锁、卓文静译：《理论考古学》，岳麓书社，2005年，第166页。

情景",因为岩画本身并非孤立存在的,它同周边遗迹现象以及所处空间环境之间存在一种共存共生关系,只有将之置于它所处的"结构性情景"之中,才可能得出该岩画图像所蕴含的较为完整可靠的象征意义。

广西凭祥市处于中国西南热带岩溶喀斯特地貌发育地区,岩性以可溶性的碳酸盐岩为主,由于长期的水流及岩溶作用,岩石裂隙、岩棚(岩厦)、溶洞众多。这种天然遮蔽处为古人创作岩画提供了天然的条件,不仅可以避免日久年深岩画受到日晒雨淋的破坏,可对岩画图像起到很好的保护作用,而且作为岩画特殊的空间载体也往往被赋予了特有的神圣价值。很多文献资料记载,广西壮族先民素有"生从岩洞来,死归岩洞去"的观念,认为洞穴是祖先魂灵理想的栖息圣地,故常利用天然洞穴祭祀祖先神灵,或安葬死者。如据《后汉书·南蛮传》载:"交趾西有敢人国,……今乌浒人也。""敢"为"岩洞人","乌浒人"为今壮族先民的异称之一。因此,广西地区也是岩洞葬俗的主要流行地区之一。根据岩画选址的不同,凭祥市境内发现的"陈大人"类型岩画可以分为岩洞岩画和岩棚(岩厦)岩画两种空间形态。纵观该类型岩画分布的空间特征,不难发现岩洞岩画点占绝大多数,如弄咘山岩画群的点NBS-1、点NBS-2、点NBS-3、点NBS-6以及猫耳洞岩画点;少数选择石壁较为平整的岩棚(岩荫或岩厦)作为作画地点,如弄咘山岩画群的点NBS-4、点NBS-5和点NBS-7。各岩画点的具体空间分布情况见下表(表三):

表三 猫脸与猫形主题类型岩画空间形态统计表

岩 画 点	空间选择	距地面高度(米)	岩洞/岩棚			
			宽(米)	高(米)	深(米)	方　向
弄咘山岩画群(NBS)	NBS-1	岩洞	10	10	4.5	7	275°
	NBS-2	岩洞	30	2.7	4	14	275°
	NBS-3	岩洞	10	10	6	10	297°
	NBS-4	岩棚	25	5	3.5	3	240°
	NBS-5	岩棚	10	8.5	2.3	3	230°
	NBS-6	岩洞	10	2.4	3	9.3	300°
	NBS-7	岩棚	10	8	6	3.5	300°
猫耳洞岩画点(MED)		岩洞	30	8.5	1.3～1.8	6	160°

从上面的统计结果来看,各个岩画点多分布于距地面约10～30米处的天然溶洞洞穴或岩棚石壁上。其中,天然岩洞是该类型岩画主要选择的空间形态。弄咘山和猫

耳洞两个岩画地点共8处岩画点,其中洞穴岩画点就有5处,占岩画点总数的62.5%;其余3处均为岩棚(岩厦)岩画点,占岩画点总数的37.5%。此外,各个岩画点的朝向也具有一定的规律性,总的来看,弄咘山岩画群中7处岩画点,大致朝向均面西,其方向范围在230°~300°,即西南至西北向,其中2个点基本为正西向。猫耳洞岩画点洞口方向为160°,基本面向南方。

四、岩画年代测定

此次调查,考察队在弄咘山岩画3号点和6号点各获取一个理想的测年样品,经美国BETA分析实验室进行放射性碳分析,取得两组科学有效的测年数据,分别为距今80±30(BP)和距今250±30(BP),可知此类型岩画的大致年代为清康熙至同治年间。具体如下:

(一)蜂巢样品(NBS-3)

本样品取自弄咘山岩画群NBS-3岩画点。该处岩画点是一处天然溶洞,洞穴北壁中间位置绘有一组图像,整组图像剥蚀严重,由4个图像组成。在这两个图像下方筑有一个10厘米×15厘米大小的蜂巢。据观测,此蜂巢上部正叠压在图像底部部分白色颜料之上(图一三)。据此可知,该蜂巢应在岩画绘制以后或绘制很长一段时间以后筑上去的,即岩画的制作年代要早于此蜂巢的年代,故将此蜂巢采取一部分送至美国BETA分析实验室进行有机质年代测定。测年结果显示,此蜂巢的年代为距今80±30(BP)年,由此可证明

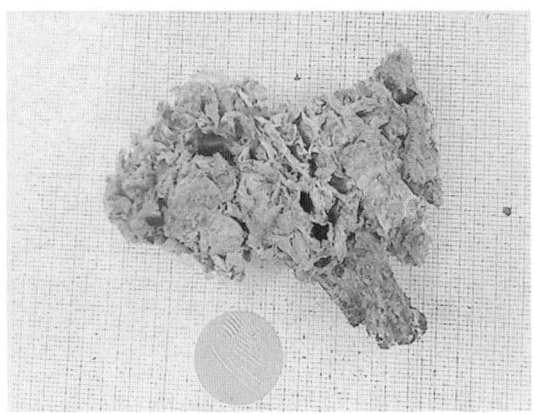

图一三 弄咘山岩画3号点(NBS-3)图像底部蜂巢取样

该组岩画图像的绘制年代至少早于此蜂巢的年代,也就是说该组岩画的绘制年代应早于公元1870±30(AD)年,即清代末期的同治年间或更早时期。

(二)炭粒样品(NBS-6)

本样品取自弄呒山岩画群的NBS-6岩画点。该处岩画点是一个天然溶洞,该洞穴中部北壁上绘有一个尺寸较大的类猫形图像(NBS-6-9),该图像以白色颜料勾勒其身体及眼睛的外形轮廓,在其身体轮廓线内部用黑色炭笔和白色颜料填充。据观测,白色颜料叠压在黑色木炭之上。并在猫身内部几处较大的岩石缝隙中保存有若干较大的木炭颗粒(图一四),我们推测该木炭颗粒是绘画者在用黑色炭笔填涂作画时卡在石缝中的,与该岩画图像的年代直接相关,所以我们分别从四处岩石裂隙中提取了四颗大小约1～2立方厘米的木炭颗粒作为测年样品,送往美国BETA分析实验室进行放射性碳测年分析。经测定,此处木炭颗粒的年代为距今250±30(BP)年,即1700±30 CE。据此可证明该岩画图像的绘制年代大概在公元1700(AD)年前后,即清朝康熙年间。

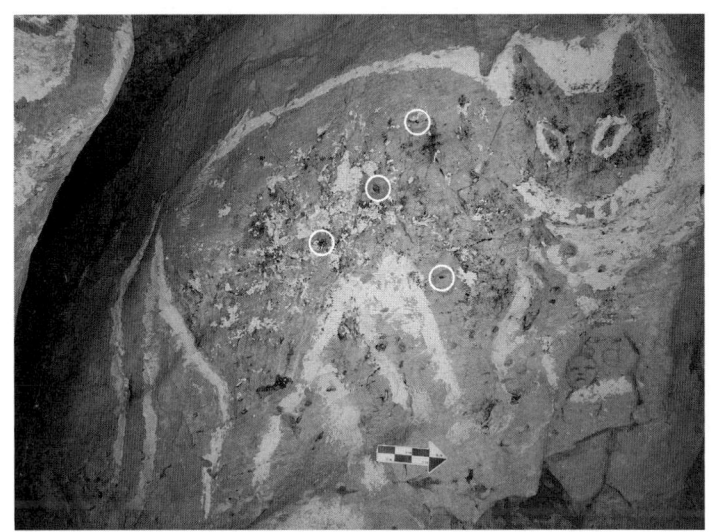

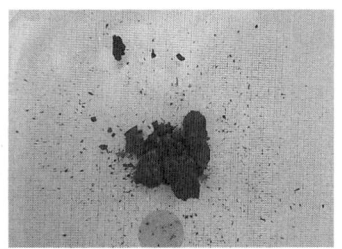

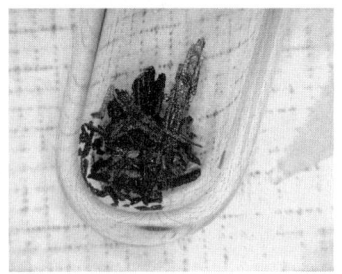

图一四　弄呒山岩画6号点(NBS-6)木炭颗粒取样

取样位置用白圈标注

五、岩画母题的相关问题讨论

此次在广西凭祥市境内所发现的历史时期新类型洞穴彩绘岩画,内容独特,造型别致,且目前尚未在其他地方发现,具有地方唯一性特点。通过对上石镇白龙村叫条屯弄呒山两处岩画点的碳14年代测定,可知此类型岩画的大致年代为清康熙至同治年间。

在整个岩画调查过程中,不难发现这种洞穴彩绘岩画的母题图像大多与"猫"和"陈大人"有关。甚至有两个岩画点出现了书写清晰的"陳大人上山坐天"的文字题记。想要破解图像密码,了解其背后所赋予的文化内涵,就必须要搞清楚这些与猫有关的图像以及"陳大人""坐天"等文字题记的含义。

(一)坐天,即做天(祭天)

广西崇左地区的壮民自古信神鬼,好淫祀,凡遇诸事,多向仙婆巫公问凶吉,并求之驱邪赶鬼。壮族信仰崇拜"天"神,每年农历正月初一至十五这段时期均焚香设贡,举行最为隆重的祭天法事,这种祭祀天神的仪式,又称"做天",也就是岩画中的"坐天",目的是祈求保佑当年风调雨顺,五谷丰登,人丁兴旺,祈福禳灾[1]。"做天"者有男有女,女的称作"天婆"或"仙婆",男的称作"让"。壮族通灵巫师绝大多数为女性,即便是男性做天时也要穿上女性服饰[2]。除每逢年初"做天"外,若遇事不遂或为祛病、祝寿、婚礼、求子、求务、婴儿满月、乔迁新居、过桥、压惊、亡灵超度、驱邪赶鬼等也会请来"天婆"主持"做天"法事[3]。据《(光绪)上林县志志》记载:"巫觋之徒借术诳众,而愚夫愚妇翕然敬信,谓其能知未来之事,故群以仙目之也。其巫或男或妇,在家设案,号为仙坛,有问事者,或因患病,或因无子,各诣坛前焚香,通款奉以钱米,巫则伏首于案。拍尺一下,掇米少许,撒于空中,自谓发马召鬼。少顷,问事者之祖先亡魂附于巫身。与家人谈休咎。"

(二)猫形岩画的文化意义

至于做天巫师"陈大人"与"猫"之间的关系,目前尚未找到直接的证据。然而,可以找到一些民俗学资料作为参考。广西贺州的壮族人保留了对猫的崇拜文化传统。如贺州市八步区的壮族会在每年的农历正月初一至十五,择吉日举行"舞火猫"表演。这是当地壮族群众民间宗教仪式——"做功德"祭祀仪式中的一种表演。随着社会变迁和生产力的发展,现在"做功德"等祭祀活动已消失,舞火猫即从民间祭祀活动脱胎出来,演变成娱乐性的民间舞蹈,长期流传于八步区南乡、大宁、黄洞等乡镇的壮族聚居区[4]。贺州一带的壮民视猫为神,因猫捉鼠保护庄稼而对其产生崇拜,源于古代中原祈求农业丰收的大型祭

---

[1] 范宏贵:《壮泰各族对"天"的信仰与崇拜》,《广西民族研究》1996年第3期。
[2] 黄桂秋:《壮族通灵巫师的生成——壮族巫信仰研究(之二)》,《文山学院学报》2010年第4期;范宏贵:《壮泰各族对"天"的信仰与崇拜》,《广西民族研究》1996年第3期。
[3] 秦红增、毛淑章、农瑞群:《中越边境广西金龙布傣族群的"天"与天琴》,《广西民族研究》2012年第2期。
[4] 刘小春:《广西贺县壮族民间舞蹈舞猫》,《民族艺术》1988年第3期。

祀活动——"蜡祭"影响。壮族民众保存这一古老习俗,舞火猫敬神,祈求农业丰收。据《礼记·郊特性》记载,上古蜡祭所祭八神之中,猫就被列为祭祀对象之一,其云:"迎猫,为其食田鼠也。"宋苏轼《东坡忠林》:"八蜡,三代之戏礼也。岁终聚戏……今蜡谓之'祭',盖有尸也。猫虎之尸,谁当为之,置鹿与文,谁当为之,非倡优而谁!?"

做天祭坛通常设在村外,法事由师公主持,整个祭祀仪式一般会持续三天三夜,除法事外,穿插舞火猫表演。现存的舞火猫主要分舞长猫和舞猫人两种。其中,舞长猫与汉族、瑶族的"舞火龙"有些相似,故"舞火猫"又称"舞赤龙"。通常将长猫按"之"字形排列在田峒中,入夜时分,全村男女老少汇集起来,烧起火塘,点为神香,并将神香插入"猫身"上,然后吹唢呐,敲锣鼓,参加舞猫的人举起"猫头"和"猫身"开始舞动(图一五)。舞猫人是以人装"猫"起舞,"猫人"头戴"猫头帽",并且在帽子后面插一根稻草绳作为猫的尾巴,其四肢也均捆扎上稻草绳(图一六)。夜里,大家汇集村外,点燃神香,一支一支插入帽子和身上的草绳中,表演者排成一字长形,在锣鼓、唢呐伴奏下,边走边舞,先在村外舞动一轮,再到圩场上表演。

图一五　舞火猫表演中舞长猫的制作和表演

桂东贺州壮民的这种"舞猫敬神"传统仪式显然与桂西崇左凭祥境内发现猫形岩画相关。据清《(嘉庆)平乐府志》记载:"獞初亦溪侗野氓。元至元间,莫国麒献图纳土……或谓先出自庆远、河池,流移入贺。"可知贺县的壮族早在元代就从桂西河池、庆远等地迁入,所以"舞猫"作为贺县壮族祭神仪式中的主要表演形式距今已有四百多年的历史了。除此之外,据调查在毗邻广西贺县南乡的广东连山壮族瑶族自治县的壮民也盛行"舞木猫",即用木头做成猫头,用布做成猫身。据悉,这支壮民早先也是从广西贺县南乡迁来

图一六 舞火猫表演中舞猫人所使用的道具及对猫尾的制作过程

的。由此可推测"陳大人"以猫的形象出现,应该与贺县巫师在"做天"仪式中的"跳猫"形式相同,都是壮族巫师进入狂喜状态的一种形式。

此种以"猫"的形象参与宗教巫术仪轨的事例,在宋《岭外代答》卷十《异志门》中也有相关记载:"茅卜,南人茅卜法,卜人信手摘茅,取占者左手,用肘量至中指尖而断之,以授占者,使祷所求。即中折之,祝曰:'奉请茅将军、茅小娘,上知天纲,下知地理'云云。遂祷所卜之事,口且祷,手且掐……笑面猫,其卦甚吉,百事欢欣和合。疾者黑面猫也,其卦不吉,所在不和合。"[1]另外,清人黄汉所撰《猫苑》卷上记载:"安南(越南古称,包括现广西一带)有猫将军庙,其神猫首人身,甚著灵异,中国人往者必祈祷,决休咎。"[2]由此可见,"猫"的形象在广西壮族的宗教祭祀活动中有很强的参与度,似乎其被赋予了某种特殊的文化性质。从这点看来,就不难理解该类型岩画中为什么会有如此之多的猫形、猫脸形图像了。

除广西壮族之外,还有云南的纳西族、傣族,越南的岱族、侬族、傣族,老挝的泰族、老龙族以及泰国的泰族等,也都信奉"天神",只是随地域民族不同,"做天"仪式的具体名称或形式内容略有区别而已。例如,泰国中部地区在每年雨季来临之前,也会举行祭天仪式,目的是请求天神降雨。此时不仅要放形如长蛇的花炮,还要抓一只猫(最好是白色公猫)置于笼中,由几人抬着四处游转,沿途各家各户向猫洒水,借此祈求当年风调雨顺。[3]这种用猫求雨的仪式在傣语中称"黑南猫"(hae nang maew),广泛流行于泰国的北方、中部以及整个伊桑地区,甚至中部的碧差汶府(Phetchabun)等地(图一七)。

---

[1] 周去非著,杨武泉校注:《岭外代答校注》,中华书局,1999年,第444页。
[2] 黄汉:《猫苑》卷上,清咸丰二年瓮云草堂刻本。
[3] 范宏贵:《壮泰各族对"天"的信仰与崇拜》,《广西民族研究》1996年第3期。

图一七 泰国北榄坡府Krog Pra地区的hae nang maew仪式

广西贺州南乡壮族的"舞火猫"与广东连山壮族瑶族自治县的壮民"舞木猫"祭天敬神仪式，以及泰国泰族的"黑南猫"求雨仪式都为我们提供了非常可信的民俗学材料，这样我们便能非常准确和实证性地诠释凭祥地区猫岩画的文化内涵和意义了，即其是康熙时期壮族祭天求雨仪式的反映。

六、结　　论

广西凭祥市境内发现的清康熙年间的猫岩画，均为彩绘岩画，岩画色泽以白色为主，赭红色与黑色为辅。通过本次调查研究，我们详细掌握了该类型岩画的地理位置、分布状况、图像数量、尺寸面积及制作技术等基本信息，进一步完善和充实了广西地区岩画类型。特别是通过科技手段对该类型岩画的年代进行了测定，探讨了与猫岩画伴随出现的大量文字题记，还进行了民俗学的比较研究，我们不仅可以精确地确定猫形岩画制作年代、族属和文化意义，而且为相关研究提供了考古学证据。

走南闯北寻岩画，越岭翻山志不休
——记与汤惠生先生岩画之旅（后记）

我于2016年得幸遇恩师汤惠生先生，蒙其不弃，拜入门墙，攻读博士学位。自此，追随先生，矢志不渝，投身于岩画之探寻与研究。八年光阴，匆匆而过，然探寻岩画之步伐，从未稍歇。在这八年里，我追随先生的脚步，走遍了大江南北，从东北大兴安岭到南方的秀美山川，从西北的广袤戈壁到西南的崇山峻岭，每一处都留下了我们探寻岩画的足迹。

我们曾在黑龙江大兴安岭的密林中、云南金沙江两畔巍峨的山崖峭壁间寻找岩画的踪迹，曾在青藏高原解读岩画的密码，更在四川珙县的神秘悬棺前，探寻岩画背后的文化内涵，沿途领略了广西崇左的旖旎风光，河南新郑的黄帝故里，大兴安岭漠河的边陲小镇，更曾远赴异邦，赴巴基斯坦印度河上游之奇拉斯，开启境外岩画探寻之旅。在此附上两张岩画调查掠影以兹纪念：

左：云南金沙江白云湾岩画点；右：广西崇左大新县猴山岩画点

在先生悉心指导下，我渐通岩画之道，学会与岩画对话，学会运用科学的方法判定其年代，解读古人的生活状态、宗教信仰及审美观念。每一幅岩画都是蕴藏着历史的神秘画卷，每一笔、每一画都承载着古人的智慧与情感，仿佛是一个古老的灵魂，诉说着遥远的故事，而我，有幸成为这些故事的倾听者。随着研究的深入，我越发感受到岩画的独特魅力，它们或粗犷豪放，或细腻入微，从线条的勾勒到色彩的运用，从构图的布局到细节的刻画，每一处都蕴含着深厚的文化内涵和艺术价值。我深知，岩画研究之路充满挑战，岩画的保存状况各不相同，有的清晰可辨，有的则模糊难辨。同时，由于年代久远，很多岩画的创作背景和文化内涵都已难以考证。但正是这些挑战，激发了我们不断探索、不断研究的热情。吾等探寻之路，虽长且阻，然心中热情，始终如一。

值此恩师汤惠生先生七十寿辰之际，在此，我向先生表达我最深的敬意与感激之情，愿先生福寿绵长，安康喜乐，继续以卓越的学术造诣和无尽的热情，引领我们在岩画研究的道路上不断前行，探索更多未知的奥秘。

李曼，2016～2020年在河北师范大学随汤惠生老师攻读博士学位，现工作单位为石家庄学院。

岩画的三维数字化保护与利用
——以将军崖岩画为例

殷 洁

一、研究背景

岩画是人类描绘于洞穴或露天岩石上的图案或符号,其创作范围遍布世界各地。中国境内有数量极为可观的岩画资料。20世纪后,中国岩画陆续被发现,近三十年来,考古学、人类学、艺术史等领域涌现出一批批岩画研究成果。然而,由于岩画的特殊依存环境,岩画的实体保护、记录以及公众展示等方面还存在诸多问题。从岩画实体保护来看,以本项目研究对象——将军崖岩画为例,由于岩画所处山体平坦裸露,受到的风化作用极为严重。在光线强的情况下,岩画线条已很难分辨,给岩画的公众展示与研究造成极大挑战。又因西部锦屏磷矿的采空塌陷,将军崖岩体已出现多处裂缝,岩画安全受到极大威胁。

岩画记录分为两个层次,即现场调查与岩画的客观提取。由于岩画一般地处偏僻,且各岩画点相隔甚远,野外调查效率一般较低。另外,野外考察会受到各种因素的阻碍,尤其是交通方面的不确定性,可能会导致研究范围缩小、收获资料减少等情况,这将影响后续研究的展开,造成项目延期等困扰。传统的岩画提取方法有素描与临摹,上述办法由于是手工绘制,难以规避主观性;而岩画本身的随意性与线条的漫漶磨损也会给记录带来困难。另外,在岩画的公众展示方面,博物馆一般的做法是以单张形式展出岩画的照片或线图,这样的展陈方式破坏了原本岩画群的面貌,没有考虑到岩画景观的重建,出版物同样面临着这个问题。岩画资料的高保真数字储存与资源开放利用的必要性刻不容缓。在这样的环境下,本项目计划对将军崖岩画进行三维建模,目标是生成岩画的本体高质量三维模型、所在山体三维模型、航拍影像、高分辨率正射影像图、岩画线图等成果,以期为岩画的保护、研究与宣传教育作出贡献。

二、岩画三维数字化保护与利用的技术和成果

（一）技术方法与实际运用

目前，岩画建模最常使用三维激光扫描技术与多视图三维重建技术。三维激光扫描通过发射和接收脉冲式激光，采集物体的空间坐标、尺寸以及纹理影像等数据，生成大量高精度点云，再现所测物体的三维实体形象[1]。

1999年，Kate Robson Brown利用三维激光扫描技术建立了法国Cap Blanc地区旧石器时代岩画的模型[2]，这是将三维扫描技术运用于岩画的最早案例。它对于精细测量、多角度观察岩画极为有利，象征着岩画记录技术的一大进步。但三维激光扫描的局限性在于设备昂贵笨重；获取的数据点数目庞大；无法直接生成文物表面的纹理细节，且点云与影像纹理的拟合难度大，导致后期贴模处理复杂。昂贵的设备成本与复杂的技术难度，造成此技术难以普遍推广或广泛应用[3]。

多视图三维重建技术使用照片参与计算，在计算机软件支持下量测左右影像上同名点的影像坐标，交汇得到空间点的三维坐标生成"点云"，由此构建三维数字表面模型（DSM）。再将影像的"纹理"映射到由点云构成的空间三角网上，就能建立空间物体的真实三维模型[4]。其技术优势在于可以直接从影像中获取文物的表面纹理细节，直接加载至所建立的三维模型中，自动生成严密对应的点云和纹理，因此视觉效果好，精度误差在毫米之内[5]。所需硬件设备仅是相机、计算机，且软件本身可以实现自动化的工作流程，即使非专业人员也可以生成专业级别的三维模型和测量数据[6]。不仅提高了数据采集和三维影像重建的灵活性和便捷性，而且能够满足三维影像重建的精度要求，因此这项技术

---

[1] 刁常宇、李志荣：《石质文物高保真数字化技术与应用》，《中国文化遗产》2018年第4期。
[2] Brown K A R, Chalmers A, Saigol T, et al. An automated laser scan survey of the Upper Palaeolithic rock shelter of Cap Blanc, *Journal of Archaeological Science*, Vol.28, No.3, 2001, pp.283～289.
[3] 刘建国：《考古现场多视角三维重建》，中国社会科学出版社，2019年。
[4] 刘建国：《三维重建在文物考古工作中的应用》，《中国文化遗产》2015年第5期。
[5] 缪盾、吴竞：《基于Agisoft Photoscan的图像三维重建及精度研究》，《测绘工程》2017年第8期。Jalandoni A, Domingo I, Taçon P S C. Testing the value of low-cost Structure-from-Motion（SfM）photogrammetry for metric and visual analysis of rock art, *Journal of Archaeological Science: Reports*, Vol.17, 2018, pp.605～616. 为验证Agisoft Photoscan建模的准确性及其与三维扫描模型的差异，Andrea Jalandoni等人设置实验，先用AP对澳大利亚阿纳姆地区惠灵顿山脉的岩画进行三维建模，再从尺寸和比例两个方面，将岩画的实体测量结果（物理测量）与数字模型测量结果（包括三维扫描模型与Agisoft Photoscan模型）进行定量分析。研究者设置了三组手动测量组（前两组由不同的人使用相同的软尺、后一组由另外一人使用不同的皮尺）与一组三维激光扫描组，使用6个样本比较以上四种测量方法与AP建模的误差率。实验数据表明，以AP为执行软件的多视角重建三维模型的尺寸误差率低于实地测量、三维激光扫描结果。
[6] 杜侃：《馆藏文物保护中数字建模技术应用研究》，《文物保护与考古科学》2011年第1期。

在我国的考古和文博领域中迅速发展。目前,基于该技术开发的相关软件有十几款,如Agisoft Metashape、VisualSFM等。综合考虑下,Agisoft Metashape因操作简单且效果出色,具有较高的可用性。

多视图三维重建技术在岩画领域运用较多。2013年,Gertjan Plets等人利用Agisoft Metashape对阿尔泰地区Karakol、Elangash、Kalbak Tash、Dzhazator、Chagan Uzun以及Kuyus各山谷中共六处岩画开展建模工作[1]。研究者导出岩画模型正射影像后,使用CAD绘制岩画线图,经对比发现,软件获取的线图比人工绘图表现出更多细节,对岩画叠压关系的确认有很大帮助。这说明,尽管Agisoft Metashape操作简单且成本低廉,但依然可以生成精准清晰、可供科研使用的岩画模型。中国岩画领域的多视图三维重建应用处于起步阶段,2020年,张超等使用无人机采集宁夏中宁石马湾岩画数据,产出了石马湾岩画区域山体三维模型、岩画正射影像等成果[2]。

(二)岩画三维模型的利用方向

如今,档案数字化的重要性被更多人认识并强调。岩画档案数据库除了永久保存以信息形态存在的文物资料外,还能在网络空间中搭建一个高保真的岩画资料展示空间。要实现岩画研究的整体发展,单单关注个别研究或技术是不够的。共享的信息体系,才能给学术研究带来益处与便利,促进智慧的融合,这种进步也赋予岩画研究可以预见的希望。

2004年,Alan Chalmers等人为英国约克郡Rombald荒原上编号为105的岩画建立模型[3],作为项目"Fading Landscapes Project"的成果。该岩画的正射影像以及相关论文都上传至公开网站Archaeology Data Service[4]上。2005年,Díaz Andreu等人对Long Meg and Her Daughters石圈、诺森伯兰Horseshoe Rock等岩画点进行数据采集,建立岩画模型[5]。该项目的实地考察资料、相关文章、岩画模型同样被上传到Archaeology Data

---

[1] Plets G, Verhoeven G, Cheremisin D, et al. The deteriorating preservation of the Altai rock art: assessing three-dimensional image-based modelling in rock art research and management, *Rock Art Research: The Journal of the Australian Rock Art Research Association (AURA)*, Vol.29, No.2, 2012, pp.139～156.
[2] 张超:《数字化技术在岩画保护中的应用——以中宁石马湾岩画数字化保护项目为例》,《文物鉴定与鉴赏》2020年第3期。
[3] Barnett T, Chalmers A, Díaz-Andreu M, et al. 3D laser scanning for recording and monitoring rock art erosion, *International Newsletter on Rock Art*, Vol.41, 2005, pp.25～29.
[4] https://archaeologydataservice.ac.uk/archives/view/fral_ba_2005/index.cfm.
[5] Díaz-Andreu M, Brooke C, Rainsbury M, et al. The spiral that vanished: the application of non-contact recording techniques to an elusive rock art motif at Castlerigg stone circle in Cumbria, *Journal of Archaeological Science*, Vol.33, No.11, 2006, pp.1580～1587.

Service网站上,供公众学习研究。上述两个案例是将岩画模型上传至公开网站、进行岩画资料数字化公开保存的最早实践。此后还有众多项目效仿,如英格兰岩画项目(the England's Rock Art, ERA)。该项目整合了诺森伯兰、达勒姆、约克郡内的岩画资料并建立数据库,ERA授权由Archaeology Data Service归档,如今ADS网站上能够查询到各岩画点的相关文章、照片拓片、三维模型等资料[1]。

2014年,银川市文物管理办公室、银川市科技局等机构使用三维激光扫描技术,辅以摄影测量技术,对贺兰山岩画进行三维数据采集,得到岩画精细三维模型、环境三维模型等成果,并搭建数据库,将所得数据按区域和类型(包括照片、文字、线图、岩画三维模型、环境三维模型等层次)进行组织与分层,达到岩画信息存档和检索的目的。可惜该数据库只局限在单位内部,没有惠及大众[2]。

虚拟现实技术是指利用计算机生成一个三维空间的模拟世界,提供用户关于视觉等感官的模拟,可以即时、没有限制地观察三维空间内的事物。虚拟现实技术能够极大地扩展人们的访问空间和时间,将展示对象从岩画本体拓宽到岩画周边景观,让使用者可以随时调取岩画资源,对岩画的展陈与研究带来帮助与便利。

2003年,法国考古学家Norbert Aujoulat发起法国Lascaux洞窟岩画数字化项目,团队使用了亚毫米级的三维扫描仪,扫描岩画以及洞穴内部并建立模型。2012年,法国科学委员会与文化部同意使用虚拟现实技术对洞穴三维模型进行升级,使其能被运用到博物馆、网站的虚拟导览[3](virtual tour)中,实现Lascaux洞穴的线上"全景漫游"。这是将岩画三维模型运用到虚拟展览中最早,也是效果最好的案例,象征着岩画展陈进入新时代。该案例也体现了文物资源数字化的又一大优势——其高保真性质使之能与未来的新兴技术对接,开发文物的更多潜能。值得一提的是,云端存储的高精度数字资源受时效性限制很小,因此有极高的档案价值,即便若干年后岩画本体已经损坏,但岩画模型依然能与未来技术结合,持续地发挥作用。

近年来,景观的概念渗透进岩画研究。岩画景观一般指岩画产生的地理位置、人文历史环境、特殊生态背景,譬如古战场或重要的贸易通道、进行仪式的场所、祭祀时通神的圣境等[4]。这种将岩画图像与特殊人文地理场景密切联系起来的研究方法影响到了岩

---

[1] Chandler, Jim H. et al. The Development And Application Of A Simple Methodology For Recording Rock Art Using Consumer-Grade Digital Cameras. *Photogrammetric Record*, Vol.22, 2007, pp.10～21.

[2] 王玉国、刘永平、孙德鸿:《三维数字化技术在贺兰山岩画保护中的应用》,《三峡论坛(三峡文学·理论版)》2014年第2期。

[3] https://archeologie.culture.fr/lascaux/en.

[4] [美]唐娜·L.吉莱特麦维斯·格里尔等编,王永军、张傅城等译:《岩画与神圣景观》,宁夏人民出版社,2017年。

画数据采集,研究者们将岩画建模的范围从岩画单体扩大到岩画的周边环境,为地理空间分析提供了更好的条件。最先将周边景观纳入岩画建模工作的是Craig Alexander团队。2015年,他们用激光扫描仪对意大利梵尔卡莫尼卡(Valcamonica)一处有岩画分布的山崖(Seradina I Rock)进行建模,工作面积达400平方米[1]。

2018年,Stephen Berquist等人根据多视图三维重建原理,将Agisoft Metashape运用到大场景岩画建模中,建模对象为南秘鲁的Quilcapampa岩画遗址,该遗址占地70公顷,位于两千米长的悬崖峭壁之上,岩画分布密集。由于地形复杂,Stephen Berquist等人创新性地选择无人机,以远程操控的方式进行数据采集。无人机拍摄兼顾了整体山崖和岩画面,保证了较高的建模质量[2]。通过历史文献查阅与地理空间分析,Stephen Berquist等人提出Quilcapampa的大部分岩画是9世纪以后的瓦里(Wari)人创作的。9世纪阿亚库乔(Ayacucho)政治变革,刺激了一些瓦里人从阿雷基帕高地(highland Arequipa)跨越Sihuas山谷向南海岸迁移[3],Quilcapampa岩画正是瓦里人在迁徙时的艺术创作。

三、基于Agisoft Metashape的将军崖岩画建模

根据上述内容,从成本、可操作性、便携性等方面考虑,本项目计划采用多视图三维重建技术,以单反相机、无人机为主要工具,对将军崖岩画进行数据采集,建立三维模型。

(一)将军崖岩画的基本情况

将军崖岩画位于中国东部沿海,地处江苏省连云港市海州区锦屏镇的锦屏山,东经119°8′4″,北纬34°31′57″。此间原有一幅骑马武士石刻图,故名。连云港是中国半湿润区与半干旱区的过渡地带,亚热带和暖温带的分界线,也是多个生态群落的交错带。该地区海陆、山地、河流兼具,生物多样性丰富,种群数量多,是早期人类理想的活动区域。同时,连云港处于南方农耕文明的最北端、北方游牧文化的最南端,也是环太平洋海洋文明的重要区域。

---

[1] Alexander C, Pinz A, Reinbacher C. Multi-scale 3D rock-art recording, *Digital Applications in Archaeology and Cultural Heritage*, Vol.2, No.2～3, 2015, pp.181～195.

[2] Berquist S, Spence-Morrow G, Gonzalez-Macqueen F, et al. A new aerial photogrammetric survey method for recording inaccessible rock art, *Digital Applications in Archaeology and Cultural Heritage*, Vol.8, 2018, pp.46～56.

[3] Stephen Berquist, Felipe Gonzalez Macqueen, and Justin Jennings, Making Quilcapampa: Trails, Petroglyphs, and the Creation of a Moving Place, in *Quilcapampa: A Wari Enclave in Southern Peru*, edited by Justin Jennings, Wily Yépez Álvarez, and Stefanie Bautista, University of Florida Press, 2021.

将军崖岩画在1978年连云港全市文物普查时首次被发现。1981年将军崖岩画的考古简报发表[1]。岩画被分为人面图像、农作物图案、星象图案等题材。将军崖岩画是东部沿海和苏北鲁南最重要的一处岩画遗址,附近分布有九店、桃花涧、二涧、将军崖等旧石器时代遗址。2005年,汤惠生对将军崖岩画进行了微腐蚀断代。因距将军崖8千米远的孔望山汉代摩崖石刻年代已知,汤惠生将孔望山岩刻石亏作为标准参数,建立标准曲线图,再据此比较将军崖岩画的石亏数据,测得将军崖人面像岩画时代在距今4 500～4 300年,基岩凹穴岩画时代在距今11 000年前左右;刻以凹穴岩画的石棚年代在距今6 000年前。2014年,罗伯特·贝德纳里克、汤惠生、库马尔等人使用连云港北固山宋蟠石刻(刻于1174年)的石亏数据绘制标准曲线,测算了将军崖岩画基岩与石棚上部的四个凹穴、被称为"子午线"的深槽等岩刻的年代,测出的最早时间是距今E5380+380/～530年,最晚的时间则为距今E360+90/～60年。贝德纳里克认为造成这一结果的一部分原因是不同岩刻制于不同时期,另一部分原因则可能是后期人类进行了二次创作或破坏[2]。

将军崖岩画对于研究史前东夷先民的生业模式与宗教文化有着重要意义,三维建模技术能够采集到岩画本体的精细数据,为研究提供便利,产出的数字成果也能广泛传播,吸引公众注意,这将进一步推动将军崖岩画研究的发展。

(二)田野数据采集

数据采集是文物三维模型重建工作的基础。需要采集的数据包括文物各个角度的高质量影像、GPS坐标值等信息。鉴于将军崖岩画位于裸露的山体表面,且分布面积较大,团队采用了相机、无人机两者结合的方式。步骤依次为:布设地面控制点→数字相机照片采集→无人机照片采集。

1. 布设控制点

获取影像数据前,首先需要在岩画周围布设多个控制点并记录控制点的相对坐标(一般情况下要在拍摄对象周围放置标靶)。后期在软件中输入获取的坐标,对模型进行校正后就能得到岩画的真实尺寸信息。

2. 数字图片采集

多视图三维重建技术对文物影像的数量、质量有较高要求,影像数据采集主要受天气、遗址环境两方面因素的影响。在阴天、柔光条件下拍摄的影像最能保证模型质量,可

---

[1] 李洪甫:《连云港将军崖岩画遗迹调查》,《文物》1981年第7期。
[2] Kumar, Giriraj, et al. The 2014 microerosion dating project in China. *Rock Art Research*. Vol.37, No.1, 2017, pp.40～54.

避免阳光直射被拍摄物体而产生阴影或拍摄过程中的逆光情况。

根据当天将军崖环境,对相机[1]做如下设置:相机需要使用手动挡(M)设置统一的光圈大小和曝光时间,并尽可能在短时间内完成拍摄,使每幅数字影像的亮度、反差、阴影等情况一致。光圈值一般为8或10左右,以确保数字影像具有足够的景深;感光度小于400,避免产生明显的噪点;曝光时间不大于1/60秒(视被拍摄具体情况而定),光线比较暗的时候需要适当增加感光度。

拍摄时,相邻两张照片需有较大重叠度,一般在60%至80%之间为宜,并采用正直摄影、交向摄影结合的方式获取目标建模影像[2]。由于岩画建模重点在于凿刻线条,所以还需要结合整体拍摄与局部拍摄。

3. 航拍图片采集

无人机主要应用于将军崖岩画所在山体的整体拍摄,使观看者了解将军崖岩画的分布状况,基于无人机拍摄所得的岩画山体模型可作为线上导览中全景漫游的重要素材。

4. 多视角三维建模

现场数据采集结束后,在时间允许的前提下应当场检查影像是否清楚,对模糊、过曝或太暗的照片进行补拍。如果回到室内后发现所拍摄照片的亮度和色度差异较大,在利用Agisoft Metashape软件进行模型重建之前,需在Photoshop等软件中进行反差和亮度调整,增强影像质量以便提高后续Agisoft Metashape建模的速度和精度。

Agisoft Metashape建模步骤简明清晰,可操作性强,只需依次运行工作流程菜单栏下添加照片/添加文件夹→对齐照片→建立密集点云→生成网格→生成纹理。"对齐照片"的精度可以选择中;"建立密集点云"质量选择中等;"生成网格"面数选择中;一般情况下,纹理大小默认为4 096×1,在计算机配置允许的情况下可稍提高,以提高模型质量。在"生成纹理"这一步骤完成后,即可得到具有真实纹理色彩的三维模型。同时还可以根据需要生成所需的数字高程模型(DEM)。模型建立完成后,可在软件中使用"ruler"工具测量岩画的真实尺寸数据。

运行完"对齐照片"步骤并得到疏点云后,可以首先通过疏点云初步判断和评估模型的完整度和效果,如果此时疏点云存在较大破面、缺漏或形体扭曲,则需对所拍摄照片进行处理,或补拍照片,或重新拍摄。若疏点云效果很好,可以先将岩画本体周围多余的疏点云删除,再运行"生成密集点云"。待"生成密集点云"步骤完成后,将多余的密集点云

---

[1] 本次拍摄使用相机为尼康D850,有效像素数4 575万,照片最高分辨率8 256×5 504,配置镜头为24～70毫米。
[2] 崔志祥、申亚鹏、马廷刚:《PhotoScan近景影像数字三维建模中影像摄影方式的研究》,《测绘技术装备》2016年第4期。

删除后再运行"生成网格"。这种方式的优点是可以减少运算负担,提高工作效率。

5. 数据导出与图形绘制

基于Agisoft Metashape建立的三维模型,可以根据研究方向,通过"文件"下拉菜单导出三维模型、正射影像、轴测投影、数字高程模型等多种通用格式文件,便于第三方软件处理制作各种立体、平面、剖面、剖视图、正摄影像图、VR等,也可以通过第三方软件渲染输出任意角度的图像制作3D文物的动画演示虚拟测量等[1]。

在导出正射影像之前,首先需要对模型上的控制点作赋值处理,即基于模型环境建立三维空间坐标系。赋值结束且计算所得误差在可接受范围内,即可生成正射影像。其操作为执行菜单栏"工作流程"下"Build Orthomosaic"步骤,并在弹出的对话框中设置相关参数。执行完该步骤后继续执行"文件"菜单栏下的导出→Export Orthomosaic步骤,即可获得各个立面的高分辨率正射影像,视图对应准确,严格遵循正射影像概念,几乎无透视上的偏差。

考古线图可通过矢量绘图软件制作,如CAD等,也可以使用Photoshop软件结合数位板工具绘制线图,都能达到很好的效果。由于岩画本身线条多变,本次基于正射影像的二维线图绘制主要利用Photoshop软件,其主要步骤为正射影像导入PS软件→设置图层→绘制线图→配置比例尺→导出特定格式图像,最终获得岩画体的二维线图。由于二维线图的绘制是以高分辨率的正射影像为底图,据此绘制的线图细节更加丰富,形体更加真实,尺寸更加准确,并解决了传统绘图方法难以精确绘制岩画边缘的问题,较为理想地完成了绘图。与先前研究者[2]描绘的将军崖线图相比,本次线图绘制中发现有一部分岩面细节已漫漶不清。值得注意的是,磨蚀严重的岩画集中于岩面裂缝周围,岩画的消逝受到风化、岩石碎裂等多重因素的影响。

四、总结与展望

根据本项目的实践,三维建模技术首先能够给岩画田野调查提供便利。实地数据采集所需的时间较短,采集较小的岩板(2平方米以内)只需几分钟,较大的岩板(15平方米以内)大约需要15分钟的拍摄时间。此外,数据采集只需要有限的设备(主要是照相机),因此在野外机动性很强。

---

[1] 刘方、王博涵、王泽湘、何利群、沈丽华:《多视角影像三维重建技术与考古遗物绘图》,《南方文物》2019年第1期。
[2] 张嘉馨:《连云港将军崖岩画田野调查》,《内蒙古大学艺术学院学报》2017年第4期。

从研究的角度来看，三维模型可以对以前无法获得的属性进行定量分析。除了属性的量化和分析细节的增加，三维模型在岩画研究中的另一个优势在于更高的可重复性。从三维模型中推导出的所有点都可以定位，估算属性值所需的数学算法也可以精确描述。鉴于考古记录的复杂性，定量方法有助于提高岩画之间的比较研究。

当然，三维建模技术的应用与成果不应该只局限于本机构内的调查与研究，推广三维模型并使之惠及大众，同样是值得研究的重要课题。岩画资源数据库能够构建一个稳定安全的岩画信息共享体系。一方面可以为考古学、文化遗产管理与博物馆虚拟展示提供数据支撑。另一方面，共享的岩画数字资料可使研究者克服时间、地理的局限。

最后，针对岩画这类大规模不可移动文物群的遗址公园或景区，普遍存在不利于异地或业余观众参观的问题。对于此类文化遗产，不仅需要关注管理和保护的问题，同时也需要考虑如何让文化遗产"活"起来。借助文物三维模型，这些局限性能够在很大程度上得以克服。例如，利用岩画三维模型开发多媒体互动展示平台，制作可以"云参观"的线上展览。如此能够将野外的不可移动文物，以逼真的数字模型形式展出，达到"远在天边，近在眼前"的效果。此外还可以结合虚拟现实（Virtual Reality）技术制作成互动性的虚拟漫游场景，为公众提高更清晰、更全面的平面与立体视觉信息，引导观众更好地进行"自我导向型"学习，并促进文博单位教育、文化传播功能的发挥。

殷洁，南京大学历史学院考古文物系助理教授。

漫谈中国早期文明中的贝

陈声波

在中国文明的早期阶段,即从文明起源到初步发展时期,与文明相关的因素往往备受关注,如玉礼器与青铜礼器等。然而还有一项重要的文明因素并没有引起足够的重视,那就是贝。从史前到夏商周,贝的形态及其内涵在发生变化,但作为一项重要的文明因素,其作用与地位并没有被削弱,只是长久以来一直没有得到足够的关注。

在本文中,笔者所漫谈的贝是一个宽泛的概念,不局限于某一种类型,而是根据其在中国文明起源与发展过程中所起的作用,大致划分为三个阶段三种类型。第一种是史前的贝,种类繁多,包括各种淡水贝类及海洋贝类。第二种特指海贝中的货贝类,有特定的产地与传入中国的路线,并演化成为中国最早的实物货币,时间大约在新石器时代晚期至商周时期。第三种为青铜铸贝,即中国最早的铸币,时间主要在春秋战国时期。从时间上看,三种不同的贝类贯穿了中国文明从起源到初步发展时期,而作为核心因素的贝,笔者以为其对文明所起的促进作用不仅没有弱化,而是在不断加强,值得我们重新审视。

史前时期的各种贝类主要是为早期先民提供食物来源,尤其是在农业尚不发达、采集渔猎经济占据主导地位的时期。史前的先民要想生存,必择水而居,聚落一定选择在江河湖泊的边缘。渔捞一直是重要的生业经济模式。渔捞的对象除了各种鱼类,当然少不了各种贝类。而沿海先民形成的贝丘遗址,食用的对象则是各种海洋贝类。相较于河流边的聚落而言,居住在大的湖泊边缘的先民对渔捞更为依赖,渔捞经济往往占据更为主导的地位。如古丹阳大泽边的江苏南京高淳薛城遗址,史前地层中常见厚厚的蚬壳堆积,同时还出土有较多的鱼骨与网坠。

除了在生业经济方面起到重要作用外,与文明起源相关的表现还在于以贝为主体的史前堆塑。从堆塑的对象来看,龙形堆塑无疑是最令人关注的。因为龙是华夏族的标志,具有图腾一样的神圣意义,龙形堆塑不仅反映了社会的分化以及精神领域的信仰与崇拜,更是与中华文明起源息息相关。迄今为止,史前时期的龙形堆塑遗迹数量不多,主要有辽宁阜新查海遗址的石块堆塑龙、河南濮阳西水坡遗址的蚌塑龙、江苏南京高淳薛城遗址的蚬壳堆塑龙以及二里头遗址的绿松石堆塑龙等。值得注意的是,在为数不多的龙形堆塑中,以贝为主要材质堆塑的龙形遗迹就有两处。其中河南濮阳西水坡遗址的蚌塑龙被专家誉为"中华第一龙",而南京高淳薛城遗址的新发现也意义不凡。薛城遗址的"龙形"蚬壳堆塑遗迹属于崧泽文化时期,是由薛城先民堆塑在墓地中,可能与埋葬仪式有关。该遗迹由水生贝类的外壳堆塑而成,外形酷像趴伏的扬子鳄。遗迹主体为河蚬,杂以少量螺壳、蚌壳以及零星鱼骨。软体动物壳体大部分完整,少数残碎。龙身表面蚬壳堆塑非常紧实,尤其是头部位置,用两颗大蚌壳表现眼睛,吻部也以蚌壳呈现。颈部位置被基槽打破,仅余少量蚬壳痕迹;尾部也有多枚大蚌壳点缀铺垫。薛城出土的龙形蚬壳堆塑遗迹是薛城先民审美和原始信仰的反映。它的发现对于研究长江下游史前社会的精神文化、崇拜信仰以及龙形象的起源提供了新的材料[1]。

继薛城遗址的"龙形"蚬壳堆塑遗迹之后,2023年"考古中国"重大项目红山社会文明化进程子项目——松山区彩陶坡遗址在考古发掘中出土一件龙形蚌饰。这件蚌饰,属于红山文化早期,年代上远远早于此前出土的玉龙,填补了红山文化早期龙形象的空白[2]。

总之,在史前时期,各种贝类除了为先民提供重要的食物来源外,以龙形蚌塑为代表的遗存更是与文明起源息息相关。此外在新石器时代晚期,一种外来的贝类传入中国,并在以后中国早期文明的形成与发展中起到了关键作用,这就是海贝。本文所谈的海贝是指海贝中的货贝类,主要有三种类型,即货贝、环纹货贝和拟枣贝。这是中国从新石器时代晚期到商周时期考古发掘出土海贝的主要类型。

从海贝出土的时间与地点上看,有一条自甘、青地区向中原地区传播的路线。据彭柯、朱岩石研究,"新石器时期确凿无疑的海贝出土地点有青海乐都柳湾、青海大通上孙家寨、西藏昌都卡若"。"中原地区仰韶文化遗址使用海贝的资料尚无一例得到确认……中原地区龙山文化遗址,迄今为止亦无一例用海贝的记录。有鉴于此,我们暂可认为新石器时代在中原地区没有使用海贝的现象,而海贝最早被使用于远离中国东南沿海的青海东部、西藏东部和四川西北部地区"[3]。

到了夏王朝时期,出土海贝的遗址有所增加,据王必建统计:"夏代时期使用海贝的遗址共发现了16处,较前一时期有所增加。""比起前一时期海贝分布集中于青海地区,此时

---

[1] 徐峰等:《薛城遗址发现南京地区最大规模史前墓地,出土"龙形"蚬壳堆塑遗迹》,《中国文物报》2022年1月7日。
[2] "内蒙古日报"公众号,2023年8月22日。
[3] 彭柯、朱岩石:《中国古代所用海贝来源新探》,《考古学集刊(12)》,中国大百科全书出版社,1999年。

分布重心转移到了河南中西部地区,并向东延伸至黄河下游流域的山东地区和辽河流域的东北地区,西北向也开始使用海贝。"[1]

到了商周时期,据王必建统计:"目前商代使用海贝的遗址发现有近90处——是前两个时期总和的三倍余,开启了中国古代海贝使用的兴盛期","目前发现的两周时代出土海贝的遗址有280余处,为使用海贝的'爆发期'"[2]。

从统计数量上来看,商周时期是中国海贝使用的黄金时期,出土海贝的地域也逐渐改变为以中原地区为中心。商代出土海贝的主要区域为河南、河北、山东等地,其中河南安阳地区最为突出。此外,新疆、西南地区也发现使用海贝的现象。考古发现不少商代晚期高等级大墓中随葬海贝,且使用数量巨大而集中。最典型的是殷墟妇好墓,随葬海贝数量多达6 800余枚[3]。两周时期在此前发展的基础上,使用海贝的地域拓展到了长江中下游地区和东部沿海地区,这些新地域也开始较为广泛而大量地使用海贝。不过从遗址数量上看,黄河中下游地区最为集中。

关于海贝的来源与传播路线,由于有考古材料的支撑,目前已没有太大的争议,杨斌认为中国先秦时期的海贝"产自马尔代夫,经过草原之路(也就是北方丝绸之路的前身)抵达中国北方"[4],这一观点与考古发现相一致。笔者以为,马尔代夫过于单一,换成地域更为广大的印度洋海域似乎更为合理。正如彭柯和朱岩石所认识的,无论是东南沿海还是南海,都不可能是古代中国使用海贝的来源,只有印度洋才是中国古代海贝最符合逻辑的源头[5]。

异域传入的海贝在中国文明早期阶段受到了上层统治者的青睐,逐渐演变成财富的象征。与大量出土的海贝实物相印证的是,无论是传世文献还是甲骨文、金文材料,都有很多关于赐贝的记载。海贝已成为礼器中的重要一员并逐渐演变成最早的实物货币。作为文明因素核心的文字,也与海贝息息相关,可以说海贝在商周时期已完全融入中国文明的血脉之中。

在甲骨文与金文中,贝是一个象形字,即海贝中货贝的象形。在商周时期,贝的重要性还体现在众多带有贝字偏旁的汉字。如"寶""财""货""贾""资""赏""赐""贡""赋"等,大多与财富与经济相关。这类文字数量众多,在汉字体系中已根深蒂固,沿用至今。而天然海贝在先秦时期的一个重要转变就是演化为最早的实物货币,其时间大约在商周时期。

货币的产生源于交换,源于买卖,从汉字的源起看,买和卖字都带有贝字作为偏旁。货币在使用过程中需要有一个量化的标准,而在商周时期,"朋"就是海贝作为货币的单

---

[1] 王必建:《先秦秦汉时期海贝遗存研究》,河南大学硕士学位论文,2018年,第35页。
[2] 王必建:《先秦秦汉时期海贝遗存研究》,河南大学硕士学位论文,2018年,第39页,41页。
[3] 中国社会科学院考古研究所:《殷墟妇好墓》,文物出版社,1980年。
[4] 杨斌:《海贝与贝币:鲜为人知的全球史》,社会科学文献出版社,2021年,第233页。
[5] 彭柯、朱岩石:《中国古代所用海贝来源新探》,《考古学集刊(12)》,中国大百科全书出版社,1999年。

位,相当于两串贝。《诗经·小雅·菁菁者莪》中有"既见君子,赐我百朋"的记载,而商周青铜器铭文中关于以朋为单位进行赏赐的记载已发现多例。此外还有直接涉及买卖交易的,如《亢鼎》《三年卫盉》[1]。

关于商周时期的海贝是否曾经成为中国最早的实物货币,学术界尚有分歧。杨斌认为先秦时期中国的海贝并非货币,主要原因在于印度洋无法为中原地区的市场和社会提供一种持续的、可靠的供给[2]。笔者以为并非如此。诚然,天然海贝在商周时期依然稀少,不可能作为普遍使用的货币,但作为一种特殊的只在上层流通和使用的"上币",是完全可行的。关于"上币",《史记·平准书》载:"及至秦,中一国之币为二等,黄金以溢名,为上币。铜钱识曰半两,重如其文,为下币。而珠玉、龟贝、银锡之属为器饰宝藏,不为币。"在秦代,作为"上币"的黄金同样稀少,不可能广泛通行,但仍然可以成为法定的"上币"。那么在商周时期,天然海贝为何不可以为"上币"呢?况且,为了解决能够广泛流通的问题,"下币"很快就出现了,那就是青铜铸贝。

青铜铸贝是仿贝中的一种,由于其优越性,最终发展成为中国最早的青铜铸币。作为远距离传播而来的天然海贝,一开始便带有珍稀的属性。由于数量稀少,一贝难求,仿贝便应运而生了。早在史前时期,仿贝便已出现。考古发现的仿贝有骨、玉、石、陶及各种金属等质地。在所有仿贝中,青铜铸贝将海贝与青铜完美地结合在一起,成为中国青铜时代最早的人工铸币,克服了天海海贝数量稀少的缺陷,将贝的货币属性完全展现出来,促进了经济的繁荣与文明的进步。

在各种仿贝中,铜贝出现较晚。从目前的考古发现来看,最早的青铜仿贝出现在商代,如山西保德林遮峪的发现[3]。值得注意的是,商代虽然出现青铜仿贝,但其他材质的仿贝在中原地区几乎不见。而到了西周时期,骨贝、玉石贝常见而铜贝又沉寂了。直到春秋战国时期,青铜铸贝重新兴起,除黄河下游的齐、鲁等国外,南方地区的楚国开始大量铸造铜贝,并与文字相配,称为鬼脸钱或蚁鼻钱。

从天然海贝到青铜铸贝,海贝与青铜从一开始便有着微妙的关联。考古发现表明,在青铜时代的中国,海贝的出现、繁盛和消亡与青铜文化从西方传入中国之后的兴起、发展、衰亡是一致的。几乎哪里有海贝,哪里就有青铜,反之亦然。然而从传播路线来看,从甘青地区再往前追溯,二者的源头其实是不同的。针对欧亚草原的考古研究表明,早在张骞

---

[1] 相关文章可参看马承源:《亢鼎铭文——西周早期用贝币交易玉器的记录》,《上海博物馆集刊(第十一集)》,上海书画出版社,2000年;周祥:《重读〈三年卫盉〉、〈亢鼎〉铭文——兼论中国货币的产生》,《中国钱币》2019年第4期。
[2] 杨斌:《海贝与贝币:鲜为人知的全球史》,社会科学文献出版社,2021年,第278页。
[3] 吴振录:《保德县新发现的殷代青铜器》,《文物》1972年第4期。

凿空西域之前的数千年,便存在一条"草原丝绸之路"[1]。通过这条路线,青铜冶炼技术、小麦、马匹等文化因素陆续传入中原,并极大地改变了中原先民的文化面貌。还有一些学者对公元前三千纪以来甘青地区与中亚、西亚地区的彩陶及青铜技术等存在双向交流这一观点持积极态度,由此又有"彩陶之路"提法[2]。但是对于海贝而言,其源头在印度洋,传播路线应是从印度洋到土库曼地区,再经欧亚草原、蒙古草原到达中国青海东部或长城地带,由此彭柯、朱岩石等学者又提出"海贝之路"的概念[3]。

到了秦汉时期,作为货币的青铜铸贝被圆形方孔的半两钱与五铢钱所取代,而海贝也同时走向衰落。

本文的主旨不在系统考证论述,而是宏观意义上的一种思考。从新石器时代到夏商周时期,在中国文明的早期阶段,贝作为一种特殊的遗存,曾经发挥过重要的作用。在史前的大部分时间里,各种形态的淡水贝类及海洋贝类,一方面为古代先民提供着重要的食物来源,另一方面,以龙形蚌塑为代表的遗存直接反映了古代先民的精神信仰,促进了社会的进步与文明的产生。到了新石器时代晚期,以货贝与环纹货贝为主的天然海贝开始在中国出现,由西北传播到中原地区,由珍稀的财富象征发展成为中国最早的实物货币,并进一步发展成为稳定的金属铸币,不仅为中国文明的起源与发展奠定了坚实的经济基础,也在传统文献与甲骨文、金文上留下了浓重的印记,以贝为偏旁的大量汉字更是将贝的精髓融入中国文明的核心因素中。此外还有一点值得进一步的思考,青铜文明在西亚地区最为发达,而天然海贝是从印度洋经由西北的甘青地区传入中原的。中国最早的人工货币金属铸贝,实则吸收了域外两大地区的文化因素。我们一直说中华文明是多元一统的,在中国地域之内,文明的源头如满天星斗,最后融合为五千多年来绵延不绝的中华文明。然而在中国地域之外,外来文明因素其实也发挥了重大的作用。海贝与青铜只是其中的一个缩影,我们现在所进行的中华文明探源工程,对于外来的源头也应该加以关注。换言之,我们应该将中国文明置于世界范围内,以全球的视角去审视中国文明的起源与发展,而不是单就中国论中国。当然,在中国文明起源与发展进程中,无论有多少外来因素,最终都被兼收并蓄了,这恰恰说明了中国文明的博大与精深,善于吸收与融合,数千年来从未中断,生生不息。鉴古知今,古代中国如此,现代中国也同样如此。

陈声波,南京师范大学文博系副教授。

---

[1] 杨建华、邵会秋、潘玲:《欧亚草原东部的金属之路——丝绸之路与匈奴联盟的孕育过程》,上海古籍出版社,2017年,第2页。
[2] 韩建业:《再论丝绸之路前的彩陶之路》,《文博学刊》2018年第1期。
[3] 彭柯、朱岩石:《中国古代所用海贝来源新探》,《考古学集刊(12)》,中国大百科全书出版社,1999年。

临海市博物馆藏清康熙款彩屏风探析

滕雪慧

1951年台州专区文物管理委员会（临海市博物馆前身）成立，时任管委会负责人项士元先生在台州市六县抢救性征集文物时，将一套清代康熙年间大型款彩屏风征集入馆。1960年代初，临海划属温州专区，该屏风曾被温州博物馆借展近三年时间。大型款彩屏风初创于明代嘉靖年间，在此之后一直到清代康熙的大约一百五十年间则属于款彩工艺制作的鼎盛阶段[1]。在这个鼎盛阶段，色彩绚丽的款彩屏风被广泛制作，流行城乡，并且大量出口欧洲，受到热烈欢迎，被称为科罗曼多屏风，给欧洲的装饰艺术带来巨大影响。据统计，"保存在世界各地的中国古代款彩屏风有二百余件，其中多数未经著录，大都保存在欧美的公私收藏中"[2]。国内仅少数博物馆保存有少量款彩屏风。临海市博物馆所藏这套屏风保存基本完整，题款清晰，工艺精美，具有很高的历史、艺术、科学价值。本文拟在介绍屏风内容的基础上，对屏风的题材与产地进行分析解读，并探讨款彩屏风中相关题材的源流关系。

一、屏风介绍

整套屏风共12扇，单屏高260、宽52.3、厚2厘米。正面画面呈"回"字形布局，中心作通屏式构图，描绘宫殿人物故事，其外是一周装饰小图（图一）。屏心画面采取横向平行

---

[1] 丁文父：《中国古代髹漆家具：十至十八世纪证据的研究》，文物出版社，2012年，第277页。
[2] 丁文父：《中国古代髹漆家具：十至十八世纪证据的研究》，文物出版社，2012年，第266～267页。

方式展开，可分左侧府邸入门空间、中间庭院、右侧后院三个部分。左侧大门前有武士守卫，大门上侧及前方各有一亭，亭内有各式杂戏乐队欢迎来宾，门内有平桥通往庭院。中间部分上方是重檐正厅建筑，立柱及石阶前皆装饰威严的四爪蟒纹，表明了主人的尊贵身份。厅内长髯官袍的主人脚踩踏床，正在观看乐舞表演，后有两名侍女手持障扇。正厅左侧为偏厅，内有士人对弈，厅前廊下有士人及孩童。正厅右侧敞轩内用屏板围挡，内置宽大书桌，一长者坐于廊椅上，前有几个孩童，表现的应是课子间隙的休憩。前庭描绘了众多文武官员，文官头戴幞头，身着圆领袍衫；武将头戴帽盔，身穿罩甲。右侧后院是女眷活动区域，女眷多穿圆领宽袖襦衫，长裙，或披云肩，帔帛。最右侧重阁下层端坐的女性手持如意，脚踩踏床，后有侍女掌与男主人形制相同之扇，应为女主人。正准备走上台阶的两位女性地位较高，身后皆有侍女掌羽扇。其他女子或抚琴，或作画，或观景，或教子。屏心画面外围以一周卷草螭龙、灵芝组成的纹样带。其上是折枝花卉、暗八仙及鼎、炉、爵、觚、瓶、编磬等各式博古图案，折枝花卉从左侧杏花、桃花、玉兰、牡丹，到最右侧的梅花，隐约有季节顺序暗含其中。下方描绘十二幅风景名胜图，从左向右依次为"乌石凌霄""板桥春柳""螺浦春朝""芝寺晨钟""凤江荔锦""北阙松涛""西湖夜泛""台江夜月""莲峰樵唱""石鼓流泉""藤山早梅""西禅晓雪"。从春天的柳树潮水到冬季的早梅晓雪，一年四季的景致跃然"纸"上，其间人物悠然自得。左右两侧的仙人高士，从内容到人物形态相互呼应。最外圈是由折枝花卉、几何纹组成的边饰。

图一　临海市博物馆藏清康熙款彩屏风（正面）

背面布局与正面相似，亦呈"回"字形，屏心为长篇祝寿序文，其外是一周装饰小图（图二）。根据落款可知，寿序为康熙壬午年河南巡抚、都察院右副都御史兼礼部左侍郎顾汧所撰。序文叙述了作者与寿主王万载长子王之莹相识的过程及作序缘起，回顾了王万载壮年经商闽南、获利颇丰的经历,将之比为陶朱公,并盛赞其周济贫困、敬事佛陀、造桥修路等积德善行,称赞其子及孙辈人才辈出,"眼前四代,桂茂兰馨,衣冠济美",认为这正是王万载积德行善的结果。序文之后,列举了祝寿的地方士绅、好友及亲戚二百余人的姓名。寿序屏心外围以一周卷草折枝花卉纹饰带,上方装饰小图为神仙图案,从左向右,第四屏、第五屏、第八屏、第九屏描绘手执法器的道教八仙,其他若骑牛老者或为道教人物,光头长耳者似是佛教人物,女性神仙与正面画像中的女主人衣着形象相似,仿佛女主人置身仙境。下方装饰小图是麒麟、狮子、天马等瑞兽图案。两侧则为折枝花卉、暗八仙以及鼎、炉、瓶、觚、编磬等博古宝物,这些宝物在体量形制上也有隐约的呼应。最外圈是由团寿、团鹤以及卷草、半边团花构成的边饰。

图二 临海市博物馆藏清康熙款彩屏风(背面)

二、关于题材与产地

背面的寿序表明该款彩屏风是为祝寿而制作的贺礼。实际上,绝大部分康熙朝款彩屏风上都书写有寿序,根据序文信息,可知款彩屏风是流行于仕宦、乡绅、商贾阶层的寿礼。康熙款彩屏风画的题材也因用途而多有祝寿意涵,经常出现仙人、人物故事、吉祥动植物等图案。部分表现达官显贵的人物故事含有"汾阳"的标识,如纽约苏富比2022秋拍康熙十二年(1673)髹漆加彩十二扇屏风左侧门上方题"汾阳府"[1],同时拍卖的清18

---

[1] 纽约苏富比2022年秋拍 Lot 301。

世纪髹漆加彩屏风大门上方题"汾阳王府"[1],美国旧金山艺术馆藏清描漆楼阁人物屏风则在入门照壁两侧悬挂着"汾阳"旗帜[2]。"汾阳"即是唐代大将郭子仪。郭子仪历仕四朝,平定安史之乱,先后被朝廷封为中书令和汾阳郡王。郭子仪权倾天下,又得以颐养天年,尽享荣华富贵,家族兴旺,子孙众多,"八子七婿,皆贵显朝廷。诸孙数十,不能尽识"[3],是中国历史上最具代表性的福寿双全人物,众多子婿为其庆祝七十寿诞的故事也一直于民间流传,"醉打金枝"的典故即是该故事的演义。这类含有"汾阳"元素的屏风画主题可以确认为"郭子仪祝寿"。北京保利2008年春拍十二扇围屏正面屏心画中大门外迎宾戏亭前悬挂帅旗,左上角祝寿贺词谓:"或侯或公,其将以王,于今闽海,如昔汾阳"[4],将寿主比作"汾阳","帅"旗也符合郭子仪将帅的身份特征。"帅"旗在不少人物故事款彩屏风中程式化出现,成为一种标识性元素,这类屏风画的主题应也是郭子仪祝寿。

临海屏虽然没有出现"汾阳"字样,也没有出现"帅"旗,但在男主人身后的山水屏风前设一大床,其上交错散置许多笏板,表现"满床笏"的场面(图三)。厦门保利2021年春拍中的康熙髹漆彩绘图屏同样有笏板堆满一床的情况[5]。流行于清初的昆曲《满床笏》

图三 临海屏正面屏心"满床笏"场景

---

[1] 纽约苏富比2022年秋拍Lot 308。
[2] 博物院编辑委员会:《海外遗珍·漆器》,台北故宫博物院,1987年,第186～187页。
[3] 欧阳修、宋祁等:《新唐书》,中华书局,1975年,第4609页。
[4] 北京保利2008年春季拍卖会"开物——明清宫廷艺术夜场"编号2147。
[5] 厦门保利2021春季拍卖会"玄览——重要古董器物专场"编号0959。

以郭子仪感叹"窃得中书伴食方,朝罢回来笏满床"点题剧终。"满床笏"实是"郭子仪祝寿"故事的核心情节表现,虽然在款彩屏风中较为少见,但却流行于同时期瓷器的装饰中,如北京中汉2011年拍卖会中的清康熙五彩人物纹将军罐[1](图四)、故宫博物院藏清康熙五彩子孙满堂图瓷板[2]与青花大富贵亦寿考图大棒槌瓶[3]。以"满床笏"作为郭子仪祝寿题材的标识在款彩屏风中相对少见,原因可能是款彩屏风需要展示的面积大大增加,导致画面发展出更多的故事情节,而各种故事场面的铺陈使得"满床笏"在屏风中可能占有的比重大大缩小,变得不再醒目,促使了款彩屏风更多采用了比"满笏床"更为显著的"汾阳""帅"旗作为郭子仪祝寿题材的标识元素。

图四　清康熙五彩"满床笏"瓷罐

(北京中汉2011年"犹珍6——中国古代瓷珍暨工艺品残瓷专场拍卖会"Lot171)

郭子仪祝寿图在绘画、雕刻、陶瓷、刺绣等不同的工艺美术品中都有出现,明代宫廷画家石锐的《汾阳王郭子仪七十寿庆图》即是早期具有代表性的绘画作品。目前所见以郭子仪祝寿图为题材的款彩屏风集中出现于康熙时期,反映了郭子仪祝寿故事在康熙朝的盛行。这除了郭子仪本身福寿双全,是十分应景的祝寿题材外,也与当时的社会背景密切相关。康熙时期,社会从清初的动荡趋于稳定,经济发展,文化繁荣,推动了世俗祝寿活动

---

[1]　北京中汉2011年"犹珍6——中国古代瓷珍暨工艺品残器专场拍卖会"Lot171。
[2]　王健华:《故宫博物院藏清代景德镇民窑瓷器(卷一)》,故宫出版社,2014年,第182～183页。
[3]　马未都:《瓷之纹》,故宫出版社,2013年,第263页。

的兴盛。史载康熙皇帝庆祝六十大寿时，辇路经行之处"百官黎庶，各省耆民，捧觞候驾，填街溢巷"[1]。祝寿活动体现的是传统孝道精神。以"孝"为基础的三纲五常封建伦理道德历来是维护王朝统治的重要手段。清朝统治者入主中原后，非常重视利用汉文化尤其传统儒家思想来笼络人心，稳固统治。郭子仪忠于朝廷、报效国家的形象无疑是符合统治者利益的，因此得到统治者的认同与宣扬。这大大推动了郭子仪祝寿图于包括款彩屏风在内的各种装饰中的流行。

临海屏正面外圈装饰有"乌石凌霄""板桥春柳"等十二幅风景小图，根据风景名称，可知描绘的是福州乌石山、螺浦、西湖公园、台江、鼓山、西禅寺等地名胜。根据周功鑫的研究，"武夷九曲山水胜名由来已久，历来即为画家笔下的好题材，因此安徽省博物馆收藏的款彩屏风虽以武夷九曲山水图为装饰，却不表示一定是出自福建的作品"[2]。的确，屏风中所描绘的地方风景图案与屏风产地并没有必然的对应关系。不过，如果说武夷九曲山水因具有极高的知名度，而被作为一种超越了地域普遍性的装饰题材，那么临海屏中的福州地方名胜就不具备如武夷九曲山水名胜普遍的知名度。这种极具地方色彩的图案，更大可能是在当地制作的。而民间款彩屏风的发现和保存地主要集中在广东和福建两省[3]，说明福建确是款彩屏风重要的产地。寿主王万载曾长期在闽南经商，熟悉闽南风土人情，王氏家族到经商之地购买具有本地风景名胜的屏风也是非常便利的，王万载在面对这些福州名胜时也必然会产生一种亲切与欢喜。基于以上理由，笔者认为，该屏风很有可能产自福州，或者福州附近地区。

三、款彩屏风中的郭子仪祝寿图与汉宫春晓图

康熙时期，流行在款彩屏风中的人物故事题材，除了郭子仪祝寿图，还有描绘仕女活动的汉宫春晓。这两种题材同时风行于款彩屏风上，必然会有所交集。以下从图像学的角度探析这两种题材的关系。

目前笔者所见已发表的郭子仪祝寿款彩屏风，从构图方式看，主要可以分为四类，第一类是横向布局平行展开，从左到右依次为东门、池桥、正厅（两侧或有建筑）、女眷活动区，临海屏、旧金山亚洲艺术馆藏清描漆螺钿人物屏即为此类（图五）；第二类主体画面成

---

[1] 韩丛耀：《中华图像文化史·清代卷》，中国摄影出版社，2018年，第421页。
[2] 周功鑫：《清康熙前期款彩〈汉宫春晓〉漆屏风与中国漆工艺之西传》，台北故宫博物院，1995年，第51～52页。
[3] 陈阳：《中国财税博物馆收藏的清早期款彩祝寿屏风》，《东方博物》第46辑，浙江大学出版社，2013年。

对角展开,俯视视角下,庭院错落,最左侧保留了桥梁、水面的设置,如北京保利2008年春拍屏(图六)、德国科隆艺术馆藏清描漆楼阁人物屏风[1];第三类为横向布局,正厅在左,女眷活动区在右,大门或在左,或在下,与第一类相比最大的不同是缺少湖池桥梁,故宫博物院所藏黑漆款彩人物图屏(图七)[2]、中国财税博物馆收藏的清早期款彩祝寿屏风[3]、旧金山亚洲艺术馆藏清描漆楼阁人物屏风、纽约苏富比2022年秋拍清康熙十二年(1673)髹漆加彩刻郭子仪祝寿图屏风与清18世纪髹漆加彩刻郭子仪祝寿图屏风皆属此类;第四类亦是没有桥梁的庭院建筑,构图为对角展开,呈现俯视视角下的层层深入的院落全景,如广东省博物馆藏康熙三十二年(1693)黑漆款彩郭子仪庆寿图屏(图八)[4]、厦门保利2021年春拍康熙髹漆彩绘郭子仪祝寿图屏。此外,还偶有特例,如北京保利2021春季拍卖会清康熙二十九年(1690)黑漆地款彩郭子仪祝寿十二扇大屏风[5]是笔者所见唯一一件从右往左构图的例子。款彩屏风受到中国绘画的影响,其主题画面与一幅已经从左往右展开了的手卷相似,该屏风的构图显然不符合中国古人的阅读习惯。这种偶然的构图也可能会反映款彩屏风发展过程中不同因素交集的影响,但作为孤例,对探讨款彩屏风题材发展的一般过程意义并不大。因此,下文的讨论将集中于四类主要的构图方式。

图五　美国旧金山亚洲艺术博物馆清康熙壬子款郭子仪祝寿屏风

---

[1] 台北故宫博物院编辑委员会:《海外遗珍·漆器》,台北故宫博物院,1987年,第180～181页。
[2] 胡德生、黄剑:《故宫屏风图典》,故宫出版社,2015年,第112～113页。
[3] 陈阳:《中国财税博物馆收藏的清早期款彩祝寿屏风》,《东方物物》第46辑,浙江大学出版社,2013年。
[4] 张亮:《广东省博物馆藏清康熙三十二年黑漆款彩郭子仪庆寿图屏解读》,《文博学刊》2020年第4期。
[5] 北京保利2021春季拍卖会"抱古芳——宫廷艺术与重要瓷器、玉器、工艺品专场"编号6616。

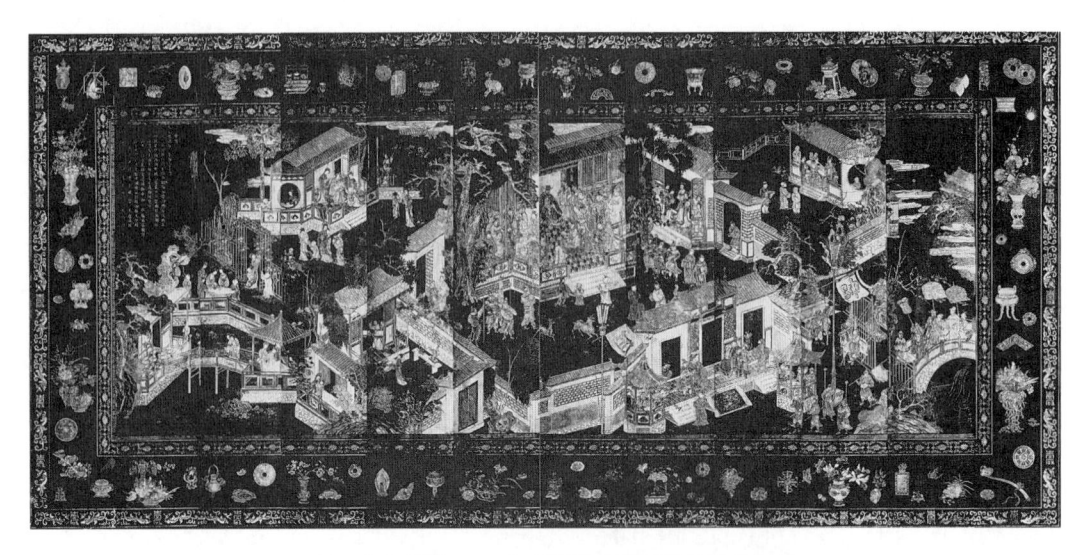

图六 北京保利2008年春拍清康熙郭子仪祝寿屏风
(图录《开物——明清宫廷艺术夜场》编号2147)

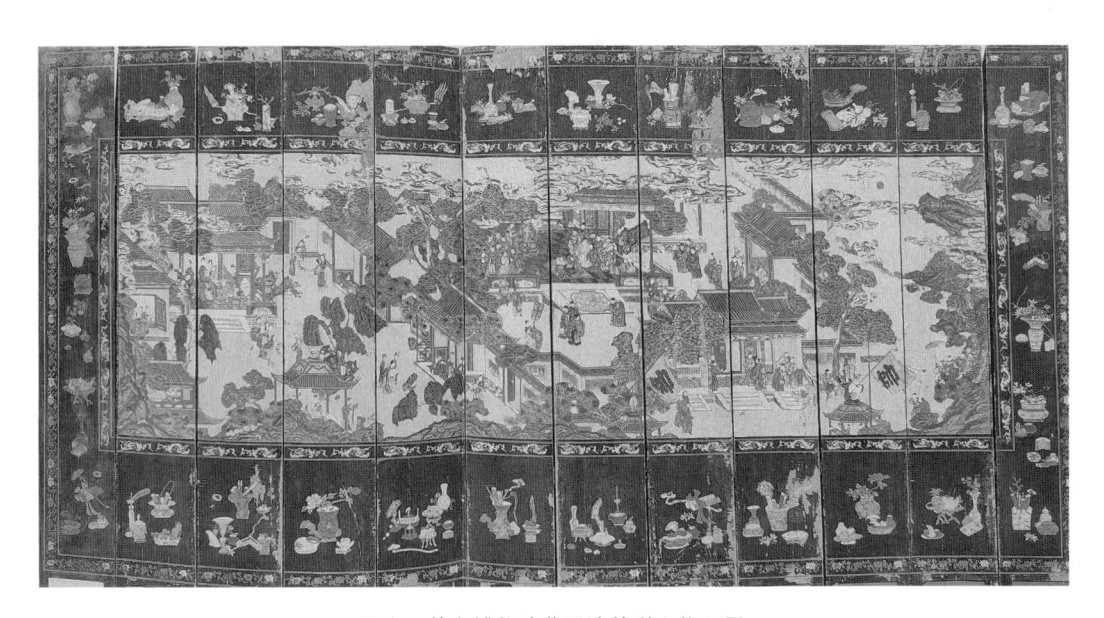

图七 故宫博物院藏黑漆款彩人物图屏

明中晚期至清初,"汉宫春晓"是极为流行的绘画题材,对款彩屏风产生了重要影响,"有相当数量的屏风画面所描绘的全然是宫廷仕女的活动。这一现象意味着款彩屏风画深受'汉宫春晓'题材的影响"[1]。汉宫春晓屏可分为两类,第一类画面中,水域开阔,通过

---

[1] 丁文父:《中国古代髹漆家具:十至十八世纪证据的研究》,文物出版社,2012年,第276页。

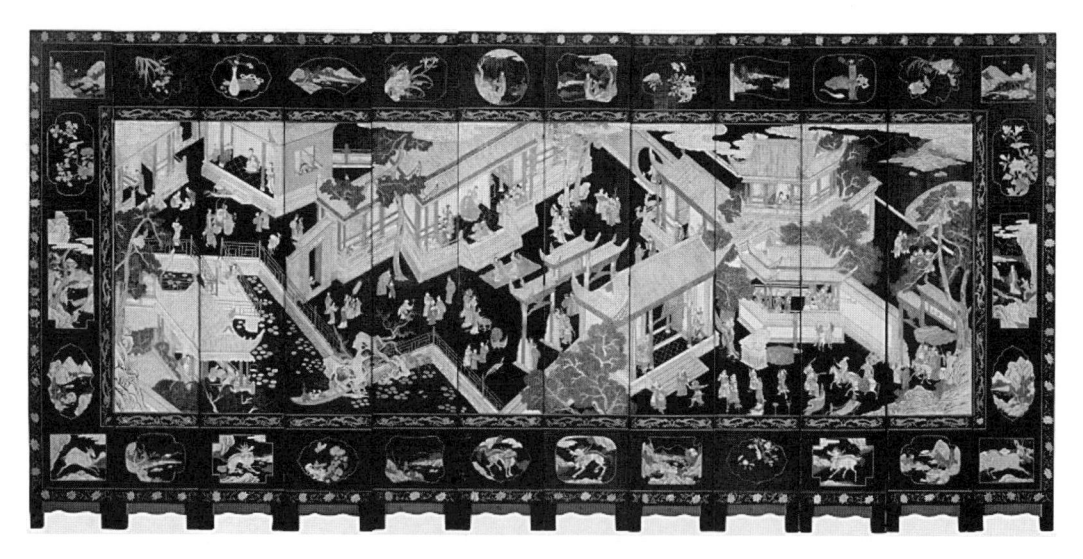

图八　广东省博物馆藏康熙三十二年(1693)黑漆款彩郭子仪庆寿图屏

桥梁连接不同的建筑空间,游船游弋其中,如南京博物院藏园林仕女图嵌螺钿黑漆屏风(图九)[1]和荷兰阿姆斯特丹的基本相似的汉宫春晓图屏[2]。这类屏风画面呈现出开阔的自然环境,反映了"汉宫春晓"皇家苑囿的母题特征。在第二类的构图中,水域缩小到大门内外,画面主体集中描绘的是单独庭院内的人物活动,如山西博物院藏明晚期黑漆款彩汉宫春晓图屏风(图一〇)[3]、法国中国通运公司藏汉宫春晓图屏[4]、安徽博物院藏康熙汉宫春晓款彩屏风[5]以及美国华盛顿弗利尔博物馆所藏的康熙壬子年款汉宫春晓图屏(图一一)[6]。这类屏风中水域直接联系庭院,表明其外还有更多的水域及建筑空间,远处原野上策马奔驰的人物也反映苑囿的环境特征。从主题表现来看,第一类汉宫春晓图屏皇家苑囿的特征十分鲜明,第二类皇家苑囿的特征明显减弱,这可能与款彩屏风的使用者是达官贵人而非皇家有关。从图像发展的内在逻辑判断,第一类汉宫春晓屏风的时代当早于第二类。

郭子仪祝寿与汉宫春晓两种题材屏风之间的联系主要体现在第一类郭子仪祝寿屏风与第二类汉宫春晓屏风之间的相似性。美国华盛顿弗利尔博物馆所藏汉宫春晓图屏(以

---

[1] 金维诺:《中国美术全集·漆器家具》,黄山书社,2010年,第148页。
[2] 周功鑫:《清康熙前期款彩〈汉宫春晓〉漆屏风与中国漆工艺之西传》,台北故宫博物院,1995年,第193～199页。
[3] 丁文父:《中国古代髹漆家具:十至十八世纪证据的研究》,文物出版社,2012年,第293页。
[4] 赫伯特·塞斯辛基(Herbert Cescinsky):《法国旧藏中国家具实例》,紫禁城出版社,2013年,第239～243页。
[5] 徐大珍:《清早期款彩"汉宫春晓"漆屏风与徽州漆艺研究》,《文物天地》2017年第9期。
[6] 周功鑫:《清康熙前期款彩〈汉宫春晓〉漆屏风与中国漆工艺之西传》,台北故宫博物院,1995年,第164～165页。

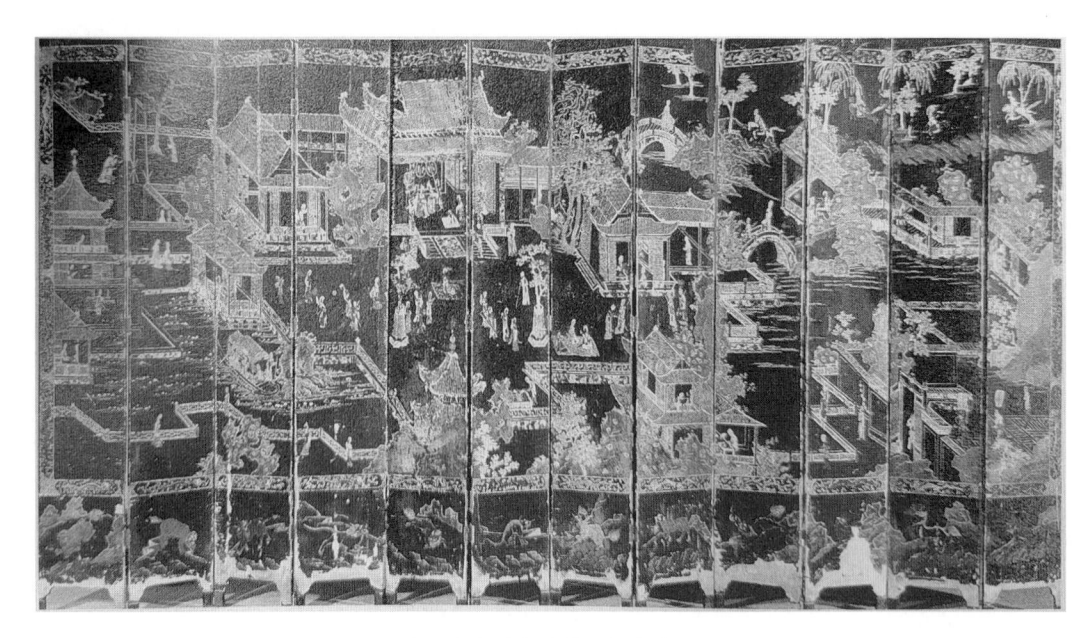

图九　南京博物院藏汉宫春晓屏风

图一〇　山西博物馆藏汉宫春晓屏风

下简称弗利尔屏）落有清晰年款，且绘者身份明确，是早期"汉宫春晓"款彩屏风中比较典型的一件，下面将临海屏与弗利尔屏进行比对，以便得出可靠的结论。两件屏风除了底边的拱桥不同外，其他建筑布局基本相同，构建出相似的空间格局。中部的正厅、正厅右侧的偏厅及左侧的敞轩形制基本相同，临海屏的回廊闺房部分仅取弗利尔屏的圆形大窗闺房及紧邻的敞廊部分，缺少了紧接敞轩及向下转折的回廊部分。右侧重阁台地基本布局相似，不同之处是临海屏的重阁建筑描绘得更为清晰，为房间内的女主人活动提供了清晰的环境，强调了女主人的身份地位；同时台地阶梯下的十字顶重阁建筑增加了围墙，为

图一一　美国华盛顿弗利尔博物馆所藏的康熙十一年（1672）汉宫春晓屏风

了不过于挤占庭院的空间，台地面积缩小，台阶也往后退到最后一屏。由建筑所划分的空间里，人物活动主题亦相似，正厅都是主人观赏乐舞，左侧偏厅是对弈人物，后院女眷多从事弹琴、绘画、赏玩等优雅的休闲活动（图一二、一三）。所绘人、事、物的形态细节也多有相似，如正厅内两位在长方形地毯上随着音乐袅娜起舞的女子，均披云肩，着长裙，挽飘带，双臂起舞，甚至连发型都十分相似，不同的是临海屏上方舞者呈回望姿态，右手臂也相应地往回挥舞，与下方舞者对视呼应，使得画面更加生动；再如，圆形大窗闺阁紧邻的房间，都是一女子带一孩童倚窗而立，只是姿态有所不同；庭院下方的花坛也相似，只是山

图一二　弗利尔屏正面屏心中的正厅乐舞表演 　　图一三　临海屏正面屏心中的正厅乐舞表演

临海市博物馆藏清康熙款彩屏风　77

石与花木具体形态有所不同。两件屏风最大的不同在于左侧门墙内外部分的构图。弗利尔屏门墙内外皆是水面,牌坊式大门建立在水面之上,大门与庭院之间看起来并没有直接的通道,唯有下方拱桥可以直接进入庭院,那么门墙内应当有通往拱桥的小道,来客由此到达拱桥,方能进入庭院。而在临海屏中,平桥被移入了大门内,门外的水面消失了,代之以乐队迎宾的情形,大门也由单薄的牌坊形式改为了厚实的墙壁。弗利尔屏大门内外宽阔的水域以及水面上游弋的船只,使得水域更接近自然环境的一部分,而在临海屏中,水面只是庭院内的一小部分景观,点缀着观赏的湖石。弗利尔屏中右上角院外漫步的驯鹿、秋千架以及左上角的策马人物在临海屏中都不见了。两件屏风的相似表明了第一类郭子仪祝寿屏与第二类汉宫春晓屏之间存在粉本的传抄和借鉴情况,而之间的不同则显示出不同表现主题的内在制约。

郭子仪的汾阳府邸地处山西,不具备湖池纵横的环境特征。第一类郭子仪祝寿图进入大门后须通过水面平桥才能真正到达庭院空间,这与郭子仪祝寿故事背景环境不相符合。第二类最左侧水面的存在感很弱,而且与府邸大门距离较远,与第一类构图中水域直接连接府邸不同,所描绘的更倾向于独立的府邸,而不是水域之上的建筑群。第三、第四类没有湖池的庭院构图更为符合汾阳府邸的环境特点。从四类构图中水域呈现的角度看,郭子仪祝寿图屏显然更倾向于表现与故事背景相符合的独立庭院环境。第二类与第四类采用了便于表现庭院层次感的俯视视角也说明了同样的问题。第一类大门内的水域与郭子仪祝寿故事背景环境不相符合,却与第二类汉宫春晓屏相似,表明了画面中的水域、桥梁元素借鉴了第二类汉宫春晓屏的布局。同时大门外水域的消失以及大门形制的变化又显示出制作者根据主题所做出的调整。第二类郭子仪祝寿图左侧桥梁水面存在感极弱,在构图上不是必需的,认为是第二类汉宫春晓图屏入门水面桥梁的孑遗更为合理。这种情况也说明了康熙时期的第一类郭子仪祝寿图屏产生于对第二类汉宫春晓图屏的传抄借鉴。另一方面,仅从表现郭子仪夫妇双寿诞的角度来讲,女眷活动区也不是必需的(款彩屏风之外,绝大部分郭子仪祝寿图采取的都是郭子仪夫妇居于图像正中,前有七子八婿拜寿的构图方式),郭子仪祝寿款彩屏风中的右侧女眷活动区的构图,可能与款彩屏风描绘的是横长巨幅画面,需要增加表现内容有关,同时很可能也受到"汉宫春晓"屏风的启发和影响。

款彩屏风初创于明嘉靖年间。笔者所见,法国中国通运公司藏汉宫春晓屏著录为明,山西博物馆所藏汉宫春晓屏与南京博物院收藏的汉宫春晓屏的时代均著录为明晚期。不过这三件屏风都没有明确纪年。现存款彩屏风中,仅有三件纪年早于清代康熙的作品,分别是明代崇祯十年(1637)款黑漆款彩十二月花卉图屏风,清顺治十六年(1659)款款彩佛教人物山水图屏风和清顺治己亥年款款彩花鸟树石图寿序十二牒屏风,而已知可以依据风格特征归属为明代晚期的款彩屏风只有两件,一件为南京博物院藏明代黑漆嵌螺钿园林仕女图款彩泉州名胜图十二牒屏风,第二件为私人收藏的明代晚期黑漆款彩宫苑人物图山水人物图十二牒屏风,表现的是中国古代士大夫所追求的隐退的生活理想和境界。[1]可以看出明晚期至清康熙前,款彩屏风画的题材多花鸟、山水、仕女,布局疏朗,格调典雅,反映出崇尚自然,淡泊幽雅的文人审美情趣。与充满热闹、富贵气息,具有强烈世俗性的郭子仪祝寿图相比,宫廷仕女的题材显然更契合于早期款彩屏风的审美风格。"从款彩工艺特别是款彩屏风诞生初始就需要吸收绘画艺术中工笔及设色的技巧,也需要装饰性的大幅绘画作品,而那个时代,没有比仇英的《汉宫春晓》卷更适合款彩屏风需要的作品了"。[2]因此,汉宫春晓图应当早于郭子仪祝寿图进入款彩屏风的装饰画面。

至此,我们可以大概勾勒出款彩屏风中汉宫春晓与郭子仪祝寿题材的源流关系:在款彩屏风产生之初,第一类汉宫春晓图便进入款彩屏风的装饰画面;款彩屏风的使用群体为达官贵人,充满皇家苑囿色彩的汉宫春晓图与达官贵人的身份不符,使得汉宫春晓图屏逐渐演变为集中表现单独庭院内人物活动的第二类汉宫春晓图屏;在郭子仪祝寿图进入款彩屏风后,吸收和借鉴了第二类汉宫春晓屏风的构图,并根据主题的不同做了局部调整;郭子仪祝寿图在发展过程中,因为主题的不同,与汉宫春晓图渐行渐远,出现了与汉宫春晓完全不同的符合自身主题的构图方式。当然,这只是大的发展趋势,在款彩屏风实际发展演变过程中,并没有截然的时间界限,各类屏风在制作时间上会出现不同程度的交叉与重合。

> 滕雪慧,2007～2010年在南京师范大学文博系随汤老师攻读博士学位,现工作单位为临海市博物馆。

---

[1] 丁文父:《中国古代髹漆家具:十至十八世纪证据的研究》,文物出版社,2012年,第278～279页。
[2] 丁文父:《中国古代髹漆家具:十至十八世纪证据的研究》,文物出版社,2012年,第276页。

从《临泽晋简》再看西晋"占田课田制"研究中的几个问题

杨国誉

长期以来,对于西晋时期的"占田"与"课田"问题,由于相关研究资料的缺乏,学界始终未能取得较为一致的看法与结论。2010年7月,甘肃省临泽县黄家湾滩墓群编号为M23的墓葬中发现了一批保存较为完好的晋代木质简牍。笔者曾对之进行初步的排序、标点与释读,确定该批简牍系晋末建兴元年(313)张掖郡临泽县地方政府对一起田产争讼案件的审理记录,并介绍和揭示了该批简牍的内容对于西晋"占田"与"课田"问题的研究可能具有的促进与推动作用[1]。惟因篇幅与体裁关系,笔者当时对这一问题未能展开详细的探讨。以下笔者即想结合该份"田产争讼爰书"的记载,就西晋时期的"占田课田制"研究中的几个重要问题,谈一些修正及补充的认识与体会。

一、所谓西晋时期的"占田制"是否真实存在过?

在以往的讨论中,除去对于其施行时间与效果的不同意见与看法外,研究者们对于"占田制"是西晋时期实行过的一种与"课田制"相对应的"田制"即土地制度,大多并无异议。只不过或以马端临《文献通考》所述为代表,认为其是"无无田之户"的国家"授田制"[2];或如唐长孺、王天奖等先生言,指其为"限田制"[3]。争论的真正焦点,似乎倒集中

---

[1] 杨国誉:《"田产争讼爰书"所展示的汉晋经济研究新视角——甘肃临泽县新出西晋简册释读与初探》,《中国经济史研究》2012年第1期。以下简称为《视角》。
[2] 马端临:《文献通考》卷二《田赋二》,浙江古籍出版社,1988年,第38页。
[3] 唐长孺:《西晋田制试释》,《魏晋南北朝史论丛》,三联书店,1955年,第49～50页;王天奖:《西晋的土地与赋税制度》,《历史研究》1956年第7期。

于"课田制"的性质及其与"占田制"的关系。但事实的真相一定必然如此吗？

在《视角》一文中，根据《临泽晋简》的记载，我们已经得出结论："占田制"并非国家授田。理由有二：

其一，孙香、孙发兄弟发生争议的田产，"明确记载是继承于其父祖，从兄弟分产至建兴元年争讼发生，占田令发布横亘其间"[1]，简文中却丝毫未曾提及任何国家授田事件的发生，也没有任何土地还授的相应记载。实际上，如果西晋太康元年（280）的"占田令"确实以国家授田的形式颁布施行，对孙氏兄弟的既有田产应该很难不发生这样那样的影响及扰动，而"这起以田产为主要争议对象的争讼官司怎么会遗漏这样显著的一件利害相关的事实？"[2]即使对于此前国家授田举措带来的影响可以暂时置而不论，据《临泽晋简》简6300文：孙香"薄祐九岁丧父母，为祖母见养。年十七祖丧土"[3]。又据简6298、6296、6305文："唯祖母存在，为发等分异……从来四十余年。"[4]从年龄方面推算，孙香九岁丧父母，十七岁祖母去世，获祖母分田地也已四十余年，则其争讼时年龄必然已在五十岁至五十八岁之间，其从兄孙发、孙金龙年纪还应更长，授田制下很可能将要面临还田于国家的问题，在该份爰书末尾的田产分判处理意见部分，又怎会对此种即将到来又直接关系分配方案公正性的重大田产变动只字不提？

其二、简文中香、发兄弟所争议的田产，"先后经过了继承、分割、买卖、转让等诸种处置，这些过程或有券书，获官方承认和保护，或由宗族作出决定，官方予以认可"[5]。如果当时的占田制度的确以国家授田的形式推行，如诸多研究者言，其土地所有权应该相应地由国家拥有[6]，又怎能允许这一制度下的土地使用者行使继承、分割、买卖、转让等土地所有者方可具有的处置权？而且，一旦允许这些处置行为的存在，国家授田的制度应该从一开始就很难真正贯彻执行。

对于这一点，其实存世文献中也已经有明确的证明，以往也多有学者曾经论及。典型的例证是《晋书·李重传》中的记载：晋武帝时太中大夫恬和"表陈便宜，称汉孔光、魏徐干等议，使王公已下制奴婢限数，及禁百姓卖田宅。中书启可，属主者为条制"，李重则反对说："降及汉、魏，因循旧迹，王法所峻者，唯服物车器有贵贱之差，令不僭拟以乱尊卑耳。至于奴婢私产，则实皆未尝曲为之立限也……盖以诸侯之轨既灭，而井田之制未复，则王

---

[1] 见《视角》文。
[2] 见《视角》文。
[3] 见《视角》文。
[4] 见《视角》文。
[5] 见《视角》文。
[6] 如持"占田"为"国家授田"观点的吕振羽先生在其著作中即称这些土地"都作为官府和皇室所有"。见吕振羽：《简明中国通史》，人民出版社，1955年，第222页。

者之法不得制人之私也。人之田宅既无定限,则奴婢不宜偏制其数……"[1]

关于这一争论发生的时间,有泰始九年(273)与太康九年(288)两种看法,笔者的意见,如果是后者,自然毫无疑问地可以证明,所谓"占田令"颁布八年之后仍然允许土地买卖的存在。而即便是前者,"占田令"颁布六年前对禁止土地买卖有如此强烈的反对意见,数年之后却没有重大争议,即行颁令,其后也未曾遇到任何舆论的反弹,或者曾经发生类似情形,史书却对这一重要争论事件略而未载,似乎也相当地不可能。

而在《视角》一文中,笔者未曾言及的是,同样地,有关这些处置行为的记载,还说明另外一个事实,那就是当时的"占田制度",应该也不会如唐长孺、王天奖等先生的观点,以"限田"形式存在。因为既然允许土地买卖等行为存在,那也就不可能存在任何事实上的限田效果。

更何况,《临泽晋简》简6311中记载:"翘独无嗣,今割香、发田各四十亩及坞舍分命亲属一人以为翘祠(嗣)。"[2]要划割香、发田各四十亩和坞舍给选择出的作为孙翘后人的亲属一人。则按常理推测,孙香、孙发划割后各自剩余的田地应该不少于孙翘继嗣者拥有的八十亩之数,而其划割前各自拥有的土地数目因此均应在一百二十亩以上,这和限田论者通常认为的"一家百亩"的限田指数似乎有着不小的出入。并且,"占田令"颁布后也未见政府对其过限部分田产有任何处理举措,可见当时也并不存在由国家强制力保证的"限田"做法。同时,值得指出的是,从简文的记载中,我们可以确定,孙香、孙发二兄弟均非达官显贵或豪族阶层成员。孙发自称"老民",孙香虽曾任职于郡县,也只是"吏",而并非"官",无法享受土地占有的特权。且其均要接受宗族长意见与决定的支配,因此应该不属于那种拥有族权与治权的地方豪族代表,至多只是一般民众中的经济条件较好者。从而可以排除二人因为是官僚或豪族阶层成员而占田过民众田产之"限"的可能。

而对于贵族与官员的限田,《晋书·食货志》的记载中倒的确写明了"限"字:"及平吴之后,有司又奏:'诏书'王公以国为家,京城不宜复有田宅。今未暇作诸国邸,当使城中有往来处,近郊有刍藁之田'。今可限之,国王公侯,京城得有一宅之处。近郊田,大国田十五顷,次国十顷,小国七顷。城内无宅城外有者,皆听留之。'""其官品第一至于第九,各以贵贱占田,品第一者,占五十顷,第二品四十五顷,第三品四十顷,第四品三十五顷,第五品三十顷,第六品二十五顷,第七品二十顷,第八品十五顷,第九品十顷。"[3]但由传世文献的记载我们可以看出,这一法令似乎也并没有发生实际的作用,这方面的例子很多,如

---

[1] 房玄龄等:《晋书·李重传》,中华书局,1974年,第1310页。
[2] 见《视角》文。
[3] 房玄龄等:《晋书·食货志》,中华书局,1974年,第790页。

《晋书·张辅传》记载:"张辅,字世伟,南阳西鄂人,汉河间相衡之后也。少有干局,与从母兄刘乔齐名。初补蓝田令,不为豪强所屈。时强弩将军庞宗,西州大姓,护军赵浚,宗妇族也,故僮仆放纵,为百姓所患。辅绳之,杀其二奴,又夺宗田二百余顷以给贫户,一县称之。转山阳令,太尉陈准家僮亦暴横,辅复击杀之。累迁尚书郎,封宜昌亭侯。"[1]

按《晋书·惠帝纪》的记载,陈准为太尉是永康元年(300)以后事[2],则张辅夺庞宗田事应当在公元280年以后,否则张辅"初补蓝田令"时间长达二十余年,可能性实在不是很大。可见即使在占田令颁布后,庞宗占田的数目,较之官员限田令中一品官员的占田数五十顷,也要多出许多来。

如此一来,所谓"占田制度"既非授田又非限田,其到底为何物耶?我们的看法是,之所以发生这一"既未授,又未限"的现象,原因可能有二:

(一)对民众的限田的确有过类似的设想,却徒成具文,根本没有贯彻实行过,"它只是一个草拟的计划,并未执行,因此谈不上作用问题"[3]。这样的一种意见,在过去并不占主流,但这一"田产争讼爰书"的记载,虽未明言,却似乎通篇处处都透露着支持这一观点的气息。对官员的限田,如张尚谦先生的看法,也只是"主要在于规定免赋的范围与界限"[4],对于多占行为也无相应的预防与惩罚措施。

(二)所谓占田,并未成制,只是课田制的组成部分。《晋书·束晳传》记载:晋惠帝时,束晳上书称:"今天下千城,人多游食,废业占空,无田课之实,较计九州,数过万计。"[5]这一例证反过来可以证明,课田制在此前倒确实是实行过的。但所谓"占田制"的情况则有所不同。

我们可以再一次审视西晋太康元年(280)田令的相关内容:"男子一人占田七十亩,女子三十亩。其外丁男课田五十亩,丁女二十亩,次丁男半之,女则不课。男女年十六已上至六十为正丁,十五已下至十三、六十一已上至六十五为次丁,十二已下、六十六已上为老、小,不事。"[6]其中"男子占田七十亩、女子三十亩"一句,以往常常有将之目为对于民众的"占田制"规定者,但张尚谦先生曾多次撰文,认为包括该句在内的所谓西晋的"占田制"规定,只是装饰性的比照标准,是"户调式"中的"户样"部分[7],这一观点却似乎

---

[1] 房玄龄等:《晋书·张辅传》,中华书局,1974年,第1639页。
[2] 房玄龄等:《晋书·惠帝纪》,中华书局,1974年,第96页。
[3] 《山东大学历史系讨论西晋占田制》,《文史哲》1962年第3期。
[4] 张尚谦、张萍:《再释西晋的"户调之式"》,《云南民族学院学报(哲学社会科学版)》1997年第1期。
[5] 房玄龄等:《晋书·束晳传》,中华书局,1974年,第1431页。
[6] 房玄龄等:《晋书·食货志》,中华书局,1974年,第790页。
[7] 参见张尚谦、张萍:《再释西晋的"户调之式"》,《云南民族学院学报(哲学社会科学版)》1997年第1期;张尚谦:《论"品式":西晋〈户调式〉、北魏〈丘井式〉、隋〈输籍样(式)〉》,《云南民族大学学报(哲学社会科学版)》2006年第4期;张尚谦:《"品式"和西晋〈户调式〉研究》,《云南民族大学学报(哲学社会科学版)》2011年第1期等文。

并未引起学界的太多注意。张先生对于"品式""户样"等问题的具体看法我们在此且不作评价,但他文中的一段论述却给了我们直接的启发:"'男子占田七十亩、女子三十亩'是什么意思呢?'户调式'中'男子占田七十亩、女子三十亩'等词句,几乎是描述性的,既未说'应该''可以'占有这么多土地,也未说'只许'或'最多允许'占有这么多土地。"[1]这也就是说,"男子占田七十亩,女子三十亩"句之前,可以视为被省略的,并非必然是"至多"(如李剑农、柳春藩等先生观点[2])、"可以"(如唐长孺、高敏等先生观点[3])、"必须"(如金家瑞等先生观点[4])之类的限定,与之相反,从这一思路出发,将"男子占田七十亩,女子三十亩"视为假设关系的条件状语从句,也就是在其前加上一"如果",似乎倒更觉客观与通畅。

在此视角之下,"男子占田七十亩、女子三十亩"云云,可能只是在解释课田制该以何种标准进行课税时,所列举的假设情况,意谓"男子占田七十亩、女子三十亩"数目下,按"其外丁男课田五十亩,丁女二十亩,次丁男半之,女则不课"的额度课税,余则类推。这样来看的话,"男子占田七十亩,女子三十亩"只能是虚指的一个范例。

因此,"男子占田七十亩,女子三十亩"的表述只是作为"课田令"规定的组成部分存在,而从来未存在过一个独立的针对民众的"占田制"或"占田令"。在"课田令"中,西晋政府并不曾有过丝毫影响民众田制的主观用意,连"空洞地准许人民占有法令上所规定的田亩"[5]也不曾有过,我们曾经有过的种种对"占田制"内容、性质、意义的猜测,可能只是对这一句表述的误读或者是过分解读罢了。换而言之,准确地说,公元280年针对民众颁布的,其实仅仅只有"课田令"一种。

不但如此,由于该句中的"男子占田七十亩,女子三十亩"只是一种条件性的假设,充其量只是对已成功占有(或亦可释为指射、申报义)的田地进行客观描述,作为课税前提。而未涉及如何才能成功占有、指射、申报田地的问题,或是解决此前此后占有(指射、申报)土地的合法性问题。因此似乎并不能如高敏先生言:"西晋的占田法令,正是把上述汉末、三国以来的大量占田事实,予以承认,使之法典化。故占田法,本质上是承认私有土地所有权的法律"[6],推导出有特颁此令以承认私有土地所有权的用意。或者我们可以说,由

---

[1] 参见张尚谦、张萍:《再释西晋的"户调之式"》,《云南民族学院学报(哲学社会科学版)》1997年第1期。
[2] 参见李剑农:《魏晋南北朝隋唐经济史稿》,三联书店,1959年,第127页;柳春藩:《关于西晋田赋制度问题——对王天奖〈西晋的土地和赋税制度〉一文的意见》,《史学集刊》1956年第2期。
[3] 参见唐长孺:《西晋田制试释》,《魏晋南北朝史论丛》,三联书店,1955年,第49~50页;高敏:《关于西晋占田、课田制的几个问题》,《历史研究》1983年第3期。
[4] 金家瑞:《西晋的占田制》《新史学通讯》1955年第11期。
[5] 唐长孺:《西晋田制试释》,《魏晋南北朝史论丛》,三联书店,1955年,第49页。
[6] 高敏:《关于西晋占田、课田制的几个问题》,《历史研究》1983年第3期。

"男子一人占田七十亩,女子三十亩。其外丁男课田五十亩,丁女二十亩,次丁男半之,女则不课"的规定,并不能必然得出有关当时这一假设下土地性质的任何结论。

诚然,从《临泽晋简》的记载中我们确实也曾得出"当时田地的私有已是公开和明确的事实"这一结论[1],但同样从该简的记载中我们却也发现,这一事实与公元280年所谓"占田令"的颁布明显扯不上太多的关系。

因此,总而言之,作为一种独立制度的"占田制",我们的看法是,其在西晋的历史上,其实很可能并未实际存在过。"男子一人占田七十亩,女子三十亩"只是出于"课田令"的颁布需要,基于既有土地制度的"不带立场的"假设与描述,其不是授田,不是限田,也不是追认此前田地占有的既成事实,并不具有革命性的开创意义,倒是其后北魏的均田制颇具土地制度方面的创新性,成效也很显著。

二、关于"课田令"的颁行目的与效果

对于"课田令"(或谓"占田课田令")的颁行动机,一种通行的解释认为是西晋政府面对荒地多有,国家控制民户不足的状况,"限制士族私占人口与限制其私占土地就显得十分迫切"[2],于是"占田课田令"应时出台,为了与地主豪强争夺民户,政府颁行此令,以差额征税的办法,鼓励民众积极垦荒,进而主动脱离豪强荫蔽,向政府申报户籍。因此,也才会出现公元280年颁令后太康年间民户大增的情况。

但根据《临泽晋简》简6305的记载,"会皆民盛,论列黄籍,从来四十余年",从这批简牍的书写时间建兴元年(313)反推,则这一现象出现的时间应该在公元263年至公元273年之间——必然是在公元280年"课田令"颁布之前。如果这恰指民户增加,并相应登入黄籍的情形,则可以确定公元280年"课田令"颁布之前,当时社会已经民户大盛,国家掌握的、登记在册的纳税民户已经大幅增加,那种认为西晋政府面临民户缺失的迫切形势,为与地主豪强争夺民户而颁令的说法,在这样的事实面前,似乎缺少了一些说服力。

不但如此,如果"会皆民盛"的原因确实是因为大量民户垦荒拥有田地而主动向政府申报的话,在民众已经大规模垦荒入籍的情况下,政府是否还需要颁令进一步鼓励垦荒也十分值得怀疑。则所谓"占田课田令"颁布是为鼓励民众垦荒,只涉及无地户对荒地的开垦,因而未对有地户造成扰动的说法也应存在一定问题。

---

[1] 见《视角》文。
[2] 邹志峰:《中古时期中央集权与赋役制度演变之关系》,《固原师专学报》1998年第5期。

至于传世史籍中记载的民户剧增,不在公元263年至273年之间,而在太康元年(280)至太康三年(282)间的缘由,从肯定的方面来看,可能是因为太康后的人口增长与孙氏兄弟争讼案件并无利害相关,因此未被其提及。至于其发生的原因,可能一是因为,"课田令"规定的差额课税制,无论其是否有主观上的相应用意,客观上应该对民众的开荒行为造成了鼓励,从而造成太康后民众户口仍然持续大增。二是由于户调以户计,"丁男之户岁输绢三匹,绵三斤;女及次丁男为户者半输"[1],政府为增加收入,对民众"同居共籍"的做法采取了某些禁止和限制的做法,强制其分户立籍,从而造成民户大增。而从否定的方面来看,西晋民户数量的大规模增长,高峰期可能正应是在公元263年至273年之间,因此孙氏兄弟等普通民众才会有直观强烈的人口繁盛之感,才会从民间视角的普遍感受出发,并在争讼过程中突出提及这一众所周知的现象作为证明。因此这一情况的发生,与其后公元280年"课田令"的颁布并无实在联系。

从这一角度来看,从西晋立国开始,民众人口的增长就一直在持续,课田令的颁布至多只是促进民户增长的原因之一,而并非唯一,也不可能是主要的原因。当时民户增长的主要原因可能还是在于西晋立国之初社会环境的长期和平。之所以太康元年(280)与太康三年(282)的统计数字出现巨大差异,可能只是由于不同史籍的不同统计来源与统计方法造成的。其真相到底如何,也许还要有待后来的研究者利用更多的新出史料加以辨析。但以某两种典籍统计数据的出入,得出"太康元年至三年间西晋人口出现突进式的增长"这样一种以往几以定论目之的看法,未必就没有质疑的可能与空间。

附带需要说明的是,从简文中也可以看出,"黄籍"之称,西晋时就有,也有民众登记入籍的实例记载,郑欣等先生认为的西晋时期并无"黄籍"之名,"黄籍之名仅流行于东晋南朝",是因为与当时的"白籍"相对而称方才出现的看法,因而似乎也可以随这一材料的新出作一些新的修订[2]。

三、关于课田制的征收方式

由于我们的看法是,一夫一妇"男子一人占田七十亩,女子三十亩",只是假设举例以提供课税的标准和样板。因此,关于课田制的征收方式,相应的结论就是,每户或每男丁课田五十亩(或一夫一妇七十亩)也只是占田百亩情况下才采用的课税数值,而并非每

---

[1] 房玄龄等:《晋书·食货志》,中华书局,1974年,第790页。
[2] 郑欣:《魏晋南北朝时期的户籍制度》,《郑州大学学报(哲学社会科学版)》1987年第1期。

户或每男丁"不管占未占足百亩,都统一课田五十亩",因为如果真是每户或每男丁课税五十亩(或一夫一妇七十亩)一律无异的话,相应法令条文就无须作种种前缀限定与说明,会简单直接得多。至于田税是按丁还是按户征收,由于现有资料表述上的含混,并且这两种观点都可以找到各自的支撑史料[1],笔者倒以为这两种可能性在现有文献资料条件下还都无法排除。而因为现有资料中几乎毫无例外地均未曾以每亩田租量标示税率,则我们基本可以确定的一种很大可能倒是,当时应该没有实行按亩课税的做法。

四、关于河西地区土地制度的施行与存续环境

《临泽晋简》毕竟只是对西晋特定地区的一桩土地争夺事件的个案反映,而并未涉及对当时土地制度的全局描述,因此会不会存在公元280年的确颁布了"占田令",这一制度在河西地区却因为当地的战争、动乱等突发事件的影响而在其后发生变化的可能呢?

对于这一疑问,我们细检简文后可以发现,其中描述的"荒毁"与"荒破"时期,从时间上看,都应出现在魏晋交替时代或之前,例如,《临泽晋简》简6298、6296孙发称"父同产兄弟三人,庶叔三人共同居同籍,皆未分异。荒毁之中,俱皆土没,唯祖母存在,为发等分异"[2]。既然孙氏兄弟在其父辈去世后方行分家,并距建兴元年"从来四十余年",则反推可知,时势"荒毁"、其父辈去世的发生时间均应在公元273年前。孙香兄弟分家之后(即至少273年以后)直至建兴元年(313)争讼事发,简文中再未提及类似情况的发生,这是否也从一个侧面说明,发生在公元280年以后的"八王之乱""永嘉之乱"等破坏性事件对河西地区并未产生重大影响,当地的社会环境在晋末仍总体处于安定态势,从而使得当地既有的土地制度能够一直延续下来而未受扰乱?因此也并不存在公元280年颁布实施了"占田令",却因为晋末河西社会环境的动荡而使得"占田制"在其后发生变化的可能。

以上就是我们结合《临泽晋简》的记载,对西晋"占田"与"课田"研究过程中部分问题的一些还不够成熟的思考。客观地讲,这份新出的"田产争讼爰书"简牍只是特定时地形成的个案记载,其所反映的晋末河西地区土地制度的施行情况本身即与当时的中原或是其他地区有着种种差异与不同,因此,以之为依托,对于西晋时期的"占田"与"课田"问题进行整体与共性的探讨和研究,目前确实很难避免"管中窥豹"式的局限,更难邃获

---

[1] 关于这两种看法的基本观点、论据及论证思路,可参看王天奖先生的《西晋的土地和赋税制度》(《历史研究》1956年第7期)及柳春藩先生的商榷文章:《关于西晋田赋制度问题——对王天奖〈西晋的土地和赋税制度〉一文的意见》(《史学集刊》1956年第2期)两文。
[2] 见《视角》文。

"一锤定音"式的决定性论断。但该批材料的发现，一个重要的意义应该还在于，其可以启发我们从一些新的角度去探究西晋时期的"占田"与"课田"问题，获得有别于传统解释的可能，从而在不断地尝试中推动相关研究的继续前行。

    杨国誉，2009～2012年在南京师范大学文博系随汤惠生老师攻读博士学位，
          现工作单位为盐城师范学院。

有翼兽飞翼造型的跨文化演变*
——从美索不达米亚到中国

俞方洁

人类对飞行的认知往往以鸟类为参照,要实现飞翔的梦想需要借助鸟类的飞翼。早期人们认为鸟类翱翔于天地之间,是沟通天地、传达天神旨意的信使。由于早期人类认为鸟类的飞行能力源于双翼,因此飞翼崇拜遍布于世界各大文明圈。美索不达米亚文明最早出现了不同形态的有翼神兽,希腊神话中不仅有带翼的格里芬,还存在大量有翼神,《山海经》中亦有诸多对有翼神兽的描述。尽管这些翼兽的形态不尽相同,但它们的背后都体现了彼此相通的原始思维模式,即走兽只要拥有了鸟类的翅膀就具有飞翔的能力,从而获得了神格。有翼兽飞翼造型的源头可以追溯至公元前4千纪苏美尔文明的有翼狮。在美索不达米亚经历了两千多年的演变后,有翼兽逐渐演变为鹰首(狮首)、狮身与鹰翼相结合的格里芬(Griffin)。此后这种拥有鸟类飞翼的幻想性动物在世界范围内广泛流传。这体现了早期人类与天沟通、上达天听的共同愿望。

中国自古以来就有鸟翼崇拜的民族心理。大汶口文化刻划陶纹中有生翼的太阳(或曰"飞鸟负日"图像)。有关翼兽的神话和传说在中国不绝于书。朱希祖言中国古书中有"如虎添翼"说[1],有翼兽屡见于《山海经》神话故事。学界公认中国的有翼兽形象源自西方。而关于翼兽传入中国的时间,学者们有公元前13~前11世纪、春秋中晚期、战国至汉代等几种观点[2]。李零认为西周中期的邓仲牺尊和春秋中期的立鹤方壶上的飞翼

---

* 本文为2024年度重庆市社科规划项目"文明互鉴视野下先秦汉晋时期异域动物图像研究"(项目批准号:2024NDQN102)的阶段性成果。

[1] 朱希祖:《天禄辟邪考》,《梁代陵墓考六朝陵墓调查报告》,南京出版社,2010年,第248页。

[2] 参见郭静云:《从历史"世界化"的过程思考中国翼兽的萌生》,《民族艺术》2020年第3期;李零:《论中国的有翼神兽》,《入山与出塞》,文物出版社,2004年,第87~135页等等。

与天禄、辟邪造型差距较大，它们之间关系不大[1]。郭静云认为"中国最早的翼兽造型还没有形成传统，后来战国新兴的翼兽造型与殷末周初的形象并无传承关系，应视为新时代再次发生的外来影响的结果"[2]。探索有翼兽造型的源头，关键在飞翼，通过梳理欧亚大陆上有翼兽飞翼的造型演变，我们可以发现中国有翼兽在春秋中晚期以后受到西方造型艺术的显著影响。这种影响并非一次性的，早期西方造型艺术像波浪一般一波一波涌向中国。本文将溯源而上，寻找掀起有翼兽飞翼造型潮流的风暴眼，并追寻欧亚草原上的圈圈涟漪，最终探讨这种造型艺术波及中国后改造熔铸和重塑新质的问题。

一、起源：美索不达米亚文明

公元前4千纪在美索不达米亚，有翼兽由苏美尔人创造。乌鲁克与提姆杰特·那色（Uruk and Jemdet Nasr Periods）时期苏萨一枚封泥上表现了一只鹰首狮身的有翼兽[3]（图一，1）。它的巨大飞翼从后背高举，模仿了自然界的鹰翼。初级飞羽用一道平行的直线刻绘，表现了鹰在翱翔时两翼完全展开的姿态。阿卡德时期（2340B.C.～2180 B.C.）有翼兽化身为长着鹰翼的龙，口中喷吐火焰，牵引着手持闪电的雷神亚达（Adad）（图一，2）[4]。翼龙的飞翼从肩关节处生出，高举的两翼展开并向前伸，弧线勾出的飞羽呈平直状，类似舒展双翼翱翔天空的雄鹰。不过，苏美尔—阿卡德时期飞翼的刻画较为生硬，可能受到了绘画材料的限制，但造型特征已初具鹰类飞翼翱翔于高空的姿态。另外，巨大鹰翼使有翼兽如同鹰一般飞翔于天地，与天神保持着密切的联系。例如苏美尔时期长着鹰翼的狮头鹰——伊姆杜吉德（Imdugud），它常出现于生育女神——宁胡尔萨格（Ninhursag）神庙中，鹰翼是它作为天神的象征，同时也暗示它如鹰类搜寻猎物一般进入神庙，完成与生育女神的圣婚[5]。有翼兽作为天神的传统一直延续至亚述时期。

公元前18世纪，有翼兽首次以格里芬的形象出现在叙利亚。公元前14世纪格里芬图像盛行于叙利亚的米坦尼（Mitannian）和亚述。在米坦尼的印章上，鹰首格里芬肩关节处生出巨大的鹰翼，长翎状飞羽如折扇般展开，初级飞羽呈自然张开的状态，如同鹰翱翔的双翼姿态[6]（图一，3）。公元前15世纪，米坦尼进入强盛期，它将远至基尔库克的亚述领

---

[1] 李零：《再论中国的有翼神兽》，《入山与出塞》，文物出版社，2004年，第139～140页。
[2] 郭静云：《从历史"世界化"的过程思考中国翼兽的萌生》，《民族艺术》2020年第3期。
[3] Henri Frankfort, Notes on the Cretan Griffin, *The Annual of the British School at Athens*, 37(11), 1937.
[4] Henri Frankfort, Notes on the Cretan Griffin, *The Annual of the British School at Athens*, 37(11), 1937.
[5] Henri Frankfort, *The Art and Architecture of the Ancient Orient*, Penguin Books, 1970, p.60.
[6] Henri Frankfort, Notes on the Cretan Griffin, *The Annual of the British School at Athens*, 37(11), 1937.

土与叙利亚北部平原统一起来。公元前14世纪亚述摆脱了米坦尼的控制,恢复了独立,甚至吞并了米坦尼的部分领地。亚述继承了米坦尼的遗产,它在米坦尼艺术基础上发展出一种自然主义倾向的艺术。格里芬在亚述艺术中出现的时间与米坦尼大致相同。亚述早期(1350B.C.～1000B.C.),格里芬的飞翼延续了苏美人—阿卡德和米坦尼的造型传统,高举的双翼和自然平展的初级飞羽表现了鹰在天空中展翅翱翔的姿态(图一,4)[1]。亚述艺术以更为精致的手法表现翅膀的结构,而且细致入微地再现了每根羽毛。例如在亚述晚期(1000 B.C.～612 B.C.)宫殿浮雕上,被尼努尔塔追赶的格里芬飞翼刻画精准,展现了由羽轴和细密的羽枝构成的飞羽和覆羽(图一,5)[2]。

从公元前4千纪至公元前6世纪,美索不达米亚有翼兽飞翼表现出较强烈的一致性,即对鹰类飞翼的模仿或再现。我们知道鹰类飞翼由覆羽和飞羽构成,覆羽为鱼鳞状,短、圆、薄,掩覆于飞羽的基部,而飞羽长在翼区后缘呈长翎状,大而坚硬的飞羽用于飞行。实际上,对飞行起决定作用的是初级飞羽(也称主翼羽),即翼尖三角区域。初级飞羽对鹰类控制飞行姿态和速度至关重要。大幅度扇翅,初级飞羽朝上内卷,此时升力最高,阻力也最大,适合启动、爬升的状态。相对应地,后者初级飞羽自然伸展,此时阻力较小,便于翱翔。从艺术表现来看,美索不达米亚艺术具有一定自然主义倾向。有翼兽飞翼不仅是对鹰类飞翼生理结构的观察和表现,而且平展的初级飞羽符合鹰在翱翔时的姿态。尤其是亚述文化进一步强化了在亚述宫殿浮雕上的格里芬飞翼,既有鱼鳞状的覆羽,也有长翎的飞羽,晚期甚至表现每根羽毛的羽轴和羽枝,但精细的再现使有翼兽飞翼略显呆板,缺少了生动感。

二、再创造:古希腊文明

公元前8～前7世纪,随着叙利亚北部与希腊商贸交往日益频繁,北叙利亚文化在爱琴海的克里特岛和希腊中部传播开来[3]。在希腊,当地最具影响力的珠宝商和金属工匠均来自叙利亚北部。这些叙利亚移民在希腊制作或带入的金属、象牙制品以及纺织品,带来了新的人物形象和装饰风格,开启了希腊艺术东方化风格时期。古希腊最早的格里芬形象出现于公元前8世纪克里特岛的卡沃西(Kavousi)青铜牌饰和阿卡迪斯(Arkades)的青

---

[1] Bernard Goldman, The Development of the Lion-Griffin, *American Journal of Archaeology*, 64(4), 1960.
[2] Henri Frankfort, *The Art and Architecture of the Ancient Orient*, Penguin Books, 1970, p.163.
[3] Nancy B. Reed, Griffins in Post-Minoan Cretan Art, *The Journal of the American School of Classical Studies at Athens*, 45(4), 1976.

铜盾牌[1]上。卡沃西青铜牌饰上的两个格里芬与一个叙利亚男人同时出现,这充分表明了希腊格里芬与叙利亚北部艺术的亲缘关系。

公元前7世纪,随着一大批叙利亚北部移民的到来以及手工作坊的兴起,希腊的青铜、纺织以及艺术母题(格里芬)出现了希腊化风格。也就是说,希腊的格里芬在造型上逐渐失去了东方的审美特征,本土因素愈加显著[2]。这一时期希腊格里芬的飞翼明显区别于亚述和叙利亚北部艺术,表现出新特征和本土化因素。虽然向上高举的鹰翼受到了近东艺术的影响,但初级飞羽内卷呈镰刀状的飞翼全然不同于近东艺术[3](图一,6)。从科林斯[4](图一,7)、奥林匹亚[5](图一,8)、萨摩斯岛[6](图一,9)、基克拉底群岛等地的黑绘陶上可以看出,希腊人将初级飞羽由近东自然平展的姿态改变为螺旋状内卷,使整个飞翼类似于弯弓或镰刀。不仅如此,希腊人更善于抓住艺术形象的特征和瞬间动态的表现,他们突出了初级飞羽向内卷的形态,可能与他们了解鹰的初级飞羽控制不同飞行姿态有关。内卷的初级飞羽再现了鹰启动、爬升时的飞行姿态,好像将鹰腾飞一刹那的景象记录下来,充满艺术张力。希腊艺术家并没有直接复制近东艺术,他们是在近东艺术自然主义传统基础上加入了主观化的处理。皮奥夏(Boeotian)地区彩陶碗上的翼马和鸟人分别表现了初级飞羽内卷和平直两种形态,这显然是希腊人观察自然的结果[7]。为了突出鹰的初级飞羽对不同飞行姿态的控制,希腊人不惜以夸张变形的手法加以改造。飞翼内卷的初级飞羽呈螺旋状排列,平直的初级飞羽被特意加长[8](图一,10)。这与希腊艺术将客观再现与主观表达有机融合在一起有着密不可分的关系。希腊艺术虽然是从自然主义的理性出发,但并不被理性所限制,以主观感性赋予主体生命性,具有主观理想化的色彩。相比于近东艺术呆板的写实风格,有翼兽飞翼在希腊艺术中呈现出生命的活力,螺旋状内卷的初级飞羽形成了希腊典型样式。

---

[1] Nancy B. Reed, Griffins in Post-Minoan Cretan Art, *The Journal of the American School of Classical Studies at Athens*, 45(4), 1976.

[2] 格里芬的脖子变得细长而不是东方粗短的样式,四脚为狮爪而非东方常见的鹰爪,以及不见于东方的单旋涡卷须,从头顶处延伸至颈部。Oscar White Muscarella, The Oriental Origin of Siren Cauldron Attachments, *The Journal of the American School of Classical Studies at Athens*, 31(4), 1962。

[3] Nancy B. Reed, Griffins in Post-Minoan Cretan Art, *The Journal of the American School of Classical Studies at Athens*, 45(4), 1976.

[4] John Boardman, *Early Greek Vase Painting*, Thames and Hudson, 1998, p.91.

[5] Adrienne Mayor a & Michael Heaney, Griffins and Arimaspeans, *Folklore*, 104(1~2), 1993.

[6] John Boardman, *Early Greek Vase Painting*, Thames and Hudson, 1998, p.163.

[7] John Boardman, *Early Greek Vase Painting*, Thames and Hudson, 1998, p.230.

[8] Kenneth Lymer, Griffins, Myths and Religion-A review of the archaeological evidence from ancient Greece and the early nomads of Central Asia, *Art of the Orient*, 7, 2018.

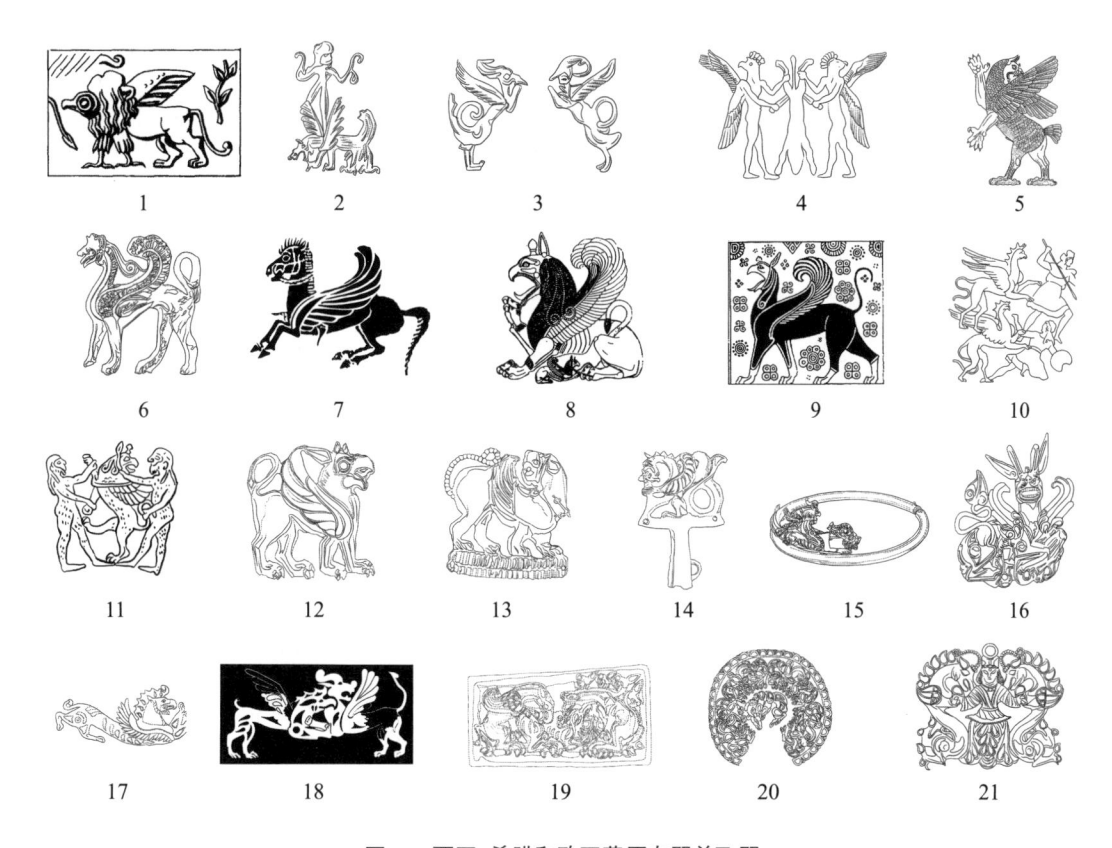

图一　西亚、希腊和欧亚草原有翼兽飞翼

1. 苏萨封泥　2. 乌尔印章　3. 米坦尼印章　4. 亚述王印章　5. 尼姆鲁德宁胡尔萨格神庙浮雕　6. 希腊双耳细颈瓶浮雕　7. 科林斯陶瓶画　8. 奥林匹亚陶瓶画　9. 萨摩斯岛的陶瓶画　10. 牛津大学阿什莫林博物馆所藏古典时期陶瓶画　11. 库班斯基泰银镜　12. 南俄斯基泰黄金饰片　13. 南俄斯基泰黄金饰片　14. 南俄斯基泰杆头饰　15. 南西伯利亚金项圈　16. 阿姆河宝藏黄金臂环　17. 巴泽雷克一号墓马鞍毛毡　18. 巴泽雷克一号墓马鞍毛毡　19. 西西伯利亚黄金牌饰　20. 萨尔马提亚黄金圆盘　21. 巴克特里亚金头饰

三、东渐推动者：欧亚草原部落

从公元前7世纪至公元前3世纪前半叶，欧亚草原居住着若干伊朗语系的游牧部落。这些部落主要分布于黑海以北的草原和亚速海，以及更遥远的东欧森林草原和中北亚地带。他们以共同的物质文化——马具、武器和草原动物艺术风格著称，统称为斯基泰文化[1]。虽然斯基泰部落整体文化面貌有着较强的一致性，但各区域文化特征却不尽相同。格里芬作为以动物艺术风格著称的斯基泰文化中最具代表性的装饰母题，流行于黑海以

---

[1] 斯基泰文化是在一个大的领域内各种部落组成的游牧文化。Boris Piotrovsky, Early Cultures of the Lands of the Scythians, *The Metropolitan Museum of Art Bulletin*, 32(5), 1973～1974。

北的南俄草原以及南西伯利亚、中亚、阿尔泰等地区。需要注意的是，有翼兽虽然盛行于中亚波斯，但它出现在波斯文化的时间晚于斯基泰文化中。另外，波斯艺术有翼兽飞翼是在亚述艺术自然主义风格基础上融合了希腊初级飞羽内卷的特征，自身并未有所创造或重新改造。加之斯基泰文化横跨欧亚大陆，因此相较波斯而言，斯基泰文化对有翼兽向东推进作用更明显，影响也更为深远。

在欧亚草原部落文化，有翼兽格里芬最早出现于公元前7世纪南俄大草原的斯基泰文化。斯基泰文化虽然与亚述、巴比伦以及波斯有着不同程度的文化联系，但与希腊联系更为紧密，它们保持着长达几个世纪的稳定关系。尤其是南俄大草原的斯基泰文化，受到希腊文化的浸润最深，最能体现希腊艺术特质。正如希腊艺术史家舒富德所言，斯基泰样式是古拙期的希腊艺术影响其四周诸民族后产生的一个结果[1]。希腊文化对南俄草原的影响持续了几个世纪。罗斯托夫采夫研究表明，希腊文化早在公元前7世纪就渗透到黑海沿岸的南俄斯基泰文化，至公元前5世纪影响逐渐增强，公元前4世纪影响达至顶峰[2]。我们从南俄斯基泰文化流行的艺术母题——格里芬可以看出，希腊文化从一开始对斯基泰文化的影响十分强烈。公元前7～前6世纪，南俄斯基泰文化的格里芬飞翼复制了希腊格里芬初级飞羽内卷的飞翼。例如库班地区凯尔姆斯（Kelermes）墓中的一面镀银圆镜[3]（图一，11），表现了初级飞羽微微内卷的希腊式有翼兽鹰翼。公元前5世纪，格里芬飞翼仍然照搬希腊样式，但大覆羽被省略，仅表现飞羽，例如美国大都会博物馆藏公元前5世纪黑海北岸迈科普（Maikop）墓葬出土的黄金饰片（图一，12）。相较于希腊人，斯基泰人并不擅长自然主义的表现手法，他们更偏向简洁化表现。美国大都会博物馆藏公元前5世纪迈科普的另一件黄金饰片，格里芬飞翼的飞羽被一条直线生硬地分割开（图一，13）。公元前4世纪，艾尔米塔什博物馆所藏斯基泰青铜杆头饰上，格里芬飞翼简化为两条粗细一致的弯弓状线条，初级飞羽内卷，希腊式螺旋状的纵向排列变为重叠的横向排列，极具装饰主义倾向（图一，14）。南俄斯基泰艺术在希腊文化的影响下，格里芬飞翼模仿了希腊格里芬初级飞羽内卷的样式，并保留了希腊部分自然主义风格。

欧亚草原像一个巨大的海盆，斯基泰文化从南俄大草原一直延伸到阿尔泰山脉的斜坡。公元前5～前3世纪前半叶，在南西伯利亚米努辛斯盆地至阿尔泰一带的斯基泰文化影响区域，格里芬及其相关的动物搏斗母题颇为盛行。怪兽、猛兽与食草动物搏斗形象

---

[1] V.A.Il'Inskaia, The Current State of the Problem of the Scythian Animal Style, *Soviet Anthropology and Archeology*, 21(1～2), 1982.
[2] M, Rostovtzeff, Hon, D.Litt, *Iranians and Greeks in South Russia*, The Clarendon Press, 1922, p.64.
[3] Kenneth Lymer, Griffins, Myths and Religion-A review of the archaeological evidence from ancient Greece and the early nomads of Central Asia, *Art of the Orient*, 7, 2018.

源自古代近东艺术,特别是新亚述、乌拉尔特和阿契美尼德的波斯艺术。可见在与同古代东方各国的艺术交流中,中亚游牧民族斯基泰文化融入了近东的古代艺术。除了动物搏斗母题的艺术图像外,他们在技术方面借用了巴比伦、亚述和波斯传统技术——金属胎珐琅工艺[1],从而发展出了独特的斯基泰—南西伯利亚风格。比较公元前5世纪阿姆河宝藏(Oxus treasure)一件的黄金臂环的格里芬[2]与同时期南西伯利亚彼得大帝收藏的金项圈上一对狮首格里芬(图一,15)可以发现,两者飞翼如出一辙,均被简化为一层覆羽和一层飞羽的双层结构[3](图一,16)。两者的覆羽被分成不同的鳞状区域,其上施彩色珐琅的技术体现了近东艺术的直接影响。初级飞羽内卷的飞翼明显是希腊艺术影响下的南俄斯基泰早期风格。

南西伯利亚格里芬飞翼从一开始就有两大发展趋势,一种是希腊艺术影响下的自然主义倾向,另一种是游牧民族的装饰艺术倾向。由于草原游牧的生活方式使牧民和猎手对材质和装饰工艺的追求远远大于现实主义的艺术表现,自然主义的艺术倾向逐步让位于纯装饰性为目的艺术倾向。公元前4至前3世纪前半叶,南西伯利亚斯基泰艺术向程式化的装饰艺术转变。阿尔泰巴泽雷克一号墓马鞍毛毡上的格里芬,初级飞羽内卷的飞翼有着类似花边的飞羽(图一,17)。同墓另一件马鞍毛毡的带角狮头格里芬飞翼融入了希腊植物——半棕榈叶[4]的表现(图一,18)。这种用植物对动物形象进行纯粹的装饰性处理,既是斯基泰人对希腊艺术的借用,也是他们自身的创造。然而一旦动物形象服从于装饰的目的,就失去了所有的现实感。有翼兽格里芬的飞翼尽管保持着初级飞羽内卷的希腊样式,但纵向并列的初级飞羽以及植物化的处理失去了希腊样式螺旋式排列的生动感。总之,斯基泰艺术自始至终都建立在对动物形体的装饰性改造上,而非对自然的观察上,这也形成了有翼兽飞翼以装饰性为主的斯基泰样式。

公元前3世纪后半叶,南俄罗斯草原被有着与斯基泰人相同血统的萨尔马提亚人(Sarmatians)侵入,斯基泰人被赶回了克里米亚老家[5]。他们在中亚某个地方发展起来,以征服者的身份来到俄罗斯南部的大草原。虽然他们的艺术形式也以动物风格为主,但他们对程式化和几何图形装饰的偏好更甚于斯基泰人[6]。相较于斯基泰艺术较多使用金属

---

[1] 尼姆鲁德(Nimrud)的新亚述人物品中,象牙也采用了几乎相同的工艺。同样的镶嵌技术出现于公元前4世纪的土库曼斯坦、伊朗等地。M, Rostovtzeff, Hon, D.Litt, *Iranians and Greeks in South Russia*, The Claredon Press, 1922, p.64。
[2] Guitty Azarpay, Some Classical and Near Eastern Motifs in the Art of Pazyryk, *Artibus Asiae*, 22(4), 1959.
[3] O.M.Dalton, M.A., *The Treasure of the Oxus With Other Objects From Ancient Persia And India*, The British Museum, 1905, p.28.
[4] Guitty Azarpay, Some Classical and Near Eastern Motifs in the Art of Pazyryk, *Artibus Asiae*, 22(4), 1959.
[5] M, Rostovtzeff, Hon, D.Litt, *Iranians and Greeks in South Russia*, The Claredon Press, 1922.
[6] [法]勒内·格鲁塞著,赵晓鹏译:《草原帝国》,中国致公出版社,2019年,第16页。

胎珐琅工艺，萨尔马提亚艺术更偏重宝石镶嵌技术。宝石会嵌入铸造留下的凹槽中，制成美观的镶嵌器物。多彩的宝石镶嵌器物往往使人们愈加关注物体的色彩和光泽，从而降低形态学和解剖学的要求。物体造型一旦脱离现实的语境，就会成为装饰艺术的附庸。例如格里芬搏斗场景中，格里芬形象往往采取程式化的枝状方式，它的飞翼也被几何化。西西伯利亚一件公元前3世纪的黄金牌饰上，一只正撕咬狼的格里芬飞翼简化为初级飞羽内卷的水滴形，覆羽嵌以绿松石[1]（图一，19）。这种几何化的水滴形飞翼除了内卷的初级飞羽保留了希腊样式外，与鹰类飞翼相去甚远，现实感已荡然无存。这很可能与宝石嵌金属工艺直接相关。萨尔马提亚人的黄金圆盘（公元前3～前1世纪）中周边表现的四只猫科动物，四肢和躯干几乎填满了水滴状的珐琅[2]（图一，20）。多色宝石镶嵌工艺的盛行使萨尔玛提亚艺术的格里芬飞翼失去了自然主义的写实特征，变为以纯装饰为目的的符号化产物。

总之，斯基泰、萨尔马提亚艺术的格里芬飞翼基本保留了初级飞羽内卷的希腊样式，并在希腊样式基础上进行了或多或少的过程式化处理。这主要是因为金属镶嵌珐琅、宝石工艺盛行，造型的法则并不来源于自然，而是服从于装饰的需要。由此而来，美索不达米亚、希腊自然主义的表现手法在斯基泰艺术式微，至萨尔玛提亚艺术不复存在。如果说斯基泰艺术还保留着西方自然主义的基因，那么萨尔马提亚艺术本质上是装饰性的。尤其在萨尔马提亚艺术中，有翼兽飞翼经程式化处理后变成了水滴状，明显流露出东方装饰主义的痕迹，从而构成萨尔马提亚独特的动物风格。萨尔马提亚动物风格无疑对邻近地区产生了巨大影响，其影响主要向东传播，波及中亚、中国。公元前1～公元1世纪大月氏统治下的巴克特里亚，阿富汗北部发现的黄金冢出土了一件金头饰，一人双手握住两侧的带角翼龙，翼龙飞翼作水滴状，覆羽和飞羽镶嵌绿松石，与萨尔马提亚翼兽飞翼如出一辙（图一，21）。不少学者将萨尔马提亚人与大月氏视为统一民族[3]，也有学者认为大月氏是与斯基泰—萨尔马提亚人有密切关系的吐火罗人[4]。我们从大月氏统治下的巴克特里亚"黄金冢"出土的万件金器中，可以看出萨尔玛提亚与大月氏之间的亲缘关系。另外，格里芬在欧亚草原广泛流行的萨满教背景下，其鹰类飞翼或羽毛与升天和"巫术飞行"有关神话、传奇以及仪式联系在一起，具有魔法保护和防御的能力[5]。

---

[1] Kim, Moon-Ja, A Study on the Scythian Buckle, *Journal of Fashion Business*, 10 (6), 2006.
[2] Ann Farkas, Pieter Meyers and Joan Mishara, Sarmatian Roundels and Sarmatian Art, *Metropolitan Museum Journal*, 8, 1973.
[3] 参见M, Rostovtzeff, Hon, D.Litt, *Iranians and Greeks in South Russia*, The Clarendon Press, 1922。［苏］吉谢列夫：《南西伯利亚古代史（下）》，新疆社会科学院民族研究所，1981年，第5页。
[4] 勒内·格鲁塞著，赵晓鹏译：《草原帝国》，中国致公出版社，2019年，第28页。
[5] Franz Hančar, The Eurasian Animal Style and the Altai Complex, *Artibus Asiae*, 15(1/2), 1952.

四、仿制与再造：中国

公元前7世纪末，原本活动于欧亚草原西端的南俄斯基泰人不断向东扩展，他们的足迹远达南西伯利亚。欧亚草原的欧洲部分和亚洲部分在这一时期连为一个整体。与此同时，在整个欧亚大草原，每个地理区域内部都形成了彼此关系密切、相互依存的经济文化联合体。这一时期大致相当于我国春秋中期，北方草原地区先后进入游牧时期。正是由于欧亚草原畅通无阻的地理优势，以及部落内部之间天然的经济文化联系，斯基泰文化向东波及至我国北方草原地区。斯基泰风格三要素——武器、马具和动物装饰出现在河北北部以及太行山以西的北方地区，包括山西和陕西省北部，内蒙古自治区西南部，甘肃、宁夏和新疆[1]。在斯基泰文化的影响下，我国长城沿线地区在春秋中期文化面貌发生了重大变化，动物装饰艺术的题材和表现也进入一个全新的发展阶段。

中国有翼兽正是在公元前7世纪斯基泰文化东传的背景下出现的。春秋早期辒鎛钮上出现了双翼龙噬兽的形象[2]（图二，1）。两龙两兽均生出翼，其中两龙飞翼出自肩部呈镰刀状，初级飞羽内卷。春秋中期河南新郑李家楼郑国大墓出土一件莲鹤方壶，方壶身上饰四龙，背树两翼[3]（图二，2）。李零先生注意到这四只龙头作180度回旋，是欧亚草原艺术的表现风格[4]。头作180度回转的动物纹是斯基泰艺术具有代表性的特征之一，最早见于公元前7～前6世纪库班、第聂伯河地区的斯基泰墓葬[5]。再仔细观察这四条龙的飞翼，我们不难发现它们与辒鎛上两翼龙的飞翼形态相似，初级飞羽均内卷，造型上也具有希腊—斯基泰艺术的特征。淅川出土的春秋晚期之鄢子佣簠双耳各饰以翼龙（图二，3），从腹部生出的两翼向上高举，初级飞羽朝前内卷，与新郑郑国莲鹤方壶翼龙两翼相似[6]。稍有不同的是，这里用两条并列的弧线刻画出上卷的飞羽，与同时期斯基泰南西伯利亚翼兽飞翼相似。需要注意的是，中国最早的有翼兽不全然同于西方，而是程式化的希腊—斯基泰样式飞翼与中原造型元素龙的结合体。翼龙飞翼多长于背部，亦不同于西方翼兽羽翼从肩部生出的特征。而且飞翼明显变小，覆羽和结构特征多被省略。这很可能是因为在中国文化中，龙腾云驾雾，翱翔天地并不依靠飞翼的扇动。而西方有翼兽全凭羽翼飞

---

[1] Emma C. Bunker, *Nomadic Art of the Eastern Eurasian Steppes*, Yale University Press, 2002, p.19～20.
[2] 中国青铜器全集编委会：《中国青铜器全集》第9卷，文物出版社，1998年，第39页。
[3] 中国青铜器全集编委会：《中国青铜器全集》第7卷，文物出版社，1998年，第22页。
[4] 李零：《论中国的有翼神兽》，《出塞与入山》，文物出版社，2004年，第87～135页。
[5] Gregory Borovka, *Scythian Art*, Paragon Book Reprint Corporation, 1928, p.35.
[6] 中国青铜器全集编委会：《中国青铜器全集》第10卷，文物出版社，2004年，第19页。

翔,故有着自肩部延伸至尾部的巨大飞翼。由于文化背景差异下不同的设计意匠、审美趣味和神话背景,中国工匠在借用外来图像时,对斯基泰有翼兽的飞翼进行了本土化的改造。

公元前4~前3世纪,匈奴凭借灵活的骑兵和高超的骑射技术,成为足以同中原诸侯国抗衡的强大力量。他们与燕、赵、秦等国之间不仅战争频发,而且商贸联系更加密切。匈奴人以牛马羊等畜产或他处得来的珍奇异物,交换中原的粮食、纺织品和各种工艺品。陕西神木纳林高兔匈奴墓出土一件鹿形格里芬,这种长着钩喙状嘴,头顶若干鹰头的大角格里芬[1]与巴泽雷克2号墓男性墓主的文身图像[2]如出一辙。另外,巴泽雷克墓葬中出土的中国铜镜、丝绸等物也为双方的商贸往来提供了实物证据。我们知道匈奴的疆域从漠南河套和阴山一直延伸到鄂尔浑河(Orkhon)流域的德贝加尔(Transbaikal),西与阿尔泰地区为邻。斯基泰文化进入长城以北地区很可能主要通过匈奴民族。除了早期的贸易联系外,以匈奴为首的北方胡人部落联盟时常侵扰中国北方边疆。公元前4世纪,"秦有陇西、北地、上郡,筑长城以拒胡"。中国北方边地也不得不仿效胡人的骑兵,故有公元前307年赵武灵王推行的胡服骑射。在汉人与北方胡人持续不断的抗争中,匈奴充当了斯基泰和中国北方汉人之间的中间人,并建立了中国和南西伯利亚、阿尔泰之间的间接联系。

战国时期,长城以北地带因受南西伯利亚—阿尔泰的斯基泰艺术的直接影响,有翼兽飞翼具有浓厚的南西伯利亚—阿尔泰风格。在我国北方发现的匈奴墓葬中,有翼兽飞翼复制了斯基泰艺术。新疆新源县71图渔场墓地出土的翼虎铜圈,飞翼由一层覆羽和一层飞羽组成,初级飞羽内卷,呈螺旋排列,为典型的希腊—斯基泰样式[3](图二,4)。新疆乌鲁木齐阿拉沟战国时期匈奴墓出土两枚圆形金牌,翼虎的翅膀表现为内卷的初级飞羽[4]。这也暗示出斯基泰艺术很可能通过匈奴从南西伯利亚绕道天山南北传入我国境内。实际上,除了长城以北地带的匈奴墓以外,我们很少发现汉人完全照搬斯基泰有翼兽飞翼的迹象。中国的工匠往往在本土文化基础上对外来文化加以改造和重塑。川南荥经同心村船棺墓一铜矛上的翼虎(图二,5)[5],尽管端部呈涡卷状,初级飞羽稍稍内卷的飞翼与公元前3世纪彼得大帝所藏金牌饰上的翼虎飞翼相似,但从背部生出的飞翼明显是经过了中国

---

[1] 戴应新、孙祥嘉:《陕西神木县出土匈奴文物》,《文物》1983年第12期。
[2] John F. Haskins, China and the Altai, *Bulletin of the Asia Institute*, 2, 1988.
[3] 新疆维吾尔自治区文物事业管理局等:《新疆文物古迹大观》,新疆美术摄影出版社,1999年,第371页。
[4] 新疆维吾尔自治区社会科学院考古研究所:《新疆古代民族文物》,文物出版社,1985年,第116页。
[5] 四川省文物考古研究所:《荥经县同心村巴蜀船棺葬发掘报告》,《四川考古报告集》,文物出版社,1998年,第245~246页。

化处理。牟托一号石棺墓出土的铜纽钟上的翼龙[1](图二,6),与公元前3～4世纪阿尔泰巴泽雷克二号墓男墓主右臂文身上的翼虎飞翼相似,仅表现了飞羽,初级飞羽内卷,其生长部位在背部。除随意处理飞翼的生长位置外,飞翼本身也被倒置。山西侯马的陶模和陶范的翼龙,鹰翼不仅倒置,而且覆羽呈横向并列,不同于西方的纵向排列[2](图二,7)。

此外,这一时期还出现了对春秋时期有翼兽飞翼的新创造。中国工匠不仅对外来艺术母题进行了自我发挥式的改造,还创造出全然不同于西方的本土样式。战国时期有翼兽本土样式飞翼大致分为两类。一类呈Y型,从背部生出,飞羽分叉为两片,如河北平山中山王墓方壶上攀爬的翼龙飞翼[3](图二,8)、四川什邡城关墓葬铜矛的翼虎飞翼[4]。此形制并非源于鸟类的飞翼,更像是艺术上的特意夸张。另一类型则是初级飞羽外卷的飞翼,羽毛作多层垂鳞状,紧贴于身,且有外卷的初级飞羽,如中山王墓错金银神兽[5](图二,9)和大都会博物馆所藏铜翼虎(图二,10)。此类飞翼倒是不见于西方,而与春秋晚期太原金胜村赵卿墓鸟尊[6]双翼相似。也就是说,这种初级飞羽外卷、紧贴于体的翅膀并非鹰翼,很可能是中国人对鸟类翅膀的艺术想象。

东周时期欧亚草原斯基泰游牧民族与我国长城以北的少数民族联系密切,故长城以北少数墓中有翼兽飞翼出现了斯基泰南西伯利亚—阿尔泰风格。长城以南地区由于在中原文化直接控制和影响之下,完全照搬斯基泰有翼兽飞翼的现象极为罕见,本土化的想象多过改造。有翼兽飞翼出现了Y型飞翼和初级飞羽外卷型飞翼,成为东周时期独具特色的中国样式。究其原因,一方面可能是由于这一时期中国的工匠对外来图像并没有太多了解,大多是道听途说而非亲眼所见,因此在表现有翼兽飞翼时颇具幻想性。另一方面可能在于长城以南地区与欧亚草原的直接交流较少,多是通过北方少数民族接触斯基泰文化。文化之间的间接传播导致了图像之间出现较大差异,甚至出现了中国自创的造型样式。

公元前3世纪后半叶,欧亚草原西端的斯基泰人被萨尔玛提亚人排挤到克里米亚,萨尔马提亚人征服了大部分生活在欧亚草原西端的斯基泰部落,东部的一支大月氏人势力到达敦煌与祁连山之间一带。公元前3世纪末至前2世纪,匈奴统一了中国北方的游牧民

---

[1] 茂县羌族博物馆、阿坝藏族羌族自治州文物管理所:《四川茂县牟托一号石棺墓及陪葬坑清理简报》,《文物》1994年第3期。
[2] 山西省考古研究所:《侯马铸铜遗址(上)》,文物出版社,1993年,第135页。
[3] 中国青铜器全集编委会:《中国青铜器全集》,文物出版社,1998年,第9卷,第157页。
[4] 四川省文物考古研究所:《什邡市城关战国秦汉墓葬发掘报告》,《四川考古报告集》,文物出版社,1998年,第138页。
[5] 中国青铜器全集编委会:《中国青铜器全集》第9卷,文物出版社,1998年,第74页。
[6] 于明:《中国美术全集·雕塑卷》上卷,青海人民出版社,2003年,第66页。

族,形成了一个巨大的草原帝国。大月氏人在匈奴的打击下被迫西迁至大夏(巴克特里亚)[1]。匈奴人向文明程度更高的萨尔马提亚文化学习,他们的重型骑兵装备和训练模式就源自萨尔马提亚的阿兰人。战国时期的中国人,为了适应战争的需要,从中亚邻居匈奴人那里借鉴了头戴铁兜鍪、身披鱼鳞甲等的重型铠甲装备。萨尔马提亚文化通过匈奴人渗透到中原。另一方面,通过"通关市"、和亲、贡赐或劫掠,匈奴与中原的联系愈加紧密。相较于前期的斯基泰文化,萨尔玛提亚文化通过匈奴对中原文化产生了更为强烈的影响。战国晚期流行于长城以北地区的动物纹腰带和马具的饰板,到西汉中期流传至中原及南方地区。事实上,有翼兽飞翼的形态变化与北方草原动物纹在西汉中期深入中原密切相关。西汉初期有翼兽飞翼延续了东周时期样式,自武帝以后,有翼兽飞翼发生了较为明显的变化。这一方面与张骞出使西域后,丝绸之路变得更加畅通,东西方文化交流愈加频繁有关。另一方面也是在中外文化频繁接触中,中国对外来艺术进行物质形态和精神内涵的改造上。

如果说东周至汉初有翼兽飞翼更富有想象的色彩,那么西汉中期至东汉时期则是在外来因素基础上的改造。这一时期有翼兽飞翼的生长部位由过去的以背部为主转至肩部,东周时期充满幻想性的Y型飞翼消失不见,还出现了一种类似于萨尔玛提亚艺术水滴形状的飞翼。例如,哈萨克斯东南部阿拉木图地区发现的一件西汉晚期的金冠饰,翼龙作为羽人的坐骑,飞翼被几何化为水滴状,初级飞羽微微内卷(图二,11)。与此同时,中国工匠对外来艺术母题也进行了本土化的改造。中国翼兽飞翼偏小,翼尖未超出背部,如汉长安武库遗址出土的西汉晚期带翼独角山羊[2](图二,12)。除了细节方面的改造外,西汉中、后期至东汉,有翼兽翅膀融入了云纹装饰,不仅形象上与东周时期翼兽翅膀有所区别,更是将传统艺术元素融入其中,形成独具一格的中国样式。

有翼兽飞翼添加了云纹的装饰,造型方面主要表现为两大类。一类是勾云型双翼,羽翼由一层覆羽和一层飞羽构成,羽纹重叠呈条带勾云纹状。实际上,此类型飞翼是在斯基泰南西伯利亚样式基础上,在每片羽毛末端增加了勾云纹。例如陕西省咸阳市新庄村汉元帝渭陵建筑遗址出土的玉辟邪[3](图二,13),肩生双翼,翼由三条并列的飞羽和覆羽构成,初级飞羽内卷,与斯基泰南西伯利亚有翼兽飞翼相近。不同的是,玉辟邪飞翼紧贴于身,每片羽毛末端饰以勾云纹,这显然吸收了汉代云纹的本土元素,在外来因素基础上进行了改造。东汉时期,此类型翼兽飞翼不仅羽翼根部简化为一个涡状云纹,末端的飞羽

---

[1] 《汉书·西域传上》:"老上单于杀月氏,以其头为饮器,月氏乃远去,过大宛,西击大夏而臣之,都妫水北为王廷。"
[2] 中国社会科学院考古研究所汉城工作队:《汉长安城武库遗址发掘的初步收获》,《考古》1978年第4期。
[3] 刘云辉:《中国出土玉器全集·14》,科学出版社,2005年,第163页。

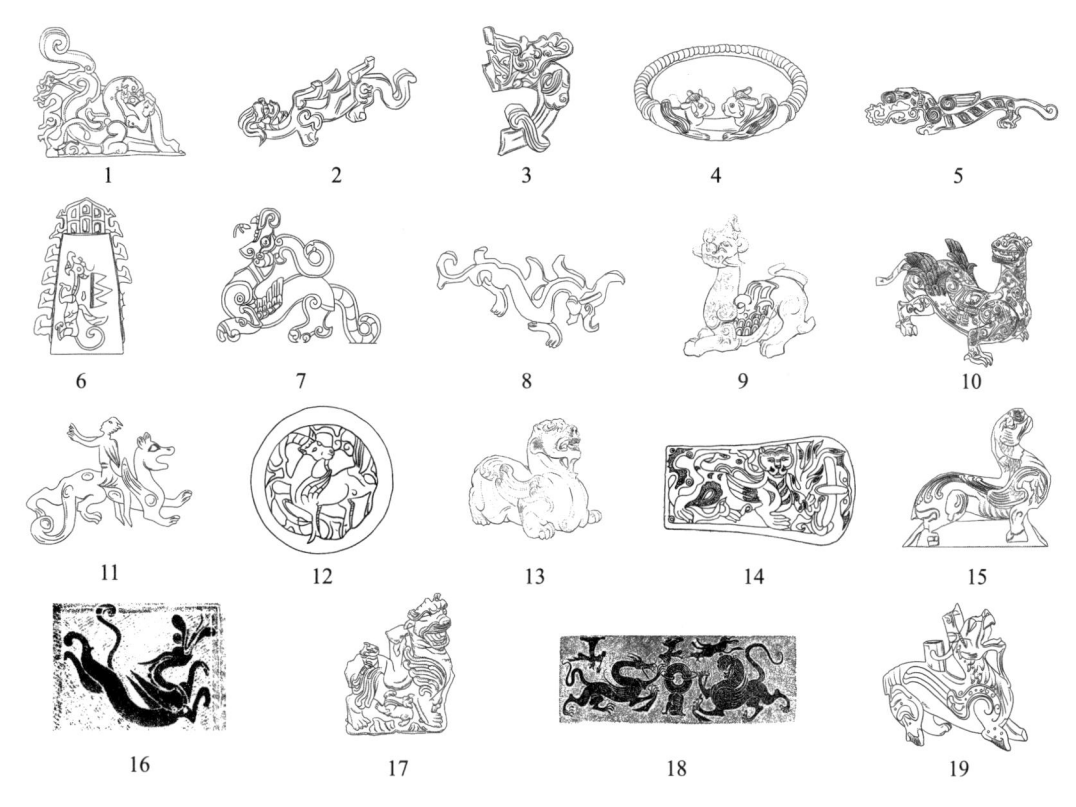

图二　先秦汉晋时期中国有翼兽飞翼

1. 黼镈　2. 河南新郑李家楼郑国大墓莲鹤方壶　3. 鄦子佣簠　4. 新疆新源县71图渔场墓翼虎铜圈　5. 川南荥经同心村船棺墓铜矛　6. 牟拓一号石棺墓铜纽钟　7. 山西侯马陶模　8. 中山王墓方壶　9. 大都会博物馆所藏铜翼虎　10. 中山王墓错金银神兽　11. 哈萨克斯阿拉木图金冠饰　12. 汉长安武库玉牌饰　13. 汉元帝渭陵建筑遗址玉辟邪　14. 滇文化石寨山7号墓银带扣　15. 河南南阳宗资墓石翼兽　16. 河南方城东汉墓画像石　17. 成都东汉六一一墓陶座　18. 四川郫县东汉画像石墓　19. 陕西宝鸡北郊汉墓玉辟邪

变成了长长的云带状，向外卷，还穿越身体长达后腿，如陕西宝鸡北郊汉墓所出玉辟邪双翼[1]（图二，19）。中国人热衷于表现较长的初级飞羽，从战国时期（大都会博物馆所藏公元前3～4世纪铜翼虎）初见端倪。换言之，东汉翼兽飞翼的云带状初级飞羽可能是对东周翼兽初级飞羽外卷翅膀的继承和发展。

另一类为尖翼型，飞羽聚合成尖状，翅膀呈一个弧边三角形。这种类型的飞翼与萨尔马提亚艺术有翼兽飞翼相似，但有时初级飞羽内卷的希腊特征不太明显，体现了水滴型飞翼的中国化，如滇文化石寨山7号墓出土的西汉中期翼虎纹银带扣[2]（图二，14）。这很可能由于翼兽飞翼的设计意匠主要源自中国工匠对外来图像的仿制，而并未对真实鸟类进

---

[1] 刘云辉：《中国出土玉器全集·14》，科学出版社，2005年，第171页。
[2] 张增祺：《中国西南民族考古》，云南人民出版社，2012年，第295页。

有翼兽飞翼造型的跨文化演变　101

行观察,细节被忽略也就不足为奇了。东汉时期,翼兽羽翼根部出现了涡卷云纹,如河南南阳宗资墓前石翼兽[1](图二,15)、河南孟津老城乡油坊村出土石兽[2]、河南淮阳北关一号汉墓的石天禄承盘[3]等。云纹的融入使翼兽飞翼增添了中国艺术独有的灵动之气,体现了汉代艺术以线造型的流动感。这与中国艺术重线轻色,重意轻形的传统观念密不可分。中国线条以波曲表现柔美,以平直表达劲力。河南方城东汉画像石[4](图二,16)上的翼兽翅膀,平直有力的线条弱化了初级飞羽内卷的特征,使翅膀富有劲力。

两汉基本完成了对外来图像的中国化改造,使有翼兽羽翼表现出中国艺术的美学特点。以线条表达对象的生命力,是中国人重主观表达、而非客观实体的体现。因此传神是中国艺术的最高境界。欲传神,就不能再全部的纯写实的描画,而须抓住几个特点。正是因为画工们"用抽象的笔墨把捉物象骨气,写出物的内在生命"[5],汉代翼兽飞翼多有灵动之感。成都东汉六一一墓出土陶座上的翼兽,流动的线条表现出飞翼迎风展开之势[6](图二,17)。透过四川郫县东汉画像石墓[7](图二,18)、陕西绥德东汉画像石的翼龙、翼虎形象,我们均能感受到这些翼兽的羽翼充满了生机和活力。如果说希腊艺术是自然主义风格与主观表达有机的结合,那么中国艺术体现了东方艺术重视主观表达的传统。另一方面,云纹是中国艺术最重要的艺术母题,尤其在秦汉时期。秦汉神仙思想盛行,神仙往往肩生双翼,腾云驾雾。东汉王充在《论衡·无形》中记载仙人生翼、乘云羽化的画面:"图仙人之形,体生毛,臂变为翼,行于云。则年增矣,千岁不死。"[8]东汉画像石墓中屡见肩生羽翼的西王母或东王公,以及伴随于他们左右的羽人。由于汉人对羽化升仙的想象,带有羽翼的神兽也拥有超自然力量,升降自如,遨游于缥缈的云气之间。如新疆尼雅遗址出土的"五星出东方利中国"锦、"延年益寿长葆子孙"锦以及尉犁县营盘遗址出土的"登高明望四海富贵寿为国庆"锦等画面中,有翼神兽穿梭于流动起伏的云气之中,成为祥瑞的化身。可见汉代艺术对翼兽飞翼的中国化改造离不开当时风气和神仙思想的传播。六朝时期有翼兽飞翼基本延续了汉代有翼兽飞翼造型,其云纹化倾向更为显著,飘扬的云带成为新的造型样式。

---

[1] 林通雁:《中国陵墓雕塑全集》第3卷,陕西人民美术出版社,2009年,第33页。
[2] 林通雁:《中国陵墓雕塑全集》第3卷,陕西人民出版社,2012年,第24页。
[3] 韩维龙、李全立、史磊:《河南淮阳北关一号汉墓发掘简报》,《文物》1991年第4期。
[4] 常任侠主编,蒋英炬、高文副主编:《中国美术全集·绘画编》,上海人民美术出版社,1988年,第137页。
[5] 宗白华:《论中西画法的渊源与基础》,《宗白华全集》第2卷,安徽教育出版社,1994年,第100页.
[6] 笔者拍摄于四川省博物馆。
[7] 中国美术全集编辑委员会:《中国美术全集·绘画编·画像石画像砖》,上海人民美术出版社,1988年,第76页。
[8] 王充:《论衡》,上海人民出版社,1974年,第24页。

五、结　语

　　几乎每个古代民族都虚构过一个天上世界,与升天有关的神话、信仰普遍存在于世界诸古代文明之中。有翼兽作为古人对上天幻想的一部分,由美索不达米亚经希腊、欧亚草原的游牧民族传入中国,也就自然而然地被中国文化接受。人类文明史上不同文化区域、民族间的传播是极为常见的,文化在传播过程中必然会发生异质文化被接受并在地化的现象。透过有翼兽飞翼的传播及其演变过程,我们看到本土化是文化传播的必然现象,是异文化成功融入本土社会的标志。常任侠称西亚、希腊翼兽的飞翼更呈其可畏,而中国翼兽飞翼益觉其可亲[1]。这不能不说是西方有翼兽飞翼传入中土经过了本土化的改造,并在中国文化中产生出新的生命。西亚、希腊艺术中的有翼兽飞翼以自然主义风格为主要特征,它们分别表现了鹰类翱翔和启动爬升两种不同的飞行姿态。希腊式有翼兽飞翼经欧亚草原民族的改造,自然主义的写实艺术被以装饰为目的的程式化艺术取代。这种程式化艺术无不渗透着东方艺术的特质,因而易于被中国艺术吸收。中国人并不甘于简单仿制,他们更愿意将外来艺术融入自身的艺术传统之中,使中国有翼兽飞翼区别于西方艺术。变化多端的云纹、富有生命的线条将斯基泰—萨尔马提亚艺术样式的飞翼改造为具有中国特色的样式。汉人更是将有翼兽视作祥瑞之物,东汉六朝称为"辟邪""天禄"。有翼兽飞翼在中国的本土化亦是中西艺术之别的体现。西方艺术偏重写实,希腊柏拉图、亚里士多德等哲学家就提出了艺术就是模仿自然的观点。中国艺术不仅讲究写实,而且还要超越写实达到更高的境界——传神。因此,以线条为表现手段的中国艺术不仅是自然的描摹,更是生命的传达、意境的创造。所谓"形似而气韵不生",抓住形似之外的气韵,以神写形正是中国艺术独特魅力所在。西方有翼兽飞翼在中国的本土化体现了中国艺术对西方艺术的消化与融合,亦是对西方艺术的积极回应。

　　俞方洁,2014～2017年在南京师范大学文博系随汤惠生老师攻读博士学位,现工作单位为四川美术学院。

---

[1] 常任侠:《民俗艺术考古论集》,重庆正中书局,1943年,第14页。

细木之光：明清苏作家具产生与发展的历史考察*

张　丹

明清时期苏作家具的定义可分为广义和狭义。广义苏作包括全国多地与苏作有工艺、文化关联的家具，而狭义苏作是概念更具体、地理空间分布上范围更小的定义，即以苏州为中心的江南地区[1]生产制作的以细木工艺为主要特色的明清家具[2]。本文所论为狭义苏作，其在明晚期这一特定时段和江南地区这一特定区域产生发展，与这里优越的自然条件、经济基础和明晚期[3]以来独特的人文环境关联密切。通过历史文献、考古资料、传世实物等对苏作家具进行考察，可以更清晰地认识苏作家具的产生和发展历史，对于进行明清苏作家具的实物研究有着重要的基础价值。

一、江南经济文化的发展

（一）历史积淀

明清时期江南社会经济的发展繁荣，经历了多个历史阶段的积累，在明末达到了鼎

---

*　基金项目：本文为2024年国家社科基金艺术学一般项目《明清苏作家具的制作工艺与文化传播研究》（20BG120），2024年江苏省社科基金项目《明清苏作家具的文化基因研究》（24YSB013）的阶段性研究成果。
〔1〕　江南作为地理区位上的概念，就明清时代而言，其合理范围应是今苏南浙北，即明清的苏、松、常、镇、宁、杭、嘉、湖八府以及由苏州府划出的太仓州（参见李伯重：《简论江南地区的界定》，《中国社会经济史研究》1991年第1期）。八府一州的大部分地区同属一个水系——太湖水系，并通过大运河进行串联，这使它们在经济文化方面的相互联系极为紧密。从传世品和考古发掘资料来看，江南各地在明清时期都有流行使用苏作家具的历史。
〔2〕　细木包括榉木等软木和黄花梨等硬木。细木工艺相对于漆木工艺而言，特指对用材细腻致密的家具外表不上大漆的精细制作工艺。虽然明清时期漆木家具在江南也在生产使用，亦属苏作，但是明晚期发展出的细木工艺才是当地家具有代表性的地域特征，形成了"苏作家具"的特色。
〔3〕　明晚期作为一个时间概念，指明代嘉靖后期至崇祯的时段，中经隆庆、万历、泰昌、天启等朝。

盛,其全国领先的经济文化发达状态一直延续到清代。

继商周发轫后,到春秋战国时期,江南作为吴越之地成为当时重要的文化区。秦汉时期,江南虽民食鱼稻,食物充足,却非富庶之地[1],与黄河中下游的中原地区相比,江南还显得相对落后。六朝时期,江南经济文化得到转型发展,北方人士南迁带来的人口增加、国家经济重心南移,使江南凭借优良的地理位置、气候和土地条件,在农业生产等领域获得了初步开发,文化艺术也随之发展,"永嘉以后,帝室东迁,衣冠避难,多所萃止。艺文儒术,斯之为盛"[2]。隋唐时期,大运河的开凿为水网丰富、漕运便捷的江南地区的资源流通和农业经济发展进一步创造了优良条件,也沟通了南北的文化交流[3]。北宋时期,江南的农业耕作技术快速发展,尤其在太湖地区,人口迅速增长,土地农作物的产量大幅提高。宋室南渡后,大批士族随政治中心南移到江南苏州等地定居,江南的政治经济地位更加重要。这里生产的丝绸、棉纺等经济作物商品化,居民生活与市场发生了密切的联系,江南的农业经济开始向城镇商业经济转换,市镇与手工业发展显著[4]。

(二)市镇兴起

至明中期,苏、松、嘉、杭、湖地区成为全国的丝绸生产中心,在江南各地迅速崛起了一批批市镇,如苏州府的震泽、盛泽、黎里、平望等镇,松江府的枫泾镇、泗泾市、新塔市和洙泾等镇,湖州府的双休、菱湖、乌镇、南浔等镇,嘉兴府的王江泾、新城、濮院和陡门等镇,都是重要的棉纺织业、丝织业重地,绝大部分市镇是随商品生产、商业贸易和商人活动发展起来的。据明正德《姑苏志》记载,当时苏州府共有十镇六市,即横塘镇、新郭镇、横金镇、木渎镇、光福镇、社下镇、甪里镇、陈墓镇、许市镇、陆墓镇,月城市、大市、黄埭市、相成市、王墓市、尹山市[5],十镇六市基本沿运河、胥江和吴淞江三条主要水道分布。又据乾隆《吴江县志》记载,"吾吴江之镇、市、村,其见于莫志者(弘治元年,1488年,莫旦《吴江志》),村二百四十九,市三、镇四而已。徐志(嘉靖四十年,1561年,徐师曾《吴江县志》)之镇与莫同,而市增其七,村则互有详略。至屈志(康熙二十四年,1685年,屈运隆《吴江县志》)而复增一市三镇焉……凡镇七,市十"[6]。可知吴江县从明弘治的三市四镇,到清初康熙时已增至十市七镇,其中盛泽镇从"莫志不载,徐志云居民百家以绵绫为业",到"今商贾远

---

[1] 司马迁:《史记》卷一二九《货殖列传》,中华书局,1959年,第3270页。
[2] 杜佑著:《通典》卷一八二《州郡十二·风俗》,中华书局,1988年,第4850页。
[3] 范金民:《江南社会经济研究(六朝隋唐卷)》,中国农业出版社,2006年,第6页。
[4] 范金民:《江南社会经济研究(宋元卷)》,中国农业出版社,2006年,第732～745页。
[5] 正德《姑苏志》卷一八《乡都》,《天一阁藏明代方志选刊续编》第12册,上海书店出版社,1990年,第80～91页。
[6] 乾隆《吴江县志》卷四《镇市村》,乾隆十二年(1747)刻本,吴江市图书馆藏,第15页。

近辐集,居民万有余家,蕃阜气象诸镇中推为第一"[1]。明末以后,苏州东、西山的洞庭商帮等商业组织崛起,对外集中经营绸布米粮等江南产品,又推动了江南市镇与全国的商品交流,城镇化和商品化成为明清江南最突出的经济发展特征[2]。市镇经济的发展,加快了江南地区社会资源的汇集,提高了广大社会阶层的经济水平,也促进了区域文化的发展。

(三) 手工业繁荣

社会经济的发展离不开手工业的推动,宋元以后,苏州一直是全国手工制造业最密集的地区。两宋时期,建筑木构技术的成熟带动了家具小木作的发展,从考古发现看,这时较为成熟的家具木作工艺已在江南地区发展传播,虽然连接构件和榫卯工艺还处于探索阶段未臻完善,但是宋代家具的形式、构造、装饰、风格和品类等都为后世苏作家具的产生打下了基础。明中晚期随着江南市镇商品贸易的发展,借助运河等发达水路运输条件,这一地区社会财富高度聚集,居民的消费水平随之大为提高,又进一步促进了手工业生产和相关商业贸易的繁荣。

明晚期的苏州城沿运河被划分为东、西城,东城以丝织等手工业生产发达著称,西城以商品流通商业贸易著称。明嘉靖八年的《吴邑志》记载:"运河一名漕河,在西城下……此河自阊门北马头抵胥门馆驿,长五六里,东西两岸居民栉比,而西岸尤盛……水北流由南壕至枫桥将十里,人烟相续,而枫桥为盛,凡上江、江北所到菽麦棉花大贸易咸聚焉"[3]。在西半城,尤以胥门至阊门之间最为繁盛。明末崇祯《吴县志》载"城中与长洲东西分治,西较东为喧闹,居民大半工技,金阊一带,比户贸易"[4]。可知明末苏州城中居民有一半以上都从事手工艺技术加工,金门、阊门一带家家户户进行贸易活动。明万历时,手工业贸易的繁荣已使得苏州成为全国一线的大都会城市,当时的文献对这一状态多有记述:"苏州为江南首郡,财赋奥区,商贩之所走集,货财之所辐辏,游手游食之辈,异言异服之徒,无不托足而潜处焉。名为府,其实一大都会也"[5]。"今天下之称繁雄郡者,毋若吾吴郡;而其称繁雄邑者,亦莫若吴邑。吴固东南大郡会也,亡论财赋之所出,与百技淫巧之所凑集,驵侩诗张之所倚窟。"[6]

苏州居民从事的手工艺门类繁多,且都具有当地的工艺特色,其中较突出的工艺品

---

[1] 康熙《吴江县志》卷一《市镇》,康熙二十四年(1685)刻本,南京图书馆藏,第22页。
[2] 范金民:《江南社会经济研究(明清卷)》,中国农业出版社,2006年,第1065~1113页。
[3] 嘉靖《吴邑志》卷一二《水》,《天一阁藏明代方志选刊续编》第10册,上海书店出版社,1990年,第1036~1038页。
[4] 崇祯《吴县志》卷一二《风俗》,《天一阁藏明代方志选刊续编》第15册,上海书店出版社,1990年,第892页。
[5] 韩大成:《明代城市研究(修订本)》,中华书局,2009年,第62页。
[6] 王世贞:《送吴令湄阳传君入觐序》,《弇州续稿》卷二八,文渊阁四库全书本,第1282册,台湾商务印书馆,1986年,第373页。

类有：玉雕、书画装裱、刺绣、刻书、制扇、铜作、窑作、漆作、织席等，并在城中形成了区域性产业分布。清康熙《苏州府部汇考》记载了苏州地区器作的区域分布："扇骨粗者出齐门。席出虎丘，其次出浒墅。铜香炉出郡城福济观前。麻手巾出齐门外陆墓。竹箸阊门外有削箸墩。藤枕治藤为之出齐门外，粗者出梅里。蜡牌出郡城桃花坞。斑竹器出半塘，椅棹、香几、书架、床榻之类，填以银杏板，制造极精。书画卷轴出阊门……漆作有退光、明光、剔红、剔黑、彩漆，皆精。铁作……今灵岩山下数家，能炼铁成钢。锡作旧传朱象鼻所制为佳。铜作旧传木渎王家，香球及锁皆精。木作出吴县香山。窑作出齐门陆墓。染作出娄门外维亭。"[1]当时中小手工业在城内分布较多，大型制造业则向城外发展，在苏州城西南部的香山、横泾、孔庄、木渎、渡村、东山、西山等地，沿水路分布了与木作有关的几种制造业，如建筑大木、造船、油漆、家具小木、石作等。

　　苏州的手工艺不仅品类繁多而且技艺精湛，清乾隆《元和县志》述："吴中男子多工艺事，各有专家，虽寻常器物，出其手制，精工必倍于他所。女子善操作，织纴刺绣，工巧百出，他处效之者莫能及也。"[2]清乾隆纳兰常安在《宦游笔迹》中记载："苏州专诸巷，自琢玉雕金，镂木刻竹，与夫髹漆、装潢、像生、针绣，咸类聚而列肆焉。其曰鬼工者，以显微镜烛之，方施刀错；其曰水盘者，以砂水涤滤，泯其痕纹。凡金银琉璃绮彩绣之属，无不极其精巧，概之曰苏作……故苏之巧甲于天下。"[3]这段记述是对盛清时期苏州多种器物制造精湛工艺的描述，也最早提出了"苏作"概念，苏作工艺品已超越普通的手工制品而向艺术鉴赏品发展。直到清道光年间，《苏州府志》中还有苏州人对本地手工艺"吴中人才之盛，实甲天下，至于百工技艺之巧，亦他处所不及"的精妙赞美[4]。

（四）文艺兴盛

　　江南山水秀美、气候温暖、物产丰饶，人性灵秀聪颖、清秀俊逸，有利于文化艺术的创造。明晚期经济生活的富足使江南人对文化修养和生活品质有了更高的追求，涌现了文人雅士群体的高峰，在他们的影响下，江南文化艺术高度兴盛。

　　明清两代，江南一地由科考脱颖而出者堪为全国之最。明代苏州府王鏊称"苏人才甲天下"[5]"国家学校之设，遍于海隅，而苏学独名天下……况自宋以来，科第往往取先天下，名臣硕辅亦多发迹于斯"[6]，清康熙《苏州府志》称"吴郡人文自有制科以来，名公巨

---

[1] 蒋廷锡、陈梦雷等：《钦定古今图书集成》卷六八一《苏州府部汇考十三·苏州府物产考·器用属》，清雍正四年（1726）刻本，中国国家图书馆藏，引其要者，产考39～产考45。
[2] 乾隆《元和县志》卷一〇《风俗》，清抄本，南京图书馆藏，第4页。
[3] 纳兰常安：《宦游笔记》卷一八《匠役之巧》，乾隆十一年（1746）抄本，中国国家图书馆藏，第7页。
[4] 道光《苏州府志》卷一四九，道光四年（1824）刻本，南京图书馆藏，第11页。
[5] 王鏊：《震泽编》卷三《人物》，万历四十五年（1617）刻本，南京图书馆藏，第3页。
[6] 王鏊：《震泽先生集》卷一三《苏郡学志序》，嘉靖刻本，中国国家图书馆藏，第2～3页。

儒先后飑起"[1]。江南科考中第者的数量和名次在全国都最为显赫,据统计,明代的状元共有89人,江南八府中多达21人,占全国近四分之一。清代112个状元中,江南各府多达58人,占全国半数以上,特别是苏州一地,占四分之一以上[2]。可见江南人才广博,文化聚集。

明清时期,伴随手工制造业的繁荣,在人文荟萃的社会环境中,江南地区的文学、书画、篆刻、造园、戏曲、工艺美术、收藏鉴赏等多种文化艺术门类兴盛发展。发达的刻印与藏书业为文化教育提供了良好的基础,书院教育和雅社活动尤其兴旺,推动了江南地区学者群体、艺术流派和文艺人才的涌现,名宦、名儒、名作家、名画家辈出,明清时期江南在多个文化领域独步海内。如清初思想家唐甄形容江南"吴地胜天下,典籍之所聚也,显名之所生也,四方士大夫之所游也"[3]。在文化与思想的传承发展中,仕宦文人们不断开拓新的文化主张和艺术追求,滋长出江南人崇文重教、务实进取、开放包容、精致诗性、灵秀颖慧、雅好艺术等文化品格[4]。明清苏作家具的兴盛发展即孕育于这种文化氛围中。

在明代江南的文化艺术作品中,不少作品以文字和图绘表现了对家具的制作销售、购买使用、收藏鉴赏、经营布置,亦能反映出当时江南社会对家具的审美。在多种形式的文艺创作中,原本作为日用器的家具被赋予了更多的文化蕴涵,具有更为潜在、深层的文化价值。在文人雅士开展的各类文艺活动中,如雅集、造园、鉴藏与文学创作,以及戏曲演出与剧本刊刻等,都出现了家具有关的文字、图像,这为江南文人家具风格的形成提供了有机情境,使家具被自然地放在整个生活环境与物件陈设的相互关系中,并被当作一种审美观照的对象渗透到人们的日常生活之中[5]。江南兴盛的文化艺术潮流在不同领域助力了苏作家具的普及和影响。

二、工具和材料的助力

(一)工具的进步

从木材原料到制作出成品家具需要测量、开料、干燥、制作构件、雕花、组装、打磨、藤编、油漆等多个步骤,与加工木材有关的工种有开料工、制作工、雕花工、磨工、藤工、漆工

---

[1] 康熙《苏州府志》卷二一《风俗》,康熙三十一年(1692)刻本,南京图书馆藏,第2页。
[2] 范金民:《明清江南进士数量、地域分布及其特色分析》,《南京大学学报(哲学·人文科学·社会科学版)》1997年第2期。
[3] 唐甄:《潜书》,中华书局,1963年,第38页。
[4] 景遐东:《江南文化传统的形成及其主要特征》,《浙江师范大学学报(社会科学版)》2006年第4期。
[5] 黄泳:《江南明式文人家具的时代背景探究》,《江苏博物馆群体内部的交流与合作:江苏省博物馆学会2014学术年会论文集》,文物出版社,2015年,第129页。

等,不同工种使用不同类型的斧、锯、刨、锛、钻、凿、铲、锉、刮、刷等加工工具。为满足制作和雕刻精细化的需求,家具制作工具的类型也不断丰富。明代苏作细木家具的发展,与这一时期家具制作工具的进步密切相关,而这又得益于明中期以来江南钢铁冶炼和锤锻技术的提高。

明代中期江南地区发明的苏钢冶炼技术,可以炼出成分均匀杂质少的钢材,苏州的铁器制作在明代中期就已颇为闻名[1]。初刊于明崇祯十年(1637)的宋应星《天工开物·锤锻》对明末的冶铁技术做了记述:"凡键刀斧皆嵌钢包钢整齐,而后入水淬之,其快利则又在砺石成功也。"[2]他还介绍了当时用于治木的斤斧、鎈(锉)、锥、锯、刨、凿等铁质工具及其冶炼特性,对生铁、熟铁、钢、红铜、白铜、响铜等不同材料也做了精确记述。多种尖利铁质工具的冶炼制作,为硬木家具的加工制作提供了重要保障。

刨等重要的家具加工工具在宋代已有使用,北宋司马光《类篇》载,"鉋:皮教切,治木器,一曰'搔马具'"[3];南宋戴侗《六书故》载,"鉋:皮教切,治木器,状如铲,拘之以木而推之,捷于铲,一曰'搔马具',又平声生,刮也,别作刨"[4]。二者都有对推刨的形状和功能的描述。但当时并未出现带刨床的刨子,鉋指的仍是平木铲之类的工具[5],在元代时发展出了带有刨床的刨子[6]。到了明代,制木工具的品类和功能有了进一步改进,对木构件加工极为重要的平木工具出现巨大变革,刨发展出多种类型。宋应星《天工开物》中记述了当时寻常用的推刨和木工做细活使用的起线刨和蜈蚣刨等有特别功能的刨:"凡鉋,磨砺嵌钢寸铁,露刃秒忽,斜出木口之面,所以平木……寻常用者,横木为两翅,手执前推。梓人为细功者,有起线鉋,刃阔二分许,又刮木使极光者,名蜈蚣鉋,一木之上,衔十余小刀,如蜈蚣之足。"[7]这些不同品种刨子的形制和功能比宋代更加丰富成熟。

明代的小木作工具满足了苏作家具进行精细制作加工的需要,为制作工艺精良的苏作家具提供了技术支持,表现在以下五个方面。

1. 加工硬木木材的需要:明代江南冶铁技术的提高,加强了家具加工工具上铁质构件的硬度和坚韧性,为加工制作质地坚实的苏作硬木家具提供了保证。

2. 家具"面"和"线"装饰的需要:新发展出外圆刨、内圆刨、斜沿刨、起线刨、弯刨等工具,适应制作出丰富的家具构件造型和不同部位的线脚装饰。

---

[1] 李伯重:《江南的早期工业化(1550～1850)》,中国人民大学出版社,2010年,第456页。
[2] 宋应星:《天工开物》卷一〇《锤锻》,商务印书馆,1954年,第187～190页。
[3] 司马光等:《类篇》卷一四上,中华书局,1984年,第527页。
[4] 戴侗:《六书故》,《温州文献丛书(第四辑)》,上海社会科学院出版社,2006年,第72页。
[5] 孙机:《关于平木用的刨子》,《文物》1996年第10期。
[6] 孔凡胜:《菏泽元代古沉船出土平木工具——"刨子"初探》,《中国文物报》2011年9月30日。
[7] 宋应星:《天工开物》卷一〇《锤锻》,商务印书馆,1954年,第187～190页。

3. 家具造型变化的需要：苏作家具造型优美，轮廓简雅，组成整体造型的直线和曲线均需要精细的刨削、打磨，明代已经发展出完备的平木工具和光木工具来配套使用，以完成优美造型线条的加工。

4. 制作精细榫卯构件的需要：苏作家具榫卯技术成熟，丰富的榫卯构件需要用不同穿凿工具制作。穿剔木料要用到的牵钻、木压钻，开榫眼要用到的平凿、斜凿、圆凿，及进行深浅雕刻用到的刻刀等，在明代都已俱全。

5. 进行精细磨光的需要：在细木家具加工中，㮓等打磨工具满足了精细磨光的需求，以打磨出木质的优美花纹，也便于在木质表面再做漆饰等。

总体来说，明晚期木作工具的配套组合已较为成熟并发展定型，按功用可分为以下几类家具制作工具并沿用至今。开料工具：斧、锯（框锯、长锯、钢丝锯、镂锯、挖锯、镂锯等）；平木工具：刨（平推刨、边刨、起线刨等）、锛（平面锛、凹凸面锛、斜面锛）；制作构件工具：凿、锯、锤、锉；雕刻工具：钻（牵钻、木压钻）、凿（平凿、斜凿、圆凿、扁凿等）、铲、刻刀；磨光工具：蜈蚣刨（㮓）、马牙锉、刮刀。

（二）材料的引进

崇祯《吴县志·物产》记载当地所产"木之属"有松、柏、梓、黄杨、榆、槐、乌柏、石楠、桑、柘、檀、椿、杉、柳等多种树木，"檀其材最坚，榆其材良可为器"[1]，正德《姑苏志·土产》中也有对洞庭当地出产银杏的记载[2]。江南的银杏、柏木、楠木、榉木等软木家具出现年份较早，这几类木材多是江南本地和周边省区广泛出产的材料，最早被就地取材用于家具的制作，在软木家具发展到一定阶段后才引入硬木制作家具。从目前江南地区的家具遗存看，用江南本土软木制作的家具有些可到明中期，可视为苏作硬木家具的先声[3]。这在文献中也有例证，如晚明松江人范濂[4]在《云间据目抄·纪风俗》中记载："细木家伙，如书桌、禅椅之类，余少年曾不一见，民间止用银杏金漆方桌……隆万以来，虽奴隶快甲之家皆用细器……纨绔豪奢，又以椐（榉）木不足贵，凡床厨（橱）几桌，皆用花梨、瘿木、乌木、相思木与黄杨木……"[5]可见江南民间先有本地取材的银杏金漆家具，再有榉木等细木和黄花梨等硬木家具。

黄花梨等优质硬木材料具有色泽美观、质地细腻、性能稳定等特点，有利于表现优美

---

[1] 崇祯《吴县志》卷二九《物产》，《天一阁藏明代方志选刊续编》第17册，上海书店出版社，1990年，第740页。
[2] 正德《姑苏志》卷一四《土产》，《天一阁藏明代方志选刊续编》第11册，上海书店出版社，1990年，第924页。
[3] 江南用这些软木制作的家具延续性较长，在明清一直有生产制作，但是其最初的流行时期早于硬木家具。
[4] 范濂，字叔子，明松江府华亭县人。生于嘉靖十九年（1540），卒年不详，其少时为嘉靖时。
[5] 范濂：《云间据目抄》卷二《纪风俗》，1928年奉贤褚氏重刊铅印本，中国国家图书馆藏，第5页。

的色泽花纹、可加工精细的轮廓线条、雕刻多种榫卯和装饰构件等,这些木材特质是很多软木材料不能达到的。各种优良木材的应用使得制作更精细雅致的苏作家具有了材料上的保证,但硬木并不在江南当地出产,黄花梨、紫檀、瀱鹕、铁力等都来自较远的南方省份,甚至国外。它们是如何引入江南地区以推动明清苏作家具的发展的呢？目前有几种不同的说法。

1. 郑和下西洋引入东南亚优质硬木。"明代自郑和七下南洋后,我国和东南亚各国的交往更加密切,这个地区是出产优质木材的地方,因此,热带成长的花梨、红木、紫檀等材料,得到了较充裕的供应,为家具生产提供了良好的物质条件"[1]。

2. 隆庆开关促使南洋优质硬木大量进入国内市场。自隆庆初年开始,明朝政府为了缓和财政危机开辟税源,采用开放海禁的办法。明万历张燮《东西洋考》序中述:"我穆庙(隆庆)时除贩夷之律,于是五方之贾,熙熙水国,刳艅艎,分市东西路。其捆载珍奇,故异物不足述,而所贸金钱,岁无虑数十万,公私并赖,其殆天子之南库也。"[2]南方的福建沿海地区最早开放海禁,这里有获得南洋各地贵重木材的便捷条件。《东西洋考》记载了与福建月港通商的西洋列国、东洋列国的物产,其中就有花梨木、乌樠木、苏木等海南和南洋各地出产的多种名贵木材。而明清时期地处江南太仓的刘家港与福建、广东等地通过海上路线频繁进行货物贸易交流。"开放海禁直接促进了家具生产,因南洋各地,盛产各种贵重木材。无可置疑,明清硬木家具,有很大一部分是用进口木材造成的"[3]。

3. 因江南运输条件的便利而从全国各地输入。明清时期由于外地木材大量输入江南地区,杭州、乍浦、江宁和镇江形成四大木材输入口岸,皖南、浙西的木材运到杭州后,有很大一部分经大运河继续北运到苏州[4]。明末苏州地区经济发达,又有营建建筑和制作器物对木材的旺盛需求,各地产的木材都有很大部分通过江南水网运到苏州,苏州成为江南地区的木材贸易中心。拥有优越运输条件的苏州,成为各方货物集散的枢纽,入清之后更是有"货物店肆充溢,金阊贸易,镪至辐辏……枫桥之米豆,南壕之鱼盐药材,东西汇之木簰,云委山积"[5]的形容。根据文献研究,江南硬木和良材的获取有浙徽赣闽、长江中上游干支流、粤省、榷关、回空夹带、外域、贩海七条渠道[6]。

4. 徽州木商经营活动的推动。徽州木商以当地及周邻地区盛产杉木的地理条件,将大量杉松等木砍伐运销到木材紧缺、耗用量大的江南地区,在南直、浙江毗邻地区和江南

---

[1] 田自秉:《中国工艺美术史》,知识出版社,1985年,第300页。
[2] 张燮:《东西洋考》,中华书局,1981年,第17页。
[3] 王世襄:《王世襄集——明式家具研究》,生活·读书·新知三联书店,2013年,第8页。
[4] 李伯重:《江南的早期工业化(1550～1850)》,中国人民大学出版社,2010年,第456页。
[5] 康熙《苏州府志》卷二一《风俗》,康熙三十一年(1692)刻本,南京图书馆藏,第8页。
[6] 刘森林:《明代江南硬木良材的来源和消费》,《安徽大学学报(哲学社会科学版)》2021年第4期。

之间,自长养、拼木到运销,形成较为成熟的木材砍伐运销格局;他们又深入四川、贵州一带边徼之地的深山老林长年采伐楠柳等木,在长江上下游之间,构筑起木材远程放排运销体系,也为江南、华北等地提供了大量木材,为江南新兴的木器制造业提供了原料,江南家具制造业得以蓬勃发展[1]。

在江南制造优良硬木家具的用材中,紫檀是东南亚和印度等地出产,黄花梨是中国海南等地出产,铁力木是中国两广地区出产,瀿鹈木是国内外都有出产等。并非所有的硬木材料都依赖于进口,明万历王士性在《广志绎·江南诸省》中对江南地区的木料用材记载道:"广南所产多珍奇之物……木则有铁力、花梨、紫檀、乌木……此三物皆出苍梧、郁林山中,粤西人不知用而东人采之。"[2]又有明嘉靖年间吴县人顾岕《海槎余录》的记述:"花梨木、鸡翅木、土苏木皆产于黎山中,取之必由黎人,外人不识路径,不能寻取,黎众亦不相容耳。"[3]由此可见,明嘉万时江南一带使用的黄花梨、铁力等硬木材料有的采自广西苍梧深山,有的采自海南黎山,这两份文献所记硬木来源均是国内地区。

综合以上几种说法,明清时期江南使用的优良硬木材料来源,应该有通过外贸等渠道进口的,也有国内南方省区出产的。苏州此时经济富庶,建筑和手工艺制造业发达,与各地往来商贸繁荣,又有水路交通便利,因而综合了多种有利条件,国内外的优良木材向这里集中。而江南地区有联结太湖、运河和沿海港口之便,往来运输木材条件优良,为这里苏作家具的发展提供了充足的材料保障。

三、文人与匠人的作用

(一)文人的推动

明晚期苏州地区在经济文化高涨之际,涌现了文人雅士群体的高峰。他们都有着文化艺术领域的理想,在文化与思想的传承中,率先讲求创造,追求物质生活之上的精神境界,将自己的审美意志和生活需求与器物雅赏联系起来,使得家具的取材、设计、加工、布置都有了更高的品位,直接推动了苏作家具的发展。

体现在家具制造与陈设中的文人意匠,可以从当时文人编著的文献和文人绘制的书画中表现出来。明末苏州文震亨著《长物志》中论及榻、短榻、几、禅椅、天然几、书桌、壁

---

[1] 范金民:《明代徽州木商经营活动述略》,《安徽大学学报(哲学社会科学版)》2020年第2期。
[2] 王士性:《广志绎》卷四《江南诸省》,中华书局,1981年,第99页。
[3] 顾岕:《海槎余录》,《丛书集成新编》第91册,新文丰出版公司,1985年,第140页。

桌、方桌、台几、椅、机、凳、交床、橱、架、佛橱佛桌、床、箱、屏、脚凳等二十种家具,着重表述了他和当时文人对家具的鉴赏和品评,包括家具的式样、材质、工艺、用途,坐具、椅榻屏架等多种家具在不同室内空间中的陈设组合等。如"以文木如花梨、铁梨、香楠等木为之,第以阔大为贵,长不可过八尺,厚不可过五寸,飞角处不可太尖,须平圆,乃古式。照倭几下有拖尾者,更奇……不则用木,如台面阔厚者,空其中,略雕云头、如意之类;不可雕龙凤、花草诸俗式。近时所制,狭而长者,最可厌"[1],是对天然几家具的用材和样式进行优良评判。又如"斋中仅可置四椅一榻,他如古须弥座、短榻、矮几、壁几之类,不妨多设,忌靠壁平设数椅,屏风仅可置一面,书架及橱俱列以置图史,然亦不宜太杂,如书肆中"[2],是对书斋家具陈设组合的品鉴。在明吴门画家唐寅《李端端落籍图》、仇英《梧竹草堂图》等绘画作品中,也表现了座椅、屏风、案桌等家具,明代苏作家具的形象已融入当时文人艺术家的创作中。

文人不仅品评描绘家具,更是直接参与到家具的设计、制作、使用、收藏中,这成为当时一种流行风尚,在文人中还出现了一种独特的家具消费文化,他们将家具与品位生活和社交活动联系在一起[3]。因文人高于通俗的鉴赏要求,许多高品质、形制和装饰特殊的家具,极有可能是当时文人的定制家具。明万历年间上海松江的潘允端在其日记《玉华堂兴居记》中记有购买硬木材料并延请工匠来家里定制床、椅家具的记载[4]。明万历年常熟的戈汕"能诗善书画……尝造蝶几,长短方圆,惟意所裁,垒则无多,张则满室,自二三客至数十俱可用",设计了特别的组合式家具[5]。在嘉兴一地,明清时期先后有项元汴、张廷济、黄锡蕃、吴云等文人收藏家竞相收藏制作精良的黄花梨和紫檀座椅,并在椅身上题刻诗文款识抒发逸志。据文献记载,清代张廷济曾收藏到"无事此静坐,一日如两日,若活七十年,便是百四十"的紫檀刻字坐具,后吴云又收藏到同款并加跋文记录[6]。南京博物院藏明万历乙未年的充庵画案,腿足上题刻了"材美而坚,工朴而妍,假尔为冯(凭),逸我百年"的诗句,是收藏者充庵对画案良材工艺的赞美以及对未来使用的向往。清康熙十年(1671)刊刻的《闲情偶寄》记录了文人李渔因自己使用需求而创新设计的暖椅、凉杌等家具样式:"器之坐者有三:曰椅、曰杌、曰凳……但有二法未备,予特创而补之,一曰暖椅,一曰凉杌。"[7]

---

[1] 文震亨著,陈植校注:《长物志校注》卷六《几榻》,江苏科学技术出版社,1984年,第231页。
[2] 文震亨著,陈植校注:《长物志校注》卷一〇《位置》,江苏科学技术出版社,1984年,第350页。
[3] 巫仁恕:《晚明文士的消费文化——以家俱为个案的考察》,《浙江学刊》2005年第6期。
[4] 潘允端:《玉华堂日记》,万历抄本,上海博物馆藏,万历二十二年(1594)二月二十七日记。
[5] 康熙《常熟县志》卷二一《人物》,《中国地方志集成·江苏府县志》第21辑,江苏古籍出版社,1991年,第521页。
[6] 张廷济:《清仪阁所藏古器物文》第10册,道光抄本,日本京都大学图书馆藏,第42页。
[7] 李渔著,王慧注:《闲情偶寄》,故宫出版社,2020年,第224页。

文人家用家具,以将工匠请到家中制作居多,在制作中文人边指导、边修改、边品味,不急于求成,精益求精[1]。文人间还会相互推荐良匠到家中制作家具,如苏州画家钱榖推荐汪姓工匠带徒弟到学者彭年家中制作家具[2]。苏作家具艺术风格的形成,既受文人群体的影响又与工匠技术紧密结合,共同为江南乡绅名宦、士大夫阶层使用。其融合文人的清高雅淡之气、匠人科学严谨的工匠精神以及仕宦的审美,形成集文气、匠心和贵气于一身的艺术风格[3]。江南文人群体对苏作家具做出的积极推动,是培育明清苏作家具成长、发展的重要社会文化基础。

(二)匠人的流动

家具由木匠制作,匠人的工艺技术直接决定着家具的呈现,在工具和材料的有力供给下,工匠得以施展技艺,对苏作家具的制作和销售产生了重要影响。

明初继续沿用了元代建立的匠籍制度,分派工匠进行劳役,把工匠编入户籍进行严格管理为国家所用。明洪武十四年(1381)建立的黄册制度,既是明代的赋役之法,也是明代的户籍制度,将人的户籍分军籍、民籍、匠籍、灶籍等[4],其中匠籍者按做工状态分为轮班匠和住坐匠[5],内府所隶的住坐匠又分为民匠和军匠。早年多数工匠受到国家管控,为官府和军队服务,没有太大的自由。随着明成化二十一年(1485)颁布班匠以银代役的法令,工匠如缴纳征银则可以免除当年的徭役,官府按"凡班匠征银,成化二十一年奏准,轮班工匠,有愿出银价者,每名每月南匠出银九钱,免赴京,所司类赍勘合赴部批工,北匠出银六钱,到部随即批放。不愿者,仍旧当班"[6]。这一制度于嘉靖八年(1529)在全国实行,大大提高了工匠的自由度和生产积极性。在晚明商品经济发展的背景下,许多技艺高超的工匠不再依附于朝廷,转而流动、服务于繁盛富庶之地,将技术、智慧施展于民间。匠人流动自由,有利于手工艺市场的繁荣发展,嘉靖以后,在苏州的优秀小木作匠人为苏作家具的形成发展提供了工艺技术的保障。

由于手工制造业在当时社会经济中具有重要的地位,工匠在晚明江南商品经济体系中的地位得以提高,更加受到社会的尊重和重视。这时一批技术精良的良匠凭借出色的

---

[1] 许家千、沈易立:《论苏作家具的发展历程》,《苏州工艺美术职业技术学院学报》2014年第4期。
[2] 上海博物馆:《遗我双鲤鱼:上海博物馆藏明代吴门书画家书札精品集》,上海书画出版社,2017年,第108~109页。
[3] 于德华:《明式家具艺术风格研究》,北京理工大学博士学位论文,2018年,第46页。
[4] 栾成显:《赋役黄册与明代等级身份》,《中国社会科学院研究生院学报》2007年第1期。
[5] 轮班匠指按班次轮流工作的工匠,洪武十九年(1386)起国家令各省在籍工匠以三年为班更番赴京输作三月。住坐匠指京师或周边的工匠,需每月在就地的官府作坊中服役十天。
[6] 万历《大明会典》卷一八九《工匠二》,《续修四库全书》史部第792册,上海古籍出版社,2002年,第273页。

技艺从匠人向"商人"的社会角色转变。江南小木匠经常将生产和销售结合,开设个体经营的家具手工作坊,以前店后坊形式沿街出现,这在明代吴门画家仇英版的《清明上河图》等描绘苏州地区风貌的明清画作中也有表现。

在苏州制售家具的小木匠,未必都是苏州本地人,有不少来自异地。据文献记载,以徽州木匠数量最多、影响最大。晚明松江人范濂在《云间据目抄·纪风俗》中记载隆万以来,"徽之小木匠,争列肆于郡治中,即嫁装杂器,俱属之矣"[1]。描述了明晚细木家具开始流行时,江南松江地区的徽州小木匠在郡治中争开店肆,各种嫁妆用器均有售卖。晚明苏州文学家冯梦龙在明天启七年(1627)的《醒世恒言》中描写了万历年间在苏州谋生的木匠张权,张权原是江西南昌府进贤县人,从小在徽州小木匠店里学手艺,后来接手这家店后"搬至苏州阊门外皇华亭侧边开了个店儿,自起了个别号,去那白粉墙上写两行大字,道:'江西张仰亭精造坚固小木家火(伙),不误主顾"[2],这位在苏州开家具店的江西小木匠也是从徽州小木匠处学的手艺,然后在阊门外开设家具小手工作坊。除开店经营,张权还带副手到客户家中做家具,为专诸巷王家定制一副嫁妆和桌椅书橱等家具。松江华亭人李绍文在万历晚期写的《云间杂识》中曾谈到"吾郡三十年前,从无卖苏扇、歙砚、洒线、镶履、黄杨梳、紫檀器及犀玉等物,惟宗师按临,摊摆逐利,试毕即撤,今大街小巷俱设铺矣。至于细木家伙店不下数十"[3],此处是议论徽商在松江府的大量活动时谈及的,所述细木家伙店应就是徽州人所开设。明末崇祯《吴县志·人物》中,对吴地从春秋到本朝(明代)三十余位不同工技门类的良匠专门做了一篇文章进行介绍,其中对于小木工的描写是:"鲍匠者,徽人寓吴,精造小木器,其制度自与庸工不同,板方则袁友竹,车旋则邬四,皆一时之良工也(钱允治笔记)"[4],可见当时寓居吴县的徽州工匠,制造小木器技艺高超,被认为是当时的良匠。木器匠人间还有不同的制器分工。上海博物馆收藏了一通苏州学者彭年与画家钱榖的信札,其中有一段关于彭年请工匠到家制作家具的记载:"比日酷暑,继之风雨,不敢请教,徒深驰切耳。承指引,汪匠本身不屑小就,付以二徒,颇粗糙。敝几三只,虽仅成规模,而刀头手段与香山略高,匠人一样也。今日已完,欲屈兄一顾处分,顾直烹茶一笑。"[5]其中提到汪姓工匠及其徒弟,彭年把他们与香山本地工匠的刀头手段进行对比,认为做工还高于本地工匠。汪匠为外地工匠,且汪氏为徽州大姓,此处在苏州为文人制作家具的应该也是徽州木匠。

---

[1] 范濂:《云间据目抄》卷二《纪风俗》,1928年奉贤褚氏重刊铅印本,中国国家图书馆藏,第5页。
[2] 冯梦龙:《醒世恒言》卷二〇,岳麓书社,2012年,第277页。
[3] 李绍文:《云间杂识》卷二《松郡杂难》,上海县修志局,1936年,第10页。
[4] 崇祯《吴县志》卷53《人物》,《天一阁藏明代方志选刊续编》第19册,上海书店出版社,1990年,第601~611页。
[5] 上海博物馆:《遗我双鲤鱼:上海博物馆藏明代吴门书画家书札精品集》,上海书画出版社,2017年,第108~109页。

以上关于在苏州和松江经营小木家伙店人士的记载印证了徽州木匠对江南细木家具流行的重要影响。虽然从文献记述无法断定细木家具的产生是否直接与徽州工匠有关，但可以确定徽州小木匠推动了江南地区家具的兴盛发展。明代徽州地区经济文化繁荣，建筑、木石雕刻、制器工艺发达，在明晚期工匠可自由流动的时代背景下，向富庶的江南地区输出先进的小木作工艺技术是可以理解的。至今在皖南传统村落中仍有精美的明代建筑和明式家具保存，但徽州地区的家具与苏作家具有不同之处。虽然有徽州工匠的推动，但在江南地域上产生的苏作家具比徽州家具更为精良，这又是江南地区的独特人文底蕴造就的。

四、时代风尚的影响

（一）社会风俗的变化

明晚期是中国人思想和生活方式发生剧烈变革的重要时期，尤以经济文化高度发展的江南地区最为显著。人们追求对物质生活的享受，在江南社会逐渐形成一种对饮食、服饰穿着、居室营造、日常器用、生活娱乐等方面的刻意精求和骄奢极欲，正德、嘉靖以降，这种风气日渐浓重[1]。至晚明"服食器用月异而岁不同已，毋论富豪贵介，纨绮相望，即贫乏者，强饰华丽，扬扬矜诩，为富贵容"[2]。

王鏊《姑苏志》中述："今天下财赋大半出于东南，苏郡居十之七八""今观之吴下，号为繁盛，四郊无旷土，其俗多奢少俭，有海陆之饶，商贾并凑"[3]。陆容《菽园杂记》写道，苏州富家的奢侈生活为杭州所不及："江南名郡，苏、杭并称，然苏城及各县富家，多有亭馆花木之胜，今杭城无之，是杭俗之俭朴愈于苏也。"[4]这些是明晚期苏州城市经济富庶和富家奢靡生活胜于其他地区的记述。

有很多资料表现了江南地区对家具器用的奢靡追求。晚明松江范濂《云间据目抄》载："隆、万以来，虽奴隶快甲之家，皆用细器……纨绮豪奢，又以椐（榉）木不足贵，凡床厨（橱）几桌，皆用花梨、瘿木、乌木、相思木与黄杨木，极其贵巧，动费万钱，亦俗之一靡也。"[5]其中明确记载了隆庆、万历时的江南松江府寒门人家都使用细木家具，而富贵豪门

---

[1] 暴鸿昌：《论晚明社会的奢靡之风》，《明史研究》第3辑，黄山书社，1993年，第86页。
[2] 张瀚：《松窗梦语》卷七《风俗记》，中华书局，1985年，第139页。
[3] 正德《姑苏志》卷13《风俗》，《天一阁藏明代方志选刊续编》第11册，上海书店出版社，1990年，第894页。
[4] 陆容著，佚之点校：《元明史料笔记丛刊：菽园杂记》卷一三，中华书局，1985年，第156页。
[5] 范濂：《云间据目抄》卷二《纪风俗》，1928年奉贤褚氏重刊铅印本，中国国家图书馆藏，第5页。

更追求耗费万钱用黄花梨等硬木和高级木料制作家具,这是当时的一种奢靡风气。《云间据目抄》又提道:"自莫廷韩与顾、宋两公子,用细木数件,亦从吴门购之"[1],可见明末松江开始使用细木家具的来源是从苏州购入的。细木家具的兴起以苏州为源头,当时的苏州有着经济、文化、技术方面的地区优势,具备了推动家具工艺向高层次发展的客观条件。苏州城是产生新思想、新时尚的江南重要城市,引领着晚明的时代潮流[2]。

随着奢靡风气的传播,江南各地家具消费空前高涨。越来越多的人开始购置家具充当室内陈设,借以标榜家庭的财富和个人的品位。家具陈设的风尚以江南为中心向周边地区蔓延,苏州、松江一带风气最甚。不仅达官贵人热衷于此,连普通贫寒人家也受其熏染,这是当时江南地区家具消费的新动向。上海人姚廷遴,幼年时期在明末崇祯年间,其《历年记》对当时的松江府城有相关描述:"余幼年到郡,看城中风俗,池郭虽小,名宦甚多,旗杆稠密,牌坊满路,至如极小之户,极贫之弄,住房一间者,必为金漆桌椅,名画古炉,花瓶茶具,则铺设整齐。"[3]附庸风雅、崇奢尚靡的生活方式,从平民百姓的居家陈设就可见一斑。

明末江南地区人们对生活品质的要求普遍提高,家具既是生活中的实用品又带有文化属性和装饰意趣,当社会上流行的奢靡风气浸入到家具领域时,江南家具的发展必然受到影响,做工精细、材料华贵、品类丰富的苏作家具由此走向高峰。苏作家具的特色是在江南独特人文环境和当时社会风俗的作用下生成的。

(二)建筑园林的营造

传统家具作为传统木作体系中的小木作门类,与建筑大木作有着密切的联系。明代晚期,伴随建筑技术的进一步发展和社会奢靡风气的影响,江南人士竞相营造宅第园林。"正德已前,房屋矮小,厅堂多在后面,或有好事者,画以罗木,皆朴素浑坚不淫。嘉靖末年,士大夫家不必言,至于百姓有三间客厅费千金者,金碧辉煌,高耸过倍,往往重檐兽脊如官衙然,园围僭拟公侯,下至勾阑之中,亦多画屋矣",此"犹四十年前事也,今则又日异而月不同矣"[4]。

明末,苏州地区的建筑木作地域性匠帮组织香山帮兴盛一时,计成编著的造园理论专著《园冶》刊行,在实践和理论上推动江南地区的建筑园林营造达到高峰。香山帮工匠是

---

[1] 范濂:《云间据目抄》卷二《纪风俗》,1928年奉贤褚氏重刊铅印本,中国国家图书馆藏,第5页。
[2] 刘栩:《晚明江南的奢靡之风与家具消费》,《大匠之门32北京画院专题资料汇编》,广西师范大学出版社,2022年,第174～183页。
[3] 姚廷遴:《历年记》,《上海史料丛编》,上海文物保管委员会,1962年,第24页。
[4] 顾起元:《客座赘语》卷五《建业风俗记》,中华书局,1987年,第169页。

集木作、泥水作、砖雕、木雕、石雕、彩绘油漆、叠山等古建筑和园林营造全部工种的一个庞大工匠群体。他们的活动在明代晚期已经遍及吴中,影响辐射到了整个江南地区。明清时期,在江南多地都有香山帮工匠营建的园林建筑[1]。此时苏州发达的城市经济也带动了太湖流域整个江南地区的发展,除香山帮外,上海、松江、无锡等地都有小规模的本帮工匠群,其技术与香山帮工匠相似[2]。江南建筑木作匠帮对当地建筑园林的大量营造起到了巨大的推动作用。

建筑内部空间的变化和布局,关系家具尺度的演变和家具的组合格局[3]。随着江南建筑、园林、宅第的大量营造,建筑空间增加、建筑室内功能丰富化,人们在生活休闲中对家具使用的类型和数量提出了新需求。家具的设计使用者会依托建筑物的空间和功能,以不同种类、式样、尺度、材质、装饰等因素的家具来进行室内布置组配,因此园林建筑与家具在欣赏需要、使用需要、工艺制作上存在许多共通之处。明中晚期,苏州城内的园林建设达到高潮,现存的多座著名园林如拙政园、留园等都建于此时,园林建筑和大型宅第中的厅堂、亭榭、卧室、书斋等需要多样化的家具作为陈设使用。濮安国先生《明清苏式家具》中所列的许多苏作家具案例,不少是20世纪六七十年代在苏州园林中发现的。

苏州东、西山地区以保存大量的明清苏作家具而知名。这一带之所以大量使用并留存明清苏作家具,与这里的建筑营造和民居聚落集中分布有重要关系。在苏州东、西山地区,当地人外出为官或经商发迹后,都有回到故里建造大批宅第以度晚年的传统。明代中期,以东山为主的洞庭商帮崛起,他们在东山的湖湾山坞中建造了众多厅堂宅第并布置家具于其中。今东山镇有陆巷、杨湾、翁巷、叶巷、槎湾、大浜等传统村落,村落中广泛分布着明清时期的官宦、商户、文人等大户宅第,如陆巷古村中的一街(紫阳街)七堂(怀德堂、怀古堂、宝俭堂、三有堂、粹和堂、遂高堂、惠和堂)等。至2015年,东山有全国重点文物保护单位4个(6处)、江苏省文物保护单位7个,苏州市文物保护单位19个,其中28个属于民居宅第类古建筑,大部分带有园林院落[4]。东山大族修建宅第一般都同时修建园林作为宅第建筑的组成部分,从明成化年间至明末崇祯年间,东山已建造夏荷园、西花园、垫舟园、招隐园、真适园、从适园、徐家花园等多处园林[5]。当地营造园林的流行时期与苏作家具开始流行的时期是一致的,园林中对家具组合的需求推动了家具的发展,二者的内在联系显著。

---

[1] 沈黎:《香山帮匠作系统研究》,同济大学出版社,2011年,第40~48页。
[2] 袁进东:《明式家具体系研究》,中南林业科技大学博士学位论文,2018年,第69页。
[3] 杨耀:《明式家具研究》,中国建筑工业出版社,1986年,第1页。
[4] 江苏省苏州市吴中区东山镇志编纂委员会:《东山镇志》,方志出版社,2017年,第39页。
[5] 杨维忠:《东山古建筑》,广陵书社,2008年,第93~122页。

明清江南建筑园林的室内陈设与家具相得益彰，二者协调发展。以苏州为中心的江南私家园林既是文人雅士日常生活之地，又是进行雅集活动的社交场所，许多园主本身就是文人墨客，他们讲究诗情画意，将文人情怀融入园林建筑和家具器用中。在园林营造中，园主设计满足自我追求的园景和建筑，定制符合自己审美观念的家具，直接推动了苏作家具的高品质发展。

五、结　语

明清时期，以苏州为中心的江南地区是经济富庶、富有创造力的文化中心，这里交通条件便捷，市镇贸易和手工业繁荣，各类人才在此汇聚。先进的制作工具和进口优良木材为家具业的发展提供了保障。在文人引领和高水平工匠的共同作用下，苏作家具得以融入各方所长，把文人仕宦的审美品位通过匠人的家具造物表现出来。明末以后，江南社会对高品质生活的普遍追求和大量的园林营造活动使家具更加融入人们的生活所需，推进了苏作家具的不断创新发展。江南这片沃土上产生的苏作家具，在明清时期流行至全国很多地区，产生了深远的文化影响。

张丹，2015～2023年在南京师范大学文博系随汤老师攻读博士学位，现工作单位为南京博物院。

"操作链"与史前技术的认知过程：
法国史前民族学家勒鲁瓦—古朗思想的再解读*

许卢峰

自2000年以来，源自法语的"操作链"（chaîne opératoire）一词逐渐被国内旧石器考古学与史前史学界了解和接受[1]。与这一概念相关的研究，主要集中在两个层面：一方面，是对"操作链"理论内涵和发展过程的译介和梳理[2]；另一方面，则是使用这一概念对中国的史前石器工业展开的个案分析[3]。在这些研究中，"操作链"被视为对传统类型学的反思，以及实现"透物见人"的一种尝试。有学者甚至指出，近年来出现了研究石器"必言'操作链'的趋势"[4]。事实上，这种热潮也曾出现在1980年代以来的法国，强调人的能动性的"操作链"概念，被考古学家们用来摆脱和超越当时由弗朗索瓦·博尔德（François Bordes）主导的较为僵化的旧石器类型学[5]。当然，这也出现了矫枉过正的情况，以至于有法国学者专门写文批评了考古学中对这一术语的滥用[6]。

---

* 笔者对石器技术的兴趣可以追溯到2012年。当时，汤惠生老师以"微痕分析"为题，指导笔者与其他两位同学申请校内本科生科研项目。后来，由于笔者硕士期间转向社会人类学，这一方向便未深入。直到笔者前往巴黎攻读博士之后，受法国将人类学、考古学以及历史与社会理论综合在一起的研究取向的影响，因此，在日常的研习和积累中，又得以重新思考包含石器在内的技艺与物质文化问题。

[1] 目前可以找到对这一概念最早的引介，参见陈淳：《"操作链"与旧石器研究范例的变革》，《第八届中国古脊椎动物学学术年会论文集》，海洋出版社，2001年，第235~244页。

[2] 例如，李英华、侯亚梅、Eric Boëda：《法国旧石器技术研究概述》，《人类学学报》2008年第1期。最新的译介，参见弗雷德里克·塞勒特著，陈淳译：《操作链：概念及其应用》，《文物季刊》2022年第2期。

[3] 例如，李英华、侯亚梅、Eric Boëda：《旧石器技术研究法之应用——以观音洞石核为例》，《人类学学报》2009年第4期。近期的应用成果，可见李英华、周玉瑞、孙雪峰：《湖北郧县后房遗址石器工业的年代、操作链及其意义》，《江汉考古》2018年第2期。

[4] 陈虹、沈辰：《石器研究中"操作链"的概念、内涵及应用》，《人类学学报》2009年第2期。

[5] François Bordes, *Typologie du Paléolithique ancien et moyen*, Delmas, 1961.

[6] François Djindjian, « Us et abus du concept de "chaîne opératoire" en archéologie», in Sophie Krausz et al. (eds.), *L'âge du Fer en Europe. Mélanges offerts à Olivier Buchsenschutz*, Ausonius Éditions, 2013, pp.93~107.

尽管"操作链"是一个看似好用的分析概念，对它的理解和应用还是引起了不少争议，这一点在跨文化的语境中展现得尤为明显。例如，当"操作链"一词在1980年代传入美国考古学界时，很快就与米歇尔·希弗（Michael Schiffer）于1970年代提出的"行为链"（behavior chain）概念产生了混淆[1]。不过，人们很快就意识到，虽然这两个概念都将石器作为对象，并且都关注技术行为的程序，但相比之下，"行为链"着眼于技术的组织和结构，以重建史前迁移和聚落形态为焦点；至于源自法国理论的"操作链"，则较为忽视环境、经济与技术的关系，而是更加强调技术的观念层面。对此，法国当代史前考古学家们试图将"行为链"纳入"操作链"，在近四十年来发展出了两个互补的研究路径：技术—经济学（或技术—社会学）和技术—认知学（或技术—心理学）[2]。

然而，这两个路径的发展并不平衡。如今在英语学界，往往通过直接使用不被翻译的法语"chaîne opératoire"，来强调探寻史前技术行为的思维模式和认知能力的技术—认知学路径。不过它的困难在于，当前的研究者如何去获知史前人类的行为选择及其所受的社会环境的影响。此外，对史前人类的心理与认知的研究，也受到主观性过强的批评[3]。因此，我们看到的无论国外还是国内以"操作链"为名的史前石器研究，大多还是集中在技术—经济学路径。但悖论的是，"操作链"与生俱来的最大特色，恰恰在于它的认知和观念维度。那么，我们应该如何去理解"操作链"的技术—认知学路径呢？这就有必要回到这个概念的诞生时刻，回到它的奠基人安德烈·勒鲁瓦—古朗[4]（André Leroi-Gourhan, 1911～1986）那里去重新解读。

一、回到勒鲁瓦—古朗："操作链"的概念史

勒鲁瓦—古朗最先以古人类学家的身份为国内知晓，这要归功于与中国学界颇有渊源的法国技术哲学家贝尔纳·斯蒂格勒（Bernard Stiegler）对他的长篇解读[5]。不过，这在很大程度上却简化了勒鲁瓦—古朗思想的复杂性。作为法国史前民族学（ethnologie préhistorique）的奠基人，他的学术生涯从人类学起步，继承了19世纪中叶由保罗·布罗卡

---

[1] Michael Schiffer, "Behavioral chain analysis: Activities, organization, and the use of space", *Field Anthropology*, 1972, Vol. 65, pp.103～119.
[2] Eric Boëda et al, « Identification de chaînes opératoires lithiques du Paléolithique ancien et moyen», *Paléo*, 1990, Vol.2, pp.43～80. 亦见李英华：《旧石器技术：理论与实践》，社会科学文献出版社，2017年，第22页。
[3] 彭菲：《再议操作链》，《人类学学报》2015年第1期。
[4] 又译勒鲁瓦—古尔汉或勒鲁瓦—古兰。
[5] 参见［法］贝尔纳·斯蒂格勒著，裴程译：《技术与时间1.爱比米修斯的过失》，译林出版社，2019年。

（Paul Broca）创立的法国体质人类学和以马塞尔·莫斯（Marcel Mauss）为代表的法国民族学的双重传统。不久后，他的兴趣转向史前史，并很快得到了学界的认可，甚至在1960年代接替了布日耶神父（Henri Breuil）在法兰西公学院（Collège de France）的史前考古学教席。在随后漫长的学术生涯中，他主要致力于重建旧石器时代人类的日常生活，尤其关注人类化（hominisation）的过程。勒鲁瓦—古朗的思想的最大特色，就是将自身置于当时多个学科的前沿：人类学、考古学、古生物学、动物学，以及技术史和史前艺术。因此，他被视为类似于文艺复兴时期的"百科全书式学者"[1]。而他综合多学科的治学方式，也充分体现在了对"操作链"概念的构建上。

法国学界早在19世纪的后期，就已经关注旧石器的链条或者序列。1872年，史前考古学家莫尔蒂耶（Gabriel de Mortillet）根据遗址地层关系和古生物化石年代，将西欧的旧石器工具类型划分为四个文化序列：舍利、莫斯特朗、梭鲁特和马格德林。20世纪时，布日耶神父在莫斯特朗和梭鲁特之间增加了一个新的时期：奥瑞纳[2]。这五个序列之间是线性演化的关系。不过，真正将不同序列的技术演进理论化的，是1950年代的两位民族学家[3]。一位是马塞尔·莫斯，他在教学中强调，要深入研究技术，就必须研究"制造的各个环节，从原材料到成品"[4]，但他并没有进一步论述。另一位是时任巴黎国立民间艺术与传统博物馆（Musée national des Arts et Traditions populaires）助理馆长的马塞尔·马热（Marcel Maget），他于1953年提出了"制造链"（chaîne de fabrication）和"操作"（opérations）两个术语[5]。

近十年后，勒鲁瓦—古朗对此进行了综合，正式提出了"操作链"一词。它最早多次出现在1964年初版的著作《姿势与言语》的第2卷《记忆与节奏》中。例如，在第7章"记忆的解放"中，勒鲁瓦—古朗在论述"操作记忆"（mémoire opératoire）时，区分了机器式的操作链（chaînes opératoires machinales）和周期性或特殊的操作链（chaînes opératoires périodiques ou exceptionnelles）[6]。不过，需要指出的是，"操作链"一词在勒鲁瓦—古朗那里并非一个完全固定的表达。在同一章中，他还使用了"复杂任务链"（chaîne de tâches complexes）、"操作过程"（processus opératoire）、"操作行为"（comportement opératoire）、"操作序列"（série opératoire）等词来表述相同的含义。那么，为何最后被法国学界广泛使

---

[1] Claudine Cohen, « L'après histoire de Leroi-Gourhan», *Libération*, 21 février 1986.
[2] 周玉端、李英华：《旧石器类型学与技术学的回顾与反思》，《考古》2021年第2期。
[3] Sophie Desrosiers, « Sur le concept de chaînes opératoires», in Hélène Balfet (ed.), *Observer l'action technique. Des chaînes opératoires, pour quoi faire?* CNRS édition, 1991, pp.21～26.
[4] Marcel Mauss, *Manuel d'ethnographie*, Payot, 1947, p.34.
[5] Marcel Maget, *Ethnologie métropolitaine. Guide d'étude directe des comportements culturels*, CNRS édition, 1953.
[6] André Leroi-Gourhan, *Le geste et la parole. Tome 2. La mémoire et les rythmes*, Alain Michel, 1964, pp.27～31.

用的是"操作链"一词呢？这在很大程度上是因为勒鲁瓦—古朗在上述这本书中引用了法国技术哲学家吉尔贝·西蒙东（Gilbert Simondon）的论述，而后者在1954年至1968年间创作的大部分作品中都使用了"操作图式"（schèmes opératoires）[1]。但显然"图式"一词过于哲学，勒鲁瓦—古朗便从马塞尔·马热那里借用了更加经验性的"链条"一词，合成了"操作链"。

勒鲁瓦—古朗发明的这个新术语，最先被跟随他学习人类学的学生们发扬光大。其中的代表人物是罗伯特·克雷斯韦尔（Robert Cresswell），他指出，"操作链"是将原材料转化为可用产品的一系列技术动作。同时，在他看来，技术过程很少是由单一的链条构成的，而那些多链条的交织方式是由特定的文化决定的[2]。这种在勒鲁瓦—古朗基础上更进一步的论述，形成了法国技术人类学至今仍被使用的"操作链"研究范式。相比之下，同样由勒鲁瓦—古朗培养的史前考古学的弟子们，直到1980年代才在人类学家的影响下全面使用"操作链"概念。例如，罗伯特·克雷斯韦尔的学生，也就是勒鲁瓦—古朗的再传弟子皮埃尔·勒莫尼耶（Pierre Lemonnier），于1985年起在巴黎第一大学开设了"民族考古学（ethnoarchéologie）"研讨班，从史前到中世纪考古学的学生都参加了这门课程。正是在这一背景下，"操作链"一词才开始在法国考古学界流行起来。

"操作链"在史前考古学中的推广之所以多有阻碍，首先是因为传统类型学，尤其是"博尔德方法"（méthode Bordes）的长期统治地位。1981年，博尔德去世后，当时年轻的考古学家们，逐渐将已经在人类学中流行的"操作链"，视为对前者的传统类型学的彻底反叛[3]。然而，这一概念并没有在史前考古学家中达成完全的共识。甚至还有学者指出，在语法层面上，"操作链"的表述并不恰当。比如，"链条"（chaîne）一词更多是指"链式工作"（travail à la chaîne），即生产的物品在工作站之间的传递。而法语中往往用"序列"（séquence）和"过程"（processus/procédé）来强调有序的操作流程，或者用"顺序"（enchaînement）来形容一系列相继发生的事件（如手势或操作）。若是如此，"操作链"一词就应当让位于"操作顺序"（enchaînement d'opération）和"制造序列"（séquence de fabrication）等其他组合词。巧合的是，这些替代词恰好对应的就是英语学界的技术—经济学的路径。正如开篇提到的，法语"操作链"的无可替代性在于其技术—认知学的内涵，因为这个词在勒鲁瓦—古朗那里，更偏重具有生物性基础的"人类的操作行为"[4]。

---

[1] 参见［法］吉尔贝·西蒙东著，许煜译：《论技术物的存在模式》，南京大学出版社，2024年。
[2] Robert Cresswell, « Transfert de techniques et chaines opératoires», *Techniques et Culture*, 1983, Vol.2, pp.143～163.
[3] Jacques Pelegrin, Claudine Karlin et Pierre Bodu, « Chaines Opératoires: un outil pour le Préhistorien», in Jacques Tixier (ed.), *Journée d'Etudes Technologiques en Préhistoire*, CNRS édition, 1988, pp.55～62.
[4] André Leroi-Gourhan, *Le geste et la parole. Tome 2. La mémoire et les rythmes,* Alain Michel, 1964, p.33.

二、"操作链"的生理与心理基础

英国后过程主义考古学家伊恩·霍德（Ian Hodder）将勒鲁瓦—古朗的研究路径归纳为二元对立的结构主义，并且认为二元结构限制了后者的解释效度[1]。这个评价有一定的合理性，毕竟勒鲁瓦—古朗曾经师承以分析"阴阳"二元关系著称的法国汉学家葛兰言（Marcel Granet）[2]。但事实上，勒鲁瓦—古朗在构建"操作链"的概念时，采用的却是一种打破二元对立的视角，尤其是打破人与动物以及自然与文化之间的对立。他指出，自18世纪以来，学界对动物社会与人类社会的关系一直存在两种不同的态度：一种是动物世界与人类世界的本质同一性，另一种是动物世界与人类世界的差异性。勒鲁瓦—古朗支持前一种观点，因为如果观察澳大利亚人和西伯利亚人对动物世界的看法，人们就会发现，从根本上说，动物和人类无论在表象（représentation）还是实在（réel）的层面都没有本质上的区别[3]。这一论点不仅指引了勒鲁瓦—古朗随后对史前岩画艺术的研究，还与今天在人类学界流行的本体论转向（ontological turn）不谋而合[4]。

兼具古人类学家身份的勒鲁瓦—古朗在上述基础上进一步追问：人与动物是否都具有相同的智力手段？这个问题也曾困扰了过去两个世纪的西方科学界，并且形成了通过动物心理学探索动物本能（instinct），以及通过民族学探索人类智能（intelligence）的两条进路。这种划分同样也导致了自然与文化的分离，以及随之而来的西方现代性的危机[5]。对此，勒鲁瓦—古朗试图提出第三条进路，那就是把聚集（groupement）问题看作是动物性或人性的主导。此外，在动物和人类中形成的"社会"，是由"传统"维持的，而这些"传统"既不是本能的，也不是智能的，而是在不同程度上同时兼有动物性和社会性。勒鲁瓦—古朗进一步指出，每一种传统都必须有自己特定的记忆形式，并且最终体现在行为上。在动物中，这种记忆是每个物种特有的，并且以高度复杂的本能装置（appareil de l'instinct）为基础；而在人类中，每个族群特有的记忆则以同样复杂的语言装置（appareil du langage）为基础[6]。总之，正是"传统"确保了人类或动物的社会群体生存和发展的

---

[1] 伊恩·霍德、司各特·哈特森著，徐坚译：《阅读过去》，岳麓书社，2005年，第44～49页。
[2] 相比于二元对立，葛兰言更关注的实际上是二元之间的转化。参见许卢峰：《在"封建"与"家国"之间——葛兰言的周代媵妾制研究》，《民族学刊》2018年第4期。
[3] André Leroi-Gourhan, *Le geste et la parole. Tome 2. La mémoire et les rythmes*, Alain Michel, 1964, p.9.
[4] Akos Sivado, "The shape of things to come? Reflections on the ontological turn in anthropology", *Philosophy of the Social Sciences*, 2015, Vol.45, No.1, pp.83～99.
[5] ［法］布鲁诺·拉图尔著，刘鹏、安涅思译：《我们从未现代过：对称性人类学论集》，上海文艺出版社，2022年，第215～217页。
[6] André Leroi-Gourhan, *Le geste et la parole. Tome 2. La mémoire et les rythmes*, Alain Michel, 1964, pp.11～12.

"操作链"代代相传。

由此可见，勒鲁瓦—古朗提出的"操作链"具有生理和心理的基础。虽然本能这个概念过于模糊，而且遗传行为的复杂性也显而易见，但特定记忆的存在是难以辩驳的。它可以通过个体对外界刺激的逐渐调节形成"行动链"（chaînes d'actes），并作出遗传给下一代的唯一反应。此外，在世代相传的过程中，相同或相似的"行动链"会向下复制。只有当我们考虑到本能产生的"操作链"的恒定性时，特定记忆中表现出来的本能才是一种现实。因此，我们不能将其看作是本能与智能之间的对立，而应看作是两种编程模式（modes de programmation）之间的对比。勒鲁瓦—古朗强调，从动物和人类行为的经验中可以得出的事实是，个体行为具有可塑性，但它并不是从本能中解放出来，而是从内部生物环境和外部环境交汇时产生的连锁反应中释放而来。勒鲁瓦—古朗将这个过程称为"神经设备"（appareillage nerveux）或"神经机能"（neuro-motricité）[1]。更确切地说，这个神经系统不是产生本能的机器，而是通过构建程序对内外刺激做出反应的机器。通过联结本能和智能，勒鲁瓦—古朗将具有"操作链"的生物体归纳为三类。

第一类是低等无脊椎动物（如蚯蚓、蛞蝓和跛足类动物），它们以非常简单大脑系统，形成短小且定型的"行动链"。这种"操作链"出现在有机驱动力和外部环境之间寻找平衡点的循环之中[2]。第二类是蜜蜂、蚂蚁和昆虫，它们的"操作链"要更为复杂，因为对它们来说，外部环境和内部环境的相互作用，并不足以形成条件反射而产生记忆。相反，一种神经系统对视觉、嗅觉和触觉的反应，决定了这些动物对食物的选择、筑巢和聚集行为。第三类是脊椎动物，其中也包括低等的无脊椎动物，因为它们的操作性记忆（mémoire opératoire）来自机械决定论、生理冲动和外部环境的刺激[3]。脊椎动物的行为仿佛是在遵循一个预先设定的程序，它们会根据其机体的可能性做出一系列连锁反应。例如，通过不断尝试，低等脊椎动物、鱼类和爬行动物，将成功实施的行为作为程序刻在一系列记忆中。随后，这些不同记忆的相互作用将生成复杂的"操作链"。同时，随着"操作链"的展开，原本的行为也会相应调整。勒鲁瓦—古朗进一步指出，低等脊椎动物的行为可能会延伸到高等脊椎动物。在演化过程中，神经系统似乎朝着两个相反的方向发展，一个方向（昆虫或鸟类）是神经装置越来越紧密地引导行为；另一个方向（哺乳动物、灵长类动物和人类）则是神经通路极大地丰富了连接元素，从而能够在已经历过的情况和新的情况之间

---

[1] André Leroi-Gourhan, « Technique et société chez l'animal et chez l'homme», in *Originalité biologique de l'homme*, Librairie Arthème Fayard, 1957, p.19.
[2] 事实上，这种简单类型的神经系统已经可以人工实现。
[3] André Leroi-Gourhan, *Le geste et la parole. Tome 2. La mémoire et les rythmes*, Alain Michel, 1964, pp.14～15.

建立关联,甚至还可以在"操作链"之间进行选择和控制[1]。就这样,勒鲁瓦—古朗最终将目光投向了处于演化末梢的史前人类。

三、史前技术的"操作链"与认知过程

人类的独特之处在于,他的大脑是一个对抗的装置。不过,在神经系统的低级阶段,特别是在交感神经系统中,人体仍然受制于外部环境和内部环境之间的平衡法则。随着人类大脑的演化,不但出现了调节所有个体共有的深层有机冲动的机制,而且产生了记录活动程序的机制,而这些程序的细节在不同个体之间可能会有很大的差异。事实上,直到智人(Homo sapiens)出现之前,人类大脑的演化仍然是不完整的,因而技术的演化和传承非常缓慢。而从智人开始,一个技术的世界便开始蓬勃发展。勒鲁瓦—古朗将"手的解放"(libération de la main)视为史前人类技术的发端。

(一)手的解放、工具的制作与技术姿势

从古生物学的角度来看,人类的基本标准是:直立、行走时手可以自由活动和拥有工具。此外,大脑的发育也与手的动作相关。勒鲁瓦—古朗指出,一旦两足行走解放了人类的手,人类就开始制作工具,而这正是大规模演化的标志[2]。事实上,已有的研究表明,动物也可以制作工具,但这对它们来说只是进行本能活动的自然手段。相比之下,人类的工具制作是一种确定的、精心设计和不断改进的行动手段。固然史前人类制作工具的动作相对简单,数量也不多,但他们很快就掌握了锤击、切割和钻孔等至今仍构成制造业基础的技术。随后,制作工具的材料也在不断演化,仅就石器工具而言,其材料就有燧石、玉髓、黑曜石、玄武岩和石英岩等不同种类。此外,在史前的装饰品中,还常使用兽角、骨、牙和贝壳等材料[3]。新材料的发展既推动了对工具的改进,又涉及改变驱动工具的力量,例如驯化动物作为使用工具的动力。

除了材料之外,勒鲁瓦—古朗更为关注制作工具时的技术姿势(geste technique)[4]。灵长类动物的骨骼和肌肉系统与人类的十分相似,因此可以认为它们的手臂和手的机械

---

[1] André Leroi-Gourhan, *Le geste et la parole. Tome 2. La mémoire et les rythmes,* Alain Michel, 1964, p.17.
[2] André Leroi-Gourhan, « Libération de la main», *Problèmes. Revue de l'Association des étudiants en médecine de l'Université de Paris*, 1956, No.32, pp.6 ~ 9.
[3] 参见 André Leroi-Gourhan, *Evolution et techniques. Tome 1. L'Homme et la matière*, Alain Michel, 1943。
[4] Joëlle Petit, « Le geste technique: bilan et perspectives pour les métiers de la pierre», in *Gestes techniques, techniques du geste*, Presses universitaires du Septentrion, 2017, p.109.

特性与人类的大致相同。但事实上,如果对人类在运用技术时所采取的动作姿势进行解剖学上的分析,就会发现人类特有的技术性姿势显然与手的复杂动作和前伸有关。最先出现的对手的复杂操纵包括抓握、旋转和力度大小等。至于前臂和手臂形成的杠杆,可以在制作工具时,将手和手臂部的冲力转化为平移或旋转运动[1]。这些在分析人类技术行为时至关重要。对技术姿势的分析,必须涉及整个身体机器。此外,在勒鲁瓦—古朗看来,技术工具和技术姿势在操作上的协同作用,是以记忆的存在为前提的,而行为程序就铭刻在记忆中。因此,手的解放不仅推动了工具的制作,还决定了与人类集体生存相关的操作程序(programme opératoire)的认知维度。

(二)史前技术"操作链"的认知层次

人类的独特之处在于其大脑能够面对转化为符号的情境。换句话说,个体能够以符号的方式获得遗传和族群内的传承。在技术层面尤为如此:技术的进步受制于创新的积累,而群体的生存则取决于技术的传承。因此,一方面"操作链"控制着有机世界的物质;另一方面"操作链"的形成在不同阶段提出个体与群体之间的关系问题。在此基础上,勒鲁瓦—古朗将史前人类的技术行为的"操作链"划分成三个层次。第一个层次是深层的,涉及与人的生物本性(nature biologique)直接相关的行为,包括维持身体机能、狩猎采集和孕育后代等。第二个层次是机械行为(comportement machinal),涉及通过经验获得被刻在姿势行为和语言中的"传统";但这并不是自动进行的,因为操作过程中的任何意外中断都会导致语言符号层面的对抗,从而进入下一层次。第三个层次被称作清醒的行为(comportement lucide),语言在其中发挥着主导作用,这会产生两个结果:或是修复操作过程中的意外中断,或是创造新的"操作链"[2]。

人类技术行为的上述三个不同认知层次,实际上与心理学上的无意识、潜意识和意识相互重叠,而后者对应的则是人类神经心理装置的三个运作层面。在勒鲁瓦—古朗看来,这种区分无疑比本能和智能之间的区分更为重要,因为它将基因引导下的本能表现与没有语言和意识有序干预的连锁反应(通过符号的运作表现出来)区分开来[3]。需要指出的是,在最常见的操作实践中,语言似乎并不介入,许多行为都是在一种昏暗的意识状态下进行的。行为的符号表征与行为的对抗密不可分,甚至随后出现了在不同"操作链"之间进行选择的可能性。而一旦被选择的"操作链"受到质疑,就离不开与语言密切相关的清

---

[1] André Leroi-Gourhan, *Le geste et la parole. Tome 2. La mémoire et les rythmes,* Alain Michel, 1964, pp.37～38.
[2] André Leroi-Gourhan, *Le geste et la parole. Tome 2. La mémoire et les rythmes,* Alain Michel, 1964, pp.26～27.
[3] Nicole Pigeot, « Chaînes opératoires: contexte théorique et potentiel cognitif», in *L'archéologie cognitive*, Editions de la Maison des sciences de l'homme, 2011, pp.149～171.

醒意识的介入。因此，人类的技术智能与其神经系统的演化程度和个人能力的遗传决定有关。不过，操作行为始终完全沉浸在经验之中，因为只有当操作摆脱其物质依附性并转化为"符号链"（chaînes de symboles）时，三个认知层次之间的转化才能发生。

四、结语：追寻史前心态

勒鲁瓦—古朗试图将"人类技术学"（Technologie humaine）建立成为一门学科。他强调，如果我们要寻找技术的真正亲缘关系，那么在这门学科中，就不能只限于民族学和考古学，而必须转向古人类学，或转向最广义的生物学。这是因为，显而易见的是，技术元素彼此相承，并以生物有机体的方式组织起来[1]。基于此，他对技术下了明确的定义："技术同时是姿势和工具，它由一个名副其实的句法组织成链条，从而使操作序列既有稳定性，又有灵活性。"[2]在他看来，"操作链"正是展现史前人类技术最突出的方式。不过，正如开篇提及的，"操作链"概念一度受到法国考古学界的冷遇，传向英语世界之初又与"行为链"相混淆。等到1990年代物质文化研究（Material Culture Studies）兴起之后，英美考古学界对物的生命历程（biography of life）分析又大行其道。虽然"操作链"在同时期的法国在技术—经济学路径上迎来了复兴，但它"逐渐变得如此地膨胀，以至于可以把任何东西都放进去"[3]。面对"操作链"的模糊和混乱，本文通过回到勒鲁瓦—古朗的文本中进行重新解读，旨在揭示这一原创性概念在技术—认知学路径上的巨大潜力。

在厘清"操作链"概念的认知维度之后，如何将它应用于具体的研究？这还需要我们进一步去思考。有学者指出，勒鲁瓦—古朗后续很少再提及"操作链"一词[4]。但事实上，他已经将这个概念内化于他的研究，尤其是他对史前岩画艺术的卓越分析中[5]。这其实并没有偏离他对"人类技术学"的追求，因为其研究对象"technique"在法语中不仅包含了英文中的"技术"（technology），同时还指"艺术"（art）[6]。此外，方兴未艾的认知考古学（Cognitive archaeology）和认知人类学（Cognitive anthropology），使人们对原始人的"心

---

[1] André Leroi-Gourhan, *Evolution et techniques. Tome 2. Milieu et technique*, Alain Michel, 1945, p.472.
[2] André Leroi-Gourhan, *Le geste et la parole. Tome 1. Techniques et langage*. Alain Michel, 1964, p.158.
[3] Hélène Balfet, « Des chaînes opératoires, pourquoi faire?», in Hélène Balfet (ed.), *Observer l'action technique. Des chaînes opératoires, pour quoi faire?* CNRS édition, 1991, pp.11 ~ 20.
[4] Sophie Desrosiers, « Sur le concept de chaînes opératoires», in Hélène Balfet (ed.), *Observer l'action technique. Des chaînes opératoires, pour quoi faire?* CNRS édition, 1991, p.23.
[5] 当然，对他的批判也是无可避免的。参见［南非］大卫·刘易斯—威廉斯：《洞穴中的心智：意识和艺术的起源》，山西人民出版社，2023年，第64～72页。
[6] 吴国盛：《技术释义》，《哲学动态》2010年第4期。

灵"（mind）产生了更大的兴趣，这也为激活"操作链"的认知分析提供了可供对话的机会。最后，不可否认的是，勒鲁瓦—古朗的思想因其复杂性而产生的模糊、混乱和误解，始终不会消失。但如果要回到他提出"操作链"的初衷，与其说是今天流行的认知科学视角下的"心灵"，倒不如用他1953年所发表的文章的普鲁斯特式的标题来总结："追寻史前心态"（À la recherche de la mentalité préhistorique），因为后者充分体现了他所扎根的法国年鉴史学的心态史研究传统。

　　许卢峰，南京师范大学文博系2009级本科生，现工作单位为法国东亚研究所。

魂瓶所见中古早期中国人丧葬观与地理想象[*]

赵 诣

魂瓶作为丧葬用器出现于东吴和西晋时期,它的功能和含义总是众说纷纭,莫衷一是。一般而言,魂瓶的造型为下部鼓起、颈部内收。而部分魂瓶的颈部则变化为楼台,其上堆塑中式楼阙,魂瓶的腹部则雕饰有各样人物或动物塑像。

有关魂瓶,目前仍有三个重要问题有待厘清。首先,魂瓶仅出现于3世纪中期至4世纪初期的长江下游地区,而其于这一时期兴起和消失的原因为何?其次,魂瓶作为冥器,仅出土于墓葬之中。根据相关考古学研究,并未发现任一魂瓶内有盛放过物品的痕迹[1],因此似乎可排除魂瓶用以储物的可能性。这引出了第二问:魂瓶为什么出现,以及魂瓶的作用是什么。最后,很多魂瓶上塑有为数众多的中国早期佛像(制于4世纪前中期北方游牧民族进入中原以前)。如此大量的形似佛陀的形象却置于与正统佛教仪轨相去甚远的幽暗墓穴之中,不禁进一步激发人们的好奇:这些形似佛陀的人像刻画的到底是谁?其对于魂瓶而言又代表着什么?

过去数十年中,众多学者提出了各种理论解释魂瓶的意义和作用,对提高我们关于魂瓶的认识则各有贡献。下文则将通过分析大多数魂瓶所共有的基本结构和图像特征(而非着眼于细微差异),尝试提供一种新的解释。相应地,本文由四个部分组成。第一部分通过论述瓶体下部的孔洞及其他图案设计的表征意义探究魂瓶的作用。这些图案可能发挥着通道的作用,供死者的灵魂自由出入。因此,这意味着魂瓶的基本作用为盛放灵魂。之后,本文对魂瓶的基本结构和有关瓶体上下两部分的两类图像进行了分析,这两类图像包括水生生物和游行队列。这一部分探讨的是魂魄进入魂瓶后,魂瓶将如何发挥容纳

---

[*] 本文由作者在 *Archives of Asian Art* 2023年秋季刊上发表的相关文章改动而来。

[1] 唯一的例外见于一个公元272年的东吴魂瓶,考古学家在其中发现了未脱糠的稻谷。参见南京市博物馆、江宁县博物馆:《南京市东善桥'凤凰三年'东吴墓》,《文物》1999年第4期。

魂魄和安灵镇魂的作用。魂瓶的基本结构体现了两大死后世界的基本主题：通过宇宙轴（*axis mundi*）飞升登天，以及归于地底黄泉之下继续生活。第三部分则解读了公元318年发生的一场有关丧葬礼俗"招魂葬"的辩论，由此提出传统中国死亡学中的灵肉二元魂魄学说在3世纪至4世纪初期的中国南方地区对丧葬礼俗仍然具有重要影响。更重要的是，这一时期的民众开始相信亡者的魂神不再像以往一样只可在家祠中接受祭祀，而是可以被埋葬于墓中。与此同时，他们也开始担心由于资源和手段匮乏（尤其是缺少随葬玉器）无法良好地保存尸体，而致死者的尸体在抵达黄泉之前溃散从而使得他的形魄化为鬼重归阳间骚扰生者。魂瓶的二元结构设计正是为了使亡者的魂魄二灵去往各自栖息之所，即飞升天界或沉入黄泉。在最后一部分中，通过对同时期中国社会中流行的佛教天界学说进行分析，解释了魂瓶上形似佛陀的人像是谁的问题。具体而言，饰有佛像的魂瓶折射出早期佛教僧徒采取的本地化传教策略——将佛教中所认为的世界轴心须弥山与中国传统中的世界轴心的昆仑山相混同，并将早期中国信仰中的"天"与佛教中须弥山之上的"忉利天（Trāyastriṃśa）"相等同。这些形似佛陀的人像代表的是佛教中的阿罗汉，在当时被视为仙人形象的变体，并且居住于须弥山。

一、灵魂的容器

魂瓶的造型虽鼓腹圆身，却很可能不是付诸实用的容器。因为瓶体下部的孔洞使其不可能用于储放实物。大多数魂瓶的瓶口是密封状态，其上堆塑有楼阙建筑群。根据相关考古学研究，出土的魂瓶内通常并未盛放物品[1]。作为墓葬用品，魂瓶发挥着特殊的容器之用——应是用于容纳墓主人魂魄的容器。魂魄经由这些孔洞以及瓶体上部的铺首和窗格图案进出魂瓶。

许多学者也曾提出，魂瓶是灵魂的容器。众学者目前所用的术语"魂瓶"也反映出这一理解。巫鸿曾在少数几本著作中论述过墓葬用品及建筑中孔洞的作用，不过并不局限于魂瓶。他谈及一口新石器时代仰韶文化时期的瓮棺[2]。此瓮上的孔洞常被认为是便于亡者魂魄出入的通道[3]。这只瓮棺与魂瓶多有相似，不禁启发我们思考：魂瓶下部的孔洞

---

[1] 阿部贤次提及过一个唯一的反例，即魂瓶中有谷物遗存。但考虑到魂瓶巨大的存世数量，这唯一的反例显然不能代表主流。参见 Stanley Abe, *Ordinary Images*, The University of Chicago Press, 2002, 34。
[2] Wu Hung, *The Art of the Yellow Spring*, Honolulu: University of Hawaii Press, 2009, 18; Wu Hung, "Buddhist Elements in Early Chinese Art (2nd and 3rd century A.D.)," *Artibus Asiae* 47, No.3/4, 1986, p.289.
[3] 许宏：《略论我国史前时期瓮棺葬》，《考古》1989年第4期。

可能也具有相同的作用。魂瓶上塑的微型碑文将魂瓶称作"䰛"。该字上为"霝",意为灵魂或"神圣的力量",而下为"缶",指圆腹陶器。因此,这一类器物的本名确实可理解为"盛灵的陶罐。"

再者,孔洞以外,魂瓶下部的其他图形也很可能具有通道的作用。部分具有重要价值的魂瓶,尤其是较晚出现的魂瓶,其实并没有孔洞,而其下侧绘有称为"铺首"的兽面图案。在汉代丧葬艺术品中,铺首时常可见,常成对出现于墓室的墓门上。通常而言,铺首具有辟邪之用,可驱散邪魔鬼怪及其他恶灵[1],因此常绘于入口处,以阻挡"不速之客"。基于相似的逻辑,铺首也见于棺材上靠近可供魂魄出入的开口处。例如,东汉王晖墓石棺的棺盖上绘有大门,而铺首位于棺盖同侧的大门正上方。相似地,在很多西汉漆棺的棺盖上,铺首绘于内嵌璧环的正下方,为魂魄出入而设。汉代棺材的常规设计中,璧环和铺首两者均位于棺材的头挡上[2]。而在某些魂瓶上,铺首则绘于下部几处类似窗格的图案附近。有意思的是,这些窗纹往往也常见于东周和汉代的棺椁。曾侯乙墓和狮子山楚王墓的棺椁上均可见绘有窗纹。绘于棺上,则窗格似乎很可能具有某种供出入的通道的作用。因此,就魂瓶而言,这些"窗格"可能和标志出入口的孔洞作用相同。然而,在许多其他魂瓶上,也出现了独有铺首而不见孔洞或窗格的情况。由于铺首和出入的意义紧密相关,据此可推断,铺首本身似乎便足以发挥标志进出之处的作用。因此,3世纪至4世纪的匠人才决定不再于魂瓶上开洞凿孔,而单用可辟邪的铺首图案,将其当作魂灵之门。

二、黄泉与天界:二元宇宙

从结构来看,魂瓶通常可分为两大部分:球状下部和由内收的颈部及器口组成的上部。部分魂瓶的器口上堆塑有楼阁建筑。接下来将阐述魂瓶基本结构所体现的两大死后世界的主题:沉入黄泉和飞升天界。

(一)地下黄泉

与上部相比,魂瓶下部的一系列图像较少有变化,而常与中国文化中的地下世界即"黄泉"联系起来,黄泉即亡者的去处。而魂瓶下部最为常见的图像为水生生物,如鱼、

---

[1] Stanley Abe, *Ordinary Images*, The University of Chicago Press, 2002, 28～29.
[2] 巫鸿:《引魂灵璧》,《古代墓葬美术研究》第一辑,文物出版社,2011年,第55～64页。Lam Hauling Elieen, "Representations of Heaven and Beyond: The Bi Disk Imagery in the Han Burial Context", *Asian Studies* 7, No.2 (2019):115～151.

蛇、龟、蟹、泥鳅和蝾螈（图一）。部分学者认为，这些装饰于魂瓶下部的水生生物刻画的正是黄泉的世界[1]。有关黄泉的记载最早出现于《左传》。根据文中所述，郑庄公在平定有母亲武姜支持的弟弟叔段的谋反事件后，将母亲姜氏放逐至城颍并发誓不到黄泉不再相见。不过往后，庄公便心生悔意，仍思念母亲。为使誓言不悖，郑国大夫颍考叔便建议庄公命工匠深掘土地，直至可见黄色的地下水流出，在掘出的黄流间修建起地下隧道后，庄公最终得与母亲相见。在这篇故事中，颍考叔机智地取"黄泉"一词的字面意义而生出一计，而未执意于其所象征的黄泉下世之义。

以各种文献史料为证，到了汉代，黄泉便成为地府的同义词。汉代文献中已存在数百条提及黄泉的记载可佐证这一点，在此不再赘述。在中国早期丧葬文化中，用水生生物刻画黄泉世界颇为常见。长沙子弹库中曾出土一幅绢画，画中底部即突出描绘了鱼类。

图一　魂瓶
（西晋，康奈尔大学博物馆藏）

画中主角很可能是墓主人，可见其坐着龙舟飞升上天，华盖的穗带被吹拂向右，昭示飞天的行进方向[2]。底部的大鱼则可能象征地下深处的黄泉世界，与亡者的升天之旅形成对比。另一个例子则是著名的马王堆一号汉墓T形帛画。虽然该画中部的含义尚有争议，上部和下部则一般被视为分别描绘了天界和地府[3]。上部可见门道，由两名曲背对坐的帝阍把守，此处象征天界。下部则主要描绘了地神踞立两尾交缠的大鱼之上，此处即为黄泉。此外，下部还绘有一对白甲大龟和一条赤色长蛇。此类鱼、蛇、龟等动物形象常用于表示阴暗潮湿的黄泉下世。如前所述，这些动物同样常见于魂瓶下部。例如，出土于南京的一只西晋魂瓶的下部便饰有鱼蟹（图二）。再例如，康奈尔大学博物馆收藏的一只魂瓶下部亦出现了蛇、龟、蟹和蝾螈。这些生物之所以装饰于瓶上，很可能正是因为其与水域和地府的联系尤为紧密。如此看来，魂瓶下部所饰意在表现的是早期中国信仰中的

---

[1] Wu Hung, "Buddhist Elements in Early Chinese Art (2nd and 3rd century A.D.)", *Artibus Asiae* 47, No.3/4 1986, p.289.
[2] Lai Guolong, *Excavating the Afterlife: the Archaeology of Early Chinese Religion*, Seattle: University of Washington Press, 2015, p.165.
[3] Wu Hung, "Art in a Ritual Context: Rethinking Mawangdui", *Early China* 17, 1992, pp.111～144.

黄泉世界。

（二）天界

水生生物以外，魂瓶上还常可见另一类有趣的图景，描绘的是"登天队列"。公元273年的一个魂瓶便是其中的典型。其上所绘的队列横向排开，包括三个形象：持节者、瑞鸟和骑兽武士（图三）。在墓主人的亡灵飞升天界的过程中，三者分别发挥向导、坐骑和护卫的作用。

（三）登天队列

引领队列者手持具有三处结状穗饰的节杖。节杖本象征中国古代帝王的威权，朝廷授予使命时，特别是外交使命出外时便赐"节"作为信物，代表皇家的威权。持节者这一形象常见于汉代丧葬艺术品中，其身份已不是人间君王的使臣，而是天帝的使者。古代人民相信天界的主宰是天帝。"天帝使者"在许多镇墓文中均有记载，其可沟通天界和地府[1]。在墓葬艺术中，持节使者最常见于登天队列之前，体现其引领众人的作用。

在卜千秋墓脊上所绘壁画中，便可见长有羽翅的持节男性正引导包括两位墓主在内的队列以及各神兽向前行进。集诸多神灵、仙兽、祥云仙气。这幅壁画因而通常被认为表现了亡者去往天界之行的过程[2]。基于这一理解，持节者似乎恰合天帝使者的角色，导引亡灵飞升天界。持节者的羽翅也表明其不同凡人的身份，因为中国早期信仰中，羽化生翅是成仙的表征。

再看魂瓶上的瑞鸟，其具有雀冠和扇尾，跟随

图二　魂瓶
（西晋，马鞍山市博物馆藏）

图三　魂瓶
（东吴，赵士岗出土，南京博物院藏）

---

[1] 胡常春：《考古发现的东汉时期"天帝使者"与"持节使者"》，《考古与文物》2011年第5期。
[2] 贺西林：《洛阳卜千秋墓墓室壁画的再探讨》，《故宫博物院院刊》2000年第6期。

在持节使者之后。在丧葬艺术中,通常认为此鸟为朱雀。在墓室中,朱雀常与青龙、白虎、玄武合为四灵一同出现,象征天地四方。作为南方神兽,朱雀在南方文化中尤受敬重,常与天界和长生不老之说联系在一起。在有些情况下,朱雀亦可为天帝指派的向导,和持节仙人的职责相似。例如,在《楚辞》中有一篇想象登天的作品《惜誓》,作者描述自己的飞升之行如下:"飞朱鸟使先驱兮,驾太一之象舆。"此处"太一"所指为楚文化中的无上天神,被视为天帝的本体[1]。因此,这一句描画出作者驾乘由神像拉引的登天马车去往天界的场景,朱雀则作为前导而行。而将朱雀描画为向导的形象在汉代丧葬艺术中并不少见。出土于四川的石棺上亦描绘着朱雀引领御马的亡者前往天界之门。

朱雀以外,尚有另一种可能,这只魂瓶上的瑞鸟为凤凰。不同于神兽朱雀,凤凰常被描绘为仙人的坐骑。例如,根据刘向著《列仙传》所载,秦穆公的女儿弄玉与其夫萧史便是乘凤飞去,远离凡尘。在卜千秋墓壁画中,虽有朱雀赫然耸现于白虎之前,画中亦可见三头凤凰载着女墓主人。魂瓶上的登天队列比较简单,而瑞鸟的位置处在中间,据此,很有可能队伍中的每个元素都有其独特的作用。如确是如此,魂瓶上的瑞鸟很可能便是凤凰,承托亡者前往天界。不过,也许有人反驳,因为鸟儿背上并不见绘有亡者的形象。然而,应注意,汉代丧葬艺术中,以无形的方式表现亡者并不少见[2]。此外,持节仙人的存在也暗示有幽灵跟随其后。因此,在魂瓶下部,极有可能亡者虽存在但未予表现,只绘凤凰,而亡者以留空表示。这样的做法也有切实的理由。作为货品,魂瓶需要大量生产。由于匠人无法确知使用魂瓶的主人是谁,将每个亡者的确切形象表现出来并不实际。

继续往后,队伍末尾是一名骑乘异兽的武士。武士面部具有胡人特征。参考出土于南京的吴国魂瓶(图四)上的类似图像,有关这位战士的细节会更加明显。无论面部、头饰还是着装都表明这位骑士来自异域。他骑乘形似麒麟的神兽,左手持武器。在墓葬文化中,武士往往发挥护卫墓主人的作用。因此,似乎魂瓶上的骑马武士是作为守卫护送亡者前往天界。在南方的丧葬文化中,人们认为亡灵登天

图四 魂瓶下部细节
(东吴,南京上坊吴墓出土,南京市博物馆藏)

---

[1] 刘屹:《敬天与崇道:中古经教道教形成的思想史背景》,中华书局,2005年,第170页。
[2] 更多信息见巫鸿对于灵座的讨论:Wu Hung, *The Art of the Yellow Spring*, University of Hawaii Press, 2009, pp.64～70。

之旅充满重重险阻。在世界的尽头,有无数怪兽、野兽、巨人将伺机捕捉和噬食亡者的灵魂。因此,游魂有必要得到武士的保卫。

(四)飞升之行

如果队伍前的持节向导是天帝派遣的使者,那么行进的队伍应是正朝天界而去。有趣的是,队伍的前进方向不仅可根据图像志的分析进行判断,还可通过观察魂魄上其他视觉表现获得线索。上述所刻画的行进队伍并未表现为单纯静止的状态,相反,却有从下部"飘然"而上的轨迹。

关于行进队伍的这些隐秘线索可以不同方式予以解读。例如,出土于瑞昌的魂瓶(图五)上,一架十五级的长梯饰于瓶身下部正面[1],直通向魂瓶颈部基座处的入口。更有趣的则是,这架长梯与下部的孔洞有所重叠,这可能并非巧合。虽然与登天队列的表现手法大相殊异,梯子可能同样象征着魂魄进入魂瓶。进一步而言,魂魄首先通过下部孔洞进入魂瓶,而后通过长梯向上到达颈部,从而进入颈部空间内。上述队列中的瑞鸟和骑乘武士在部分魂瓶的颈部重复出现,并且呈现出相同的叙事。在一只公元280年的魂瓶上,恰在颈部基座的入口外同样出现了骑乘武士的形象。与此相应,瑞鸟则描绘于颈部入口正上方。这说明魂在升天的旅途中已上升至此。无独有偶,芝加哥艺术博物馆收藏的一只魂瓶上,骑乘武士形象绘于入口顶部上方柱状颈部的中层。如前所述,这可能表示灵魂将会向上穿过柱状颈部,来至瓶顶。宁波镇海的一件魂瓶上部残件则有对这一过程更加直接和生动的表现。

作为天帝使者,持节向导的身份意味着这趟旅程的目的地是天界。同时,连接魂瓶上下两部分的长梯以及登天队伍中成员在颈部的复现都表明他们的前进方向是由下至上。因此,可合理推断魂瓶的上部正是表示天界。各魂瓶上部堆塑的楼阙也似乎可佐证支持这一理解。芝加哥艺术学院所藏魂瓶上,最顶端的建筑是四面筑墙的方形院落,同时带有四座角楼,中央则是一栋两层楼阁。四扇门皆通向中央的楼阁,每扇门则夹于两

图五　魂瓶
(西晋,瑞昌马头西晋墓出土,江西博物院藏)

---

[1] 程应林:《江西瑞昌马头西晋墓》,《考古》1974年第1期。

座角楼之间。院落建于柱状颈部之上。然而,院落的门中无一扇与魂瓶的任何其他部分相连。换言之,并不见任何道路通往院门。此外,该院楼建筑明显宽于承托楼阙的柱状颈部。这一特点似乎说明魂瓶的顶部表示悬于空中的天宫,让人联想到早期信仰中的"倾宫"和"悬圃"。

(五)天界之门

具有描绘性的天宫建筑并未出现于所有魂瓶的顶部。在许多其他没有堆塑顶部建筑的魂瓶上,顶部的天界不以宫殿构造表现,而以象征手法呈现。奥妙就在魂瓶瓶口的形状中。在吴国魂瓶中,可见瓶口呈卷沿状。而那些顶部无楼阙堆塑的魂瓶的器口则一般为卷沿。这一特点具有独特的视觉效果:如由上朝下观看,瓶口所现恰如璧环一般。最晚从东周时期开始,人们已经相信天圆一说,并用扁平环状的玉(称为"璧")为礼器进行祭天仪式。在丧葬文化语境下,璧环常被视为等同于天界之门[1]。简单来说,在汉代墓葬艺术中,璧环常与对阙并置,表示通天大门。巫山东汉墓曾出土铜牌饰,在璧环上方双阙之间便刻有醒目的"天门"字样[2]。在有些情况下,璧环也可单独发挥象征天门的作用。在这座汉代石棺上,璧环上方亦绘有倒立的牛郎和织女。在中国古代民间传说中,牛郎和织女即为牛郎星和织女星的拟人化形象[3]。因此,牛郎和织女标志着璧环上方的空间为天界,而璧环仍是天门的象征。根据林巧羚的研究,璧环的表现材质与其天门之象征意义并无重要联系。璧环可绘于绢上,可刻于棺上,可描于墙上等,但均象征天界之门[4],甚至魂瓶的撇口也可视为璧环的象征性变体。因此,对于未堆塑表现天宫的楼阙的魂瓶而言,口沿便起到表示天门的作用。天界是以象征手法予以表现,魂灵通过魂瓶瓶口,即已到达天界。

(六)世界之轴

如魂瓶上部的楼阙表示天宫,口沿象征天门,那么魂瓶的柱状颈部似乎可对应世界之轴的概念。根据米尔恰·伊利亚德所下的定义,"axis mundi"为宇宙之"毂"(hub)或宇宙之"轴"(axis),在此,各界交错,因而可实现生命层次的超凡变幻[5]。不同文化所发展出的

---

[1] 巫鸿:《引魂灵璧》,《古代墓葬美术研究》第一辑,文物出版社,2011年,第6页。何志国:《天门天宫兜率天宫:敦煌第275窟弥勒天宫图像的来源》,《敦煌研究》2016年第1期。
[2] 巫鸿:《引魂灵璧》,《古代墓葬美术研究》第一辑,文物出版社,2011年,第55～64页。
[3] 牛郎织女的神话传说源于春秋时期,见于《诗经》,至汉代已广为流传。
[4] Lam Hauling Elieen, "Representations of Heaven and Beyond: The Bi Disk Imagery in the Han Burial Context", *Asian Studies* 7, No.2, 2019, pp.115～151.
[5] Mircea Eliade, *The Encyclopedia of Religion*, Vol.2, Macmillan Publishing Company, 1987, pp.20～21.

不同世界观将催生不同的方式来表现世界之轴。在大多数例子中,世界之轴呈现为一座神山、一株神树、一根神柱或一架神圣的天梯。如上文所论,部分魂瓶上,吉鸟或骑兵常绘于颈部,是表现魂灵登天之旅的一部分。而如果柱状颈部代表具有神圣意义的柱子,魂灵可通过此柱到达天界,颈部所绘的动物形象相应可呈现更生动的表达。具体而言,动物可呈现向上攀升之态。在康奈尔大学所藏魂瓶上,包括公牛、公羊、犬、鸟在内的各种动物饰于从颈部通往瓶口的轨线上。在其他例子中,这些动物则以"一个接一个"的顺序进行表现,围绕魂瓶肩部形成队列。这也可被视为意在表现登山而上的场景。制瓶匠人也许发现要将大量陆生生物全部置于内收的颈部上并非易事。克利夫兰艺术博物馆收藏的一只魂瓶(图六)上,每只动物均依次口衔前者的尾部。设计者或许想要表现出动物跋涉高山的景象,刻画出它们通过前后相助、稳定前进步伐的样子。这一刻画似乎进一步映射出魂瓶颈部象征着神山,亡灵通过攀升即可实现登天。

图六 魂瓶
(西晋,克利夫兰美术馆藏)

　　在传统文化中,死者沿着世界之轴可登上天界的观念源远流长。根据来国龙的研究,南方的先民信仰亡灵会去往西北方某些具有神圣意义的地方,或为不周山,或为昆仑山[1]。而在不同的各类神话故事中,这两个地点正是传说中的世界之轴所在。往后到汉代,随着昆仑山进一步受世人推崇,绝大多数人都相信昆仑山便是真正的世界之轴。昆仑山这一主题在汉代丧葬艺术中经常出现,而西王母的形象亦受到诸多关注。西王母最早以神仙的形象出现于《庄子》。但是,在东周时期,西王母与昆仑山的联系尚未正式建立。到了汉代,西王母信仰迅速风行,极受欢迎,她成为主宰昆仑山的至高天神[2]。同时,她也被描绘为一位可予世人长生不老药的神仙。与此相应,人们想象昆仑山是一方仙草遍生,祥兽栖息、仙人所居的尘外世界。因此,许多学者都倾向于将昆仑山视为可供亡灵登仙的世外天国。

---

[1] Lai Guolong, *Excavating the Afterlife: the Archaeology of Early Chinese Religion*, University of Washington Press, 2015, pp.163～164, 187.

[2] Michael Loewe, *Ways to Paradise: The Chinese Quest for Immortality*, George Allen and Unwin, 1979, pp.12～16.

（七）昆仑山：世界之轴

不过，大多数不晚于三国时期的文学作品并未将昆仑山描述为一个世外天国，而仅是世界之轴[1]。此类文学作品数量繁多，由于篇幅限制，本文只取几个例子进行论述。例如，汉代纬书《龙鱼河图》中直言："昆仑山，天中柱也。"[2] 又如，相传为东方朔（前161年至前71年）所撰的《神异经》曰："昆仑有铜柱，其高入天，所谓天柱也。围三千里，员如削。"第一例中，作者虽称昆仑山本身为天之中柱，而第二例中，铜柱是从昆仑山延伸而出，但两者无疑都将昆仑山描述为世界之轴。铜柱一说尤引人好奇，因其似乎表示世界之轴的外形固然应为柱状。如今，已有多数学者认为《神异经》并非东方朔所撰，而是晋代士大夫张华（232～300）伪托而作。这意味着此书很可能反映了在魂瓶盛行的时代世人对昆仑山的理解。从这一角度来看，魂瓶颈部呈现柱状很可能或多或少体现着这种认知。再者，天柱下有大屋的记载与魂瓶肩部表现入口以进入颈部的楼阙堆塑恰相对应。此外还有一例，《论衡》一书中，作者王充评论淮南王刘安相传得道升天一事时言曰："如天之门在西北，升天之人，宜从昆仑上。"王充清晰地提及昆仑山对"天之门"而言的中介作用。

如上各文献所记，相应地，汉代的丧葬艺术亦将昆仑山表现为世界之轴。在马王堆一号汉墓中最内第二层朱地彩绘棺上，昆仑山出现了两次。一在头挡之上，二在左侧挡之上[3]。观头挡（图七）可见，山作嵌套的三角形，四周云气缭绕，状如灵芝。山的两侧各有一兽，形似独角兽，正朝向山峰。再观左侧挡（图八），山之轮廓更富曲线，更为柔和，山中饰云纹。

左侧面上，已不见神兽，而两侧各绘一龙，似为其更适于侧边较长的比例。但无论如何，在两幅画面上，昆仑

图七　朱漆彩绘内棺（侧挡）
（西汉，马王堆一号汉墓出土，湖南博物院藏）

---

[1] 在四库全书的数据库搜索"昆仑"一词，几乎所有的文献记载都指向昆仑为天柱的功能，而非一个仙境本身。
[2] 安居香山、中村璋八：《纬书集成》，河北人民出版社，1994年，第1150页。
[3] 巫鸿：《引魂灵璧》，《古代墓葬美术研究》第一辑，文物出版社，2011年，第60页。

图八　朱漆彩绘内棺（头挡）
（西汉，马王堆一号汉墓出土，湖南博物院藏）

山皆起于棺板底端，而峰顶直抵上端。巫鸿曾论述，汉棺的盖板常绘有天界景象，包括神兽、仙人、星象等，以象征天上世界[1]。而棺的底板与墓室地面接触，象征处于大地之上。据此，朱地彩绘棺上的昆仑山正表现为可"连接天地"。换言之，上述两幅山像的创作意图正是将昆仑山描绘为世界之轴，以助墓主人的灵魂顺利登天。再次参考卜千秋墓壁画，西王母图像与生者的世界（以伏羲与太阳为象征）相近。同时，与伏羲女娲二神相较，西王母图像甚小。因此，似不可仅将西王母视作至上天神，她同时象征着昆仑神山。若把昆仑山看作世外天国，那么登天魂灵所要前往之处正是昆仑山。但这样一来，西王母本身不应与行进的队列为伍。因此，这样的位置关系暗含了昆仑山应为世界之轴的意图，其既可连通天地，同时也是天地之间的界限。经过昆仑山后，魂灵将踏上登天之路。沂南东汉墓中，西王母正是处于一座由龟所托的神山之上。龟，不禁令人联想到昆仑山的别称"龟山"。有意思的是，这幅图画恰刻在墓室中央八角柱的一侧，柱支于主室墓顶之下。该柱顶部有斗拱，其上绘有羽化的仙人和各种仙兽[2]。在东汉墓穴中，墓顶上常绘有天国的图景以表现天上世界。将昆仑山绘于八角擎天柱上似正好表示了山之为世界之柱。柱虽为八角，但意在比拟圆柱的形状，而八角相较于圆面更易于画面刻制。据汤普森（Lydia

---

[1] 更多信息见Wu Hung, "Myth and Legend in Han Pictorial Art: A Structural Analysis of Bas-reliefs from Sichuan", in *Stories From China's Past*, e.d. Lucy Lim, Chinese Culture Foundation of San Francisco, 1987, p.79。在这个棺盖上绘有两对龙虎的图案。

[2] 斗拱的线图，见山东省博物馆：《沂南北寨汉墓画像》，文物出版社，2015年，第79页；斗拱的拓片，见同书第119页。此外在苍山汉墓，西王母也被描绘在支撑柱上，见Wu Hung, "Where Are They Going? Where Did They Come From? Hearse and 'Soul-carriage' in Han Dynasty Tomb Art", *Orientations* 29, 1998, p.23。

Thompson)的研究,她同样认为从柱的位置及其象征性画饰来看,可推断该柱体现的正是世界之轴的概念[1]。在武梁祠画像石中,屋脊与墙之间的山墙西壁上也描绘有西王母的形象。屋脊饰有天界祥瑞图,墙体则布满人间故事,描绘了明君、节妇、忠臣义士等各色人物[2]。西王母位于山墙一面,处于天界和人世之间,再一次折射出昆仑山为世界之轴的观念。

(八)昆仑山:地理想象

上述公元273年出土的魂瓶颈部贴塑的人像代表世代近昆仑山而居的远土之民。这些人物共同的奇特之处在于他们皆具外域人的形貌特征(图九)。其中,东汉匠人以头戴尖顶帽作为描绘异域之民的主要标志,这一时期有许多墓葬俑可佐证这一点[3]。这种尖顶帽在贵霜帝国时期的王室图像中很常见。在有些情况下,这些人像还具有眼窝深凹、眼球外凸、鼻梁高挺的特征,作杂技、魔术表演或吹拉弹奏之姿态。如此在魂瓶上单单描绘异域人,似乎与中国古代人民对昆仑山的地理位置之想象颇有关系。在其想象中,被尊为神山的昆仑山应当远在遥遥西方的他国异土。在现今的地图上,昆仑山则为从帕米尔高原一直绵延至中国西北地区柴达木盆地的超长山脉。然而,在汉代人的想象中,昆仑山仍是远在西域的奇山。

图九 魂瓶上部细节
(西晋,南京市博物馆藏)

作为神山而言的昆仑山,其具体位置未曾确知,唯一的线索即山与西方联系甚密。但汉代人对找到昆仑山确切所在的兴趣始终不减。他们提出了多个论说,有人认为山在今南亚,有人认为在中亚或者西亚,有人甚至认为远在欧洲。有趣的一点在于,随着中国古人对西域各地的了解逐渐增进,他们却将想象中昆仑山的地点向西越推越远,以使其总是那么神秘莫测,不可接近[4]。

---

[1] Lydia Thompson, "The Yi'nan Tomb: Narrative and Ritual in Pictorial Art of the Eastern Han (25～220CE)", PhD diss., New York University, 1998, p.175.
[2] 更多信息见Wu Hung, *The Wuliang Shrine: the Ideology of Early Chinese Pictorial Art*, Stanford University Press, 1989, p.125.
[3] 对于艺术表现中胡人外貌的研究,见邢义田:《古代中国及欧亚文献,图像与考古资料中的胡人外貌》,《台湾大学美术史研究集刊》2000年第9期。
[4] 李淞:《论汉代艺术中的西王母图像》,湖南教育出版社,2000年,第28页。

（九）精神和实体：魂魄二灵

魂瓶的主要结构体现了天界、世界之轴和地府三个境界。更确切来说，魂瓶表现了两大关键主题，即登天成仙和黄泉下世。世界之轴是魂灵飞升天际的必要媒介。魂瓶的结构并未表现天、地、人间的三元宇宙组成，与此不同，除来自昆仑半人半仙的居民外，人间世界几乎没有再现。而在魂瓶颈部基座的正面，颈部的入口总是外敞的。如前文一魂瓶腹部所绘的"神梯"所示，该入口还直接连接着地下世界。换言之，在魂瓶上部，行进的队伍将直达世界之轴的入口。在天与地之间并无人世的空间。魂瓶的这种二元结构可能折射出中国有关"二元魂魄"一说的传统生死观。进一步而言，魂瓶的设计正意在模拟一个二元宇宙，其中，亡者的魂魄二灵可各得其所。魂升天界，魄入黄泉。

二元魂魄之说最晚于春秋时期已出现。《左传·昭公七年》中最早出现魂魄学说，书中可见子产的魂魄观："人生始化曰魄，既生魄，阳曰魂。"据子产所言，魄随肉身先生于母体，而魂后衍生自魄而出。余英时曾将魂译为"breath-soul"，魄则为"bodily soul"[1]。两者其实为"魂气"和"形魄"的直译，"魂气"和"形魄"即常见于典籍的魂魄别称。"气"为精气，"形"则为形体。余英时同时将魂魄二灵解释为"精神的灵"和"实体的灵"，以更好表明二灵的本质。魂魄二灵各司其职，分别主人的心神和肉体[2]。精神之灵也常称为"气""神""灵""精""爽"，而肉体之灵一般就称为"魄"。人死之后，精神和实体之灵便会分散，各自去往栖息之所。《礼记·郊特牲》中对魂魄的去处有简短的记述："魂气归于天，形魄归于地"。据此可知，亡者的精神之灵将化为气，升华至天界，而其肉体之灵将归于大地。由于肉体之灵和肉身联系紧密，埋葬遗体以及修建坟墓便通常认为是助其下归大地的过程。墓葬埋藏过后，人们想象墓室将下沉至地底深处的黄泉世界。魂魄各有归处一说为魂瓶的基本结构以及图像表现提供了相关的理论基础。魂瓶上部表现升天，下部表现入地，分别意在引导魂魄上天下地，各往其所。这也解释了为何世界之轴的入口会与地下世界直接相连在墓中，魂会离开肉身而进入魂瓶，接着即开始登天之行。魂瓶腹部便以象征手法表现出此行的场景。换言之，魂会直接离开地下的墓穴，通过魂瓶到达天界，并不需要再经过人世。

墓葬的目的在于容纳和掩埋遗体及其依附的魄。墓葬并不在于容纳或安抚魂。《荀子》中亦有关于葬礼祭仪的叙述："故葬埋，敬藏其形也；祭祀，敬事其神也。"这一论述往

---

[1] Yu Ying-shih, "Oh Soul, Come Back!" A Study in the Changing Conceptions of the Soul and Afterlife in Pre-Buddhist China, *Harvard Journal of Asiatic Studies* 47, No.2, 1987, p.374.

[2] Yu Ying-shih, "Oh Soul, Come Back!" A Study in the Changing Conceptions of the Soul and Afterlife in Pre-Buddhist China, *Harvard Journal of Asiatic Studies* 47, No.2, 1987, p.374.

后在《通典》中被总结为:"葬以藏形,庙以飨神。"这一总结揭示了墓葬只用于埋尸和藏魄,并不在于安神镇魂。这也许可解释为何许多早期中国墓穴尤其是皇家陵墓中并未出现描绘天界的图像。然而,随着汉室衰落,天下混乱,情况大为改变。从3世纪往后,南方先民开始相信原本只在家庙中受祭祀的亡魂也可埋入墓中。由此便需要新的墓葬器具供魂所用:于是,魂瓶开始作为冥器出现。

至318年,东晋出现了一场有关禁止招魂进而举行埋葬仪式("招魂葬")的辩论,生动地反映出魂瓶盛行时代的士人如何看待魂魄学说和相关丧葬礼俗。这场辩论最初由何惠鉴引用而引起注意,据他认为,魂瓶正是专门设计用于招魂殡葬。3世纪的中国,战火纷飞之下,北方居民被迫往南方逃难,途中便有不幸亡故的难民。如亡者后代无法取回亲人的尸首,则会请萨满教法师举行仪式为亡者招魂,而后将魂埋葬于墓中[1]。巫鸿指出,许多墓中既见亡者遗体,且有魂瓶随葬[2]。

(一〇)引魂入墓

这场论辩的核心问题为魂是否可埋于墓中。这场论辩最初由官员袁瓌倡议禁断葬魂为发端,他上书晋元帝,认为应禁止招魂殡葬的做法[3]。据袁瓌所表,晋朝许多大官殁后采用招魂葬,有违儒家圣人制礼。招魂仪式衍生自南方盛行的萨满教仪式,招魂原本是通过召回游魂使亡者复活[4]。到了3世纪,招魂发展为召来亡魂并予以下葬的墓葬仪式。似乎招魂葬仪式在这一时期已形成风气,因为武陵王亦云:"时人往往有招魂葬者。"[5]袁瓌上奏之后,皇帝便令廷臣就此事开议。从辩论来看,4世纪早期的中国社会中,"二元魂魄"说仍很盛行。所有的议事者无一不基于这一二元框架对招魂葬之举发表评判。其中,干宝反驳了招魂葬的做法。其表云:"时有招魂葬,考之经传,则无闻焉。……以为人死神浮归天,形沉归地,故为宗庙以宾其神,衣衾以表其形。"[6]在此,干宝重申了儒家的魂灵和丧葬观,与前文《礼记》所述较为吻合。招魂葬的异议者尤其强调了墓室所为只是肉体的灵(魄),因其将归于黄泉所在的地下世界。回驳周生时,干宝亦清晰地表示墓穴是为魄而建。他说道:"然则冢圹之间有馈席,本施骸骨,未有为魂神也。若乃钉魂于棺,闭神于椁,

---

[1] Ho Wai-kam, "Hun-p'ing: The Urn of the Soul", The Bulletin of the Cleveland Museum of Art 48, No.2, 1961, pp.32~33.
[2] Wu Hung, "Buddhist Elements in Early Chinese Art (2nd and 3rd century A.D.)", Artibus Asiae 47, No.3/4, 1986, p.291.
[3] 群臣关于招魂葬所上的奏章被收集在《通典》。
[4] 蒲慕州:《墓葬与生死:中国古代宗教之省思》,中华书局,2008年,第210页。
[5] 杜佑:《通典》,中华书局,1988年,第2704页。
[6] 杜佑:《通典》,中华书局,1988年,第2702页。

居浮精于沉魄之域,匿游气于壅塞之室,岂顺鬼神之性而合圣人之意乎!"[1]另一位辩驳者新蔡王同样强调葬魂之举非合礼法。他议云:"埋灵爽于九泉,则失事神之道"[2]。招魂葬的支持者则持对立态度,他们相信魂也可长埋于墓中。来自鲁国的周生辩说:"魂堂几筵设于窆寝,岂唯敛尸,亦以宁神也。"[3]持同样意见的李玮说:"既葬三日,又祭于墓中,有灵座几筵饮燕之物,非唯藏形也。"[4]为突出葬魂墓中的合理性,周生和李玮一共提及墓葬所需的四物:"魂堂""灵座""几筵"和"饮燕"。其中,"饮燕"指献给亡灵的墓中祭品。"几筵"指祭祀过程中供亡魂所据的筵席。"灵座"则为"几筵"的别称。如吕向所云:"几筵墓中所设灵座。"公沙歆是葬魂的另一位支持者,他进一步解释墓中"灵座"本就用于盛纳亡魂。他论云:"神灵止则依形,出则依主。墓中之座,庙中之主,皆所缀意仿佛耳。"[5]在儒家丧葬礼俗中,家庙中会设"主",使亡者魂神在祭祀过程中有所依附。而这也并不和引魂升天一说相冲突。两种观念还常常出现于同一文章中,干宝随后引用的论据便可佐证。当时的人们相信,基于生者与亡者的亲缘关系,通过在家庙中举行祭祀,已居天上的祖先魂神可以降临。但三四世纪时,随北方难民大量迁往南方,北方的家庙便无人再去祭拜。对祖宗亡魂弃之不理使难民愧感难安,由此也许催生了葬魂的做法,以往家庙的部分作用也因此产生了转移。

从招魂葬之辩来看,似乎不可否认该时期已有部分人开始接受魂也可埋于墓中的观念。这体现出中国丧葬礼俗已发生剧变,因为墓中可埋葬的对象已与以往不同。墓室不再是独为遗体和形魄而建,魂气亦可进入墓中。在这一背景下,魂瓶便作为墓中盛魂必需的冥器而诞生。

(一)形散之后如何定魄

魂瓶诞生时期的古人不仅要解决魂的问题,还要面对与魄相关的新难题。连年战乱和举家逃难使其不得不放弃顾及亲人的遗体,遗体如何处理令人觉得棘手。人们担忧遗体腐坏过快不及抵达黄泉,则亡者形魄可能返归阳间。加之南方缺少陪葬玉器,更令相信玉有助于保存遗体的时人倍感焦虑。学者布朗(Miranda Brown)和米勒(Allison Miller)通过研究表明,在4世纪时,用玉保存遗体的做法比汉代时更为受到推崇,尤其在受佛家

---

[1] 杜佑:《通典》,中华书局,1988年,第2702页。
[2] 杜佑:《通典》,中华书局,1988年,第2704页。
[3] 杜佑:《通典》,中华书局,1988年,第2702页。
[4] 杜佑:《通典》,中华书局,1988年,第2703页。
[5] 杜佑:《通典》,中华书局,1988年,第2703页。

影响的道教人士中十分流行[1]。孙吴政权时期正值乱世,礼制崩坏、宗教观念遭遇大变,因此,魂瓶很可能作为"新型"冥器用以容纳亡魂,同时也用于盛纳因尸体腐朽"无处可去"的形魄。魄本附形,人死魄不离形,魄将依附在遗体上,最终归于黄泉下世。依此看来,保存遗体对于为魄提供永恒栖所是至关重要的。从周至汉,玉被大量使用于高规格墓葬中。皇家陵墓里,"玉衣"殓服必不可少。巫鸿指出,"玉衣"的作用在于将脆弱的人体转化为坚实的"玉体",永久保存遗体[2]。而相对较低规格的墓穴中,由于不可得全套"玉衣",遗体的口手谷道等处常放有小块玉。玉具有坚硬耐久、纯净无瑕的特质,不易破坏,因此人们相信玉有保护遗体不至腐烂的魔力。

然而,在孙吴政权统治期间,无论墓主人社会地位如何,墓中竟普遍没有任何随葬玉器。这一时期的两个贵族墓便可作为例证,以下进行分析。出土于马鞍山的朱然墓是一座高等级吴墓。在朱墓中,出土的随葬品有140余件,其中包括各类精美的漆木器、瓷器和青铜器。然而,在这座高规格的贵族墓中,竟没有出土一件玉器[3]。与此相似,南京上坊孙吴贵族墓(被视为迄今发掘的等级最高的吴墓)中,随葬品多有金银铜铁、青铜漆木、陶瓷等,多达数百件,但无任何随葬玉器出土[4]。两座吴墓中皆不见玉绝非巧合而已,而是绝大多数乃至几乎全部吴墓共同具有的特征。相对于随葬即用玉的汉墓,这种变化实属异常。玉主要出于北方。汉朝的边远南疆曾有附属国南越,而南越王墓中出土的随葬玉器的玉料也出于新疆和田和辽宁[5]。然而,孙吴政权的统治范围仅在东南而已。东吴与据于北方的魏水火不容。因此可能导致吴无玉可用,因而吴墓极少见玉。

无法保存遗体引出了几个问题。中国古人相信如若形魄回到人间,则魄化为鬼,纠缠生者[6]。因此,在许多方面,魄又与鬼神联系在一起。如前所述,古人视魂为阳灵,魄为阴灵。"阳"与"阴"则分别对应生与死。《礼记》曾记:"魄也者,鬼之盛也。"这可进一步诠释为:魄与鬼本质为一。又在《五经正义》中,孔颖达评论子产的魂魄一说。其云:"改生之魄曰鬼。"魄与鬼再次被分为同类。前者有可能变化为不吉的后者。基于此,汉代有人相信遗体保存的状况对于魄的状态具有关键影响[7]。换言之,如遗体腐坏过快,魄则无法

---

[1] Miranda Brown, "Did the Early Chinese Preserve Corpses? A Reconsideration of Elite Conceptions of Death". *Journal of East Asian Archaeology* 4, No.1, 2002, p.217; Allison R. Miller, *Kingly Splendor: Court Art and Materiality in Han* China, Columbia University Press, 2021, p.162.
[2] Wu Hung, *The Art of the Yellow Spring*, University of Hawaii Press, 2009, pp.131~140.
[3] 安徽省文物考古研究所、马鞍山市文化局:《安徽马鞍山东吴朱然墓发掘简报》考古1986年第3期。
[4] 南京市博物馆、江宁区博物馆:《南京江宁上坊孙吴墓发掘简报》,《文物》2008年第12期。
[5] 地质学家通过测定玉石的成分来分析玉石矿的来源,见Allison R. Miller, *Kingly Splendor: Court Art and Materiality in Han* China, Columbia University Press, 2021, p.173。
[6] Michael Loewe, *Ways to Paradise: The Chinese Quest for Immortality*, George Allen and Unwin, 1979, p.10.
[7] Yu Ying-shih, "Oh Soul, Come Back!' A Study in the Changing Conceptions of the Soul and Afterlife in Pre-Buddhist China, *Harvard Journal of Asiatic Studies* 47, No.2, 1987, p.385.

继续依附于形,不得安息。因此,也就可理解为何吴人决定在魂瓶上也构建黄泉下世。

(一二)佛教天界观及世界之轴

4世纪中期前,中国出现了一批最早的佛教艺术,而这些佛像大多作为装饰图像存在于墓室门额、青铜镜和魂瓶之上。其中,魂瓶上的佛像装饰占据绝大多数。但从多个方面来看,这些图像仍令人费解。魂瓶作为冥器,需要长埋于墓地,这与同时期印度佛像使用方式形成了鲜明对比。在印度,佛陀和众菩萨的图像是为生者供奉礼拜所用。在佛教仪轨中,若要改善亡者的处境,一般是由在世的亲人为其举行专门的荐福除罪仪式,而不是由死者于墓中拜佛可得。

当代学者认为,当时出资制作佛教图像的人并不理解佛教教义,只不过将佛陀看作不死的神仙一类罢了[1]。另一种角度则是着眼于魂瓶的冥器之用,分析其在墓葬背景下的功能。阿部贤次认为,这些形似佛陀的图像是为辟邪而制作[2]。但是,魂瓶恰巧出现在中国古人刚刚开始较多接触佛教思想的汉末时期,这可能并非巧合[3]。而且,丧葬仪规对于当时人而言是严肃重大之事,处理不周、不当则易引发厄运。如果对于新近出现的外来宗教图像尚不十分熟悉,就草率将其置于具有引魂升天入地的冥器之上似乎不大合理。

更为重要的一点则是,吴国地区的佛教盛行程度也许被大大低估了。佛教自东汉开始传入时,如今的江苏地区是佛教信仰传播最早的地区之一[4]。最初,江苏的佛教思想中心在长江以北[5]。随着东吴政权建立,该中心便向南转移至吴国都城建业(今南京)。在汉室衰落后的分裂时期,由于吴国的统治,东南地区相比于原属汉土的其他区域更早重获稳定。而吴国统治者们出身地位较低的行伍,受中原儒家文化影响不深。孙氏政权下的统治者,尤其是建国者孙权,对各种巫术、各类信仰、各门宗教深感兴趣,其中包括佛教[6]。基于较为稳定的社会环境,加之官方支持,吴国地区吸引了许多外国僧侣。其中,东汉时的僧侣安世高影响力最大,相传东汉末期他为躲避中原动乱而来到了东南地区[7]。三国时期的大多数名僧居士在吴国地区尤为活跃,例如,支谦、康僧会、维祇难、竺将炎[8]。支谦与康僧会与东吴朝廷交往甚密。支谦受到吴帝孙权召见,为他释难析疑。孙权于是拜支谦为

---

[1] Yu Ying-shih, "Oh Soul, Come Back!" A Study in the Changing Conceptions of the Soul and Afterlife in Pre-Buddhist China, *Harvard Journal of Asiatic Studies* 47, No.2, 1987, p.385.
[2] Stanley Abe, *Ordinary Images*, The University of Chicago Press, 2002, pp.99～101.
[3] 梅依洁:《浙东地区出土吴晋时期魂瓶上的胡人形象及其相关问题》,《中国港口》2018年第6期。
[4] 周叔迦:《周叔迦佛学论著全集》,中华书局,2006年,第118页。
[5] 汤用彤:《汉魏两晋南北朝佛教史》,中华书局,1963年,第53、71页。
[6] 严耀中:《东吴立国与江南佛教》,《中国史研究》1997年第1期。
[7] 《高僧传》,《大正藏》第50册,2059号,第325页。
[8] Erik Zurcher, *The Buddhist Conquest of China*, Brill, 2007, pp.46～55.

博士，请他教导东宫太子[1]。能够在朝中执奉公务使得僧人有机会与贵族阶层交流来往，并在士人中传播佛教思想[2]。此外，很可能在获得吴国统治者支持的背景下，支谦将数十册佛学经典译介到了中国[3]。支谦逝世后，孙吴第二位皇帝孙亮亦撰文悼念。这篇悼文名为《与众僧书》[4]。据此可推测当时有一群僧侣皆和吴朝廷有密切来往。康僧会同样是外土而来的僧人，他以铜瓶礼请舍利，使孙权大为叹服佛法高深。于是，孙权下令为康僧会修造建初寺。根据《高僧传》所载康僧会传记末尾所言，由此，长江以南佛法大兴[5]。近年，学者木田知生从江苏和浙江地方地名辞典中发现了43座吴国时修建的佛庙[6]。结合魂瓶上所饰的大量佛像，康僧会传记中所言很可能并不夸张。而这一时期的正史《三国志》由西晋史学家陈寿撰成，他从未去过吴国。那么，他在书中对吴国佛学大兴的情况不提一字很可能反映出西晋士人对佛教的特定偏见[7]。

佛学在吴国并不同于往后其在南北朝传播的情况。吴国地区的佛教具有一大关键特征，即其教义融合了部分地方文化和传统偏好。汉代时，佛家选择与道教联合，意在使外来思想能更好地为中国人理解接受。例如，僧人支遁曾宣布，为使佛学智慧亦能深入中国这片土地，有必要借用老庄思想为媒介[8]。因此，许多人将佛教视为道教的变体而已。甚至人们一度认为释迦牟尼是道家学说创始人老子所化[9]。在东吴和东晋时期，佛家还曾以法术和玄学的形式呈现[10]。有趣的是，在释迦牟尼获得燃灯佛受记的前世，他的名字 Mānavaka 被译作"儒童"，即儒家弟子。某些本地撰写的经书甚至说儒童为孔子别称[11]。对于吴国佛学风气影响最深的两个人物，即支谦和康僧会皆生于中国[12]，但祖籍是外土。二人以"博览六经"闻名[13]。支谦是三国时期重要的佛经译介者，其翻译风格以文雅而倾向于汉化而颇具名气。他好用中国传统文化和道家典籍中的字眼来对应佛经里的佛学术语，有时乃至于义有损[14]。在佛经译介中，这种寻求本土文化已有概念来大约对应外来新

---

[1]《出三藏记集》，《大正藏》第55册，2145号，第97页。
[2] 汤用彤：《汉魏两晋南北朝佛教史》，中华书局，1963年，第129页。
[3] 王永平：《孙吴统治者之尚巫及其对待道教佛教之政策》，《江苏科技大学学报》2008年第8期。
[4] 杨家骆：《全上古秦汉三国六朝文》第3册，中华书局，1958年，第5页。
[5]《高僧传》，《大正藏》第50册，2059号，第325页。
[6] 木田知生：《江浙早期佛寺考》，《东南文化》1992年第1期。
[7] 西晋人并不信佛，见于王谧的名言："曩者晋人略无奉佛，沙门徒众皆是诸胡。"见《弘明集》，第12卷，第21页。
[8] 常慧：《格义佛教与佛教中国化的探讨》，《法音》2022年第2期。
[9] 汤用彤：《汉魏两晋南北朝佛教史》，中华书局，1963年，第29页。
[10] 汤用彤：《汉魏两晋南北朝佛教史》，中华书局，1963年，第138～152页。
[11]《清净行法经》，《中国宗教与生存哲学》，学林出版社，1991年，第220页。
[12] 康僧会出生于交趾，时为吴国统治。
[13] 关于支谦，见《出三藏记集》，《大正藏》第55册，2145号，第97页；关于康僧会，见《高僧传》，《大正藏》第50册，2059号，第325页。
[14] 严耀中：《东吴立国与江南佛教》，《中国史研究》1997年第1期。

词的方法称为"格义"。从4世纪末期起,此类用法被认为歪曲了佛学教义,受到了佛学团体的诸多批判[1]。不过,在使佛学融入中国本土思想的过程中,这种策略性的译介和佛经诠释方法起到了关键作用[2]。时人本未曾想了解复杂高深的佛学,但上述方法有效地帮助了他们走近佛教,因而可容于佛教教义。中国的信仰者借此能进一步接纳和理解佛学思想。

在佛经翻译过程中,早期佛学家采用了高度汉化的策略来解释佛学术语和教义。他们想方设法从传统文化中借用旧词表示意义相近的佛学术语。在这一背景下,昆仑山便被用作佛教中的世界之轴须弥山的同义词。例如,三世纪时康孟详所译的《佛说兴起行经》开篇即言:"所谓昆仑山者。则阎浮利地之中心也。山皆宝石。周匝有五百窟。……常五百罗汉居之。"[3]虽文中未直言昆仑即为须弥,但其所传达的正是这一观念。在佛家宇宙观中,须弥山是世界之轴。如上名称替用使读者不禁将昆仑山理解为须弥山的别称而已。有人也认为,严格说来,佛教言宇宙中有五洲(四洲围绕中央一洲)。世界之轴须弥山位于中央大洲的中心,而非中国所在的南大洲(南赡部洲)的中心。然而,对于3世纪的中国佛教徒而言,佛教五洲的概念并不易于理解。大多数情况下,早期佛教传教者便决定简而言之,只粗略依本土所言"寰宇"。译介入中国的第一本以佛教宇宙观为题的经书为《大楼炭经》。该书第一卷即全然介绍南赡部洲,而丝毫不提及其他四洲[4]。这似乎也可再一次证明佛家传教时采用的汉化策略。基于早期僧侣的有意引导,同为世界之轴的昆仑山和须弥山便足以混为一谈。《拾遗记》中所述进一步佐证了这一点:"昆仑山者,西方曰须弥山。"此书作者王嘉(卒于390年)以志怪文学闻名,也是4世纪时最具影响力的佛教僧侣道安的密友[5]。

魂瓶上的绝大多数类似佛像的塑像均贴塑于柱状颈部。从佛家观点来看,原本代表昆仑山的颈部现在表示的则是佛教的世界之轴须弥山。根据《佛说兴起行经》,世界之轴下常居五百罗汉[6]。因此,这些形似佛陀的人像刻画的很可能就是罗汉。同时,由于汉代人民相信昆仑山所居为众神仙羽人,所以有理由推断这些塑像代表的应是须弥山的罗汉。据《四十二章经》即译介到中国的第一本佛经所述,罗汉的形象与神仙非常近似:"阿罗汉者,能飞行变化,旷劫寿命,住动天地。"[7]在佛学汉化的影响下,须弥既已与昆仑等同,前

---

[1] 释常慧:《格义佛教与佛教中国化的探讨》,《法音》2022第2期。
[2] 严耀中:《中国宗教与生存哲学》,学林出版社,1991年,第216～217页。
[3] 《佛说兴起行经》,《大正藏》第4册,197号,第163页。
[4] 《大楼炭经》,《大正藏》第1册,23号,第277页。
[5] 道安生平见《高僧传》,《大正藏》第50册,2059号,第352页。
[6] 《佛说兴起行经》,《大正藏》第4册,197号,第163页。
[7] 《四十二章经》,《大正藏》第17册,784号,第722页。

者相关的图像表现便大可模仿后者。换言之，居于昆仑的众仙转而由诸阿罗汉替代即可。

细看魂瓶上近似佛陀的塑像，似乎许多并不见得是佛的形象。例如，出土于南京的黑釉魂瓶（图一〇）上的许多塑像以往均被判断为佛像[1]。然而，在仔细观察后，可见魂瓶上部底层和中层的人像正演奏一种传统管乐器——埙。根据犍陀罗艺术，这些形象刻画的并非佛陀本身，而更有可能是佛家信奉者。当然，不可否认，不同魂瓶所有的塑像皆多有不同，或是戴尖顶帽的外来人，或是具毫眉、慧眼或佛顶的外国僧侣，或是与犍陀罗艺术中佛陀形象类似的形象。但根据前文分析，就位于魂瓶颈部而言，罗汉乃最合理的推测，因为这一部位代表了世界之轴，即昆仑/须弥。这也与魂瓶上的多种表现手法最相契合。吴国匠人可能借用

图一〇　魂瓶上部细节
（东吴，甘家巷出土，国家博物馆藏）

了零碎传入的犍陀罗艺术图像，采用毫眉、慧眼或佛顶表示异域僧人的非凡特征。罗汉为佛陀的得法弟子，将其表现为"神化的僧人"也有一定道理。据本文作者所推想，吴国匠人可能并不清楚如何在外形上区分罗汉和佛陀，因为3世纪以前，即使在印度，罗汉的形象也无处可予借鉴。但如若无进一步图像史料佐证，这一说法暂时无法得到有力证实。

与昆仑一例类似，在天界和世界之轴的模型之中，早期僧侣中还发现佛教中有一个概念与中国早期信仰中既寻常又至为神秘的"天"可以对应，即佛教所言"忉利天"。在3世纪及4世纪早期，僧人们曾解释忉利天为转生的理想之地。而在第一本解说佛教宇宙观的经书《大楼炭经》中，对于忉利天的阐述占满一整卷，其他层天则在这本长篇经书中寥寥几句带过。据说三四世纪时译介入中国的许多经书和佛家文学典籍中亦载有佛教徒在忉利天重获新生的故事[2]。佛教中的天堂很多，忉利天其实只是之一，但其被选为与"天"对等的原因非常明显：忉利天位于须弥山顶部。在佛家宇宙观中，欲界有六天。忉利天为底下第二层。第一层为四天王天，位于须弥山腰。第二层则为忉利天，正位于须弥山顶。其余四天，层层递升。《大楼炭经》相关卷的第一句便给出了忉利天之所以受到

---

[1] 南京博物院、南京艺术学院、北京大学、龙谷大学：《佛教初传南方之路文物图录》，文物出版社，1993年，第174页。
[2] 例如莲花王的故事，见《撰集百缘经》（支谦译本），《大正藏》第4册，200号，第217页。

重视的可能原因:"须弥山王顶上。有忉利天。"[1]这再一次表明,早期佛学者将须弥山和忉利天组合起来进行策略性宣传,目的就在于贴合中国本土有关来世的学说:"天界位于世界之轴上。"忉利天基于佛学教义,并融入中国"天"之思想,从而获得了新的含义。有意思的是,"天"由天帝掌管,忉利天也有自己的主神:因陀罗。从4世纪中期至今,因陀罗的正式译名为"帝释天"。然而,在《大楼炭经》和诸多其他早期佛经中,这位主神名为"天帝释"。这样的译法可谓极具策略性,因其恰呼应着中国的"天帝"。而"释"代表着佛教。如昆仑一例,"天帝"被视为因陀罗的另一译名。因陀罗的居所即忉利天宫在诸多经书中有所强调。据本文作者所知,支娄迦谶在翻译《道行般若经》时最初创用"天帝释"这一译名[2]。而支谶是吴国佛学发展关键人物支谦的师公。支谦的老师是支谶的弟子支亮[3]。在3世纪时,支谦在自己的翻译作品中沿用了由师公支谶创译的"天帝释"[4]。

综上所述,汉室衰败天下三分之后,儒家学说在南方地区暂时失去了绝对的统治地位。东吴政权统治者则对各种宗教、法术、巫术等颇感兴趣。因此,汉代时影响力大多局限在胡人群体中的佛学思想最终迎来了在南方地区率先茁壮成长的机遇。

> 赵诣,南京师范大学文博系2009级本科生,
> 现工作单位为香港理工大学中国历史及文化学系。

---

[1]《大楼炭经》,《大正藏》第1册,23号,第294页。
[2]《道行般若经》,《大正藏》第8册,224号,第431页。
[3] 汤用彤:《汉魏两晋南北朝佛教史》,中华书局,1963年,第128页。
[4]《佛说义足经》,《大正藏》第4册,198号,第175页。

无锡出土明代丝织品保护修复及研究

李一全

2012年4月,无锡市文化遗产保护和考古研究所发掘了一座明代浇浆墓葬,通过对墓葬内出土墓志的解读,明确墓主为明代嘉靖年间的钱樟及其夫人华氏,墓内出土遗物较为丰富,种类有锡、木、铜、金、银、瓷及丝等。特别是墓葬中出土的丝绸制品,品类齐全,既有服用的袄、裤、裙、鞋、巾等,又有生活用的枕、背袋等物,材质涉及丝、棉、麻等。由于这批丝绸制品长期浸于水中,存在不同程度的多种病害,无锡市文化遗产保护和考古研究所联合纺织品文物保护国家文物局重点科研基地(中国丝绸博物馆)对该批丝织品进行了保护修复工作。

一、发掘概况

钱樟夫妇合葬墓发掘地点位于锡梅路与鸿山路交叉点东侧,隶属于鸿山街道。钱樟夫妇合葬墓保存完整,为方形夫妻合葬浇浆墓。墓圹呈方形,墓外围由糯米浆、石灰、粗砂等材料搅拌成的"胶浆"经过层层夯打筑成,三合土细腻坚硬,内含米粒、蓼叶痕迹,浇浆内包裹着石椁、木椁、木棺。其东室为女性墓主,西室为男性墓主(图一)。由于墓葬封闭较好,未受到盗扰,合葬墓内出土物品丰富,发掘出土了锡器、木器、铜器、金银器、瓷器、丝绸等100余件(套),其中丝绸制品有被子、夹袄、背包、枕头、纱巾、绣鞋、缎裙、棉裤等20余件(套)。

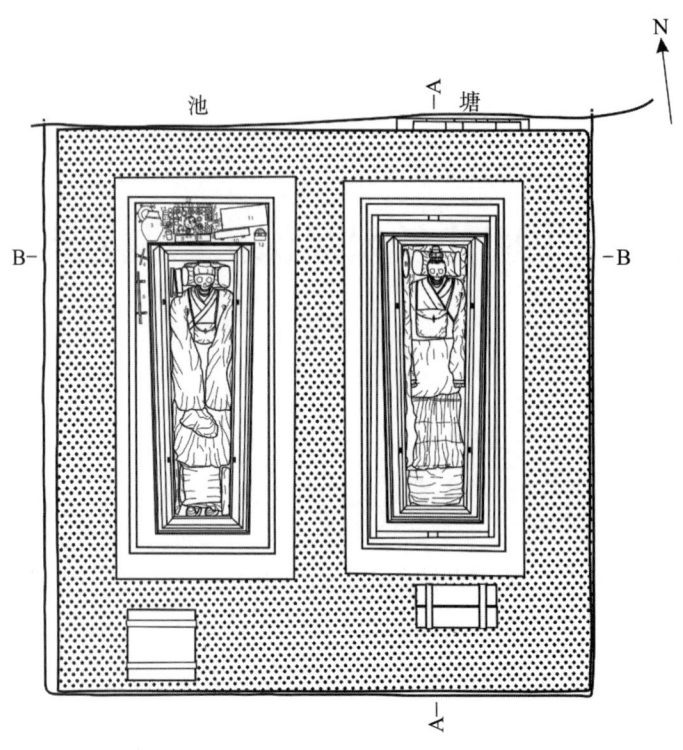

图一　钱樟夫妇合葬墓平面

二、丝织品保存现状及检测

（一）保存现状

钱樟夫妇合葬墓内丝织品由于长期积水浸泡保存状况较差。从出土现状看，东室女性墓葬内衣物略好于西室男性墓葬的。女性墓葬内的挎包、外衣、裙子、夹袄以及置于头顶的夹袄形制基本保存完整，但墓葬中随同衣物一起的尘土等污染物较多，对纺织品的保存相当不利，导致病害较为严重，主要存在粘连、破裂、残缺、褪色、皱褶、糟朽、污染、金箔脱落、微生物损害等病害（表一）。

表一　无锡钱樟夫妇合葬墓出土丝织品病害种类一览表

序号	文　物　名　称	粘连	破裂	残缺	褪色	皱褶	糟朽	污染	金箔脱落	微生物损害
1	镶几何边绢袄				●	●		●	●	
2	镶菱格纹边绢袄		●		●	●		●	●	
3	鸟衔花枝纹缎夹袄		●	●	●	●		●		

(续表)

序号	文物名称	粘连	破裂	残缺	褪色	皱褶	糟朽	污染	金箔脱落	微生物损害
4	镶缠枝花边绢袄		●		●	●	●	●	●	
5	菱格花刺绣棉袖边				●	●		●		
6	日月纹绣缎背袋				●	●		●		
7	绣花缎鞋			●				●		
8	莲花纹绣绢枕	●	●	●	●	●	●	●		●
9	日月纹绣缎枕	●	●		●	●		●		●
10	杂宝朵花纹缎被			●	●	●		●		
11	金扣素缎发罩							●		
12	素绢绵袄		●		●	●	●	●		
13	四季花鸟纹织金妆花缎襕裙			●	●	●		●	●	
14	杂宝朵花纹缎棺垫			●	●	●		●		
15	垂帐残片	●			●	●		●		
16	素缎发罩残片	●	●		●	●		●		●
17	纱巾				●	●		●		
18	棉布裤		●	●	●	●		●		
19	棉布贴里残件		●	●	●	●		●		
20	杂宝朵花纹缎绵膝裤				●	●		●		
21	棺盖麻布		●		●	●		●		
22	四合如意云纹缎绵裙	●			●	●		●		
23	云凤纹福寿巾		●					●		
24	残片		●	●				●		
	总计	5	12	10	22	22	11	24	4	3

无锡出土明代丝织品保护修复及研究 153

通过对钱樟夫妇合葬墓中选取的9件纺织品脱落的细碎纱线进行纤维横截面观测，辅以纤维鉴别，发现该批纺织品中纤维品种包括丝、棉、麻等（图二）。其中丝织物主要用于纺织品的面料；棉主要包括棉布及棉絮，棉布既用于纺织品面料，也用于衬里，面料棉布较细腻，衬里棉布稍粗犷，麻织物主要用于衬里（表二）。

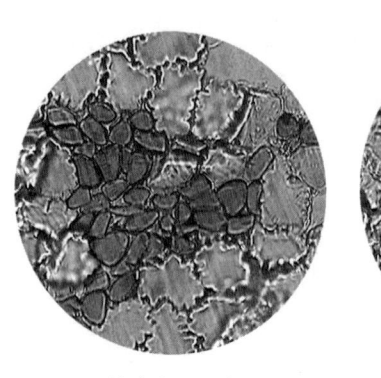

纱巾（1 000x）　　莲花纹绣绢枕（1 000x）　　棺盖麻布（1 000x）

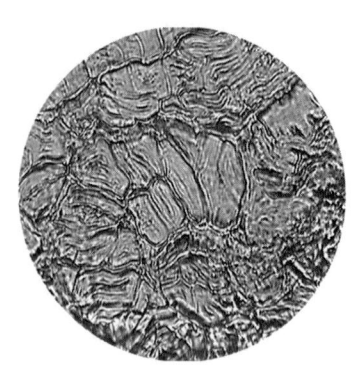

图二　各类纤维横截面

表二　无锡钱樟夫妇合葬墓出土服饰纤维分析表

序　号	文　物　号	部　位	测　试　结　果
1	莲花纹绣绢枕	面料衬里	丝棉
2	日月纹绣缎枕	面料1面料2	丝丝
3	素绢绵袄	面料絮	丝棉
4	垂帐残片	面料	丝
5	素缎发罩残片	面料	丝
6	纱巾	面料	丝
7	棉布裤	面料	棉
9	棺盖麻布	面料衬里	丝麻

整体看来这批纺织品主要分为三大类：单层素织物（绢、斜纹绫、平纹棉布）、缎类（素缎、暗花缎、织金缎）及绞纱类（织金纱）（图三）。

绢　　　　　　　　　织金纱+纳纱绣　　　　　　　暗花缎

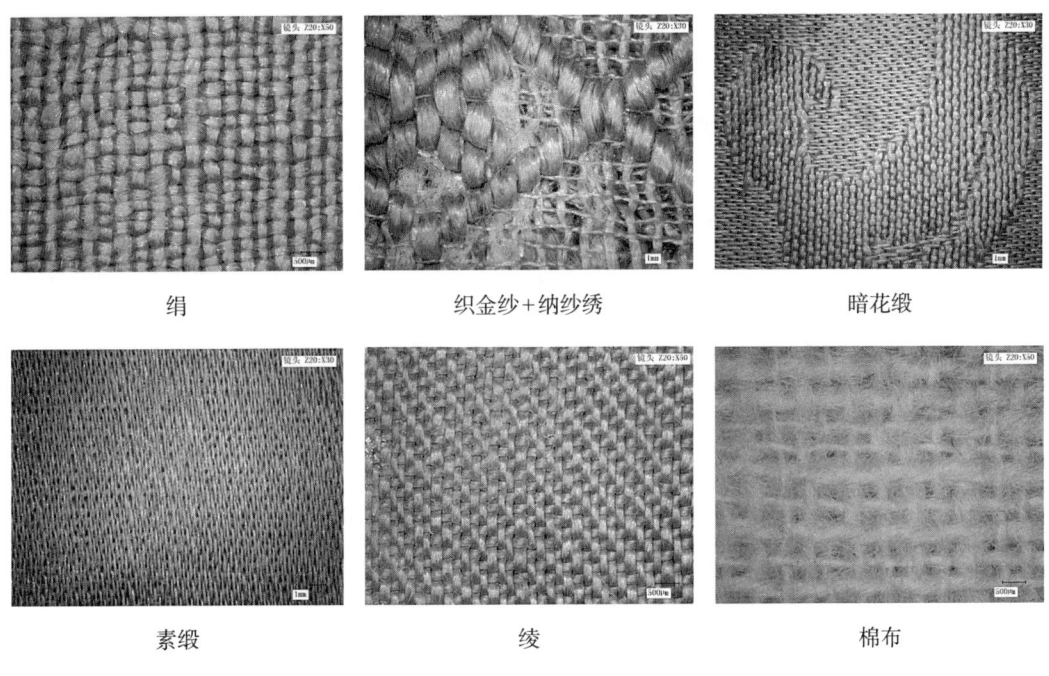

素缎　　　　　　　　　　　绫　　　　　　　　　　棉布

图三　纤维检测结果

三、保护修复措施

针对钱樟夫妇合葬墓出土丝绸制品的不同病害特征，我们在保护修复过程中采取了相应的修复措施。

揭展　对部分丝织品在处理前先行揭展，揭展时先将织物缓慢回潮，再一层层将织物剥离，对于粘连较重的部位需反复回潮，缓慢揭展。

清洗　对于部分污染严重的丝织品，用专用吸尘器吸除纺织品表面的灰尘、污物，然后，进行局部清洗实验，以判断清洗是否会造成不良后果（如纤维流失、染料流淌等），确定安全后进行大面积清洗。部分采取局部干洗去污。

平整　钱樟夫妇合葬墓内丝织品由于挤压和浸泡时间较长，基本都存在皱褶现象，而且部分比较严重，所以均需进行平整。在清洗后需要进行平整处理，使织物经直纬平，恢复到最初的状态。将纺织品回潮，利用纤维在湿润状态下易变形的特点，使织物最大限度地恢复到初始的平整状态。

确定形制　钱樟夫妇合葬墓中部分丝织品有缺损或缝线脱落，以至形制不明确，所以首先对其形制进行研究，并根据研究结果打样复原，在复原研究的基础上实施修复。如棉布贴里在揭展后破碎成几块，难以辨认形制。经过对各部分残留信息的仔细观察，发现决定服装形制的关键信息尚存。根据存留信息及相关文献资料确定形制后绘制形制图,再根据形制图实施修复。

背衬织物准备 根据所修复纺织品的面料特征,选取与之材质风格相近的现代织物作为加固所用的背衬织物,并将其染成与文物一致的颜色。钱樟夫妇合葬墓所用织物品种主要为三类,即绢、暗花缎和平纹棉布。因缎类纺织品虽有破裂,但缺失并不明显,所以选择与背衬织物相同的电力纺作为修复用面料;平纹棉布类服饰则选择相同的平纹棉布作为背衬织物;发罩则选用同样透明的平纹丝织物绉丝纱。

修复 针对钱樟夫妇合葬墓中服饰的保存状况,采用针线缝合加固的修复方法。修复时,对于有破裂和残缺病害的丝织品,在揭展、清洗和平整等工作完成后,采用与丝织品本身质地、颜色相同或相近的现代丝织物衬于文物背后,采用针线缝合法加固,以恢复丝织品的整体效果,并利于织物的保存。对于破损糟朽部位,采用铺针,并结合跑针、鱼骨针等其他针法实施修复。根据此批纺织品的保存状况,在采用针线缝合加固时,其背衬织物的衬垫方式有两种,即局部衬垫及整体衬垫。如在对鸟衔花枝纹缎夹袄的修复中,由于此件夹袄保存相对较好,仅两侧腋下各有两条破裂,前襟与后背同时断裂。故采用局部衬垫的方式。对于棉布贴里的修复,由于此件贴里破损严重,修复前破碎成若干块,采用全衬垫的方式修复。根据形制研究结果,剪裁与各部位形制相同的平纹棉布作为背衬织物,包括两袖、两襟、后背、领及下摆。然后衬于各部位之下,平整后以相应针法将背衬与文物缝合。各部位修复好之后,再按贴里的形制拼合(图四)。

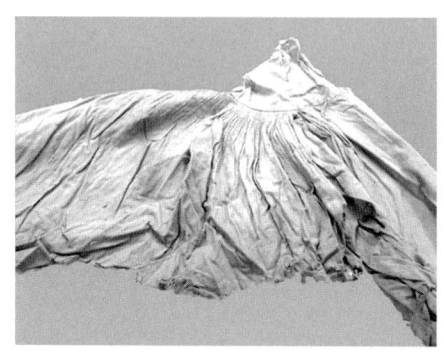

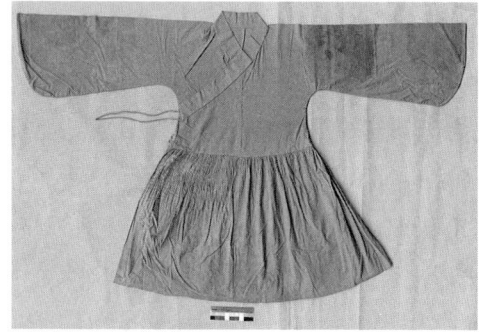

图四 棉布贴里整体衬垫

四、部分出土丝织品文物病害及修复步骤

金扣素缎珠子箍 质地为丝、金。长25、宽33厘米。面料为素缎,内为绢衬里,脑后

有4粒金扣。此类纺织品,当时称作"头箍",俗又称"箍儿",以箍儿多缀珠,故亦称"珠子箍儿",为明代妇女的特殊发饰。出土时头箍中间部分和边缘有污染,整体褶皱,最底端金饰扣一侧脱线掉落,面料与衬里缝线多处脱落。修复时先采用低氧法(充氮)对纺织品文物消毒,用专用吸尘器对织物表面进行除尘。于潮湿状态下进行平整,使经直纬平,选用与头箍缝线相近的丝线,经化学染料染成与原缝线一致的颜色,将面料与衬里的脱线部位按原缝线工艺拼缝,脱落的金扣回订原位,用本色棉布包覆聚酯棉按头箍形状制作薄形缓冲衬,衬入头箍内。

素面纱巾 质地为丝。长75、宽79厘米。从纱巾特点及其所存痕迹推测可能是钱樟之妻华氏的包头。出土时对折成三角形,展开后呈方形,可见斜向色差印痕,局部有破损,散布小皱褶。修复时采用低氧法(充氮)对纺织品文物进行消毒,用专用吸尘器对织物表面进行除尘,在低压清洗台上,缓慢回潮。随时观察织物潮湿程度,逐步将其展平,平整揭展开的文物,使经直纬平,理顺破损处的纱线,选用绉丝纱作为背衬织物,以化学染料对其进行染色,裁剪绉丝纱,衬于破损部位之下,以针线缝合的加固方法将背衬织物与纺织品文物固定。

绣花缎鞋 质地为丝、棉。长19.5、宽7、高5厘米。此鞋为明代常见的女鞋样式。鞋作平底,鞋头微翘,鞋后有提跟,以杂宝花卉纹样的暗花缎制成,绢作衬里。鞋底为本色棉布,以菱形格线缝纳。鞋面上用平绣等针法绣出花卉等纹样。出土时绣鞋局部较为残破,鞋面有残缺,局部较为糟朽,由于叠压在一起,整体褶皱。修复时采用低氧法(充氮)对纺织品文物消毒,用专用吸尘器对织物表面进行除尘,在低压清洗台上,缓慢回潮,随时观察织物潮湿程度,逐步将其展平,并进行平整,使经直纬平,理顺破裂散落的经纬线,选用电力纺作为背衬织物,以化学染料对其进行染色,采用局部衬垫的方法,将裁好的背衬织物衬于破损部位之下,以针线缝合的加固方法将背衬织物与纺织品文物固定,并将鞋后跟脱线处缝合,补全右鞋缺失的提跟(图五)。

修复前 修复后

图五 绣花缎鞋修复前后对比

杂宝朵花纹缎棉膝裤　质地为丝、棉。长34、宽18厘米。杂宝朵花纹面料,内衬本色棉布,中夹丝绵。膝裤呈筒状,上端侧面开口。穿着时应套于小腿处,盖在袜子之上,开衩处朝上,并且在最外层绑上系带。出土时膝裤表面保存较好,但内部糟朽。修复时先采用低氧法(充氮)对纺织品文物进行消毒,用专用吸尘器对织物表面进行除尘,在低压清洗台上,缓慢回潮,随时观察织物潮湿程度,逐步将膝裤展开,进一步平整揭展,使经直纬平,理顺破裂散落的经纬线,选用电力纺作为膝裤面料背衬织物,以化学染料对其进行染色,选用平纹本色棉布作为膝裤衬里的修复材料,裁剪背衬织物,衬于文物破损部位之下,以针线缝合的加固方法将背衬织物与纺织品文物固定,为膝裤内夹补充新的丝绵。

日月纹绣缎背袋　质地为丝、金。长24、宽24、绢带长80厘米。袋身呈方形,两面绣制。所绣纹样为云托日月,正背面各有一祥云,上饰一圆形,正面内作三足鸟,表现太阳,背面内作玉兔捣药,表示月亮,主体纹样之外再绣以祥云。袋口以半圆形素缎作盖,并缀有金质子母扣一枚以作扣合。出土时保存较为完整,包带处有污染,衬里局部有破损,整体褶皱。修复时先采用低氧法(充氮)对纺织品文物消毒,用专用吸尘器对织物表面进行除尘,清洗试验可行后,对纺织品小心水洗,将脱落的金纽扣单独保存。潮湿状态下进行平整,使经直纬平,选用与包袋缝线相同的丝线,染色后将袋口边缘脱线位置缝合,用白色平纹棉布包覆聚酯棉制作与包袋正身大小一致的方形缓冲物,衬入包袋中。

鸟衔花枝纹缎对襟夹袄　质地为丝。通袖长218、衣长87厘米。对襟,大袖,袖作琵琶袖,衣长及腰。平铺时,两衣襟略有交叠,呈交领状,左衽。面料为鸟衔花枝纹暗花缎,衬里为绢。该鸟衔花枝纹由一燕子嘴衔一枝五瓣小花枝和一株有着两朵五瓣花和花苞的折枝构成,两个主要图案在一行内交替排列,相邻行元素垂直镜像,各元素垂直方向二二错排。燕子双翅展开,羽毛丰满,颈部弯曲,折枝花纹样枝条优美自然(图六)。出土时保存较完整,缎袄正面胸部和领口有污染,袖口和腋下部位出现破裂和残缺,衣袖和衣服下部褶皱。修复先采用低氧法(充氮)对纺织品文物进行消毒,用专用吸尘器对织物表面进行除尘,清洗试验可行后,对纺织品

图六　鸟衔花枝纹缎对襟夹袄清图及花纹

进行水洗,在潮湿状态下进行平整,使经直纬平,并理顺两腋下破裂处散落的经纬线,选用电力纺作为面料及里料的背衬织物,以化学染料对其进行染色,采用局部衬垫的方法,修复面料破损处,将裁好的小块背衬织物衬于破损部位之下,以铺针将破损处与背衬缝合,背衬四周再与纺织品文物固定(图七)。

修复前

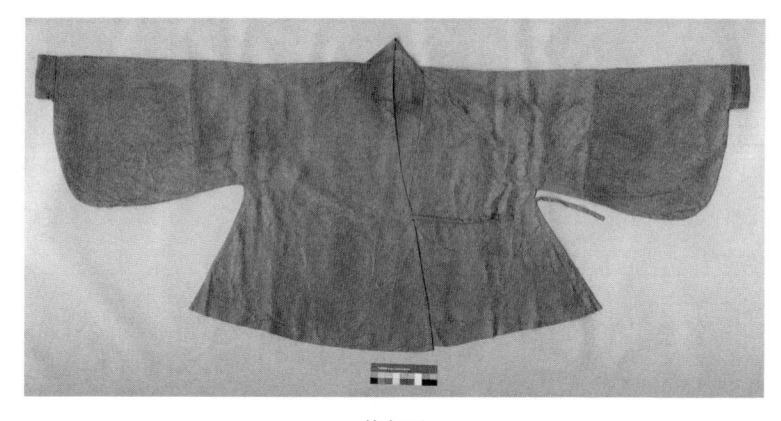

修复后

图七 鸟衔花枝纹缎对襟夹袄修复前后对比

日月纹绣缎枕 质地为丝、木。长44、宽20、高19厘米。此枕整体呈长方形,枕顶略呈方形,以素缎为底,上绣云托日月,分别以圆圈内绣三足乌和玉兔捣药表示日月。枕身用杂宝朵花纹暗花缎制成,外罩斜纹绫。出土时枕头局部粘连在一起,不能全部展开,整体污染严重,枕边有破裂,表面有微生物损害。修复时先采用低氧法(充氮)对纺织品进行消毒,并用专用吸尘器对织物表面进行除尘,在低压清洗台上,缓慢加潮,随时观察织物潮湿程度,逐步将其展平,将罩于枕身之外的绢罩拆缝,拆之前作好原始记录,清洗脏污部位和两枕顶衬入的木质衬板,平整揭展开文物,使经直纬平,理顺破裂散落的经纬线。选用电力纺作为背衬织物,以化学染料对其进行染色,采用局部衬垫的方式对暗花缎对面料进行修复，裁剪适当大小的背衬织物，衬于破损部位之下，以针线缝合的加固方法将背衬织物与纺织品文物固定，两木质枕顶以棉布包裹，将面料拼合，衬入木质枕顶，用白色棉布缝制支撑物，衬入枕内，以起支撑保护及定型的作用（图八）。

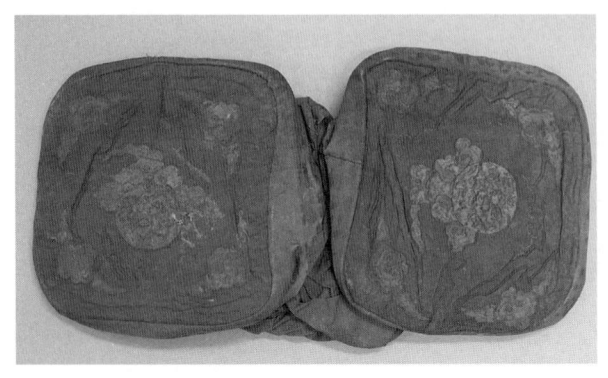

| 修复前 | 修复后 |

图八　日月纹绣缎枕修复前后对比

棉布贴里　质地为棉。通袖长210、衣长125厘米。本色平纹棉布制成，单层无衬里。上下拼缝而成，腰间密褶。贴里，也称褶子、裰褶、摺（褶）子衣、程子衣等。明代士人通常将贴里穿在袍内褡护之下，贴里的褶子能使袍身宽大的下摆略向外张，显得端庄稳重。出土时较为残破，局部有破裂，表面有大量污染物，由于叠压，整体褶皱。修复前先采用低氧法（充氮）对纺织品进行消毒，用专用吸尘器对织物表面进行除尘，小心将每片织物揭展开，清洗试验可行后，对纺织品进行水洗，潮湿状态下对各块残片进行平整，使经直纬平，并理顺破裂散落的经纬线，根据残存信息研究并确定其形制，选用棉布作为背衬织物，以化学染料对其进行染色，按所绘形制图裁剪各部位背衬，将裁好的背衬织物衬于各部分文物之下，以针线缝合的加固方法将背衬织物与纺织品文物固定，下摆的腰部按贴里原工艺进行全部打褶，最后与两袖及前后襟拼合。

四合如意云纹缎锦裙　质地为丝。腰长118、腰高8、裙长92厘米。裙由两片构成，面料为四合如意云纹缎，衬里为绢，中夹丝绵。每片裙片由三幅拼缝而成，裙面密密打褶，每片褶向均左右相对。出土时裙片有部分粘连，表面有大量污染，伴有褪色，整体褶皱。修复时先采用低氧法（充氮）对纺织品进行消毒，用专用吸尘器对织物表面进行除尘，清洗试验可行后，对纺织品进行水洗，在潮湿状态下进行平整，使经直纬平，并理顺破裂散落的经纬线，选用电力纺作为面料及里料的背衬织物，以化学染料对其进行染色，面料采用局部衬垫的方法，分别对面料和衬里实施修复。将裁好的背衬织物衬于破损部位之下，以针线缝合的加固方法将背衬织物与纺织品文物固定，裙腰两绢系带有断裂和破损，在破损处衬入电力纺后,缝合加固,将面料和衬里拼合。选用本色平纹棉布作为裙腰,将两裙片拼合。

云凤纹福寿巾　质地为丝。长76、宽60厘米。此巾原塞于素绢棉袄的一只袖中,取出后呈褶皱状,黏附大量棉絮。经揭展平整后,巾呈长方形,两端流苏长约4厘米。巾为暗花缎织制,正中为"福寿"二字,四周绕以四合如意云纹和凤纹。出土时整体褶皱,黏附大量灰尘及棉絮等污染物,保存相对完整。修复时采用低氧法(充氮)对纺织品进行消毒,用专用吸尘器对织物表面进行除尘。清洗试验可行后,对纺织品进行水洗,在潮湿状态下进行平整,使经直纬平,以圆柱形聚氨酯泡棉作芯,外包细平纹棉布制作圆棒,用以卷绕头巾(图九)。

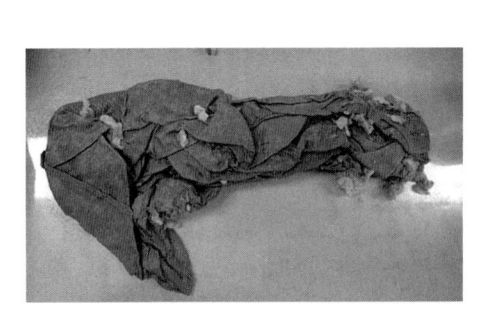

| 修复前 | 修复后 |

图九　云凤纹福寿巾修复前后对比

五、相关问题研究

明代士庶葬俗,官方有相关规定,《大明会典》卷一百和《明史》卷六十中有明确记载。《明史》志第三十六"凶礼三"对洪武五年的庶人丧礼的规定是"庶民袭衣一称,用深衣一、大带一、履一双,裙裤衫袜随所用。饭用梁,含钱三。铭旌用红绢五尺。敛随所有,衣衾及亲戚禭仪随所用。……明器一事。功布以白布三尺引柩。柳车以衾覆棺。"钱樟夫妇合葬墓中所出虽无深衣大带等物,与制度规定有所出入,但随葬之具中的袄、裙、衾(被子)及盖棺麻布、棺木垂帐等物与制度并无违背,仍是当时葬俗的反映。

钱樟夫妇合葬墓所出的5件女衣,衣身较短,袖作琵琶袖,形制大体相同,衣襟或衣袖用刺绣加以装饰。仔细察看几件衣服,可见前襟上各自系有系带,其中至少3件左侧腋下缀有系带,由此可知5件女衣虽作对襟,但至少3件女衣可作交领穿用,且作左衽。《大明会典》记载庶人丧礼小殓时"左衽不纽,裹之以衾"。据此或以为墓中所出至少3件左衽女衣乃袭殓时所用,其实并非如此。明初虽然有废弃胡服的规定,但从元代到明代,女子对襟的衣服作交领穿着且作左衽的现象确属多见。2002年无锡周氏墓发掘中出土4件袄,这4件袄的其中一个特征是在左侧开襟[1];元代汪世显家族墓中13号墓出土木屋门上绘有二立侍女,其着衣均为左衽[2],在一些明代容像上也能看到此种现象。

钱樟墓中还出土了日月纹绣缎枕和日月纹绣缎背袋,其上所绣纹样均为三足乌和玉兔捣药,分别代表日月,下以祥云托衬。明墓中的云托日月造型,多见于金银饰,如张士诚母曹氏墓云托日月金片[3]、汪兴祖墓云托日月饰片[4]、徐俌墓云托日月银饰[5]等,以上饰件皆握于手中;武进王洛家族墓中也有鎏金日月银饰出土,出土时缝钉在棉絮上[6],钱氏家族墓地也出土了祥云托日月簪。此类金银饰品所饰的日月,象征太阳、太阴,属道教系统,多用于墓葬。墓中随葬之物作此纹样,其意在于"乞请太阳、太阴赦免死者生前所犯罪孽,削除北阴死籍,重获身形,早登仙录"。但在钱樟墓中则是用丝绣品来表现,可能是因为金银饰的表现力不如丝织品上刺绣的缘故,所以在金银饰上日月只用汉字"日月"表示,而在丝绣品上日月则用三足乌和玉兔来表现,更为生动。

墓中所出的纱巾,也是当时女子穿着的真实反映。钱樟夫妇合葬墓所出的纱巾实则相当于包头纱,由明入清的叶梦珠在《阅世编》中载:"今世所称包头,意即古之缠头也。古或以锦为之。前朝冬用乌绫,夏用乌纱,每幅约阔二寸,长倍之。予幼所见,皆以全幅斜褶阔三寸许,裹于额上,即垂后,两杪向前,作方结,未尝施裁剪也。高年妪媪,尚加锦帕,或白花青绫帕单里缠头,即少年装矣。崇祯中,式始尚狭,遂截半为之,即其半复分为二幅,幅方尺许,斜褶寸余阔,一施于内,一加于外,外者稍狭一二分,而别装方结于外幅之正面,缠头之制一变。今裁幅愈小,褶愈薄,体亦愈短,仅施面前两鬓,皆虚以线暗续于鬓内而属后结之,但存其意而已。或用黑线结成花朵,于乌绫之上,裁剪如式,内施硬衬亦佳,至有上用红锦一线为缘,而下垂于两眉之间者,似反觉俗。"对包头的尺寸、使用及演变等做了详细记载。明代墓葬中出土的女子用于裹发的发罩亦复不少,明代容像中也不少见。

华氏墓中出土的杂宝朵花纹棺垫,背面有钱文痕迹,但从排列方式看,并无一定规律,这种一般发现于墓主人身下或缝缀于衣物之上的钱币,是明代非常盛行的垫背钱。在有些墓葬中垫背钱放置数量与墓主年龄一致,如江阴承天秀墓中寝单上缝有82枚太平通

---

[1] 赵丰:《太湖流域出土的明代早期女性服饰》,《中国纺织考古与科学研究》,上海科学技术出版社,2018年。
[2] 甘肃博物馆:《汪世显家族墓出土文物研究》,甘肃人民美术出版社,2017年。
[3] 苏州市文物保管委员会、苏州博物馆:《苏州吴张士诚母曹氏墓清理简报》,《考古》1965年第6期。
[4] 南京市博物馆:《南京明汪兴祖墓清理简报》,《考古》1972年第4期。
[5] 南京市文物保管委员会、南京市博物馆:《明徐达五世孙徐俌夫妇墓》,《文物》1982年第2期。
[6] 武进市博物馆:《武进明代王洛家族墓》,《东南文化》1999年第2期。

宝，与墓主年龄吻合[1]。华氏墓中棺垫下冥钱数量为42枚，与其年龄45岁并不符合，排列也无规律，似乎随意排列。

明代暗花丝织物所涉及的纹样题材包罗万象，有植物纹样、动物纹样、自然景观纹样、几何纹样及其他人文纹样等几大类，多赋有祥瑞之意。钱樟夫妇合葬墓所出土暗花织物服饰虽非众多，但几乎涵盖了上述各类风格纹样，植物纹、动物纹、自然气象纹、杂宝纹、几何纹样、文字装饰等中国传统的纹样题材在该批丝织品上均有表现。植物纹以花卉表现居多，如在四季花鸟纹襕裙的织绣纹样中，由牡丹、荷、菊、梅四季花卉和三种姿态的凤鸟共同构成四方连续纹样；动物纹样有凤鸟、蝴蝶纹，以及在襕裙的三道裙襕中作为主要纹样的狮子、奔鹿纹，以及在日月纹绣缎背袋两面以单独纹样形式出现的三足乌与玉兔纹；自然气象纹以云纹为主；杂宝纹在钱樟夫妇合葬墓丝制品中是使用较多的纹样，如在襕裙底纹和绵膝裤中，可以看到玛瑙、犀角、金铤、银锭、珊瑚、方胜、圆钱等杂宝图案穿插其中；几何纹样在钱樟夫妇合葬墓丝制品的表现形式为菱格形元素的二方连续排列，用于服饰缘边的局部缀饰，多用于衣领部位（图一〇）。

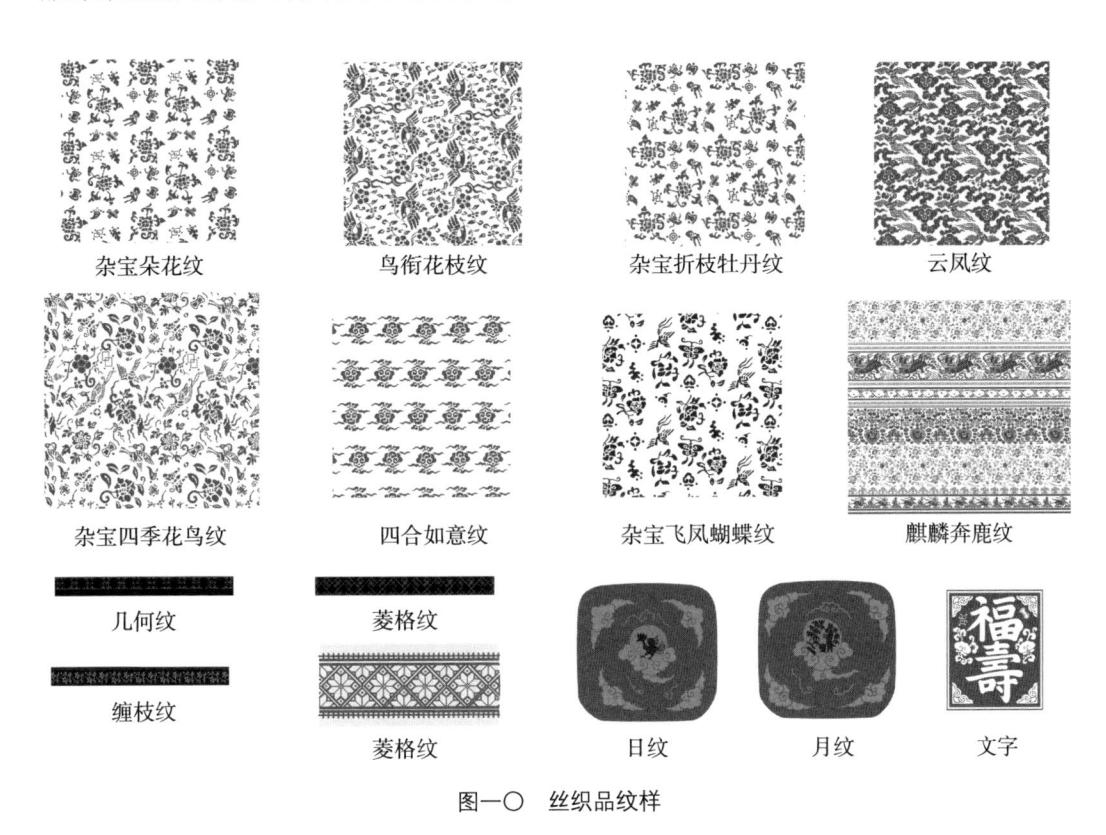

杂宝朵花纹	鸟衔花枝纹	杂宝折枝牡丹纹	云凤纹
杂宝四季花鸟纹	四合如意纹	杂宝飞凤蝴蝶纹	麒麟奔鹿纹
几何纹	菱格纹	日纹	月纹
缠枝纹	菱格纹		文字

图一〇　丝织品纹样

---

[1] 林嘉华：《江阴明代承天秀墓清理简报》，《东南文化》1988年第1期。

从钱樟夫妇合葬墓志所载年代看,钱樟卒于弘治乙丑年(1505年),其妻华氏卒于嘉靖七年(1528年),为明代中晚期。钱樟夫妇合葬墓出土位置位于无锡湖头钱氏武肃王十九世孙钱孟浚为主的家族墓地之内,无锡钱氏家族是江南地区具有代表性的望族名门,其使用的丝织品反映了江南一带的社会发展水平及地域特色,出土服饰的纹样形制与明代中后期的时代风格相呼应。钱樟夫妇合葬墓中出土的明代服饰,虽无宫廷王室华服的奢豪,却极具明代服饰特色,且品种丰富,纹饰多样。虽然部分服饰已经褪色,但其形制尚存较多、纹样清晰、金饰华丽,足可体现当时名门望族的服饰特点。江南地区作为明代经济最为繁荣的区域,纺织业水平之高更是当时国内代表,发展速度也远超其他各个地区,钱樟夫妇合葬墓出土的丝绸制品向人们展示了明代中后期以来江南地区的审美水平,也体现出了江南纺织业经济与技术上的发展与兴盛。该批丝绸制品为研究无锡地区明代丧葬习俗、手工业发展情况提供了实物资料,有着重要的历史研究价值。

李一全,2003～2009年在南京师范大学文博系随汤老师攻读硕士和博士学位,现工作单位为无锡市文物考古研究所。

1917年京师书画展览会

叶公平

我们先来对比一下2018年年底大阪市立美术馆阿部房次郎与中国书画展览会出品目录与1917年年底京师书画展览会出品总目录中展品重合的部分。

2018年10月16日至11月25日

日本大阪市立美术馆"阿部房次郎与中国书画"展览会出品目录：

1.（传）李成、王晓《读碑窠石图》

10.（传）王维《伏生授经图》

15. 宫素然《明妃出塞图》

16. 龚开《骏骨图》

17.（传）张僧繇《五星二十八宿神形图》

20.（传）李公麟《临卢鸿草堂十志图》

51. 赵孟頫《楷书玄妙观重修三门记》

1917年12月1日至7日中国北京中央公园（今北京中山公园）京师书画展览会出品总目录：

长白（满人常以长白为籍贯）景朴孙（完颜景贤）异趣萧斋藏

3. 梁张僧繇《五星二十八宿神形图》卷

9. 唐王维写《济南伏生授经图》卷

17. 宋李成、王晓合作《读碑图》卷

20. 宋李公麟《临卢鸿草堂十志图》卷

22. 宋素然《明妃出塞图》卷
23. 宋龚开《骏骨图》卷
30. 元赵孟頫《真书三门记》卷

中国历史上最早的艺术品展览会当然不是1917年的京师书画展览会。早在1908年上海就有两次主要由外国人主导的艺术品展览会。一次是由西人白威廉（Abel William Bahr, 1877～1959）和福开森（John Calvin Ferguson, 1866～1945）组织的艺术品展览会，端方曾经出借展品，另外一次是由日本人长尾雨山（Nagao Uzan）、佐佐木苏江（Sasaki Soko）、铃木孤舟（Suzuki Kochiku）等人组织的古书画展览会，郑孝胥1908年4月19日的日记记载："过金巩伯、长尾雨山，示以拔可所寄沈石田、李龙眠二手卷，即留借作廿六日书画展观会之品。"[1] 1914年中国第一所国立博物馆，也是中国第一所艺术博物馆古物陈列所开办，向社会公众开放，并展出一些艺术品。但是据启功说，古物陈列所的古书画珍品很少[2]。而在这些更早的艺术展览会之前，中国还有历史悠久的雅集传统，当然雅集一般都局限在很少的圈子里，跟近代意义上面向社会公众开放的展览会根本不是一回事。

笔者认为1917年京师书画展览会是中国历史上第一次重要的书画展览会。

理由如下：

首先，它是一次真正的近代意义上的展览会，面向社会大众开放，只要买票就可以去参观阅览，而不是局限在少数几个文人雅士之间的在某个文人雅士的庭院中举行的雅集。正因为如此，以至于连续去看了五天的内藤湖南称："观览者极杂沓"[3]。

其次，1917年京师书画展览会上展出了民国初期北京最重要的书画鉴藏家收藏的古书画珍品。究竟哪些人才是民初北京最重要的书画鉴藏家呢？大村西崖、内藤湖南、金城和张伯驹等曾给出过名单。

大村西崖在其中国美术史讲义中说："今北京、天津之鉴藏家，当推完颜朴孙（按即完颜景贤）最有眼识；藏品之多，则推颜世清（按即颜韵伯、颜乙）、关冕钧（按即关伯珩）、杨荫伯（即杨荫北、杨寿枢）、汪向叔等诸家。"实则这几位都是常住北京的鉴藏家[4]（图一）。

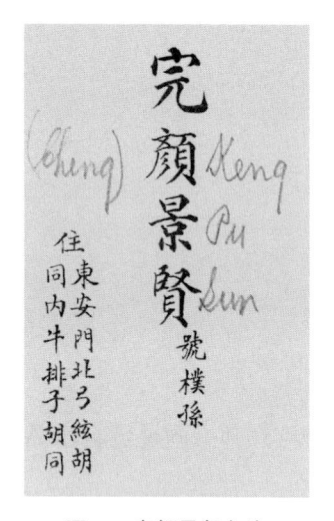

图一 完颜景贤名片（David Hogge 提供）

---

〔1〕郑孝胥：《郑孝胥日记》，中华书局，1993年，第1138页。
〔2〕启功：《浮光掠影看平生》，陕西师范大学出版社，2008年，第52页。
〔3〕内藤湖南：《禹域鸿爪》，浙江文艺出版社，2018年，第283页。
〔4〕大村西崖：《中国美术史》，浙江人民美术出版社，2014年，第292页。

内藤湖南于1917年12月27日发表在日本极具影响力的报纸《大阪朝日新闻》上的通讯报道中称他在北京见到的书画鉴赏家有宝熙、景贤（按即完颜景贤）、袁励准、陈汉弟、颜世清等多人[1]。

德富苏峰1917年10月19日在当时的民国政府法律顾问、日本著名法学家和碑帖收藏家有贺长雄的安排下去完颜景贤家的半亩园参加了一场北京鉴藏家的雅集，参加者有金城、宝熙、董康、袁励准、易顺鼎、杨寿枢（按即杨荫伯）等人。这些人中董康是藏书家，易顺鼎其实是著名文人，并不以书画鉴藏为名[2]。

据大村西崖《西崖中国旅行日记》记载，金城给大村西崖开的北京城收藏家名单为：宝熙（宝瑞臣）、杨荫伯、景朴孙（即完颜景贤）、汪向叔、关伯珩（关冕钧）、张效彬[3]。

张伯驹在《北京清末以后之书画收藏家》一文中称："清末至民初北京书画收藏家，首应推完颜景贤。景贤字朴孙，满族人，精鉴赏，所见甚广。"[4]"民初后，鉴藏家其著者有杨荫北（即杨荫伯）、关伯珩、叶遐庵、颜韵伯、汪向叔诸氏。"[5]"旧人中事鉴藏者，尚有宝瑞臣（按即宝熙）、袁珏生（按即袁励准）、溥心畬（按即溥儒）、衡亮生（按即完颜衡永）、邵禾父、朱翼庵诸氏。"[6]

1917年12月1日至7日，在北京中央公园举办了京师书画展览会。陈师曾为此创作了一幅《读画图》（图二），自题："丁巳十二月一日，叶玉甫、金巩伯、陈仲恕诸君集京师收藏家之所有于中央公园展览七日，每日更换，共六七百种，取来观者之费以振京畿水灾，因图其当时之景以记盛事。"颜世清1920年11月4日致陈垣谈1920年第二次京师书画展览会的函件称："此事六年（按即民国六年，即1917年）曾办过一次，手续琐屑，有不可胜言者。"由此可知此次京师书画展览会的组织者为叶恭绰（叶遐庵、叶玉甫）、金巩伯（金城）、颜世清（颜韵伯、颜乙）和陈仲恕（陈汉弟）等。

图二　陈师曾《读画图》
（柯律格提供）

---

[1] 内藤湖南：《禹域鸿爪》，浙江文艺出版社，2018年，第279页；内藤湖南：《内藤湖南全集》第6卷，筑摩书房，1972年，第467页。
[2] 德富猪一郎：《支那漫游记》，民友社，1918年，第124～126页。
[3] 大村西崖：《西崖中国旅行日记》，株式会社ゆまに书房，2016年，第12页。
[4] 张伯驹：《春游纪梦》，辽宁教育出版社，1998年，第1页。
[5] 张伯驹：《春游纪梦》，辽宁教育出版社，1998年，第2页。
[6] 张伯驹：《春游纪梦》，辽宁教育出版社，1998年，第3页。

这次展览会印有《京师书画展览会出品总目录》，收入王燕来《历代书画目续编》第18册第1页至第75页，目录如下：

京师书画展览会出品总目录（以后到者容续增刊）
1. 长白景朴孙（即完颜景贤，满族人常把籍贯写为长白）异趣萧斋藏计四十二件
　　附启乙孙藏计十件
2. 连平颜韵伯寒木堂藏计六件
3. 苍梧关伯珩三秋盦藏计四十件
4. 金匮杨荫伯壶斋藏计二十八件
　　附杨涤宇藏计六件
5. 长白宝瑞臣沈盦藏计二十三件
6. 范阳郭世五觯斋藏计三十件
7. 义州李小石墨幢精舍藏计三十件
8. 大兴冯公度薛斋藏计十件
9. 宛平袁珏生藏计九件
10. 萧山张岱杉超观室藏计七件
11. 吴兴金北楼逍遥堂藏计六件
12. 武林陈仲恕藏计十一件
13. 鄞沈吉甫藏计八件
14. 吴晴波藏计八件
15. 开州朱氏存素堂藏计六件
16. 汝阳袁绍民藏计三件
17. 长白侗厚斋藏计三件
18. 元和杨荫孙藏计三件
19. 仁和蒋孟蘋藏计二件
20. 张耕汲藏计二件
21. 绍兴王幼山藏计一件
22. 仁和吴伯宛藏计一件
23. 新安吴幼麐藏计一件
24. 孙夫盦藏计七件
25. 江宁邓氏群碧楼藏计八件

26. 陆氏怀烟阁藏计六件

但是这个目录显然不完全,因为根据颜韵伯的一则题跋,傅增湘也提供了燕文贵山水图作为展品,但是这个目录中并没有傅增湘,而且内藤湖南说参展者有二十九位收藏家,这个目录中即使把完颜景贤之子启乙孙和杨荫伯之子杨涤宇计算在内只有二十八位收藏家,加上傅增湘正好是二十九位收藏家。而且该目录注明以后到者容续增刊,说明该目录是不完整的,但是不知道后来是否增刊目录。

颜韵伯在纸本《燕文贵山水卷》的题跋中写道:

> 燕文贵画在北宋极负盛名。王孟津谓"重岚湿漉瀸,扑人眉宇"八字,庶几足以形容之。此卷堕落尘劫,题跋无一存者。岁丁巳,余于京师创设书画展览会。傅公沅叔出是卷,俾余审定。乍展卷,即定为燕画。适朴孙完颜都护(按即完颜景贤)亦有燕卷。会中以相比较,觉彼藏虽真,而纸墨损擦,大有雾里看花(之感),不如此卷远甚。一经品题,赏鉴家皆知傅公宝有燕迹。朴孙尤醉心,欲割让以成双璧,傅未之允也。越三载,忽出以授不佞,且曰:"子能知此画之妙,一见而定为燕迹。古人挂剑,吾无取焉。爱贻子,以投所好。"余谨受而记其缘起。北宋名迹凡经宋内府收藏,必钤"稽查司印",《墨缘汇观》《石渠宝笈》可以检查。并志,以告后来。庚申春二月,瓢叟颜乙。[1]

二十九位收藏家中籍贯为长白的有四位,籍贯实为祖居地,满族人常以长白山为籍贯。不过在管复初的《古画留真》中亦称铁岭完颜景贤,也就是说把铁岭视为完颜景贤的籍贯。不过完颜景贤的出生地和实际居住地都是北京,而且已经世居北京很多代了。也就是说这二十九位收藏家中满族人有四位,即景朴孙(完颜景贤)、完颜景贤之子启乙孙、宝瑞臣(宝熙)、侗厚斋(应为溥厚斋,即溥侗)。另外张伯驹在《北京清末以后之书画收藏家》一文中列举的民国初期北京的重要藏家中的溥心畬(溥儒)和衡亮生(完颜衡永)两位其实也是满族人。

吴虞在1922年3月20日的日记中记载:北京人口,大城以内,共计九十一万三千余人,其中各省人约占十分之四,旗人约占十分之三,大兴、宛平本籍人约占十分之三,各省人以山东、直隶两省为最多[2]。

---

[1] 叶恭绰:《遐庵清秘录》,上海书画出版社,2019年,第159页。
[2] 中国革命博物馆整理:《吴虞日记》(下),四川人民出版社,1986年,第23页。

其实这些旗人也包括汉族人和蒙古族人,因为清朝除了满洲八旗外还有汉军八旗和蒙古八旗。根据这个目录可以看出满族人在民国初期的北京鉴藏界依然占有举足轻重的地位。民国初期时北京满族鉴藏家其实已经没有晚清那么多了,晚清北京的满族人端方和盛昱在艺术品和古籍鉴藏界可以说是傲视群雄。1917年京师书画展览会时,清王朝已经灭亡六年多了,但是瘦死的骆驼比马大,满族人在民国初期北京鉴藏界依然占据重要地位。

但是满族藏家不少已成没落贵族,靠出卖藏品度日,不少完颜景贤、溥儒、完颜衡永旧藏的书画珍品流落海外。近代著名鉴藏家邓以蛰在1941年写的《辛巳病余录》中称:"景任斋(按即完颜景贤)负一世鉴赏之名,与李文石葆恂(按即李葆恂)为端陶斋(按即端方)门下两法眼。今之唐宋元剧迹流入海外者,往往有景之'小如庵秘笈'朱文小方印者无非煊赫名迹,亦无不精绝;其著述虽无李文石之富,然文石著录之迹,载在《三邕翠墨簃》及其他集中者,偶获一二见于好事家,便触手是赝物,何哉?景固一热客耳,观此题记之书法,知其不娴于翰墨如文石然,但其赏鉴恐高出文石多多矣。"[1]完颜景贤旧藏书画珍品流入日本美国者甚多;溥儒旧藏《照夜白》后流入美国纽约大都会博物馆;完颜衡永旧藏吴镇《渔父图》等亦流入美国弗利尔美术馆。

把这个参展鉴藏家名单跟大村西崖、内藤湖南、张伯驹等人的民国初期北京书画鉴藏家名单对比,几乎所有民国初期北京最重要的书画鉴藏家都出借藏品参加展览了。而且民国初期上海最重要的书画收藏家之一蒋孟蘋也出借藏品参展。大村西崖称蒋孟蘋密韵楼之收藏是可以与庞元济虚斋收藏争雄于沪上者[2]。

可以看出,1917年京师书画展览会出借藏品参展的不仅包括北京几乎所有最重要的藏家,也包括上海最重要的藏家之一蒋孟蘋。

那么参展藏家真的出借了他们最好的藏品吗?这次书画展览会真的能够展现中国古书画的一流水准吗?

我们先来看一下参展者之一完颜景贤出借参展的展品目录:

> 长白景朴孙异趣萧斋藏计四十二件
> 1. 晋王献之送梨帖卷
> 2. 梁武帝异趣帖卷
> 3. 梁张僧繇五星二十八宿神形图卷
> 4. 唐虞世南汝南公主墓志起草卷

---

[1] 邓以蛰:《邓以蛰论美学与艺术》,商务印书馆,2021年,第236页。
[2] 大村西崖:《中国美术史》,浙江人民美术出版社,2014年,第291页。

5. 唐僧高闲草书千文半卷

6. 唐摹右军瞻近汉时二帖卷

7. 唐临草书禊帖卷

8. 唐罗隐代钱镠谢赐铁券表稿卷

9. 唐王维写济南伏生授经图卷

10. 南唐周文矩六美图轴

11. 宋苏轼黄州寒食诗帖卷

12. 宋王诜颖昌湖上诗蝶恋花词卷

13. 宋米芾草书四帖册

14. 宋张即之华严经二册

15. 宋白玉蟾仙庐峰六咏卷

16. 宋董源江上高隐图轴

17. 宋李成王晓合作读碑图轴

18. 宋燕文贵溪山风雨图卷

19. 宋范宽重山复岭图卷

20. 宋李公麟临卢鸿草堂十志图卷

21. 宋米友仁云木夏寒图卷

22. 宋素然明妃出塞图卷

23. 宋龚开骏骨图卷

24. 宋赵孟坚春兰图卷

25. 宋元名画汇锦册

26. 宋摹边鸾芭蕉孔雀图轴

27. 元世祖秋晓调禽图轴

28. 元赵孟頫自题小像卷

29. 元赵孟頫兰竹石卷

30. 元赵孟頫真书三门记卷

31. 元冯子振自书居庸关赋卷

32. 元赵雍五马图轴

33. 元柯九思竹谱册

34. 元倪瓒诗帖卷

35. 元倪瓒嘉树幽篁图卷

36. 元黄公望王蒙合作竹趣图轴

37. 元曹知白松泉图卷
38. 元僧启宗画东坡真像轴
39. 元杨基江山卧游图卷
40. 元人竹深荷净图轴
41. 明太祖墨教册
42. 明方孝孺对联

我们再来看看参观了这次书画展览会的内藤湖南、许宝蘅和余绍宋的描述。

内藤湖南在1917年12月30日发表在《大阪朝日新闻》的通讯报道中说："不佞今次旅行，所最感幸运者，乃适逢京师书画展览会之举办也。该展览会系为天津水灾所发起之赈灾义捐美举，北京在住之收藏家，于一周间，日日更换各自之珍藏品，以供展览，实网罗天下之逸品矣。展期自十二月一日起，至七日讫，一、二两日虽未不佞所错失，然自三日起，则五日间一日不缺，均赴会观览。展览品中，书法一端有东坡之《寒食帖》、米芾之《大行皇太后挽词》；画则有董北苑之《江山高隐图》、范宽及燕文贵之《山水卷》，李成、王晓合作之《读碑图》；加上其他宋、元、明、清之名品，在数百件之上，其中掺杂有古碑帖等。因场地狭隘，观览者极杂沓，是遗憾事。数日间，得观如斯众多之名品，于不佞颇有异常幸运之感慨。"[1]

12年之后的1929年（昭和四年）内藤湖南在为《爽籁馆欣赏》作序时说："大正丁巳冬，余游燕。是岁，直隶大水，黄河以北连数十州县民居荡然，几绝烟火。燕之搢绅，为开书画展览会者七日，以其售入场票所赢，助赈灾民，各倾箧衍，出示珍奇，盖收储之家廿有九氏，法书宝绘四百余件，洵为艺林巨观，先是所未有也。余因获饱观名迹，而尤服完颜朴孙（按即完颜景贤）都护之富精品。"[2]

许宝蘅在1917年12月7日的日记中记载："十时半入府，二时出。到中央公园书画展览会，书有梁武帝《异趣帖》、东坡《寒食帖》，画以张僧繇《五星廿八宿神像卷》为最古，宋画数帧，均奇妙，匆匆不及细览。"[3]

余绍宋观看了1917年京师书画展览会后在日记中称："赴公园书画展览会一观，始知精品极多，悔前两日之未往也。"[4]

很明显完颜景贤的参展藏品给中外观众留下了深刻印象。在信息传播手段相对较为落后的年代，这次书画展览会也塑造了完颜景贤在京津地区第一书画鉴藏家的名声。

---

[1] 内藤湖南：《禹域鸿爪》，浙江文艺出版社，2018年，第283页。
[2] 内藤湖南：《内藤湖南汉诗文集》，广西师范大学出版社，2009年，第180页。
[3] 许宝蘅：《许宝蘅日记》第2册，中华书局，2010年，第618页。
[4] 余绍宋：《余绍宋日记》，中华书局，2012年，第42页。

这次京师书画展览会使得大家有机会看到完颜景贤收藏的精品。而平时完颜景贤的藏品一般是不随便给别人看的。恽毓鼎跟完颜景贤还是亲戚，非常喜欢苏东坡的《寒食帖》，完颜景贤仅仅让他短暂地看了两次[1]。傅增湘说他曾经数次造访完颜景贤住处半亩园，欲求一睹完颜景贤收藏的唐代写本《说文解字》木部六残卷而不可得[2]。不过完颜景贤在这次展览会依然没有展出他收藏的唐写本《说文》。虽然这是书画展览会，不是古籍展览会，但是唐写本说文也可以看作是书法作品的。

1920年颜韵伯又组织了第二次京师书画展览会。关于这次展览会，颜韵伯在1920年11月上旬致陈垣的四封信保存下来，并且收入《陈垣往来书信集（增订本）》。

根据这四封信函，我们可以看出，在展览会举办前曾经在各报刊登华北赈灾筹办书画展览会新闻稿。出品的各位收藏家在展览会前交齐书目目录，由颜韵伯编订，交给叶恭绰付印，有460余件，清室允许借展11件。此次展览会共持续五日，有票7 500张，展览会分散给北京各机关每天750张，剩余的一半，在公园中售卖。他也提到这事他在六年（按民国六年即1917年）办过一次，手续繁琐，有不可胜言者。1920年这一次如果不是梁士诒敦促他办，他决不会办。每张票上加盖华北赈灾协会腰圆紫印，以免伪造。书画目录至少印刷几百本[3]。

据朱翼庵（朱翼厂）之子朱家濂写的《翼庵先生年谱长编》，第二次书画展览会也在中央公园举行，朱翼庵参展。此次参展者共有收藏家三十一人，展出书画四百余件[4]。

我们由第二次京师书画展览会的一些情况也可以对第一次的相关细节做一些推测。在会务、票务细节上大概是相差不多的。

1917年京师书画展览会不仅几乎所有当时京城最重要的收藏家出借展品，其中珍宝级的古书画甚多，而且引起了国内外鉴赏家的特别关注。余绍宋和内藤湖南均给予该展览会极高的评价，内藤湖南还在日本《大阪朝日新闻》上撰文介绍该展览会。该展览会可以说是中国从私人空间的雅集传统向近代意义上的公共空间的展览会转变过程中的第一次重要的书画展览会。

叶公平，2011～2014年随汤老师在南京师范大学文博系攻读博士学位，现工作单位为常州工学院。

---

[1] 恽毓鼎：《恽毓鼎澄斋日记》，浙江古籍出版社，2004年，第618、743页。
[2] 傅增湘：《藏园群书经眼录》，中华书局，2009年，第109页。
[3] 陈智超：《陈垣往来书信集（增订本）》，三联书店，2010年，第56～57页。
[4] 政协浙江省萧山市委员会文史工作委员会：《朱翼厂先生史料专辑》，1993年，第148页。

消失的石刻：黄宾虹的访碑图

叶康宁

作为文人怀古传统的一部分，访碑图至迟在北宋就成为流行的绘画主题。《宣和画谱》记载了数件传为隋唐时期的读碑图，以及两件传为李成的《窠石读碑图》[1]。明代也有一些访碑图传世。清代金石学复兴，访碑图创作达到高峰。尤其是黄易，他热衷于通过文字和图像记录访碑经过，留下了相当数量的访碑图，也确立了访碑图的基本图式。后来的金石学者，如吴大澂就临摹过黄易的《嵩洛访碑图》，并仿作了《衡岳纪游十图》。王懿荣也效法黄易，请丁小山、吴大澂、王蕴古、尹竹年绘制访碑图，记录自己的访碑经历。他们的访碑图多以碑和人构成画面的主体，以山水为背景，形成较为固定的程式。不过，旧程式很快遇到了天崩地坼的清民易代，中国由传统王朝转变为现代民族国家。民族主义裹挟着新观念、新思潮摧枯拉朽，成为时代主题。政治、经济的新陈代谢，学术、艺术的其命维新，无不与这一主题密切相关。

在中西融合、新旧交叠的历史文化背景下，民族主义也让当时的文化人往还徘徊，艰于取舍。如列文森所说："民族主义的兴起对中国思想家提出了两项无法调和的要求：他既应对中国的过去怀有特殊的同情，但同时又必须以一种客观的批判态度反省中国的过去。能满足这两项要求的最合适的方法，就是将西方和中国所能提供的精华结合起来。"[2]因应时势，晚清国粹派提供了"融合国粹欧化"的解决方案。作为国粹派的骨干，黄宾虹应该是这一方案的践行者，他说过："今之究心艺事者，咸谓中国之画，既受欧日学术之灌输，即当因时而有所变迁，借观而容其抉择。"[3]那么，他如何因时变迁、借观抉择

---

[1] 参见白谦慎：《傅山的世界：十七世纪中国书法的嬗变》，生活·读书·新知三联书店，2009年，第223页。
[2] 列文森：《儒教中国及其现代命运》，中国社会科学出版社，2000年，第93页。
[3] 王中秀：《黄宾虹文集全编》第2册，荣宝斋出版社，2019年，第520页。

呢？考察他的访碑图创作，我们可以寻绎时代环境影响艺术图式的蛛丝马迹，进而了解传统文脉在20世纪上半叶的接续与转化。

一、从黄易到黄宾虹

庞树柏有长诗题黄宾虹为蔡哲夫所作《冲雪访碑图》，其中有："著书远慕盩厔赵（明赵崡著有《石墨镌华》，注绎古碑，极精详），写图近仿钱塘黄（黄小松有访碑图多种）。"[1]"写图近仿钱塘黄"，点明黄宾虹的访碑图创作受到黄易的影响。黄易的访碑活动及其绘制的访碑图垂范后世，影响深远。在给《叶舟画史》的题诗中，吴昌硕有"访碑黄九认前身"句，也足以说明黄易的典范作用。

黄易的访碑图侧重于实录。他的《嵩洛访碑图》《岱麓访碑图》真实描绘了访碑涉足的具体地点，比如嵩洛的等慈寺、大觉寺、嵩阳书院、中岳庙、老君洞，以及岱麓的孟子庙、孔子庙、孔林、甘露泉、灵岩寺等。《得碑十二图》包括访碑、移碑、升碑、剔石、拓碑、题壁等一系列具体的访碑活动，使访碑行为通过图像形式得以完整重现，利用图像弥补了金石文字著录的不足。正如施安昌所说，黄易"用山水画的形式，把碑石、摩崖、造像及石窟的形状、位置、环境和所在地点真切地描画出来，一般用广角，取远景。同时以题写加以说明、补充。与其他画家的访碑、读碑图不同的是，黄易画的是完全纪实的科学图谱式的"[2]。看过黄易的访碑图，再读相关的金石著录，无疑会有更具体、形象和直观的阅读体验。

拜机械复制技术所赐，黄宾虹即便没有看过黄易的访碑图原作，也可以见到其印刷品。在黄宾虹的时代，印刷品已经成为重要的学习资源。他对学生说："暇中可将珂珞版罗致，其有章法者，一一临摹。"[3]又说："近代珂罗版中，有大名家画，便临摹其格局，辨其真伪，久之，各家法心中领会，腕底变化不难，惟不可求貌似，貌似即无气。"[4]1931～1932年的《湖社月刊》（第32～49期），不定期刊出了李一山藏《清黄小松访碑图册》（共十二开）。这套册页后来归徐世昌的弟弟徐世章所有，有正书局以珂罗版印行过，名为《黄秋盦画得碑图》（即《得碑十二图》）。《湖社月刊》在1935年还不定期（第74～89期）刊发刘仙舫藏《清黄小松山水册》（六开，最后一开误题为"清黄小松访碑图其六"）。黄宾虹与湖社中人颇多交集，其藏书也有《湖社月刊》，《湖社月刊》第59期还刊发过他的一幅青

---

[1] 檗子：《哲夫有山左之游道出沪上以〈冲雪访碑图〉属题赋》，《生活日报》1914年2月9日。
[2] 施安昌：《黄易，一位值得纪念，有待研究的金石考古家》，《黄易与金石学论集》，故宫出版社，2012年，第4页。
[3] 王中秀：《黄宾虹文集全编》第6册，荣宝斋出版社，2019年，第144页。
[4] 王中秀：《黄宾虹文集全编》第6册，荣宝斋出版社，2019年，第13页。

绿山水画。所以,该杂志印出的黄易画作,他应该看过。1935年出版的《美术生活》杂志第20期,刊出一幅《清黄小松新甫得碑图》。黄宾虹列名《美术生活》特约编辑,所以他应该也看过这幅画。此外,黄易的《嵩洛访碑图》《岱麓访碑图》一度归庞虚斋所藏,黄宾虹与庞相熟且多交集,他看过原作的可能性很大。这两套访碑图都有影本,但流传不广。不过,有正书局以珂罗版印过一册《窓斋临黄小松嵩洛访碑图》,是极为忠实的临本。黄宾虹曾在《时报》社负责编辑《美术周刊》,并帮有正书局编辑《中国名画》,所以这一本他也看过且临摹过。他现存的临古画稿中有一张《黄易作访碑图之一》,就是临摹《嵩洛访碑图》中的《奉先寺》,并略作变化。需要特别指出的是,黄易的访碑图在清末民初影响很大,这张《奉先寺》也被赵叔孺临摹过[1]。

黄宾虹的访碑图创作大致可以分为两类:一类是题为访碑图、读碑图和校碑图的山水画;一类是与石刻相关的纪游图。与黄易相比,黄宾虹的访碑图有几个显著的特点。其一,石刻形象消失。从传为李成的《读碑窠石图》到黄易绘制的多种访碑图,画面中大都以丰碑巨碣等石刻为主体,其他景观和人物都处于从属地位。而黄宾虹的访碑图,除一张《云南写生》画稿描绘了爨龙颜碑(这张画稿也只是写生草稿,并非正式画作)外,其余都见不到石刻的影子。曾经在访碑图中占据重要位置的石刻,在黄宾虹的画笔下,托体同山阿,与自然融为一体了。其二,访碑地点模糊。黄宾虹访碑图的画题中只有较笼统的地名,如为西泠印社社友叶舟绘制的《歙县访碑图》、为《文社月刊》编辑杜锡五画的《褒谷访碑图》以及《池阳访碑图》等,虽然画题点明了歙县、褒谷、池阳等,却缺少石刻所在的具体位置。其三,访碑活动减省。黄宾虹画作中仅有访碑、读碑和校碑,缺少黄易笔下移碑、升碑、剔石、拓碑等更丰富的访碑环节;即便是访碑、读碑和校碑,在黄宾虹的笔下也难以区分。如为蔡守绘制《湖舫读碑图》和校碑图《寒琼仉俪校题明拓汉嵩山三阙铭图》,读与校的图式并无差异。其四,需借助文字提示访碑主题。黄宾虹的访碑图既不画石刻,又缺少具体入微的描绘,如果没有文字来彰显主题,就与普通山水画别无二致。如以访碑为主题的《曲江泷水图》,画面有题字:"泷水南迳曲江县东,《金石录》曰:周府君碑阴题名凡三十一人,姓氏具存。曲江昔号曲红,见郦道元《水经注》。《隶释》曰:石神。汉桂阳太守周憬功勋之纪铭。熹平三年,曲江长区祉与邑子故吏,建碑于泷上。宾虹纪游。"[2]如果抹去题字,这幅画与其他的山水画并无分别。《竹西芳径》也与石刻密切相关,画上题字:"竹西芳径以唐杜牧之诗:'谁知竹西路,歌吹古扬州'得名。旧藏石刻宝志像,

---

[1] 蜜蜂画社:《当代名人画海》,中华书局,1931年,第14页。
[2] 中国美术馆:《中国美术馆藏近现代中国画大师作品精选:黄宾虹》,人民教育出版社,2005年,第40页。

唐吴道子画，李白赞，颜真卿书，亦称三绝。"[1]但这幅画作只描绘了秀美的山光物态，依然看不到石刻。《临桂水月洞》画上题字："明月出天山，月明秋水寒。观心同水月，镂白坐相看。摘唐李太白诗集成一绝，见临桂水月洞中张埏石刻，兹写游躅所经，以题其端。"[2]据此不难读出该画的访碑主题，但画中并无水月洞和石刻，而是将"游躅所经"的美景取舍剪裁，综合成画。在剪裁取舍的过程中，他舍弃了实景的具体地貌，舍弃了访碑的具体活动，更舍弃了石刻遗迹。

黄易和黄宾虹这两个热衷创作访碑图的画家，他们的访碑图不止图式大相径庭，图像内涵也截然有别。如何理解这种差异？我们可以从时代风气与个体身份着眼。

从时代风气来看，黄易的时代，"金石收藏与研究是乾嘉学者的集体兴趣"[3]，天下翕然从风，形成了炽热的学术氛围和庞大的学术共同体，"乾嘉金石学拥有非常广泛的中间阶层，他们既是金石收藏与研究的主体力量，也决定着关于金石古物的主流价值观，甚至还引导着某种文化消费……在他们眼中，金石不仅是一种物质，还体现为学术结构中非常活跃的因素"[4]。石刻是金石学的主体，是文化活动的聚焦点，访碑、拓碑不只是学术圈的核心话题，更是文化人的一种生活方式，"访碑风气至乾嘉时期大炽"[5]，"文人间普遍流行赏玩拓片，并将之视为文化身份的某种象征"[6]。《金石萃编》的作者王昶就说："朋好所赢，无不丐也，蛮陬海澨，度可致，无不索也。两仕江西，一仕秦，三年在滇，五年在蜀，六出兴桓而北，以至往来青、徐、兖、豫、吴、楚、燕、赵之境，无不访求也。"[7]黄易的访碑图既是金石著录的一种辅翼，更成为日常生活的实录。黄宾虹的时代，时移势易，金石学的学术共同体已然不复存在，访碑的氛围也已消退。这个时期有几个特别值得关注的变动。首先，随西潮而来的知识分类，重构了传统的金石学，新史学、文字学、考古学成为金石学新的知识载体。其次，钟鼎重器的屡屡出土，大大加重了金石学中"金"的比重，石刻的关注度被弱化。甚至以往金石学家不屑谈及的古砖、玺印和钱币也耀眼起来。比如李遇孙在《金石学录》凡例中说"专以钱谱、印谱传者不录"[8]，到了黄宾虹的朋友褚德彝作《金石学录续补》的时候，已然录入不少以庋藏玺印泉币著称的学者。最后，地面上重要的丰碑巨碣都有了翔实的著录，曾经千金难求的早期拓本也有了下真迹一等的珂罗版印本。这

---

[1] 黄宾虹：《竹西芳径》，《真相画报》第1卷第2期，1913年6月21日。
[2] 莞城美术馆、浙江省博物馆：《传无尽灯：黄宾虹艺术大展作品集》，广西美术出版社，2010年，第75页。
[3] 薛龙春：《古欢：黄易与乾嘉金石时尚》，生活・读书・新知三联书店，2019年，第13页。
[4] 薛龙春：《古欢：黄易与乾嘉金石时尚》，生活・读书・新知三联书店，2019年，第250页。
[5] 暴鸿昌：《清代金石学及其史学价值》，《中国社会科学》1992年第5期。
[6] 薛龙春：《古欢：黄易与乾嘉金石时尚》，生活・读书・新知三联书店，2019年，第12页。
[7] 王昶：《金石萃编序》，《历代金石考古要籍序跋集录》，浙江古籍出版社，2010年，第1510页。
[8] 李遇孙等著，桑椹点校：《金石学录三种》，浙江人民美术出版社，2017年，第8页。

些变动,不只影响到文化人的行为方式,也让文化生活更趋于多元,石刻不再是文化活动的聚焦点了。

从个体身份来看,黄易与黄宾虹也有较大差异。黄易的主体身份是金石学家,绘画是余事。黄易的文化声誉与访碑活动紧密联系,他与朋友的文化交游也围绕着金石学展开。黄宾虹的主体身份则是画家,虽然也以金石学名世,但主要精力还在绘画方面。从黄宾虹现存的书信来看,他的日常关注点明显不在金石学。所以,同样为访碑图,黄易笔下是兼具实录功能的"金石图",而黄宾虹则是程式化的"纪游图"。

除此之外,黄宾虹身处中国传统绘画其命维新的时代。康有为就认为中国画"衰敝极矣……摹写四王、二石之糟粕,枯笔数笔,味同嚼蜡……如仍守旧不变,则中国画学应遂灭绝"[1],陈独秀更是喊出了"美术革命"。为了避免陈陈相因,黄宾虹等有识之士也在努力走一条新路——国画复活运动,"自西洋画输入以来,有多数的画家已明白此理,知道中国画法若是脱离了模仿,就大有创造的可能,于是努力向这一条路走,而为造成国画复活的第一个原因"[2]。脱离模仿成为复活国画的第一步,为了同以往的绘画图式拉开距离,黄宾虹访碑图也焕然一新。

二、访碑的新动力

暴鸿昌在讨论清代金石学时指出:"清代金石学的崛起与考据学的兴盛有着密切的联系。考据学家利用古碑文字校勘古籍,纠谬订伪,补其阙疑,但典籍中所录碑文有传抄谬误之处,加之一些未被著录的碑版有待进一步挖掘觅访,因此朴学家们主张亲视原碑,认为'著录金石,非目睹而手钞之,必多乖舛也'。"[3]考献征文、证经补史正是金石学家访碑的动力所在。黄易访碑,最为留心的也是文字,即便是汉画像,他关注的焦点也始终在画像石上的文字,他的《小蓬莱阁金石文字》就专门将武梁祠画像的榜题摹刻出来。黄易的访碑图中不乏"升碑""剔碑"的场景,其目的是拓取更多的文字。

清末民初,四夷交侵,坚船利炮、声光化电在"欧风美雨"的裹挟之下冲击着传统中国的方方面面。莽莽欧风卷亚雨,这是一个民族危机深重的大时代。章太炎已经意识到民

---

[1] 康有为:《万木草堂所藏中国画目》,《万木草堂论艺》,荣宝斋出版社,2011年,第114页。
[2] 胡怀琛:《上海学艺概要(三)》,《上海通志馆期刊》第4期,1933年12月。关于"国画复活运动",可参见洪再新:《展开现代艺术空间的跨语境范畴:探寻1920年代初上海"国画复活运动"的启示》,《黄宾虹的世界意义》,中国美术学院出版社,2022年,第139~167页。
[3] 暴鸿昌:《清代金石学及其史学价值》,《中国社会科学》1992年第5期。

族危机与文化危机的同一性,他说:"近来有一种欧化主义的人,总说中国人比西洋人所差甚远,所以自甘暴弃,说中国必定灭亡,黄种必定剿绝。因为他不晓得中国的长处,见得别无可爱,就把爱国爱种的心,一日衰薄一日。"[1]他还把访碑活动与激发爱国热情相联系:"为甚提倡国粹?不是要人尊信孔教,只是要人爱惜我们汉种的历史。这个历史,是就广义说的,其中可以分为三项:一是语言文字,二是典章制度,三是人物事迹……若要增进爱国的热肠,一切功业学问上的人物,须选择几个出来,时常放在心里,这是最要紧的。就是没有相干的人,古事古迹,都可以动人爱国的心思。当初顾亭林要想排斥满洲,却无兵力,就到各处去访那古碑古碣传示后人,也是此意。"[2]这篇演说稿初刊于1906年的《民报》,与同盟会中人有紧密联系的黄宾虹应该读过。黄宾虹还参与国学保存会,并屡屡为《国粹学报》撰稿,而国学保存会和《国粹学报》都在践行章太炎的观念:"国粹激动种性,增进爱国的热肠。"[3]曾蓝莹说:"古物也可作为唤起历史记忆的载体,所唤起的记忆往往与古物的制作和埋藏无关,但对发现者和欣赏者却深具意义。于是,古物的重要性有时便不在于它们是什么,而在于它们激发什么。"[4]在战乱频仍、积贫积弱的时代,激发爱国热情就成为寻访和保护古代石刻的新义。

黄宾虹清醒地认识到民族危机与文化危机互为表里,文化危机是更为本质的民族危机。他致力于保存国粹,发扬国光,对外来的新思潮和新观念极为关注。他和许承尧等组织"黄社",就有"取新学以明理,忧国家而为之"[5]的宗旨。他甚至从欧美学界对亚洲文明的关注中发现了古学复兴的新契机。"欧美学风,时亦求东洋之二古学:一印度学,一支那学是也。岂其英华发露,显晦有时,地不爱宝,供人搜讨,固如是耶?乃西欧东亚,同时响应,不期而合,诚可异己"[6]。

黄宾虹的话有其时代背景,当时国门洞开,对东方文化有兴趣的外国学者纷至沓来,他们游历名胜,寻访古迹,也把"文化史迹"的概念带入中国。除了耳熟能详的斯坦因、伯希和、弗利尔,还有在北京成立中国碑碣研究会的马克密、编印《支那文化史迹》的常盘大定和关野贞等。这刺激了朝野上下的有识之士对古物的关注。黄立猷在《石刻名汇》自序中明确提及日本和欧美学者的影响:"且习见夫日本之中国考古学家、欧美之东方学者研究中国古学不遗余力,而金石一道潜心尤炽,关系于古学者甚大,岂仅供笃古家流览玩好已哉!……而董理历代金石学之资料,俾成一系统之古学,由是发扬昌明,近则传播亚

---

[1] 章太炎:《在东京留学生欢迎会上之演讲》,《章太炎全集》第2辑,上海人民出版社,2015年,第8~12页。
[2] 章太炎:《在东京留学生欢迎会上之演讲》,《章太炎全集》第2辑,上海人民出版社,2015年,第8~12页。
[3] 王世家、止庵:《鲁迅著译编年全集》第20册,人民出版社,2009年,第285页。
[4] 曾蓝莹:《媒介与信息:武氏祠的再发现与清代的文化生产》,《文易与金石学论集》,故宫出版社,2012年,第257页。
[5] 何倩:《许承尧传》,《文苑英华》,中国文史出版社,1991年,第286页。
[6] 王中秀:《黄宾虹文集全编》第3册,荣宝斋出版社,2019年,第193页。

东,远则洋溢欧美,不佞之夙愿,庶几可以偿欤!"[1]1909年,民政部发布《保存古迹推广办法》,将需要调研保护的古迹分为六类:1.周秦以来碑碣、石幢、石磬、造像及石刻、古画、摩崖字迹之类;2.石质古物;3.古庙名人画壁或雕刻塑像精巧之件;4.古代帝王陵寝、先贤祠墓;5.名人祠庙或非祠庙而为古迹者;6.金石诸物。其中有三类与石刻直接相关。从民国政府内务部主持编成的《京兆古物调查表》《山东古物调查表》《山西省各县名胜古迹古物调查表》《河南古物调查表》来看,"古物"被分成了遗迹、陵墓、建筑、金石四大类,石刻所占份额最大。

黄宾虹的西泠社友叶为铭,祖籍歙县,尽管早在明末就举家迁杭,却依然对祖居之地念念不忘。他利用余暇,两次返回歙县,对当地的石刻遗迹做了较为细致的调研,编写了《歙县金石录》。他在自序中说:"断碑残碣,或有关历史文献,或有关地方建置,似不应任其散佚。况今内政部于十七年九月颁有《名胜古迹古物保存条例》,十九年六月又有《古物保存法》之颁行。"[2]可见文化遗产的调研与保护,已经成为访碑活动的新动力。

黄宾虹特别关注能激发爱国热情的石刻。他的童年在金华度过,"髫龄读书金华山,自赤松宫登北山,访黄初平叱石成羊处,循山麓行,经智者寺,观陆放翁所书自作书石刻"[3],他对智者寺的陆游书法石刻,直到晚年依然念念不忘。浙江省嵊泗县枸杞岛有明代抗倭名将侯继高手书"山海奇观"刻石,黄宾虹有《南海写生》画稿,其中一开画的正是此景,画上题字:"山外编篱石上镌山海奇观四大字。"[4]他最为流连的新安山水,也一再出现在他的写生画稿中,涉及石刻的有《锦砂村》《东望钓台》等。《锦砂村》题字:"锦砂村在淳安县西八里,林木森荫,波流澄澈,映石如锦。《寰宇记》:傍山依壑,素波澄映,锦石舒文。冠军吴喜闻之而造焉,鼓枻游泛,弥旬忘返。叹曰'名山幽谷故不虚,常使人丧朱门之志。'小金山矻立江中,上有汪越国祠,歙人汪允俶立碑其上。"[5]《东望钓台》题字:"范仲淹景祐中知睦州,建严子陵祠于钓台。仲淹作记,邵疏篆(不存),绍兴八年知州董弅得吴兴张有篆刻于邵篆之阴,在高风堂。"[6]锦砂村和严子陵祠都在淳安县(今属杭州)。从画上题字看,在写生自然风光的同时,黄宾虹念念不忘的是与石刻有关的人文遗迹。矢志报国的陆游、追随戚继光抗倭的侯继高、保境安民的越国公汪华、"先天下之忧"的范仲淹,都可以唤醒观者沉睡的历史记忆,进而激发他们的族群认同和爱国热肠,让他们立足现在而重构过去。

---

[1] 黄立猷:《石刻名汇序》,《历代金石考古要籍序跋集录》,浙江古籍出版社,2010年,第1510页。
[2] 叶舟:《歙县金石志自序》,《石刻史料新编(第1辑)》第16册,新文丰出版公司,1983年,第11776页。
[3] 王中秀:《黄宾虹文集全编》第4册,荣宝斋出版社,2019年,第532页。
[4] 王伯敏:《黄宾虹全集》第6册,山东美术出版社、浙江人民美术出版社,2006年,第250页。
[5] 黄宾虹:《黄宾虹山水写生》,浙江人民美术出版社,1981年,第10页。
[6] 黄宾虹:《黄宾虹山水写生》,浙江人民美术出版社,1981年,第32页。

石刻成为重要的文化遗迹以及被调研保存的对象,使得传统的访碑活动有了新意义和新内涵。从阐幽表微、补缺正误的石刻文献变成"激动种性,增进爱国的热肠"的文化遗迹,原因是复杂的。从表面看是受外国学者的影响,从深层看则是民族主义的隐然推波。在黄易的时代,访碑是私人化的行为,访碑的成果多以金石著录的方式呈现,访碑是传统金石学的有机组成部分。至20世纪上半叶,随着《保存古迹推广办法章程》《名胜古迹古物保存条例》《古物保存法》的颁布以及内务部组织的古物调查活动,寻访碑石从个人的"金石古欢"转化成为国家行为的"古物保存"。这一转化不仅是"个体嗜好"转化为"集体自觉",更是政府主导的对民族文化的重新认知,是民族国家自我确立的一种方式。

石刻成为文化遗迹,还造成了访碑群体的分化。一方面,此时出现了一些较为专业的机构组织,如古物保存会、古物研究社、古迹古物调研会等,他们专事文化遗迹调研,将黄易实地勘察的精神发扬光大,调查更有规划,记录更为具体。另一方面,像黄宾虹等主体身份是画家的访碑者,已经不需要参与洗碑、剔碑、拓碑等具体的访碑活动,甚至无须近距离地观察石刻。与黄易相较,他们对石刻的周边环境缺乏了解,对石刻的形状和内容也缺少细致入微的体察,这可能也是石刻遗迹从他们笔下消失的原因之一。

三、石刻的景观化

与文化遗迹保护密切相关的是石刻的景观化。1916年10月,北洋政府内务部颁布《保存古物暂行办法》,便将"碑碣造像"与"秦槐汉柏"并置在一起,视为应该保护的"风景","故国乔木,风景所关,例如秦槐汉柏,所在多有,应与碑碣造像同一办法,责成所在地加意防护,禁止剪伐"[1]。

1910年《国粹学报》更定例目,"金石不入史学而入美术篇"[2],"美术"的新观念悄然置换了石刻的文化内涵,使石刻成为了美术景观。"美术"是20世纪上半叶的热门话题,鲁迅就说:"民国初年以来,时髦人物的嘴里,往往说出'美术'两个字。"[3]刘师培认为金石应当属于"美术":"金石之学,目录家多附于《艺文》之末,不知金石之用,非惟有益于学术也。考其工作,稽其度制,可以觇古代之工艺。盖刻缕之学,固美术学之一端

---

[1] 内务部:《内务部拟定保存古物暂行办法致各省长都统饬属遵行咨》,《中华民国史档案资料汇编第三辑(文化)》,江苏古籍出版社,1991年,第197页。
[2] 《第六年国粹学报更定例目》,《国粹学报》第6卷第1期,1910年3月1日。
[3] 王世家、止庵:《鲁迅著译编年全集》第3册,人民出版社,2009年,第101页。

也。"[1]1913年2月,时任教育部佥事的鲁迅公开发表了《拟播布美术意见书》,指出播布美术之方有三:建设事业、保存事业、研究事业。在保存事业中,他特别强调:"碑碣:椎拓既多,日就漫漶,当申禁令,俾得长存。"[2]此后,商务印书馆先后推出英国人波西尔的《中国美术》(1923)和大村西崖的《中国美术史》(1930)。波西尔的书第一篇即为"石刻",举凡石鼓、汉画像、北朝石刻,皆有论及。大村西崖的书则以年代为线,将周之"石文",汉之"石享堂、石阙及石人兽、碑碣",南北朝之"北方之石窟、造像",唐之"陵墓之仪饰及碑碣、雕石"等纳入论述范围。《美术生活》等很多美术杂志也屡屡刊发石刻照片及拓本。在这些书籍报刊的鼓荡下,石刻属于"美术"的观念更加深入人心。

"金石不入史学而入美术篇",使金石的关注点从文字转向美术,降低了金石学的知识门槛,有助于将石刻转化为旅游资源,成为普罗大众视野中的现代景观。在民族国家形成的过程中,景观与民族认同紧密攸关。有学者指出:"景观可以成为一个框架,借助这个框架,民族主义者可以通过操控景观的描述,构建并争夺民族主义的意识形态和话语,并将民族的神圣特征镶嵌在景观之中。"[3]作为汉字的重要载体,石刻是最能标记中国与西方民族差异的景观之一;作为历史记忆的重要载体,石刻景观又有助于凝聚民族情感和民族认同。石刻兼有"文化遗迹"和"美术景观"双重属性,自然就成为现代民族国家文化建设的重要组成部分,并成为重要的旅游资源。

1910至1930年代,随着大规模的路桥建设,交通愈趋便利。如朱家骅1926年所说:"我国近年来之新建设,最有成绩可述者,莫若交通事业。铁道自民国十九年迄今,新筑告成者,凡二千四百余千米;正在建筑中者,凡一千余千米,大抵为国有或省市有,盖已占以往所有全国铁道百分之二十五。公路,民国十年通车者仅一千一百余千米,十六年乃有二万九千一百七十千米,二十五年六月止,又增至九万七千四百余千米。合已兴筑未通车者计之,凡有十一万四千二百余千米。较诸民国十年,已增百倍。"[4]这无疑为旅游业的繁荣带来了契机。1934年,杭徽公路通车,黄宾虹的好友俞剑华就亲身体会到交通建设为黄山旅游带来的便利。他说:"昔日交通未便时,自杭至黄山至少须十日以上,今以一日达之,快也!"[5]又说:"黄山夙好难游,近自建设后,自京自杭,一日之间,即可直抵山下,交通可谓极便。……路口俱植路牌,无需引导,亦可自游……三四日之间,即可纵览黄山之精华。"[6]1934年11月30日的《申报》有一篇庆祝杭徽公路通车的专题报道《杭徽公路通车

---

[1] 刘师培:《编辑乡土志序例》,《仪征刘申叔遗书》,广陵书社,2014年,第4799页。
[2] 王世家、止庵:《鲁迅著译编年全集》第2册,人民出版社,2009年,第108页。
[3] 伊恩·D.怀特:《16世纪以来的景观与历史》,中国建筑工业出版社,2011年,第186页。
[4] 朱家骅:《〈中国交通之发展及其趋向〉序》,《中国交通之发展及其趋向》,正中书局,1937年,第1页。
[5] 俞剑华:《俞剑华写生纪游》,东南大学出版社,2009年,第227页。
[6] 俞剑华:《俞剑华写生纪游》,东南大学出版社,2009年,第238页。

后交通便捷 沿途山水美不胜收》,就兼具旅游宣传之功能。有识之士也认识到旅游是富民强国的新路径。顾维钧就说过:"中国人或者认为消遣是一件不正当的事,其实西洋人把消遣当一件事业来干。谈到美国人的大企业,第一是汽车,第二就是旅游,第三才是钢铁事业,可见得游览事业的重要了","法国、瑞士、意大利每年多靠游客收入来补充国家经济的。"[1]陈湘涛也认为:"自欧洲大战以还,旅行事业,突飞猛晋,欧美日本诸国,竞以招致游客,吸引资财,为调剂国内金融之唯一方法。"[2]在他们看来,欧美日诸列强都将旅游业视为支柱产业之一,中国应该学习效法,这样有助于改变积贫积弱的现状。

需要指出的是,中国的旅游业甫一起步,就与民族国家的建构有着密切关系。中国的第一家旅行社中国旅行社自言有四大使命,首要的就是"发扬国光",帮助游客接触"理想中之中国事物",进而"发扬国家声誉"[3]。在有识之士看来,旅游不止可以富民强国,还可以激发民众的爱国之心。"旅行要发达了,不止于可使交通事业赚利,且可使国人交换意见,增加知识,及启发爱国的精神"[4]。"故老于旅行者,对于国中地理、历史、经济、风尚等等,恒有普遍之认识,即对于国家往古来今,有整个之认识;而惟认识其国家,始油然而起爱护其国家之心,不待勉强而致"[5]。"睹山川之壮丽而思国防,览方物之夥庶而念建设,不知不觉之中,民族意识于焉发扬"[6]。个人的命运、生活,与民族国家是相互联结的。每一个现代民族国家的公民,都可以通过旅游,寻找古今之间的联系,并激发爱国心,强化民族认同。

旅游业的勃兴对20世纪上半叶的访碑活动影响甚巨。为了吸引游客、发展地方经济,就需要宣传乡邦,而富有文化底蕴并被视为文化遗迹和美术景观的石刻无疑是最好的名片之一。通过访碑活动,调研地方石刻遗迹,让古迹活化,转化为旅游资源,成为由清入民的文化人的新选择。他们的传统文化修养有了用武之地,个人价值在建设乡邦的过程中得到较为广泛的认可。中国旅行社的创办者陈光甫就说:"中国人保存古迹要有人去看,看了更要能够懂得,不然,一切都是死的。""保存古迹还不能就此了事,我们还要引导人家去看,向导者要把古迹的历史和大道理,都原原本本地讲出来,使得游客了然于前后经过,才算尽了责任。"[7]雁荡山旅游开发的先行者是黄宾虹的朋友蒋叔南,他曾纂修《雁荡山志》,金石独占六卷,可谓巨细靡遗,洋洋大观。这些点缀山川的石刻,增加了景观的

---

[1] 赵君豪:《顾少川先生访问记》,《旅行杂志》第9卷第7期,1935年7月1日。
[2] 陈湘涛:《中国旅行社创社招待所之旨趣》,《中国旅行社行旅指南》第1期,1936年。
[3] 唐渭滨:《中旅二十三年》,《旅行杂志》第20卷第1期,1946年1月1日。
[4] 孟君平:《西伯利亚途中》,《旅行杂志》第2卷第1期,1928年4月。
[5] 黄伯樵:《导游与爱国》,《旅行杂志》第10卷第1期,1936年1月1日。
[6] 唐渭滨:《吾人之希望》,《旅行杂志》第18卷第1期,1944年1月31日。
[7] 赵君豪:《陈光甫先生访问记》,《旅行杂志》第10卷第9期,1936年9月1日。

人文内涵,不仅可以引发游览兴致,还可以增添游览趣味。千万不要小觑这些地方志,黄易时代为访碑指南,如今被当成重要的旅游导览手册。1918年秋,蒋叔南游黄山,看到紫云庵有闵麟嗣纂《黄山志》,于是"借阅登山,以便搜索诸胜"[1];1931年夏,黄宾虹游览雁荡山,随身携有曾唯的《广雁荡山志》,并随时翻阅[2];郁达夫每次出游,都会提前阅读相关的地方志[3]。

黄宾虹对家乡歙黄一带的旅游也极为关心,他的姻戚江振华致力于黄山旅游开发就是受他点拨。江振华在《黄山旅游必携》中特别提及他的启发之功:"黄山为余故乡。久思将优异风景,贡献于世。以交通阻塞,为事实所不许。去秋,余戚黄宾虹先生游蜀归。询以蜀之名山,谓皆不若黄山奇秀。因知蜀人张善孖、大千两名画家,醉心于黄山者有由矣。其时适杭徽路通车,殷屯线决绕越山麓。交通无梗,乃谋开发。"[4]1934年,以"宣传黄山名胜"为宗旨的黄社成立,并以浙江建设厅的名义,邀请社会贤达"赴黄山游览,其意在宣传该地名胜,借以唤起国人共同努力,开发我国富源,及促进各种生产"[5]。黄社还举办了颇具规模的"黄山胜景书画摄影展览会",黄宾虹也有山水画《老人峰》参展。

黄宾虹"嗜金石书画,好游山水"[6],履迹所至,不止流连山水形胜,对碑石遗迹也颇多措意。他还专门写过指导游览的《黄山析览》,这是数万字的鸿文,厘为八篇,第六篇专记金石摩崖。他如数家珍地告诉读者:"前海摩崖,以汤院至文殊院为最多,灵谷及始信峰亦尚不少,其余寥寥无几。今可见者,皆三五百年以内诸人而已。故考订遗文,搜罗名迹,常有金石不如纸之慨。然板本留存,残缺散佚,历劫已多,难稽故实,志乘所载,十不二三。"[7]"志乘所载,十不二三",说明黄宾虹对每一处石刻都甚为关注,即便没有亲自寻访过,也通过其他渠道了解过。他还整理了授业恩师汪仲沂的《新安访碑记》,体现了他对歙黄石刻的关注。这篇文字据他说是"从韬庐师手札中录刊,碑多在今歙县界内"[8],可见他与汪仲沂的书信往还中,家乡的石刻遗迹一直是核心话题。他的画作中不乏石刻遗存的歙黄景致,如《石淙》,题字:"石淙在碎月滩上,滩以李青莲诗得名。"[9]又如《黄山潜口》,题字:"潜溪一名阮溪,经紫霞山而出莘墟,有潜口镇,道西建黄山谷口碑碣。"[10]

---

[1] 蒋叔南著,卢礼阳编校:《蒋叔南集》,黄山书社,2009年,第127页。
[2] 王中秀:《黄宾虹文集全编》第4册,荣宝斋出版社,2019年,第560页。
[3] 倪伟:《刻画江山,铭记自我:郁达夫1930年代游记新论》,《中国现代文学研究丛刊》2023年第7期。
[4] 江振华:《黄山旅游必携》,道德书局,1912年,第1页。
[5] 《黄社昨举行茶话会》,《申报》1934年12月11日。
[6] 王中秀:《黄宾虹文集全编》第4册,荣宝斋出版社,2019年,第540页。
[7] 王中秀:《黄宾虹文集全编》第4册,荣宝斋出版社,2019年,第484页。
[8] 汪仲沂:《新安访碑记》,《艺观》第1期,1929年6月。
[9] 王伯敏:《黄宾虹全集》第5册,山东美术出版社、浙江人民美术出版社,2006年,第147页。
[10] 黄宾虹:《黄宾虹纪游画册》第1辑,神州国光社,1936年,活页第7页。

尽管关注石刻遗迹，但对于在摩崖之上随意刻石的行为，黄宾虹是反感的。他说："鄙见以往人文如烟霞，可增峦岫姿媚，颇极自然，一经霹雳手，虽擘华鞭石，已失真面，无静态矣。"[1]在他看来，口耳相传的人文故实，就足以为山川增色，不需要再有其他多此一举的行为。他又说："黄山崖石粗厉，不受镌刻，年湮代远，风雨剥蚀，时多崩堕，椎凿狞恶，致损观瞻，有玷山灵，甚于黔面。古来不乏工书之人，而惟文章道德可垂于百世者，乃为可传。"[2]刻石对于瑰美的山川而言，有碍观瞻，甚于黔面。由此及彼，对画作而言，图绘石刻何尝不是煞风景呢？

旅游业的繁荣，不只让"景观"的观念深入人心，也改变了文化人对山水的亲近感。新的交通工具加快了旅游节奏，规定了旅游路线，也改变了观看方式和观看空间。一方面，游览变得快节奏。无论乘坐火车、汽车还是火轮船，速度都更加快捷，游览者看到的景象都是变动的、不稳定的，甚至是变形的。不同区域的风景常常会快速闪现，飞逝而过，刺激观者的大脑，让他们产生一些视错觉。片段化的山水小景被全景式的视觉体验取代。另一方面，旅游路线更加固定。旅游开发不仅规定了山外的道路，也规划了山内的道路。以黄山为例，旅游开发者不仅安排了便于游客登山的山外停车点，还对山内的道路进行修缮，大众传媒上的宣传说："最近该山经建设委员会许世英先生等之努力建设，山内各处道路，一一修好；后此往游者，更仍便利，毋虞惊险矣。"[3]一个外国游客也说："黄山唯一足使世人称道的地方，就是那绝大的工程。能够把游人不可飞度的断崖绝壁，用最大的人力，建成人人可过的大道。"[4]这些举措固然方便了游客，但也破坏山水的原始面貌，并改变了传统的游览体验，在很大程度上造成了游览者跟山水的疏离感。此外，望远镜、照相机等新的观看工具也改变了游览者的观看方式和视觉感受。蒋叔南在游黄山时，就携带了十二倍光的望远镜。据他说："余所携远镜系十二倍光，取镜窥之，与肉眼所见亦复相类，其广漠太甚也。海之最远处，色作深蓝，其外一白隐约，蜿蜒如线，其扬子乎？更远呈淡黄色，是远山映夕照，北方一抹较高广，其匡庐乎？九华一阜，则为狮子峰所阻矣。"[5]黄宾虹也有旅游时携带相机以辅助写生的想法。在1912年发表的《真相画报叙》中，他说："尝拟偕诸同志，遍历海岳奇险之区，携摄景器具，收其真相，远法古人，近师造物，图于楮素。"[6]新的游览路线和观看方式改变了游览体验和视觉感受，产生了更多有待处理的视

---

[1] 王中秀：《黄宾虹文集全编》第6册，荣宝斋出版社，2019年，第198页。
[2] 王中秀：《黄宾虹文集全编》第4册，荣宝斋出版社，2019年，第483页。
[3] 《博大雄奇之黄山：黄社美展一斑》，《良友》第101期，1935年1月1日。
[4] 太史：《外人眼中的黄山》，《健康生活》第17卷第3期，1939年8月1日。
[5] 蒋叔南著，卢礼阳编校：《蒋叔南集》，黄山书社，2009年，第146页。
[6] 王中秀：《黄宾虹文集全编》第1册，荣宝斋出版社，2019年，第43页。

觉信息。黄宾虹主张："对景作画，要懂得舍字，追写物状，要懂得取字"[1]，又说"画有人工之剪裁，可以尽善尽美"[2]，敢于取舍剪裁，正是应对庞大视觉信息的有效方式。只是这种应对，无疑会消解画面中的实景。

黄宾虹的时代，作为文化遗产保护的访碑活动越来越官方化、组织化、专业化，与之相对应，旅游则越来越私人化、生活化、社会化。民族国家的建立，从根本上瓦解了中国传统社会的根基，个人从传统力量中解放出来，"在空间上、经济上、精神上都超出了原有的所属关系的界限"[3]，个人意识觉醒，现代私人生活得以确立，旅游也从精英化的活动变成大众性的娱乐。有学者指出："某一国家、某一民族的文化转型，往往是以大规模的行旅作为先导……行游活动越是普遍的地区，社会越是开放，而文化的转型也越是剧烈。"[4]颇具洞见。这种转变中有两个不可忽视的因素，其一是西方休闲旅游观念的影响。旅行既能锻炼身体，又能增长见识，成为闲暇时最普及的娱乐活动之一。其二是星期工作制度及休假制度的普及，现代公民有了固定的闲暇时间。李长莉指出清末民初的城市居民有了"公共休闲"与"公共时间"[5]，这两个概念有助于我们理解旅游活动的生活化和社会化。

四、访碑图的现代形态

20世纪上半叶，与旅行关系最为密切的莫过于摄影了。如顾颉刚所说："有了摄影片，大家见到可爱的风景和古物，也很想去亲接一下了。在这种种诱引之下，于是常有结队旅行的事。"[6]旅行与摄影，可谓相互促进，相互成就。"有些人固然是为了旅行而摄影的，但有些人却是为了摄影而才旅行的"[7]。

当时，无论进行文化遗迹调研，还是外出旅游，都离不开摄影。常盘大定和关野贞编印的《支那文化史迹》，就用摄影的方式实录文化遗迹，其中也包括很多石刻遗迹。《旅行杂志》上经常可以看到柯达公司的广告："君不论到何处旅行，每有美景当前，足以摄影。如携柯达镜箱，则旅行之兴趣更高，因归后可将旅行时所摄之照片赠诸亲友。"[8]摄影

---

[1] 王伯敏：《黄宾虹画语录》，上海人民美术出版社，1961年，第2页。
[2] 王伯敏：《黄宾虹画语录》，上海人民美术出版社，1961年，第3页。
[3] 刘小枫：《现代性社会理论绪论》，上海三联书店，1998年，第22页。
[4] 郭少棠：《旅行：跨文化想像》，北京大学出版社，2005年，第107页。
[5] 李长莉：《清末民初城市的"公共休闲"与"公共时间"》，《史学月刊》2007年第11期。
[6] 顾颉刚：《西行日记序》，《西行日记》，甘肃人民出版社，2002年，第7页。
[7] 老兔：《旅行与摄影》，《浪华旅行团十周年纪念册》，浪华旅行团出版，1936年，第34页。
[8] 《柯达公司广告》，《旅行杂志》第1卷第2期，1927年4月。

的实录功能远超绘画,在清末民国已然成为社会共识。画家许士骐写过一篇《摄影与绘画》,就清醒地认识到摄影能做到"具形于尺幅间,曾无毫末或爽,因是用以辅助绘画之不逮"[1]。照片可以纤毫毕现地呈现石刻的形质和细节,与绘画相比,它更像真实世界的对应物。

由政府主导的古迹调研,往往把古迹摄影列为必须要做的工作。1928年《新闻报》刊发《省政府令饬摄影名胜古迹》:"上海县政府昨奉江苏省政府训令文函,为通令事,案奉国民政府内政部公函开:查我国各地,所有名胜古迹及各项古物,关系民族文化,至为重要……请转饬于三个月内,按照附例调表式调查完竣……并将名胜古迹每处摄影二份。"[2]1929年无锡《国民导报》刊有《县政府调查名胜古迹》,说奉民政厅的训令,要求各县"酌量调查于名胜古迹每处摄影二份,附加说明"[3]。行政部门频频颁发公函,足见政府对古迹摄影的重视。政府的行政命令对大众是有引导作用的,不仅引导大众重视古迹,也会引导大众与古迹(包括石刻)合影。

一些有影响的大众传媒和博览会、摄影展览(赛事)也经常发布广告,征集古迹相片。《申报》就多次刊发广告《征集各地古迹照相片》:"中国为数千年之古国,各地研究照相之人,现亦甚多,本报因有征集各地古迹照相之愿。如有相片明显,而未见于外间印本者,斯为上等,每张酬洋二元;如有相片明显,而曾见于印本者,斯为中等,每张酬洋一元;如为印刷物,而非原片者不取。取者,每日录其姓名于本栏。如有同式者,后到之相片寄还,不再奉酬。相片之后,须将古迹之历史略记之。"[4]1932年,参加芝加哥博览会筹备委员会还委托中国旅行社在《新闻报》刊发广告,"征集中国名胜摄影,送美陈列,以彰胜迹而扬国光",征集范围就包括"各地名胜风景、具有历史价值之古迹"[5],一旦入选,可谓名利双收。有这些广告推波助澜,古迹摄影焉能不热?

1919年的暮春时节,黄宾虹的南社社友傅熊湘、高吹万、胡韫玉同游京口和无锡,访获瘗鹤铭拓本、金焦周鼎双拓本、听松石拓本。三人将此次游历所得诗篇汇印成集,并请黄宾虹作图纪游。黄宾虹共画了两幅图,其一题字:"嵯峨高阁接松寥,撼石喷沙激怒涛。不尽浮湛千古事,好将砥柱挽滔滔。己未夏日,朴安、屯良、吹万三君子有京口之游。余为制图,并系里句,以博一笑。宾虹。"其二题字:"闻说君探骊颔珠,腥风吹浪雨如丝。夜深恐起蛟龙攫,晋碣周金共护持。朴存、屯良、吹万诸同社游京口归,得诗甚夥,并携鹤铭、许

---

[1] 许士骐:《摄影与绘画》,《民国摄影文论》,中国摄影出版社,2014年,第32页。
[2] 《省政府令饬摄影名胜古迹》,《新闻报》1928年10月2日。
[3] 《县政府调查名胜古迹》,《国民导报》1929年9月21日。
[4] 不冷:《征求各地古迹照相片》,《申报》1918年10月29日。
[5] 《中国旅行社征集中国名胜摄影》,《新闻报》1932年11月9日。

惠鼎拓本,时逢久雨,图以志之。己未夏日,宾虹。"[1]这两幅纪游题材的图画,都与访碑有关,也都没有画碑石。但三人在惠山听松石旁拍摄了一张照片版的访碑图。胡朴安还写了一首七律《与吹万、屯良在惠山听松石畔摄影题句》,其中有句云:"开镜好留身外影,访碑共剔苔中书。"[2]这幅照片提示我们,在黄宾虹所处的时代,访碑图的实录功能已被摄影所替代,一种现代形态的访碑图出现了。

携带摄影器材旅行访碑在晚清民国蔚为风气。周耀光在1907年出版的《实用映相学》中归纳了摄影的五项功效,第一便是"随处摄影收罗天下名胜之景,汇为卷册……可以消闲,可以遣闷,可以开眼界,可以广心思"[3]。1935年《国闻周报》刊有张玉凤《入秦访骏记》,其中四月二十二日记在西安访碑,除了记录购买碑石拓片之外,还记下了当天在八仙庵访"长安酒肆碑","自碑林乘洋车,出东门游八仙庵,相传为唐兴庆宫地,宋时有郑生见八仙于此,因建庵。……庵前碑坊下有一碑刻'长安酒肆',旁刻'唐吕纯阳先生遇汉钟离先生处'",张玉凤特意拍了一张碑石的照片插入文中,题为"西安东门外八仙庵长安酒肆碑"[4]。1936年《旅行杂志》刊有周厚坤《延陵访碑记》,也配有多张碑亭与碑石的照片[5]。即便旅行者没有照相机,在重要的风景名胜区也会设有照相场所,提供摄影服务。值得一提的是学者简又文,他以研究太平天国史著称,有"太平迷"之誉,他还是访碑迷,每次访碑都会携带照相设备。1936年《晶报》刊有《太平迷嘉兴访碑》,记录了他与谢兴尧、陆丹林、陆筱丹同往嘉兴访碑,访到有价值的古碑,"简君携备拓碑工具,亲为拓出两份,筱丹又将原碑摄影,以备将来详细考订完毕发表时,一同刊入,以资观摩云"[6]。1937年《逸经》刊有他的《常熟访碑记》,他说:"一进大门即见报恩牌坊碑斜立于二门东壁,细细观摩,历久而不忍去。因与诸君拍照碑旁以志鸿爪。"文旁附有摄影版的访碑图,题曰:"拍照碑旁以志鸿爪。碑石、笔者、吴子厚、庞觉非、吴女士、钱峻德、陆丹林。"[7]简又文的这张照片是典型的现代形态的访碑图,既有石刻,又有人物。这种摄影版的访碑图在20世纪上半叶屡屡见诸大众传媒。

1923年9月27日,胡适和他的红颜知己曹诚英同游杭州烟霞洞,就曾在"烟霞此地多"石碑旁拍过照[8]。1929年5月25日的《时报》刊有《吴稚晖汤山访碑》,文中配发了

---

[1] 高燮、胡朴安、傅熊湘:《京锡游草》,自印本,1919年,第1、2页。
[2] 朴庵:《与吹万、屯良在惠山听松石畔摄影题句》,《新中国》第1卷第5期,1919年9月15日。
[3] 转引自仝冰雪:《中国照相馆史》,中国摄影出版社,2016年,第216页。
[4] 张玉凤:《入秦访骏记》,《国闻周报》第12卷第34期,1935年9月2日。
[5] 周厚坤:《延陵访碑记》,《旅行杂志》第10卷第1期,1936年1月1日。
[6] 冰石:《太平迷嘉兴访碑》,《晶报》1936年8月25日。
[7] 简又文:《常熟访碑记》,《逸经》第32期,1937年6月20日。
[8] 王金声:《金声长物》,浙江人民美术出版社,2019年,第107页。

吴稚晖等三人立于山巅的合影。据其旁文字所记："本月二十四日,吴先生偕二三友人赴离汤山西十余里之坟头山,登巅小驻,则层峦耸翠,峭壁流青,宝华、龙潭诸峰,一望无际,顾而乐之(见插图),其旁并有大石碑一座……据野老言,该碑系明建文帝时所凿,尚嫌其小,故废置未用,确否待考。"[1]由此可知,吴稚晖等人所访的就是南京汤山赫赫有名的"阳山碑材",碑石也并非"建文帝时所凿",而是明成祖时开凿。1936年11月,蒋介石游嵩山时,也留下了两幅摄影版的访碑图,一帧题为《嵩阳书院唐碑》,蒋介石立于高大的石碑前留影;另一帧题为《少林寺读唐碑》,照片中蒋介石扶着手杖,端详石碑[2]。这两幅访碑图刊于当时最流行的画报《良友》杂志。胡适、吴稚晖、蒋介石都是当时富有影响力的人物,他们选择摄影版的访碑图,对大众具有典范意义和引导作用。

摄影版的访碑图将古代文化遗迹与现代人物定格于一个取景框,现代民族国家的历史记忆与公民的日常生活也被捆绑在一起。雷农指出:"国魂或人民精神的导引,实际由可以合而为一的两个因素形成的。其一与过去紧密相连,其二与现在休戚相关。前者是共享丰富传承的历史,后者是今时今世的共识。"[3]不同的公民与相同的文化遗迹合影,共享的不只是文化遗迹,更是历史记忆,这无形中强化了群体的文化认同,而文化认同又与民族国家的建构互为表里。残缺不全的文化遗迹借助摄影以及大众传媒,进入新的时代现场,转化为融合民族情感的纽带。20世纪上半叶流行的旅游导览书通常会附印一些石刻遗迹的照片或拓片,并提示遗迹的具体位置。比如《富春江游览志》就附有"子陵祠中客星碑"图片,并在"沿江古迹名胜"部分记录了前人留下的石刻遗迹[4]。这些导览书会有引导作用,引导旅行者根据书中的图片和记录,寻找石刻遗迹并合影纪念,这也成为旅行的重要内容之一。周黎庵游苏州虎丘,就发现"虎丘的游客却没有一个不带照相机的",而且"一定要和古迹风雅一下"[5]。如约翰·厄里所言:"许多旅游活动实际上只是在寻找上相的东西。有时,观光旅游不过是个策略,累积照片才是真正的目的……相片构成旅游与凝视的本质的一大部分,就在地点变成景点的那一刻,业已决定了哪里值得旅游,什么画面与记忆应当带回家。"[6]民众热衷于同石刻合影,也表明石刻成为现代民族国家中可以被消费的风景。

---

[1]《吴稚晖汤山访碑记》,《时报》1929年5月26日。
[2]《嵩阳书院唐碑》《少林寺读唐碑》,《良友》第122期,1936年10月1日;《蒋委员长寿辰纪念画册》,良友图画杂志社,1936年,第45页。
[3] 转引自许纪霖:《共和爱国主义与文化民族主义:现代中国两种民族国家认同观》,《华东师范大学学报》2006年第4期。
[4] 周天放、叶浅予:《富春江游览志》,上海时代图书公司,1934年。
[5] 周劭:《春天的虎丘道上》,《清明集》,辽宁教育出版社,1996年,第111页。
[6] 约翰·厄里、乔纳斯·拉森:《游客的凝视》,格致出版社,2020年,第207页。

大众媒体上的摄影版访碑图，一方面聚焦民众的目光，潜移默化地建构民族国家和现代生活，另一方面也引导民众消费文化遗迹。1929年《图画时报》刊有《绍兴兰亭碑》，照片上三个深色衣服的访碑者，围坐在碑亭外，与"兰亭"石碑合影[1]。同年，《新晨报》副刊《日曜画报》刊有《唐碑出土》照片，三个人手执工具，正在发掘唐碑[2]。《华北画刊》头版刊有《中州嵩岳观前之唐碑》照片，巨大的石碑之下，站着一个访碑者[3]。1930年《艺友》杂志刊有郭锡骐的摄影作品《读碑》，拱门内有一妇女面碑而立，正在阅读碑文[4]。1935年《老实话》刊发任寄萍的摄影组画《履痕处处（3）》有两帧访碑图，其一题为《泰安岱庙中之秦碑》，两个人一站一坐立于碑石两侧。其二题为《泰山经石峪》，图中一人坐在石经旁，一人立于石经旁。并有说明："泰山经石峪金刚经之一部原有九百余字，今存者仅九十余字。平时足踏，夏时水冲，其上全无人管，殊可惜也。"[5] 1938年《新型》创刊号刊有张沅恒的《新中国交通中心点：贵阳》摄影组画，有一帧题为《拓碑》，并有说明："阳明祠中多名人题记碑刻，附近有专业拓碑者将拓本售诸游人，作为装裱张挂之用，图为拓碑时情形。"[6] 1947年《艺文画报》刊有赵定明的摄影组画《西京碑林》，其中有一帧《汉碑（右）与清碑（左）》，一个人立于两块石碑前面，正在读碑[7]。这些照片包含了发掘石碑、寻访石碑、阅读石碑、椎拓石碑等丰富的访碑内容。

　　摄影版的访碑图记录了碑石的形貌、访碑者的外貌姿态以及周围的山川地貌。不仅如此，作为风景摄影，它们还沿袭了绘画的趣味和表现方式。巫鸿指出："中国摄影中对'山'的兴趣和艺术表现，在相当程度上得之于黄山绘画带来的艺术灵感。"[8] 很多旅游导览书都会强调"风景照片最足以动人向往及游后回味"[9]，郁达夫的游记《履痕处处》的广告语也特别提到"附游侣郎静山先生所摄风景名作十余帧尤足供读者卧游之助"[10]。风景摄影同绘画一样，可以回味，可供"卧游"。郎静山甚至认为摄影可以做到与画理相通，他说："窃以为中国绘画艺术，有数千年之历史，而理法技术已达神妙之境。摄影为图画，绘画亦为图画，其工具虽异而构图之理则相同，尤以集锦之法，更能与画理相通。摄影初限于机械，只能在天然境地中取景，不易改造环境，今有集锦之法，则可取舍万殊。余耽习

---

[1]　何锦堂：《绍兴兰亭碑》，《图画时报》第560期，1929年5月8日。
[2]　《唐碑出土》，《日曜画报》第64号，1929年10月27日。
[3]　《中州嵩岳观前之唐碑》，《华北画报》第49期，1929年12月15日。
[4]　郭锡骐：《读碑》，《艺友》第1期，1930年4月6日。
[5]　任寄萍：《履痕处处（3）》，《老实人》第61期，1935年4月1日。
[6]　张沅恒：《新中国交通中心点：贵阳》，《新型》10月号，1938年10月。
[7]　赵定明：《西京碑林》，《艺文画报》第1卷第9期，1947年3月。
[8]　巫鸿：《聚焦：摄影在中国》，中国民族摄影艺术出版社，2017年，第220页。
[9]　周天放、叶浅予：《富春江游览志》，上海时代图书公司，1934年。
[10]　转引自吴晓东：《郁达夫与中国现代"风景的发现"》，《中国现代文学研究丛刊》2012年第10期。

摄影卅年矣,偶有心得于集锦,朝夕于斯者垂二十年,盖以其道正可与中国绘画理法相吻合也。如气韵生动,经营位置,可为摄影艺术之借镜。特技术之有别者,一以笔墨渲染,一以光化感应,如得其运用,易如反掌耳。六法六要六长,大为摄影之助,神品妙品能品,均能应手而成。"[1]如此一来,摄影版的访碑图取代绘本访碑图自然顺理成章了。

此外,无论是中国画,还是西洋画,都需要长时间的专业训练才能在技法上有所突破。摄影借助机械设备,在技术门槛上明显低于绘画。摄影家陈万里对此深有感触,他记下过一次经历:"未几,观剧归者纷纷,骑驴掠余车而过,一妇人衣白地黑花洋布衫,青布幞头,缓鞭得得北去,可谓别有风情。一男子尾随于后,殆为伊之终身伴侣欤?又一小儿约三四岁,着红布短褂,赤双足,亦跨骑于母背后。此种情景,在国画家往往能默识之,出以写意之笔,便觉栩栩欲活。洋画家仅能出纸速写,然骑行颇速,一时把捉不易,且速写之品,粗具轮廓,稍见笔力,神情风趣则视国画远逊也。余于国画、洋画习之均无所成,随即弃去,遇此等事,无已,惟有求诸摄影耳。"[2]相较于绘画,有能力创作摄影版访碑图的人无疑更多。大众的参与度高了,创作者、欣赏者都会更多,也更容易流行起来。

五、余　论

处于清代金石学两端的黄易和黄宾虹,面临着不同的历史文化情境。黄易是"经史"主导学术的时代,以"证经补史"相号召的金石学家见重于世,"使四海好古之士靡然向风"[3],他们往还论学,相互砥砺,访碑与他们的社会关系网络和学术交流活动密切联系。至清末民初,时移势易,严复曾作《救亡决论》,直斥金石学为无用之学:"魏碑晋帖,南北派分,东汉刻石,北齐写经。戴阮秦王,直闯许郑,深衣几幅,明堂两个。钟鼎校铭,珪琮著考,秦权汉日,穰穰满家。诸如此论,不可殚述。然吾一言以蔽之,曰:无用。非真无用也,凡此皆富强而后物阜民康,以为怡情遣日之用,而非今日救弱救贫之切用也。"[4]

严复的话如黄钟大吕,揭示了民族危机的深重与迫切。在新的历史文化语境下,金石学必须从"怡情遣日之用"转向"救弱救贫之切用",寻找与"西方文化价值相符合的成分"[5]。因应时代潮流,金石学被重新构建。文化遗迹调研是文化救亡的组成部分,旅游资

---

[1] 郎静山:《静山集锦自序》,《静山集锦》,上海桐云书屋,1948年。
[2] 陈万里著,杨晓斌点校:《西行日记》,甘肃人民出版社,2002年,第61页。
[3] 钱泳:《致黄易》,《黄易友朋往来书札辑考》,生活·读书·新知三联书店,2021年,第397页。
[4] 严复:《救亡决论》,《严复全集》第7卷,福建教育出版社,2014年,第48页。
[5] 余英时指出,清末的国粹派"直以中国文化史上与西方现代文化价值相符合的成分为中国的'国粹'"(余英时:《中国知识分子的边缘化》,《二十一世纪》1991年第6期)。

源开发则是富民强国的新路径,金石学的存在形态、原有的内涵都被改换了。作为金石学的重要衍生品,访碑图也未能例外。摄影在文化遗迹调研和旅行中被普遍应用,照片分担了访碑图的实录功能,成为访碑图的一种现代形态。

  不同的历史文化语境也改变了观画者的期待视野。黄易所处的乾嘉时期,交通不便,没有摄影技术和大众传媒,野寺寻碑,荒崖扪壁,只是极少数人的事业。大部分对金石学有兴趣的文化人只能坐在书斋里披览图籍,他们希望通过访碑图了解石刻的形貌、存在环境以及访碑的整个过程。黄宾虹身处的清末民初,交通便捷了,摄影普及了,碑石的图像资料在在可见,观画者可以通过多种方式睹名迹、践胜游,访碑图的图式也随之简化了。

  叶康宁,2008~2011年在南京师范大学文博系随汤老师攻读博士学位,现工作单位为南京艺术学院。

仙山与祝寿

姜永帅

山水文化是中华文明的一大特征，山水画是这一文明的视觉呈现。在中国古代山水画史上，仙山这一类型的山水画可谓源远流长，甚至与山水画的起源有着密切联系。远至汉代画像石、画像砖、马王棺椁漆画，皆有仙山、仙境的表现。早期绘画中的仙山一般以描绘昆仑以及三神山为主。三神山语出《列子》，《列子·汤问》记载仙山有五："其中有五山焉：一曰岱舆，二曰员峤，三曰方壶，四曰瀛洲，五曰蓬莱……其上台观皆金玉，其上禽兽皆纯缟。珠玕之树皆丛生，华实皆有滋味；食之皆不老不死。所居之人皆仙圣之种，一日一夕飞相往来者，不可数焉。"[1]后来《史记》中少了岱舆、圆峤，剩下方壶、瀛洲、蓬莱，称之为海上三神山，又作"海上三山"。昆仑山在《海内十洲记》中被描述为神山，西王母居其上，真官仙灵之所宗，是西方仙境的代表，而三神山则往往被视为东方仙山的代表。六朝时的《海内十洲记》还记载了十洲仙境，将瀛洲、玄洲、长洲、流洲、元洲、生洲、祖洲、炎洲、凤麟洲、聚窟洲列为十洲，而将昆仑、蓬莱、方丈视为三岛。汉魏之后，道教的山岳崇拜为仙山体系的建构带来新的动力。伴随着道教对山岳、洞穴的崇拜，逐渐形成了十大洞天、三十六小洞天、七十二福地道教圣山仙境。最终在唐代司马承祯（639～735）《天地宫府图》以及随后唐末五代的杜光庭（850～933）《洞天福地岳渎名山记》中，正式形成十大洞天、三十六小洞天、七十二福地的道教仙山体系。

汉画中的昆仑山形象、三神山形象，一般采用状物的手法，巫鸿便认为是以灵芝的形状象征仙山[2]。除了灵芝与长生联系在一起，其形状"上广下狭，形如偃盆"，柱状象征着

---

[1] 杨伯峻：《列子集释》卷五，中华书局，1979年，第159～160页。
[2] 巫鸿：《玉骨冰心：中国艺术中的仙山概念和形象》，《时空中的美术》，生活·读书·新知三联书店，2016年，第136～137页。

通天的高度，而上部平坦，常配有西王母端坐其上，形成一种固定的图像组合方式，以表达仙境。魏晋至唐末、五代时期，山水画取得了独立地位，成为一门独立的画种，但描绘仙山主题的绘画仍然存在山水画之中。正如雷德侯极富洞见地指出："中国的山水画是从宗教绘画中演变出来的，但仍保持着升华的观念。"雷德侯进而写道："在这个复杂的渐变过程中，宗教价值逐渐转变成美学价值，但前者并没有完全消失。宗教概念和含义仍然存在，在不同程度上持续影响美学的感知。"[1]虽然宋元时期，道教母题如楼观、洞天出现在这一时期的山水画中，但这些含有道教元素的山水画并无明确地与祝寿产生关系。仙山与祝寿产生关联主要发生在明代。明代中叶以后，吴门文人笔下表现仙山、仙境的绘画成为一时之风尚。吴派画家中沈周（1427～1509）、文徵明（1470～1559）、仇英（约1496～1552）、文嘉（1501～1583）、文伯仁（1502～1575）、陆治（1498～1576）等分别绘有洞天福地、桃源仙境、十洲三岛、蓬莱仙弈等道教题材的仙境绘画。由于仙境山水含有道家"长生"的观念，因此，又往往成为祝寿的好礼。

明代吴派画家表现仙山、仙境较多地借用洞天福地母题来表现。这大概与明人好游的风气相关。洞天纪游自明代沈周以来，探洞之风已成为一种旅游时尚。道教的洞天福地不仅是现世的仙山，而且可游可探。文士的"寻仙"不再像秦皇汉武东去蓬莱西上昆仑了。表现洞天的绘画原本是作为图像性的纪游那样记录文士旅行的一种方式。15世纪下半叶，明代经济的发展与苏州祝寿之风的盛行，表现洞天福地的《仙山图》被赋予了祝寿的功能。在这种祝寿之风盛行之下，《仙山图》往往被视为祝寿的好礼。目前较早的以仙山祝寿的案例可从沈周的一首题画诗看到。

沈周有《玉洞仙桃寿傅宫詹曰川》，这幅画未见传世，该诗收录于《弘治刻本石田稿》：

> 传说本是天上星，摄行相事奉青驾。……洞天开府住有家，度索蟠桃觅无价。记栽日月降甫申，看到云霞接嵩华。三千结实岁何长，万核裹泥生不罢。其人如玉寿如桃，八百老彭何足诧。[2]

从沈周的这首祝寿诗里可以看出，除了以绘制仙桃作为祝寿的传统外，绘有洞府的仙山也视为长寿的一个象征。这可视为以"仙洞"、仙山祝寿之风的开端。至16世纪20年

---

[1] Lothar Ledderose, "The earthly paradise: religious elements in Chinese landscape art," in Bush and Murck ed., *Theories of the Arts in China*, 1983, pp.165～183.
[2] 沈周撰，汤志波点校，《沈周集》，浙江人民美术出版社，2016年，第721页。

代后,仙山祝寿已蔚然成风。

1512年,文徵明为其岳父吴愈(1443～1526)绘《仙山图》祝其七十大寿。其题跋曰:"《仙山图》赠外舅大参政遁庵先生七十,正德壬申(1512)八月朔旦,门甥文壁徵明甫。"[1]《寿徵明册》中有《桃花坞》一首:"毓英浥露华,片片红云湿。吾问武陵溪,仙人所栖息。渔父往从之,花迷径难识。"时人显然将武陵桃源比作仙境,以仙境来祝寿。笔者曾讨论过文徵明《花坞春云图》的图像隐喻问题,在文徵明的画笔下,桃花坞等同于桃花源[2]。这幅祝寿图再次体现出文徵明的这种认知。不过在这幅《桃花坞》里,诗中的意趣进一步表明桃花源即道教洞天仙境,也把避秦人视为仙人,从而体现了祝寿的含义。

文献记载唐寅(1470～1524)作有《仙山楼阁图》,从卷尾题跋可知,该作品是为王宠(1494～1533)母亲祝寿的:"向从王氏龙冈家购得子畏青绿横看大幅,原系写寿履吉母氏者,其布景用笔全法王右丞。虽精细,层叠稍让蔡氏白石翁卷。然树石古雅,屋宇壮丽,实子畏用意作也。右方署书'仙山楼阁晋昌唐寅'凡八字奕奕神采,后有诗云:何处碧桃雨,飞花渺去津。山中自流水,物外有长春。路转通幽处,云深隔世尘。洞天曾不远,或有避秦民。徵明题。"[3]文徵明题跋中提到白石翁卷,即沈周为蔡氏所绘《仙山楼阁图》又名《天绘楼卷》的青绿山水。此作曾在吴中文化圈引起震动,被认为是沈周的精品代表。画中沈周将蔡蒙所居洞庭西山的天绘楼画成仙境,后来成为吴中文人追捧的对象。文徵明的题跋还透露了唐寅此作是一幅青绿长卷,画中屋宇壮丽、洞天清幽,是云深隔世的一片仙境,实为祝寿的良作。

北京故宫博物院藏《文嘉、文伯仁、陆治、陈道复吴门诸家寿袁方斋三绝册》,作于1527年,是吴门诸家寿袁方斋的一套册页。左侧有金用、钱贵等不同书家题诗,右侧为文嘉、文伯仁、陆治、陈淳等吴门诸家所绘册页,合为一册十四桢。袁方斋现已失考,王宠为这次寿集作有序。其中文嘉有一幅册页《林屋洞图》(图一),将林屋洞比作仙界。画以青绿法而绘,画面以林屋洞洞口为中心,几株钟乳石倒垂在洞口,洞外一紫衣道士装扮的文人手扶一只鹿,大概为袁方的形象。紫色为道教最高级别颜色,此祝寿用意明显。左上角有白云,一株松树。画面一切形象要素指向祝寿的义涵。右上角用篆书题有"林屋洞"三字。册页左侧有漕湖钱贵(生卒年不详)诗,对将"仙洞"作为祝寿的好礼做了进一步阐释:

---

[1] 文徵明著,周道振辑校:《文徵明集》,上海古籍出版社,1978年。
[2] 姜永帅:《文徵明花坞春云图的图像隐喻——兼论吴门画派〈桃源图〉的隐形图式》,《中国国家博物馆馆刊》2020年第9期。
[3] 张丑:《清河书画舫》卷一二,《中国书画全书》第4册,上海书画出版社,1993年,第373页。

图一 (明)文嘉《林屋洞图》
（22.2×26.7厘米，北京故宫博物院藏）

客从林屋洞中来，洞口桃花午正开。日照绮筵山亦丽，门迎朱履鹤初回。六旬人卜三千算，万里春归咫尺台。何处凤箫声不彻，仙风吹满紫霞杯。[1]

同一册中文嘉所绘另一图《修竹坞》册，文嘉自题：

有美人兮山之中，朱颜绿发兮体如龙，神仙为侣兮麋鹿从，逍遥竹间兮乐无穷。年年草绿兮岁岁花红，祝君寿兮将无同。[2]

《修竹坞》将文士的屋舍安置在一片竹林里，一文士在屋内面对竹林吟咏，后方小山环抱，白云升腾，一派道教隐逸之气象，文嘉是以神仙逍遥比喻长寿。

此帧册页又有陆治所绘《万笏林》，画面群山层峦，云气缭绕，溪水从山涧流出，一道观在画面右下角，一片隐秘的仙境之气。陆治自题曰：

天平泰华脉，屹崒龙门开。彤云捧万笏，璀璨悬高台。玉池泻膏液，涌跃生

---

[1] 北京故宫博物院藏《文嘉、文伯仁、陆治、陈道复吴门诸家寿袁方斋三绝册》"林屋洞图"对开题跋。
[2] 北京故宫博物院藏《文嘉、文伯仁、陆治、陈道复吴门诸家寿袁方斋三绝册》"修竹坞图"对开题跋。

惊雷。邈哉信灵越,浩荡空气埃,飘飘赤松侣,幽讨来天台。盘桓恣长啸,冥观□九垓。因兹得玄理,控鹤时归来。[1]

画面中虽然没有出现麋鹿与鹤,但仍然呈现出仙境弥漫的氛围。陆治所绘另一图《凤现岭》也是将其比作仙境。这类将吴中家山比作仙境,在图画中加以仙境特征的描绘,或将主人翁绘制在画面中,以此来祝寿,是吴门绘画中祝寿山水的一大特色。

这种以仙洞表现仙山,成为吴派绘画的一种图像模式。王稚登(1535～1612)委托钱谷(约1508～1572)画《善权洞图》,是为友人项笃寿(1521～1586)五十寿辰而作,有学者指出[2],该作品是王稚登写信特意请钱谷在署款石写上"仙洞,善权洞图,写奉少溪宫瞻五十之寿"[3],足可见仙洞在祝寿习俗中的特殊意义。

陆治也曾以这类仙洞或洞天福地为原型表现仙山。《陆包山遗稿》有载为毛珵(励菴)祝寿诗,也是作《仙山图》为其祝寿:"绥山秘灵异,云月交虚空。金潭炼五石,玉沼腾双龙。流霞暧深洞,花发生新红。木羊已仙去,千载谁能穷……"[4]由此可以看出,陆治画面绘有一灵洞,以此来喻意洞天仙境。现存陆治以"仙洞"祝寿的图绘方式的作品,当为旅顺博物馆藏陆治《寿山福海图》(图二),该作品融合了洞天与"海上三神山"的仙境图像以表现长寿的主题。画作无纪年,从画风来看,约绘于1555年后。画面绘一汪洋大海,其上有象征道教仙

图二 (明)陆治《寿山福海图》
(161×71.4厘米,旅顺博物馆藏)

---

[1] 北京故宫博物院藏《文嘉、文伯仁、陆治、陈道复吴门诸家寿袁方斋三绝册》"万笏林图"对开题跋。
[2] 李云月:《明中叶江南文人山水祝寿图寓意研究》,南京艺术学院硕士学位论文,2013年,第48页。
[3] 王稚登:《与馨室》,《故宫历代书法全集》第28册,台北故宫博物院,第48、49页。
[4] 陆治:《陆包山遗稿》,学生书局,1985年,第158页。

境的蓬莱、方丈、扶桑三神山,三神山由大到小依次漂浮着,被惊涛波浪所包围。神话中的不死之境成了最好的祝寿主题,难以使人到达神山的惊涛骇浪反而成了福海的象征。近处的一座山岛较大,但若细看,便会发现在山的底部画有一洞口,洞口里面画有屋舍、桃树,山间有白云环绕。此处似结合了《桃花源记》关于世外桃源的记载。不过,更进一步说明,洞天在明代与十洲三岛、洞天福地一样,成为仙境的象征。可见出此画不仅以海上三仙山为意象,还结合了洞天意象,充分将道教仙境多种要素结合在一起,成为一种极为典型的道教仙境绘画。

陆治《寿山福海图》其上题诗曰:

茫茫一瀛海,渺渺三神山。浴日鱼龙见,浮天星斗斑。洪涛暗霭外,苍翠虚无间。何日金银阙,乘风采药还。[1]

题诗更点出了仙山祝寿的主题。画中洪波巨浪,谓福如海的比拟。以洞天图像的仙山祝寿图也可从陆治诗文得到补证,陆治有为毛珵(生卒年不详)祝寿作《仙山图》。题曰:"绥山秘灵异,云月交虚空。金潭炼五石,玉沼腾双龙。流霞暧深洞,花发生新红。木羊已仙去,千载谁能穷……"[2]南京博物院藏陆治《飞阁凭江图》也采取了类似的构图,画面近处画一岛屿,远处画几处岛屿,虽为凭江飞阁,但画面的题诗却透露出对于十洲三岛的想象。"凭江绝□芙蓉起,飞阁横空至□斜,席上山河虚万里,掌中指点十洲花"。此两幅画,皆画洪波巨浪,可谓寿如海的比拟。这种想象的根据来自《海内十洲记》关于三神山的描绘:"蓬莱……无风而洪波百丈。"将海上三山用来祝寿,比之寿山福海,着实立意高明。此后,类似"寿比南山、福如东海"也成为中国传统祝寿的美好的习俗。

上海博物馆藏陆师道(1511~1574)[3]《乔柯翠岭图》(图三),似以张公洞为原型而作仙山图。画面描绘一文人穿常服在庭院读书,身后隐约出现一巨大溶洞,洞口钟乳石倒悬,其形制与陆治、仇英所绘仙山原型张公洞十分相似。洞口上方白云穿梭山间,宛若仙境缥缈。作品左上方陆师道题有"壬戌上春长洲陆师道写,寿从川先生七十"。可知,该作品绘于1562年,陆师道借"仙洞"表现寿如仙山。

在吴门画家中,仇英应该是画仙山祝寿最多的一位。《清明书画坊》载:"仇英实甫

---

[1] 陆治:《寿山福海图·题跋》,《旅顺博物馆馆藏文物选粹:绘画卷》,天津人民美术出版社,2006年,第34页。
[2] 陆治:《陆包山遗稿》,学生书局,1985年,第158页。
[3] 陆师道,字子传,号元洲,改号五湖,长洲人,嘉靖十七年(1538)进士,文徵明弟子。

《湖上仙山图》,一名《洞庭春色》,绢本青绿,大横披也,按款乃是写崦西徐公者,精细层累非历月不可了。"该画将太湖洞庭山一带视为仙境,以湖上仙山命名能表明祝寿的含义。太湖洞庭西山本身就是一个岛,道教第九大洞天林屋洞即为于林屋山山麓。因此,所画太湖洞庭山比作仙山是非常合适的。

台北故宫博物院藏仇英名下的《上林图》,是祝寿的大青绿山水画。仇英以仙境的比拟来画汉武帝的子虚上林苑。两幅画尺幅巨大,皆在十四米以上,此画后来被大量复制,有的甚至被视为宋元名家所作。这幅画是仇英为赞助者昆山巨富周凤来所作。周凤来(1523～1555)是仇英绘画的重要赞助者,1537年,周凤来委托仇英绘《上林图》,作为其母亲80大寿的寿庆大礼。画面可分为七个段落。卷首由"子虚""无有"和"亡是"三人的高谈阔论开场,接着描绘天子园苑之巨丽——波涛腾涌的浩荡水域、层峦叠嶂间的离宫别馆。

图三 (明)陆师道《乔柯翠岭图》
(174.8×98.2厘米,上海博物馆藏)

天子在车驾仪仗簇拥下出场后,转入校阅士卒在山林间射猎追捕鸟兽的场面。校阅终了,他在缥嫔陪侍下,于高台上宴乐,忽然省悟不该奢侈纵逸,因而解酒罢猎,摆驾回宫。[1]

杨恩寿《眼福编初集》记载了他延请仇英绘制《上林赋》这一盛况:

> 丁酉年(1537)聘十洲主其家,越壬寅(1542)始成。是卷为其母八十之庆,岁奉千金,饮馔之丰,逾于上方。月必张灯,集女伶歌燕数次,无怪十洲肯抛心力,惨淡经营,至于如此。而侍招又以七十有四之高年,为之作三千有余之小楷,知其亦非苟焉而得者也。[2]

---

[1] 台北故宫博物院:《伪好物:16～18世纪苏州片及其影响》,台北故宫博物院,2018年,第220页。
[2] 杨恩寿:《眼福编初集》,《中国历代艺术书画论著丛编》第5册,中国大百科全书出版社,1997年,第561、564页。

仇英款识："嘉靖辛丑孟夏六月始，壬寅秋八月朔竟。"可知此画历时一年零两个月，直到1538年才完成。此画后来被复制为多个版本，现藏台北故宫博物院三幅仇英名下两幅，其中一幅年代落款为1538年，另一幅为1542年。现代学者一般认为两者皆为16世纪以后"苏州片"伪作。此画中的亭台楼阁，青山绿水遵循一般仙境山水的样式，将汉武帝的宫殿想象为仙境一般。台北故宫博物院另有伪托仇英名下的作品还有《蟠桃仙会》《群仙会祝图》等青绿山水，皆为祝寿类作品。它们取材于群仙共赴王母娘娘蟠桃大会，画面描绘各路神仙渡海共赴蟠桃大会，画面白云浮动、亭台楼阁，海波浩渺，俨然一片仙境。这类青绿山水一般以皇宫庭院或天宫瑶池代表祝寿题材，正反映出16世纪中期苏州地区对年长母亲的祝寿之风。

明代中后期，这种以仙山祝寿之风，逐渐从文人阶层走向世俗的大众阶层。这一时期的苏州片，专以仿作宋元明古代大家的作品而出名，这些作品质量非常之高，一度进入清代内府的收藏，上面往往钤有清廷收藏印鉴，论者一般以"伪好物"称之。现存的大量仇英名义的青绿山水，说明在当时此类画作颇为盛行。这些青绿山水，有相当数量是作为祝寿的好礼在普通士商阶层流通。依此而观，明代中期文士阶层兴起的仙山祝寿之风最终在晚明经济发达的苏州地区形成一股社会风潮。

姜永帅，2012～2015年在南京师范大学文博系随汤老师攻读博士学位，现工作单位为江苏大学。

芝兰之交
——文徵明《湘君湘夫人图》

薛洁蓉

一、引　言

　　地处长江下游南岸平原的苏州在明清时期是经济、文化繁荣的代表。以文徵明（1470～1559）为代表的文人艺术家们在此留下了丰富的艺术作品。如果抛开他们画家、书法家、诗人的头衔，我们会发现，这些伟大的艺术家们在日常生活中也难免身处纷繁复杂的人情网络之中。那么他们是如何巧妙地处理这些人际关系的呢？他们的书画作品在其中又扮演着怎样的角色？带着这些问题，本文以文徵明于1517年创作并赠予王宠（1494～1533）的作品《湘君湘夫人图》为例，探讨明代江南地区文人雅士间的礼物往来和社交艺术。

　　艺术史学家柯律格曾在他的著作《雅债：文徵明的社交性艺术》中首先从社会交往的视角对文徵明的生平及作品进行了研究。书中将文徵明的社会关系划分为家族、师生、同侪、官场等领域，并通过他的不同作品探讨明代社会人情礼数的纷杂本质，从而引导读者思考文徵明、与他有关的人物以及在他们之间流转的书画作品[1]。但由于此书内容涉及的时间跨度大、范围涵盖广，难以对每件作品进行细致入微的分析，也很难深入探究每个人物与文徵明之间的交往细节。因此，本文在延续柯律格研究视角的基础上，进一步将研究对象聚焦在一件作品和一个人物上，以《湘君湘夫人图》为切入点，探讨文徵明与王宠之间的往来以及艺术图像在社会活动中所扮演的特殊角色（图一）。

---

[1] 柯律格：《雅债：文徵明的社交性艺术》，生活·读书·新知三联书店，2012年。

二、文徵明与王宠

文徵明出生于长洲（今江苏苏州），祖籍湖南衡山，因此自号衡山居士，将其作为对祖居地的纪念。他在许多作品中都使用了这个名字。作为"明四家"之一，文徵明堪称诗文书画的全才，其艺术成就在其在世时就被世人追捧，说他是当时"艺术品市场"上最热门的书画家也不为过。然而，对于接受传统儒家思想的文徵明来说，通过科举考试步入仕途是他毕生的理想。可惜事与愿违，文徵明一生中共参加了9次科举考试，却全部落榜。直到1523年，在他54岁的时候，通过工部尚书李充嗣的举荐才到翰林院任职[1]。然而宦海浮沉，官场似乎并不适合文徵明的性格，因为他在骨子里依旧保持着艺术家的那份清高，对官场中的黑暗十分不满与失望。五年后他便辞官返乡，全身心地投入到艺术创作中去。文徵明一生活了90岁，在当时是名副其实的长寿老人，其艺术才华名满天下，作为继其老师沈周之后吴门画派的领袖长达50年之久，成为明中叶至清代初期文人画家们普遍敬仰的一代宗师。

王宠，字履仁、履吉，号雅宜山人，长洲人。他是明代颇具才华的书法家，尤擅小楷、行草，也是文徵明在苏州的重要社会关系之一。成书于18世纪的《明史》中记录了文徵明的一批同游者，其中位列第一的就是王宠。文徵明早在王宠弱冠之时就已与他熟

图一 文徵明《湘君湘夫人图》轴
明代（1517），纸本，淡设色，纵100.8厘米，
横35厘米，北京故宫博物院藏

---

[1] 周道振、张月尊：《文徵明年谱》上册卷四，中华书局，2020年，第312页。

识,并在1509年为王宠及其兄王守写下《王氏二子字辞》祝其冠礼,其中记录了他与王氏两兄弟相识相知的经过。王氏兄弟的父亲王贞是一名经营酒肆的商贾,但这丝毫没有影响两兄弟与文徵明的交情。王氏兄弟二人都颇具才学,很得文徵明的赏识。王宠是比文徵明小20多岁的晚辈,他在书法上传承了文徵明的风格,甚至可以说超越了文徵明的成就,因此有学者将其归为文徵明的弟子。但事实上并没有证据表明王宠与文徵明之间是师徒关系。王宠英年早逝后文徵明为其作《王履吉墓志铭》,其中也并未提到王宠是自己的学生。因此,将其二人的关系简单归为师徒是不合适的,他们更像是交情深厚的忘年之交。二人间的深厚友谊也体现在他们的礼物往来中。从1516年到1523年文徵明赴京为官之前,有记录可查的就有5幅作品被文徵明当作礼物赠送给王宠,1527年文徵明返回苏州之后又陆续为王宠画过多幅作品。王宠也经常为文徵明的绘画题诗,如1518年题《惠山茶会图》以及1520年题《燕集图》[1]。这些诗书画作品成为他们友谊的见证。本文重点讨论的便是文徵明于1517年所绘并赠予王宠的《湘君湘夫人图》。

三、《湘君湘夫人图》

文徵明向来以山水画著称,很少涉足人物画领域。尽管他也常在山水画中描绘出生动的点景人物,但往往用笔不多,人物似乎从来都不是他真正关心的表现对象。然而,《湘君湘夫人图》这件作品例外。此画人物成为了主角,构图更是简洁到连背景都被省略,只剩下两位美丽的女子在画中游走,这样的人物题材作品在文徵明的存世绘画中稀如星凤,因而显得尤为珍贵和特别。那么文徵明为何会异于寻常地画了一幅女性主题的人物画,又为何要将其送给王宠呢?文徵明作此画时正值48岁,处于他90年人生旅途的中间,而在此之前或之后,他似乎都没有留下同类型的绘画作品,这也更为此画增添了一丝神秘色彩。

《二湘图》是一幅长条形的小立轴,纸本,淡设色。画面中描绘了两位体态修长的女子,正一前一后自右向左缓步前行。她们长袖飘逸,衣裙曳地。前者手持羽扇,侧身后顾,后者则微微抬头,与前者呼应,似在对答,两人神情生动。而在人物上方,文徵明用蝇头小楷工整仔细地抄录了屈原《九歌》中的"湘君""湘夫人"两章全文,几乎占到整幅作品的三分之一空间。由此可知,图中所绘的两位美人应是上古传说中帝舜的妻子——娥皇和女英。在人物衣裙左下侧的位置,有文徵明用蝇头小楷写的另一段题跋:"余少时阅赵

---

[1] 薛龙春:《王宠年谱》,上海书画出版社,2012年,第68~80、85~96页。

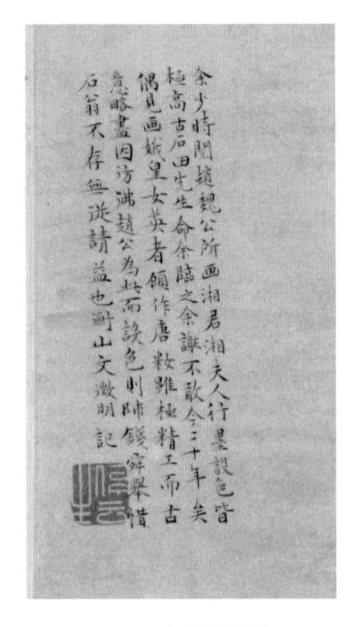

图二　文徵明题跋

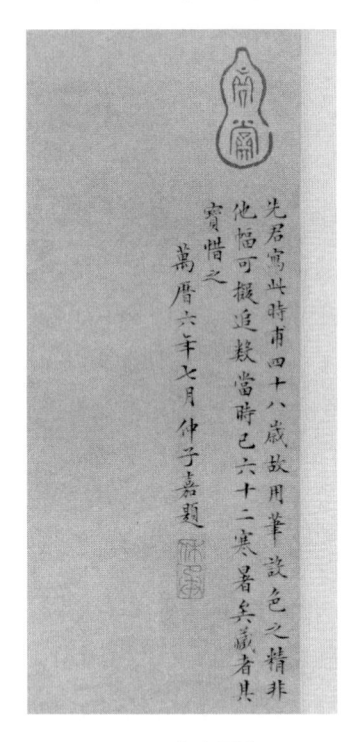

图三　文嘉题跋

魏公所画湘君湘夫人,行墨设色,皆极高古,石田先生命余临之。余谢不敢。今二十年矣,偶见画娥皇女英者,顾作唐妆,虽极精工,而古意略尽。因仿佛赵公为此,而设色则师钱舜举,惜石翁不存,无从请益也(图二)。"其大意是说文徵明在二十年前曾见到赵孟頫画的一幅《湘君湘夫人图》,觉得很有古意。文徵明的老师沈周让他临摹此画,但他怕自己画不好便推辞掉了。如今又偶然见到当代画家所绘《湘君湘夫人图》,画中人物均以精工富丽的唐妆打扮,却少了古色古香的韵味。因此他决定"追摹"一幅《二湘图》,让大家认识"古意"。因此,这段题跋清楚交代了文徵明创作此画的直接动机,即对当时艺术现象的回应与矫正,表达了对时人的画完全丢掉"古意"的惋惜。[1]这里的"古意"既是指画面呈现出的放松自如之感,也是指文人画家们用画笔打造出的应对现实世界的媒介。

文徵明在此画的题跋中并没有谈到受画者的姓名,但我们可以从画面的另外两处题跋中获取到相关信息。其中一段位于画面右侧的中间,是文徵明之子文嘉(1501～1583)所写(图三)。另一段在画面右侧的下方,是王穉登(1535～1612)所写。他们二人同属吴中名流,也是儿女亲家,王穉登的女儿便是嫁给了文嘉的儿子文元善。文、王二人的题跋都写于1578年,也就是这幅画作完成60年之后,此时距文徵明谢世已近20年。作为晚辈的他们在多年后看到这幅作品想必十分感慨,也勾起了许多当时的回忆。因此,可以将他们二人的题跋看作是对文徵明的一种追忆。"少尝侍文太史,谈及此图云,使仇实父设色,两易纸皆不满意,乃自设之以赠王履吉先生……"王穉登在题跋中提到,文徵明曾请仇英作此画,但完成后似乎并不满意,于是又自己重新创作。此外,他还明确提到了这幅画是文徵明送给王宠的礼物。

---

[1] 黄小峰:《古意的竞争——文徵明〈湘君湘夫人图〉再读》,《苏州文博论丛(总第6辑)》,文物出版社,2015年,第122页。

我们不禁要追问：文徵明想赠画给王宠，完全可以选用自己更为擅长的山水画，事实上文徵明后来也送过多幅山水画给王宠，那1517年的时候他为什么要选择一幅他很少涉猎的女性题材人物画作为礼物呢？要解决这个疑惑，还须从画中人物形象的历史源头着手。在中国上古时期的历史传说中，帝尧有两个女儿——娥皇和女英，她们都嫁给了帝舜为妻。而舜在疆域内巡视时不幸死于今天的湖南一带，二妃听闻后悲痛欲绝，为追求爱情便追随至湖南投湘水而死。他们三人在死后都化为了湘水之神，保护着一方水土平安，人们因此祭奠他们。屈原就是根据这个故事的原型创作了《湘君》和《湘夫人》两章内容，诗中的湘君指的是帝舜，而湘夫人则指他的两位妃子，即娥皇和女英。但随着时代更迭，这个传说的内容也出现了一些变化，最主要的改变就是湘君和湘夫人的形象都成为了女性，她们分别代表娥皇和女英，而舜是帝王。唐代韩愈认为，尧的长女娥皇是舜的正妃，地位较高因此被称为湘君，女英为次妃故称湘夫人[1]。这种说法也是有历史依据的，因为在中国先秦时期有称正妻为"君"的说法，这可以在当时的文献中找到印证，比如在《仪礼·丧服》中有"妾之事女君，与妇之事舅姑等"。郑玄注曰："女君，君适妻也。"韩愈之说为宋明学者普遍接受，因此在文徵明的画中，湘君和湘夫人都是女性形象也就不足为奇了。而根据正、侧妃之分来辨认，画中左边身体较正、发髻更为复杂的应为湘君，而右边以侧面姿态示人的则为湘夫人。在文徵明的笔下，画面人物与《九歌》故事相映生辉，二湘不仅是美丽的女性，更代表着受人尊崇的帝妃和女神。此外，湘君湘夫人的故事背景在湖南一带，正是文徵明的祖籍地，或许也是出于对文氏祖先的追忆，文徵明怀着敬爱之情细致地描绘了这幅古意盎然的作品。因此，不应只将此画解读为女性题材绘画，而是将其划归为历史人物题材绘画的范畴更为合适。

实际上，历史人物画像配以赞文的形式是明代绘画的一种标准模式，文人雅士通常将这种画像悬挂于书斋之中，作为一种兼具道德教化与闲暇品赏的物品。这种风气在元末明初时流行开来，并在明代中后期达到鼎盛。此类画像有一个专属名称——单条画，其特点是画幅通常较小。这是因为当时的文人书斋普遍较小，如果画像过大就会显得比例失调，与书斋环境不和谐。而此幅《二湘图》的画心长100.8厘米，宽35厘米，其大小正符合单条画的要求。加之此画构图简洁，设色淡雅，将其悬挂在书斋内，颇具清新雅致的美感。因此，不论从画作内容还是形式上来看，在书房悬挂《二湘图》与悬挂中国古代其他的古贤典范其实具有同样的效果，画中人物都是供崇敬和学习的对象[2]。

---

[1] 韩愈撰，马其昶校注，马茂元整理：《韩昌黎文集校注》，上海古籍出版社，1986年，第496页。
[2] 黄小峰：《古意的竞争——文徵明〈湘君湘夫人图〉再读》，《苏州文博论丛（总第6辑）》，文物出版社，2015年，第123页。

另外，文徵明创作此画的时间节点是值得关注的。由他的题跋可知，此画作于1517年的农历二月。而大约在半年前，王宠和文徵明一同赴南京参加了科举考试，这是王宠第三次赴考，对文徵明而言已经是第七次，只可惜两人都无功而返。科场失意，加之偶然看到与二十年前同样题材的画作，勾起了文徵明对往事的无限追忆。二十年前的他还是风华正茂的年纪，如今年近半百却依然没能实现自己的理想，心中不免失落。而此时的王宠正处在和他当年一样的年纪，在对这位后辈惺惺相惜的同时，文徵明也不自觉地对其寄予厚望，希望他能金榜题名，实现鸿鹄之志。因此，文徵明将《二湘图》送与王宠是极具象征意义的。明代科举制度所带来的压力是笼罩着整个社会的，不仅是赴试的考生，连那些在他们背后支持、期盼的亲友也都感同身受[1]。文徵明作为科举考试的亲历者以及王宠的长辈和知音，希望能通过《二湘图》鼓励他继续前进。画面中的湘君、湘夫人仿佛是他们二人勤奋苦读、为了共同的理想赴汤蹈火的象征。将这幅作品悬挂在书斋之中便是一种无声的激励与支持，时刻提醒着王宠要不断挑战自己，就像文徵明挑战了二十年前自己不敢临摹的作品一样。

四、书画作为礼物

如果说文徵明在1523年之前还对考取功名抱有信心与兴趣的话，那么在他辞官之后，这种期待就完全转移到了王宠身上，这可以从他赠予王宠的另外两幅画中得到印证。1527年，文徵明一归返苏州便与王宠相谈甚欢，他的《松壑飞泉图》就是为纪念这次相聚所绘，只不过这幅画从提笔到完成历时多年，直到1531年才大功告成（图四）。他在题跋中写道："……凡五易寒暑始就。五日一水。十日一石。不啻百倍矣……于此有以见履吉之赏音也。"如此长的成画时间，如此细致的描绘，或可理解为文氏与王氏二人之间深厚情谊的印证。而这种无限期的"推迟"则隐喻着两人的交情绵绵不尽[2]。此外，文徵明还在题跋中仔细记录了当时作画的心境，是抒发自己在京时对家乡的思念之情。这也从侧面反映出此时的文徵明已经对自己的仕途心灰意冷，不再抱有幻想，转而寄希望于王宠这样的后辈。同样是在1527年，王宠赴科举考试之前，文徵明又为其创作了《停云馆言别图》，此画描绘的是为王宠送行的场面，所配诗文耐人寻味。文徵明说自己"白首已无朝

---

[1] Craig Clunas, *Elegant Debts: The Social Art of Wen Zhengming, 1470～1559*, University of Hawaii, 2004, p.145.
[2] Shouqian Shi, "The landscape painting of frustrated literati: the Wen Zhengming style in the Sixteenth Century," ed. Willard J. Peterson etal., *The Power of Culture: Studies in Chinese Cultural History*, 1994, p.231.

市梦……可是别离能作恶,尚堪老眼送飞鸿"。在离别愁绪之外表达了自己年岁已大不再有入朝为官的想法,而王宠正值壮年犹如"飞鸿"一般可直上青天,有着无限的机会与可能性。只可惜,文徵明对王宠的期望最终还是落空了。王宠于1510至1531年间八试不第,这屡考屡败的命运与文徵明惊人的相似,不禁令人感慨。而这次考试结束后两年,也就是在1533年,王宠不幸病逝的噩耗对文徵明而言是更大的打击[1]。在《王履吉墓志铭》中文徵明毫不隐藏地流露出这份情感,在开头就言其死讯令人难以置信:"呜呼悲哉!王君已矣,不可作矣!"

如果以书画往来的数目来衡量文徵明与王宠之间的关系,似乎文徵明付出的更多。实际上,作为礼物的接受者,王宠也用他的方式完成了回礼。比如在1523年文徵明赴京就职前,王宠就为他做了送别诗,很多时候他也为文徵明的绘画题诗,二人合作完成了多幅作品。[2]但更多情况下,王宠为文徵明提供的是情感上的支撑。在《王履吉墓志铭》中文徵明写道:"余年视君二纪而长,君自卯角即与余游,无时日不见,见辄有所著,日异而月不同,盖浩乎未见其止……"[3]文徵明在王宠年纪尚小的时候就与他结识,他们时常一起谈论书画、外出郊游,是意气相投的知音,在彼此长达二十五年的往来中投入了相当多的情感。在某种程度上,文徵明是王宠一生经历的见证者,他在王宠身上看到了他自己,因而对其爱护有加,同时也下意识地将自己无法完成的理想寄托在这位后辈身上。

图四 文徵明《松壑飞泉图》轴
明代(1531),纸本,设色,纵108.1厘米,横37.8厘米,台北故宫博物院藏

---

[1] Craig Clunas, *Elegant Debts: The Social Art of Wen Zhengming, 1470～1559*, University of Hawaii, 2004, p.145.
[2] Shouqian Shi, "The new deal of Jiangjing and the change of Wen Zhengming's painting style," *Style and Evolution: Chinese Painting History Collectanea*, 1996, p.273.
[3] 文徵明:《甫田集》卷三一《王履吉墓志铭》,北京大学数字人文研究中心"识典""古籍"开放文本库。

而对于王宠来说，文徵明亦师亦友，他既得到来自长辈的庇护与包容，相似的经历又使他们心照不宣、惺惺相惜。因此，相比同时期文人们作为应酬的书画作品而言，文徵明和王宠之间的礼物往来更像是一种被加密的交流媒介，是独属于他们的沟通方式。

五、结　语

本文以文徵明赠予王宠的《湘君湘夫人图》为例，更多关注作品的创作动机和用途，由此引出文、王二人的交往脉络。文徵明与王宠相知相识二十五年，他们的关系能够保持长久稳定，一方面是因为彼此分享共同的艺术兴趣，另一方面是因为拥有相似的人生经历。因此，很难用简单的二元对立关系来定义他们。他们的情谊通过书画作品的往来得到升华，形成一种无止境的互惠循环。虽然古人讲究送礼要清高纯粹、不求回报，但这实际上也强化了礼物在社会交往中的作用。就像《二湘图》在文徵明众多传世作品中占有一席之地，不仅因为它是文氏早期仅存的人物画，更是因为它关联了文、王二人的社交网络。正是作品本身所处的关系网络彰显了作品的价值，而它也将反过来实现这些社会关系。

薛洁蓉，南京师范大学文博系2013级本科生，现工作单位为杭州万向职业技术学院。

遗址文化改造与透物见人的探索
——以杨官寨环壕与H85坑屋为例*

叶 娃 陈 淳 杨利平

　　一个考古遗址的形成是自然和人类动力双重作用的结果。随着当代考古学的目标从器物描述扩展到对人类行为的信息提炼和历史的重建,对考古遗址中文化堆积改造和遗址形成过程的了解便成为田野工作的一个重要方面。过去几十年,考古学家对遗址文化扰动认识的一个重大收获,是意识到对文化遗存原生堆积和次生堆积研究的重要性。原生文化堆积是指各种考古学材料被持续弃置在一处活动地点,遗址废弃后这些材料被保存在它们生产、使用和储存的原地。次生文化堆积是指考古学材料被居住在该遗址里的人们弃置在活动区之外的地方。美国考古学家迈克尔·希弗(M.B. Schiffer)指出,一个居址的人口越多、居住时间越长,次生废弃物的比重就越大[1]。而马克·史蒂文森(M.G. Stevensen)指出,在正常和有计划废弃的遗址里,几乎不会发现处于生产、使用和维护状态的工具和文化特征。相反,只有在某种比较突然和意外废弃的遗址里,才会发现较多就地弃置的文化遗存[2]。美国考古学家凯西·什克(K.D. Schick)指出,没有受到扰动的遗址是不存在的,各种遗址的扰动只是程度上的区别,根据设计严谨的遗址水动力改造的实验观察,她获得了以下认识:(1)文化遗存组合结构形态会发生变化,导致不同遗存不同的发现频率;(2)会在原生文化堆积附近发生遗存空间布局的形态变化;(3)遗址中材料沉积和重新堆积的地点会从原来位置向下游发生位移;(4)文化遗存会通过黏土状沉积物的干湿

---

* 本文是陕西省考古研究院和中美国际田野考古学校共同努力的结果。感谢陕院同仁并赵荣、王玮林、孙周勇对该校的一贯支持。作为汤惠生的同学、同事和好友,我们以此文为他庆生。

[1] Schiffer, M.B., *Formation Processes of the Archaeological Record.* Salt Lake City: University of Utah Press, 1996.

[2] Stevenson, MG., Toward an understanding of site abandonment behavior: evidence from historic mining camps in the Southwest Yukon. *Journal of Anthropological Archaeology* 1(1982), pp.237～265.

变化而被封存在地层中;(5)可拼合的器物碎片会发生布局上的扰动[1]。为此,美国考古学家雷蒙德·伍德(W.R. Wood)和唐纳德·约翰逊(D.L. Johnson)指出,对于考古学家来说,对文化遗存和遗迹的关系以及它们和遗址自然迹象关系的准确辨认和判别,是我们这门学科的基础。如果我们误读了这些关系或对这些关系做出了错误的解释,那么我们就无法得出可信的考古学结论[2]。

对于任何一个以田野发掘为己任的考古学者来说,分辨遗址的各种遗物和遗迹当为任务之首。遗址的形成是一个复杂的历史过程,其中包含的不仅仅是先民留下的遗物和遗存,例如各类器物、植物遗骸和动物骨骼、用于不同目的的各类建筑和墓葬,同时也留下了自然因素的改造。它们的形式复杂而多样。除非是由突发的自然灾害所造成,如意大利的庞贝古城和青海的喇家遗址,这种灾难性事件往往能够比较完整地保留当时的材料和信息。而大部分遗址则是各种自然和文化综合改造过程的产物,因此,如果要想从这种复杂而残缺不全的材料来了解和解释过去,绝非易事。

本文首先对陕西高陵杨官寨遗址壕沟和H85灰坑或坑屋的埋藏情况和形成过程的观察做一些分析,并从几类考古发掘中最常见的遗迹如地面、壕沟和灰坑谈一下对这三种堆积与人类行为的认识。然后,根据民族志和考古学资料的类比,对杨官寨先民的生计和社会结构做一番初步的探讨。

一、遗址和材料

杨官寨遗址位于陕西省西安市高陵区姬家乡杨官寨村,遗址面积达80万平方米,是关中地区目前所知的少数大型遗址之一。遗址于2004年发现并发掘,到2009年发掘面积达17 278平方米。发现各类房址49座、灰坑896个、壕沟9条、陶窑26座、瓮棺葬32座、其他墓葬45座、水井5口;经初步整理,出土的遗物中仅各类可复原的器物就可达7 000余件。该阶段发掘搞清了遗址聚落的时空布局,了解了遗址的文化内涵,分辨出庙底沟时期巨大而完整的环壕聚落[3]。2011年的发掘简报介绍,遗址发掘面积达到了17 678平方米,发掘区分为南北两区和两个时期的遗存。北区主要为庙底沟文化,南区为半坡四期

---

[1] Schick, KD., "Experimentally-derived criteria for assessing hydrologic disturbance of archaeological sites," in *Natural Formation Processes and the Archaeological Record*, ed. D.T.Nash and M.D.Petraglia, BAR International Series 352(1987), pp.86～107.

[2] Wood, W.R. and Johnson, D.L., "A survey of disturbance processes in archaeological site formation," in *Advances in Archaeological Method and Theory*, Vol.1, ed. M.B. Schiffer, New York: Academic Press, 1981, pp.315～381.

[3] 陕西省考古研究院:《陕西高陵县杨官寨新石器时代遗址》,《考古》2009年第7期。

文化,两片区域之间有所叠压。庙底沟文化区的聚落发现一道环壕,平面略呈梯形,周长约1 945米,面积24.5万平方米,壕宽9～13米,深2～4米左右。环壕西部还发现一处门[1]。2010年以来,陕西省考古研究院、中美国际田野考古学校在杨官寨遗址环壕东北角联合进行了数次考古发掘,其中包含一座堆积复杂、遗物丰富的庙底沟文化中晚期灰坑H85。根据遗迹结构和堆积状况,推测该灰坑应为一座坑屋(pit house)。该坑屋位于环壕聚落内的东北角,发掘区西端,东距环壕约40米,周围还分布着房址、瓮棺葬、灰坑和陶窑等其他遗存,显示出该区域是史前居民生活和生产的场所。发掘过程按堆积层位进行采样,并对全部堆积进行过筛,全面收集遗物并详尽记录堆积分布、形态、质地、颗粒成分和包含物,引入蒙塞尔色卡记录土色。同时开展动植物考古、^{14}C测年、陶器成分分析[2]、土壤微形态分析等多学科综合研究,为深入探讨该坑屋的结构、功能和人类活动提供了详细材料[3]。同时对H85附近的环壕堆积做了土壤微型态研究。在简单介绍杨官寨考古遗存中的地面和环壕的文化改造及其所反映的居民行为之后,本文重点讨论了杨官寨遗址的H85坑屋堆积,并借鉴西安半坡遗址和陕西华县泉护村遗址的一些遗迹作为比较分析的材料。

二、文化堆积的辨识与探讨

由于杨官寨遗址各类遗迹的保存状况还算理想,发掘和记录过程细致,并对出土遗存的位置和性质乃至微土壤结构进行了分析。这就为遗址的文化形成过程研究提供了可供深入观察的材料。文化形成过程可以分为两类,一类是遗物和遗迹被掩埋之前所反映的人类活动,一类是埋藏之后的扰动,如盗掘文物和现代农耕或基建的破坏。本文讨论的文化堆积属于第一类文化形成过程,即人类刻意或偶然的活动,包括制造或使用工具、日常栖居、营造或废弃建筑、耕耘土地等等。

(一)地面/活动面

关于地面上的堆积是否为原生堆积有过不少讨论。希弗认为,古代活动面上的堆积

---

[1] 陕西省考古研究院:《陕西高陵杨官寨遗址发掘简报》,《考古与文物》2011年第6期。
[2] Anke, H., Ye Wa, Yang, Liping, Soil, hands, and heads: an ethnoarchaeological study on local preconditions of pottery production in the Wei River valley. *Advance in Archeomaterials*, Volume: 1, Issue: 1, University of Science and Technology, 2021, pp.51～104.
[3] 陕西省考古研究院、中美国际田野考古学校、西北大学文化遗产学院:《陕西高陵杨官寨遗址H85发掘报告》,《考古与文物》2018年第6期。

鲜有原生堆积，这是因为人们居住或经常活动的场所，常常会清理打扫，所以不会有很多堆积和垃圾保存下来[1]。所以在考古发掘中经常见到，室内外活动频繁的地面上难以发现废弃的物品。即使能够发现，也是靠近房屋附近的部位。赵辉根据自己和同事多年发掘的经验体会，在1998年写了一篇关于遗址"地面"清理的文章[2]。他提到，辨识地面在今后的工作中会变得越来越重要。其意义在于，除了具有断代或分辨遗存和遗迹的早晚关系之外，还可以根据地面保存现状，分析当时居民是如何修建、整修地面以及日常活动的过程，并能分辨先民在聚落遗弃之后，又返回建立新的定居点的历史。如果不能准确识别活动面的存在，那就无法分析出土器物的背景（context），也就无法进一步观察古人在遗址中的生活和生产情况。

活动面分析的基础是需要量化出土器物的种类和密度，观察各种器物和遗迹的功能和使用寿命，从原料采办、加工、使用、再加工以及它们最终废弃的生命史，这就是所谓的操作链（chaîne opératoires）分析，目前已经成为考古遗存分析的一个重要途径。此篇短文无法顾及器物方面的研究细节，而是想探讨一下发掘现场的与人类各种活动相关的遗迹。首先，地面残留物多少是判断人们在该处活动频繁与否的标准。根据朱迪斯·麦克基拉（J.A. McKeller）提出的原理，越是活动频繁的地方，遗留物越少，特别是大件物品[3]。这一原理是来自人类学和民族志的观察。将这一原理用到对聚落发掘的观察中，可以帮助我们想象先民如何利用聚落和家户的空间，包括居住房屋的室内或室外，考虑诸如住宅、地面、过道等遗迹的共时性，根据不同遗物的种类和数量，我们可以管窥人类在村落内的各种活动区，包括住宅、窖藏、作坊乃至集会和祭祀场所的布局。

杨官寨东北角见有明显的三层叠压地面[4]。据地面与附近几个火塘和柱洞的关系，我们推测这里应该是居室内外的活动面。有意思的是，古地面发现的遗物很少，仅是些没有锐棱的小陶片和其他细小遗物。我们推测当时此处人们进出房屋的活动相当频繁。在敷设和维护地面时，人们会有意清理可能会伤及人体的碎片，因为推想当时人们即便已经有了鞋子或其他护足用品，室内外地面的平整都是必需的[5]。至于诸如用作柴火和铺做床垫

---

[1] Schiffer, M.B., *Formation Processes of the Archaeological Record.* Salt Lake City: University of Utah Press, 1996, p.59.
[2] 赵辉：《遗址中的"地面"及其清理》，《文物季刊》1998年第2期。
[3] McKellar, J.A., Correlates and the explanation of distributions. *Atlatl, Occasional Papers* 4. Anthropology Club, University of Arizona, 1983.
[4] 该处为陕西省考古研究院邵晶为杨官寨中美国际田野考古学校做的示范发掘。
[5] Bedwell, Stephen F. and Luther S. Cressman 1971. Fort Rock Report: Prehistory and Environment of the Pluvial Fort Rock Lake Area o of Central Oregon. In *Great Basin Anthropological Conference 1970: Selected Papers,* edited by C. Melvin Aikens, pp.1～25. University of Oregon Anthropological Papers 1. Eugene. 1937年，Cressman在Fort Rock洞穴中发现了保留完好的、距今11 000至9 000年的草鞋。

的柴草类有机物早已消失,因而我们不能肯定它们的堆放位置。由于地面并未发现成堆的陶片,可以想见应该存在定期的清理打扫活动,以保证人们的活动区干净、整洁、安全和通敞。我们还推测,当时应该已经使用诸如扫帚等清扫场地的工具[1]。其实,凡是有过农村生活经验的人(包括在农村驻地做考古发掘的人),只要稍微留神,就知道村民们经常活动或与生业息息相关的地方,如加工粮食的场地、道路和其他公共场所,都鲜有长期堆放杂物的现象。

反之,如果地面上发现了遗物堆积,则可以根据具体堆积判断它们是否为原生堆积或次生堆积。一般来说,虽然大部分垃圾是聚落居址的次生堆积,但也有例外。例如,生活在秘鲁亚马逊河谷以农业为生的希皮博—科尼博(Shipibo-Conibo)部落,就在住宅近旁人迹不常到的角落丢弃破碎的陶器[2]。这种例子并非少见,我们在陕西农村经常看到村民将破损,但仍能使用的陶器用作狗食或猪食盆子,或者种花。如果我们在居址内发现这类并未丢弃的破损陶器,就需考虑它们是否有回收和再利用的可能。例如,杨官寨出土的庙底沟时期的陶刀都是用尖底瓶腹部的碎片磨制而成,而尖底瓶口沿有时也被改制成陶环。儿童瓮棺葬一般也是利用或已破碎的尖底瓶或陶瓮作葬具,因为这类葬具一般无法拼复为完整器。不完整的器物碎片需要考虑再次利用或埋藏后扰动的各种因素。

(二)凹陷

凹陷遗存(分人工与自然两种)在华北新石器遗址中十分常见。人工凹陷除了用途各异的灰坑、柱洞、半地穴房屋或坑屋外,就是壕沟了。自然凹陷包括冲沟、坑洼以及动物洞穴等。这些凹陷遗存,特别是体积大且深的遗迹,如果没有后期人类的破坏和扰动,与其他遗存相比,保留古代人类活动或自然因素造成的原生堆积的可能性要大得多。这是因为它们凹陷的特征,一旦堆积形成,受破坏的可能性便减少许多。因为如要恢复或重建凹陷遗迹的初始功能,清理业已形成的堆积,劳动力投入的成本肯定是先民需要考虑的重要选项。故此,这些留存至今的原生堆积,不仅是不可多得的研究材料,也能为行为建模提供宝贵的信息。几篇关于凹陷遗迹的研究,在对杨官寨H85坑屋的发掘和研究[3],杨官

---

[1] Priscilla, M., Discarded location: the ethnographic data. *American Antiquity* 45(1980), pp.490～502.
[2] DeBoer, W.R. and Lathrap, D.W., "The making and breaking of Shipibo-Conibo ceramics," in *Ethnoarchaeology: Implications Ethnography for Archaeology*, ed. C. Kramer, Columbia University Press, 1979, pp.102～138.
[3] 陕西省考古研究院、中美国际田野考古学校、西北大学文化遗产学院:《陕西高陵杨官寨遗址H85发掘报告》,《考古与文物》2018年第6期。唐丽雅、杨利平、叶娃、殷宇鹏、刘晓媛、赵志军、王玮林:《古代植物的医药功能初探:以陕西高陵遗址杨官寨H85出土植物遗存为例》,《第四纪研究》2020年第2期。

寨环壕东北角内堆积的土壤微型态研究[1],以及河南禹州瓦店遗址龙山文化壕沟的土壤微型态研究[2],揭示了凹陷遗迹在使用过程中,内部堆积随时间而不断增厚、增高。本文仅就两类大型凹陷遗存做简单探讨,讨论的基础在于这三个实例都采用了以土壤微型态为其一或为主的研究方法[3]。

(三)壕沟

土壤微型态研究显示了瓦店壕沟内堆积从使用到废弃的形成过程。此外,对堆积过程和原生堆积的采样和分析,发现该过程除了受气候及周边的环境影响外,人的行为起了关键作用。修建之初,瓦店的两道壕沟与颍河相连,较高的水动力条件使沟内水源充足,沟底沉积相表明其当属"环壕"一类的设施。修建的目的是供水或排灌而非防御,因为壕沟贯穿遗址中部,壕沟两侧发现了同时期的遗存。研究还表明,为要保持水渠畅通,居民除了清淤之外,还在壕沟附近种植植被,并利用清淤的淤土在沟边筑堤,以防地表垃圾和表土被水冲进沟里。华北受东北亚季风影响,夏秋两季时常有暴雨,造成水土流失并危及居址,因而排灌设施可以起到排水和泄洪的作用。使用之初,或许对当地种植水稻的自然环境也有着不小的贡献。但这类与河流相通的壕沟,由于水流作用,容易导致沟内淤泥堆积,需要经常清淤和疏通。后来,因不明的原因壕沟不再清淤,到龙山晚期壕沟已经淤塞,但并未影响瓦店人继续在这里居住。人们继续使用着已经淤平但仍然低洼的壕沟,作为种植水稻的农田。

杨官寨的壕沟经历了类似的建造、使用和废弃的过程。经过部分发掘的东西两道壕沟与现在位于遗址南部1.5千米的泾河成直角,由于遗址和泾河之间的土地现在已经被现代城镇和村落所覆盖,庙底沟时期的壕沟是否与泾河相通,已经无法知道。不过早期的抢救性发掘在杨官寨遗址南区发现了大量的泥沙堆积[4],但此处是否靠近泾河古河道,也不得而知。因为对于泾河河道的历史变迁,有着不同的说法[5]。值得注意的是,杨官寨环壕东北角即壕沟取样地点,显示了壕沟底部淤泥堆积中含有磨圆的石英砂,它们有可能来自泾河。同时,两地壕沟在使用初期都发现了大量的土壤团块(soil arrogate)和其他人类活

---

[1] Fox, M.L. 2013. *A micromorphological Analysis of Miaodigou refuse at Yangguanzhai, Wei River Valley, China: the Geoarchaeology of Yangshao Midden Deposits and Neolithic Moats*. University of Arizona, School of Anthropology, Master thesis.
[2] 张海、庄奕杰、方燕明、王辉:《河南禹州瓦店遗址龙山文化壕沟的土壤微形态研究》,《华夏考古》2016年第4期。
[3] 关于壕沟遗存的具体分析,读者可读已经发表的文章。
[4] 与发掘者张鹏程的对话。
[5] 杨官寨考古队的胡珉博士认为,古代的泾河河道与现在的河道没有太大区别,原因在于泾河河道的北边已经到了黄土塬的南端,河道在此处再向北发展已经基本没有可能。遗址南区发现的泥沙或许为泾河泛滥所致。也有其他人认为泾河古河道位于现在河道的北边。

动的垃圾。与瓦店一样,这一时期杨官寨壕沟底部第2单元的水成堆积中(图一),也发现了清淤活动的证据。这个部位的土壤微型态切片显示出在堆积两组单元的接壤处,矿物质和黏土粒的走向极为一致,这只能是工具挖掘后留下的痕迹。清淤活动在位于杨官寨中部低洼处的池塘边也留下了明显的考古证据。

与瓦店相似,杨官寨壕沟第3、第4单元的堆积说明了其初始功能改变的原因可能是由于清理以及维修的费时费力,在此时或许已经得不偿失了。这一投入巨大的聚落工程虽然丧失了其原始功能,却并未影响杨官寨居民在此地的继续生存。而瓦店居民则将淤积的环壕地段改造成种植水稻的田地。

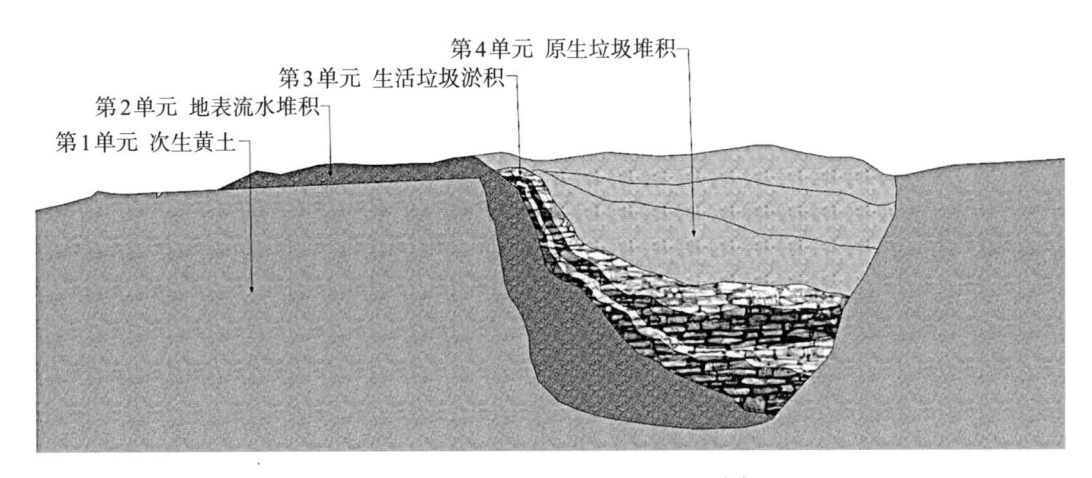

图一　杨官寨东北部壕沟堆积示意图[1]

关于壕沟的功能,1960年代初出版的《半坡报告》,将其定为"为保护居住区和全体氏族成员的安全而做的防御设施"[2],但这一定义并没有实证分析的证据。杨官寨和瓦店的土壤微型态研究,则提供了壕沟排灌功能的科学依据。就聚落形态而言,壕沟的防御作用仍有再加探讨的余地。两处聚落虽属不同时期,但在布局上有相似之处。首先,在壕沟的两侧都发现了同时期的遗存。杨官寨东部壕沟以东为同时期墓地,西部壕沟以西,则发现了灰坑和其他遗存,南区发现的窑洞式居址和陶窑,也位于遗址地图上标出的南部壕沟之外[3]。瓦店壕沟的研究者认为,壕沟位于聚落的中部,不可能有防御功能。此外另一个

---

[1] Fox, M.L., *A micromorphological Analysis of Miaodigou refuse at Yangguanzhai, Wei River Valley, China: the Geoarchaeology of Yangshao Midden Deposits and Neolithic Moats*, Master thesis, School of Anthropology, University of Arizona, 2013, p.62.
[2] 中国科学院考古研究所、陕西省西安半坡博物馆:《西安半坡:原始氏族公社聚落遗址》,文物出版社,1963年;钱耀鹏:《中国史前防御设施的社会意义考察》,《华夏考古》2003年第6期。
[3] 陕西省考古研究院:《陕西高陵杨官寨遗址发掘简报》,《考古与文物》2011年第6期。

共同之处就是，杨官寨和瓦店壕沟的底部都发现了其他遗迹，杨官寨为低洼的坑[1]，瓦店则是两个柱洞。由于报告中没有进一步说明，例如瓦店壕沟底部柱洞是否有共出的器物，杨官寨西部壕沟底部的坑是否和清淤有关，因而也就无法推测它们的功能或形成原因。半坡大灰沟的底部发现了三根炭化木柱的痕迹，距离间隔相似，但用途不明。大灰沟靠居住区一边有土堆出的高棱，被解释成为防御工程。是否也有类似瓦店修整的地表，以防垃圾或表土冲进沟内，还需进一步的考古发掘来证明。

（四）灰坑

在新石器聚落中，特别是北方黄土地带，灰坑是最常见的遗存。渭河流域时代相近的两个遗址杨官寨和华县泉护村，各类灰坑的数量占发掘遗迹的80%～95%[2]。毫无疑问，灰坑的建造和功能与聚落先民的生活息息相关，是我们了解当时社群生活的一类重要遗迹。然而，由于灰坑数量太多，又因为形态单一，因而相对于房屋、墓葬、窑址来说，对灰坑的发掘多是清理。虽然根据灰坑形态，可以大致猜想它们的用途，如储物窖穴、坑屋或垃圾坑，但对于它们的使用和废弃过程，则较少研究。下面根据2018年杨官寨H85发掘报告中有关动物、植物及陶片统计资料来尝试说明这一过程。

H85位于杨官寨东北部，处在目前所知聚落居址的最高处。这座竖穴土坑建筑或坑屋，口部为不规则椭圆形，长径（东北—西南方向）为4米，短径（北—南）为2.3米。坑底长径为3.85米，短径约2米[3]。由坑口到底部最深处为3.2米，四壁基本竖直。坑的底部有两个生土台，东西相对，两台之间为一个长方形坑穴。东台靠北1/4处，另有一层高10厘米的生土台，似应作为台阶使用。台宽1.2米，高75厘米。上面的坑壁上有一个长方形洞，高30厘米，宽18厘米，深20厘米。这个方洞很可能是支撑进出坑屋横向柱子的柱洞[4]，与东土台正对的是沿着西壁留出的生土台，台面宽60厘米，高22厘米。坑内堆积共14层，剖面在坑西壁的4/3处（图二）[5]。我们的系统取样包括^{14}C测年样本、动植物标本、微型态土壤样本，以及各层的陶片。根据H85的发掘报告和出土植物的研究，有以下几点可以将不同的研究结果做综合讨论，它们之间有相符但也有抵牾之处。根据灰坑形态，在其

---

[1] 灰坑发现在杨官寨西门址G8-2底部。
[2] 在华县泉护村发现的所有遗迹中，灰坑占遗迹发掘总数量的95%。其中部分灰坑是地穴式房屋。陕西省考古研究院、渭南市文物旅游局、华县文物旅游局：《华县泉护村——1997年考古发掘报告》，文物出版社，2014年。
[3] 因为坑底为今后可能取样留下未发掘的堆积，短径的长度为估算。
[4] 河南省文化局文物工作队：《河南偃师汤泉沟新石器时代遗址的试掘》，《考古》1962年第11期；杨鸿勋：《仰韶文化居住建筑发展问题的探讨》，《杨鸿勋建筑考古学论文集（增订版）》，清华大学出版社，2008，第15～48页。
[5] 按照《田野工作手册》，灰坑发掘应该先发掘1/2。但是在1/2处太过狭窄，出土不便。所以从一开始发掘便把剖面定在灰坑的3/4处。

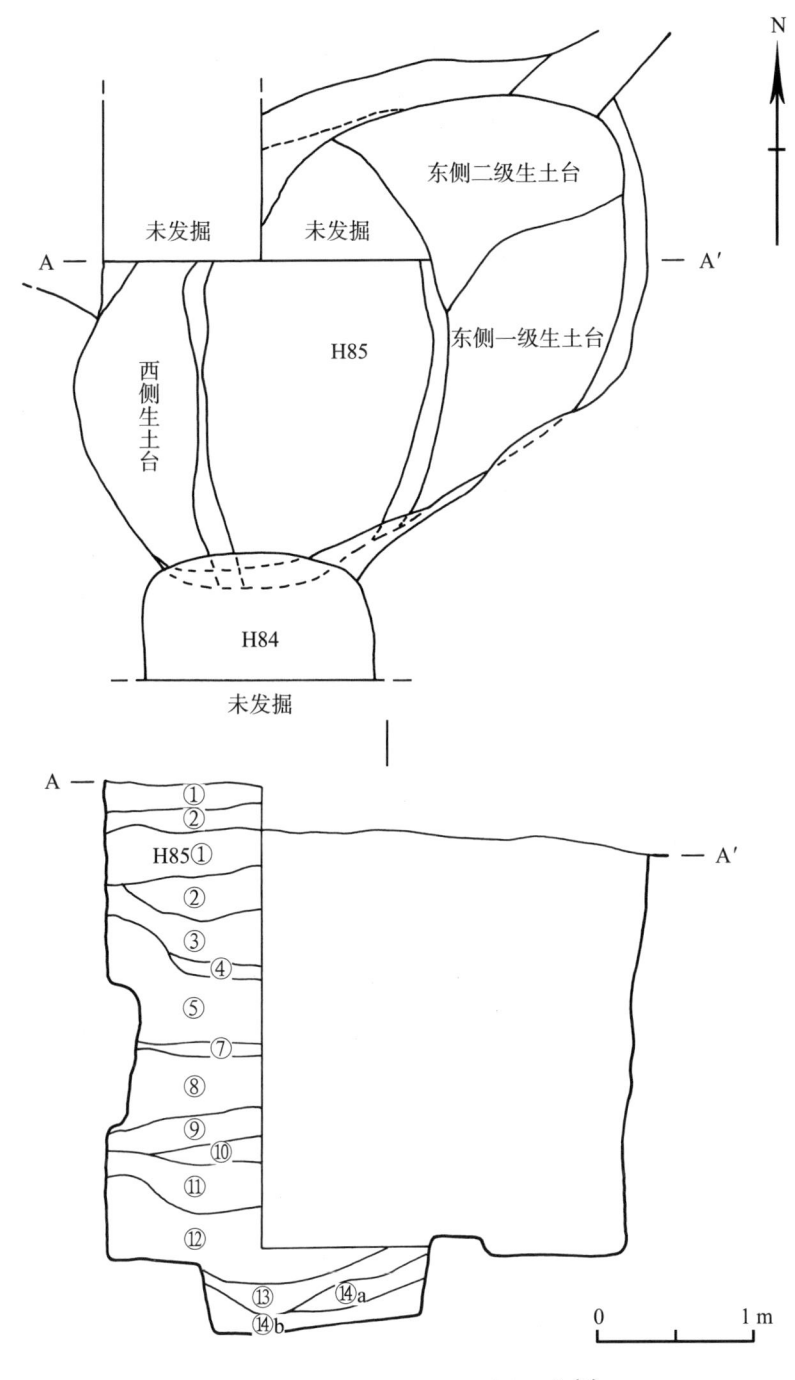

图二　H85平剖面图及堆积层位[1]

---

[1] 陕西省考古研究院、中美国际田野考古学校、西北大学文化遗产学院：《陕西高陵杨官寨遗址H85发掘报告》，《考古与文物》2018年第6期。

遗址文化改造与透物见人的探索　217

他测试结果还未出来之前,我们倾向认为 H85 为一处地穴式房屋或坑屋。除了与偃师汤泉被认为是地穴式房屋有相似之处以外,即灰坑底部墙壁(⑫至⑭层)有草拌泥处理的现象,还有几件基本可以完全复原的陶器,包括细泥陶罐、夹砂陶器盖、陶钵,以及人们佩戴的 2 件骨簪和数量多且集中的 35 件陶环(最小个体数)。

图三　H85 坑屋第⑨层的薄层灰烬堆积,图右的切割直线为土壤微型态土样[1]

对于坑内堆积,我们特别看重各层灰烬层的有无。在第⑦⑨⑪和⑭的各层中,都包含了连续的灰色线状或带状堆积灰烬层(图三)。从堆积形态观察,这些平行的连贯片状叠压层不是由高处倾倒的二次堆积,而是坑穴内的原生堆积,它们是人类活动的结果。这些线状叠层又被次生黄土堆积隔开,形成了灰褐相间的条状堆积。同时,第⑨⑪和⑭各层包含了数条富含灰烬和腐殖质的堆积层,以及与次生黄土相间的反复堆积。它们的堆积形态极为相似,表明了它们为相同的动力所造成。土壤微型态切片的分析结果认为,这些薄层堆积代表了逐次和快速堆积。很可能反映居住者持续用火之后并未清除灰烬,而是将它们扫到坑的边缘,再在上面覆盖一层黄土,大约是为保持坑屋环境的清洁。由于土壤微型态的样品取自坑的边缘处,这种解释应该有可信之处[2]。

---

[1] 这个土样在邮寄过程中,失掉下面一部分,但灰烬仍然显示在切片上。
[2] 关于考古遗存中的灰烬遗存的研究,见 Canti, M. and Huisman, D.J., Scientific advances in geoarchaeology during the last twenty years, *Journal of Archaeological Science* 56(2015), pp.96～108; Gur-Arieh, S. et al., The taphonomy and preservation of wood and dung ashes found in archaeological cooking installations: case studies from Iron Age Israel. *Journal of Archaeological Science* 46(2014), pp.50～67。

值得注意的是，第⑦层以上没有发现这样带灰烬的薄层堆积，说明H85在使用时在这一层位发生了变化。浮选结果提供了更加直接的证据，即在第⑦层以上的炭粒/块密度急剧下降。下降的原因，应该与坑屋的用火密切相关[1]。

由于发掘时间的关系，H85土壤微型态分析的10个样品仅取自第①至⑫层[2]。堆积的成分包括大量不能食用的植物的部分、动物遗骸和灰烬。第⑧层以下的三个样品中都有叠压状的植硅石，推测为草类编织物或铺设的草垫。线状的薄层灰烬叠压是由多次单独和快速的堆积行为所造成。与杨官寨壕沟的土壤微型态样本相比较，最根本的区别在于H85的堆积不是由水动力造成的[3]。这至少表明了H85在使用过程中，有良好的屋顶设施，让坑屋免遭雨水侵袭。发掘时，在H85的第①和②层都见有块状的草拌泥，可能是屋顶倒塌后的残存物。

（五）植物遗存

米歇尔·马（Michell Ma）根据炭化种子密度的垂直分布，认为H85的堆积可以分成三个阶段[4]。从上至下，第①至③层的种子密度最小，每升少于5粒；几乎不存在栽培植物粟和似栽培的豆类，数量每升少于1粒。第二个堆积阶段为第④至⑦层，每升种子的数量有相当的增加，但是各层之间也存在相当的差异。第④层每升激增至28粒，第⑥层减少至8粒，第⑦层又反增到15粒，形成了一个反曲线的分布形态。第三个堆积阶段为第⑧至⑫层。各层种子密度的垂直分布虽然各有不同，但是总体上来讲，每层的数量都要高出前两个阶段。第⑩层的种子数量最多，每升土样含40粒种子。与上两个阶段相比，栽培植物和似栽培植物种子的数量也最多。

唐丽雅探讨了坑底两个生土台之间（第⑭层）坑穴出土的植物种子及出土概率："与其他层位的堆积相比，第⑭层浮选结果十分特别，主要表现了三个特点。第一，各层堆积中普遍存在的小型豆科在该层的出土数量和出土密度均不高；第二，第⑭层植物遗存的出土密度极高，超乎寻常地高出了其他堆积层位的出土密度值百余倍；第三，粮食作物粟、黍，禾本科杂草狗尾草、马唐，以及秃疮花、夏至草、泥胡菜主要集中发现于第⑭层，像秃疮花、夏至草、泥胡菜、植物鳞茎这样的植物遗存种类和组合，在关中乃至陕西地区的其

---

[1] 在研究过程中，我们注意到了可能由蚂蚁或鼠类活动造成的炭粒密度分布的差异。但是这种极大的差异应是人类活动的结果，不是由蚂蚁或鼠类的局部活动造成的。
[2] H85土壤微型态样品分析由亚利桑那大学马修·福克斯（Mathew L. Fox）完成。
[3] 壕沟和H85土壤微型态样本都是马修·福克斯在亚利桑那地质考古实验室完成。
[4] 植物浮选分别由多伦多大学米歇尔·马和西北大学唐丽雅分析。见Ma, M., *Enhancing the Interpretative Value of Flotation Sampling: Preliminary Results from Yangguanzhai, Shaanxi Province, People's Republic of China*, Master Research Paper, Department of Anthropology, University of Toronto, 2016。

他遗址中未见有公布。"[1]仅见于第⑭层的秃疮花、夏至草、泥胡菜是三种具有药用功能的野生植物。它们的药用功能集中在清热解毒、消肿镇痛，并且具有杀虫等功效。而夏至草和泥胡菜更具有治疗妇女疾病的作用，特别是产后出血过多、子宫收缩不全、胎动不安，或各种疔疮、乳痈及刀伤出血。

（六）动物遗存

共出土了375件动物骨骼[2]，其中可鉴定的139件分属22种动物[3]，其中仅家猪是驯养动物。在所有出土骨骼中，60%（225件）出自第⑫至⑭层，其中192件集中发现在生土台上的堆积（第⑫层）中。同样，可辨认的动物中60%出自底部三层。除了家猪，野生动物包括中华竹鼠、中华鳖、鳡鱼、鲤鱼、蚌、狍、鹿、雉、金鹰等。值得注意的是，在动物骨骼的统计中，第⑦层亦是分界线。该层没有发现任何动物骨骼，第⑦层以上每层出土最多为9件，而第⑦层以下每层最少为13件（第⑩层），最多为第⑫层（192件）。

（七）陶片

确认出土陶片总数量为10 478片，总重量为169.7千克[4]。在统计时，有239件、重量合计1 432克的陶片，由于其小于拇指盖，所以在陶色、陶质、纹饰及器型的统计中，这部分碎片没有包括进去，统计计算的陶片共10 239片、168 290克。基于H85陶片的分类（陶质、陶色、纹饰、器形），我们得到了以下几点启示：H85出土的陶器以绳纹夹粗砂罐、泥质罐和钵类为主，其他类型的陶器数量相当少。例如尖底瓶只占出土总陶片的0.6%，且65%以上出土在⑧层以上的堆积中；同时不见灰陶大口瓮。

在统计上，我们做了陶片/重量之比，发现陶片的数量和重量的比值在第⑦层也发生了质的变化：其比值正好成反比（除第⑩层）：第⑦层以上陶片数量越多，数量/重量比值越低；反之越高。说明了第⑦层以上的陶片破碎程度高，因而单片的重量轻：第⑫到⑭层陶片的平均值25.5克，第④至⑦层降到15.4克。由于陶片的信息库资料太小，我们还无法将数量/重量的比值与人类行为相关联。一般情况下，比值高的陶片说明它们的破碎距

---

[1] 陕西省考古研究院、中美国际田野考古学校、西北大学文化遗产学院：《陕西高陵杨官寨遗址H85发掘报告》，《考古与文物》2018年第6期；唐丽雅、杨利平、叶娃、殷宇鹏、刘晓媛、赵志军、王炜林：《古代植物的医药功能初探：以陕西高陵遗址杨官寨H85出土植物遗存为例》，《第四纪研究》2020年第2期。

[2] 动物骨骼的分析为陕西省考古研究院胡松梅实验室的赵东红鉴定。

[3] H85考古报告可分辨动物为18种，是因为统计时将鱼、鸟归类的结果。

[4] 确认出土陶片总数量为10 478片，总重量为169.7千克。在统计时，有239片、重量合计1432克的碎陶片，由于其小于大拇指甲盖大小，所以在陶色、陶质、纹饰及器型的统计中，这部分碎片没有包括进去，统计计算的陶片共10 239片、168 290克。

离使用的时间还短；反之,比值低的陶片说明它们已经破碎了多次。当然,这一比较在陶质相同的陶片中比较,结果应该更为可信。

将资料综合起来,我们看到在第⑦层以上的坑屋内已经明显减少或停止用火活动,几乎不见栽培作物,动物骨骼也只占出土量总数的7%。陶片的数量/重量比值也有相当差异。除此之外,土壤微型态切片表明坑屋内可能进行过清扫活动,以及可能曾经铺设草垫或草类的编织物。第⑭层存在大量的禾本杂草种子,可能表明第⑫层生土台面上曾经铺草作为床垫。第⑫层上面的灰烬层也可能是为了消灭臭虫、跳蚤等有害昆虫而焚烧草垫的结果[1],当然也不排除草垫因用火不慎而被点燃。在两个土台之间的坑屋内所见的斜面堆积,有可能是清理和倾倒灰烬形成的。农业聚落在屋内用火主要为了取暖和炊煮[2]。从H85遗址内土壤堆积的微结构分析可知,坑屋内经常用火是没有问题的。

发现的陶环多达89件。特别是生土台之间出土的36件陶环,有30件(83%)直径在4～5厘米,由于尺寸较小,估计是婴儿或幼儿的饰件或护身符。这不能不让人猜测,这里曾经是产房或母婴的居所。而与妇女生产、止血、止疼相关的野生药用植物也集中出现在坑底,是否也与此有关呢?

为什么在第⑦层发生了变化？这个问题只能从不同的角度提出假设。从H85的形态上推测,坑屋底部到地表的高度此时已经从二层台到地表高度的2.4～2.8米降至1.42米。本来大约7平方米的狭小空间或许已经不宜居住；或是已经丧失了其初始功能。从形态上看,我们发现在第⑤层存在对坑屋的改建(图四)。最明显的是在南壁修建了一个进入坑屋的台阶,向北壁的扩建似乎也发生在此时。距地表1米的第④层出现的集中的苜蓿炭化种子,可能表明此时的坑穴已经用来圈养动物。

对H85使用功能和形成过程可以有如下的初步解释：此坑屋的始建有可能是为产妇分娩所建造的母婴室。从后来的出土材料分析来看,其功能可能有所变化,但是一直到第⑦,这里一直应该作为居所持续使用,坑屋内的堆积是人为所致。作为居址,人们居住一段时间之后,会再敷设一个居住面以掩盖坑屋内的生活垃圾,将外面的黄土改造为新的居住面。这便使得坑内堆积的层与层之间形成了清晰、突兀和光滑的界线。

这种层次建造和堆积的情况并不罕见。近东、中亚和南欧有许多被称为土丘(Tell)的遗址,即人们在干砖垒砌的房屋倒塌后,将其平整为新的地面后再建造土坯屋,这种反

---

[1] Wadley, L. et al., Middle Stone Age Bedding Construction and Settlement Patterns at Sibudu, South Africa. *Science* 334(6061) (2011), pp.1388～1391.

[2] Braadbaart, F. et al., Fuel remains in archaeological contexts: Experimental and archaeological evidence for recognizing remains in hearths used by Iron Age farmers who lived in peatlands, *The Holocene* (27)11(2017), pp.1682～1693.

图四 H85西壁剖面图[1]

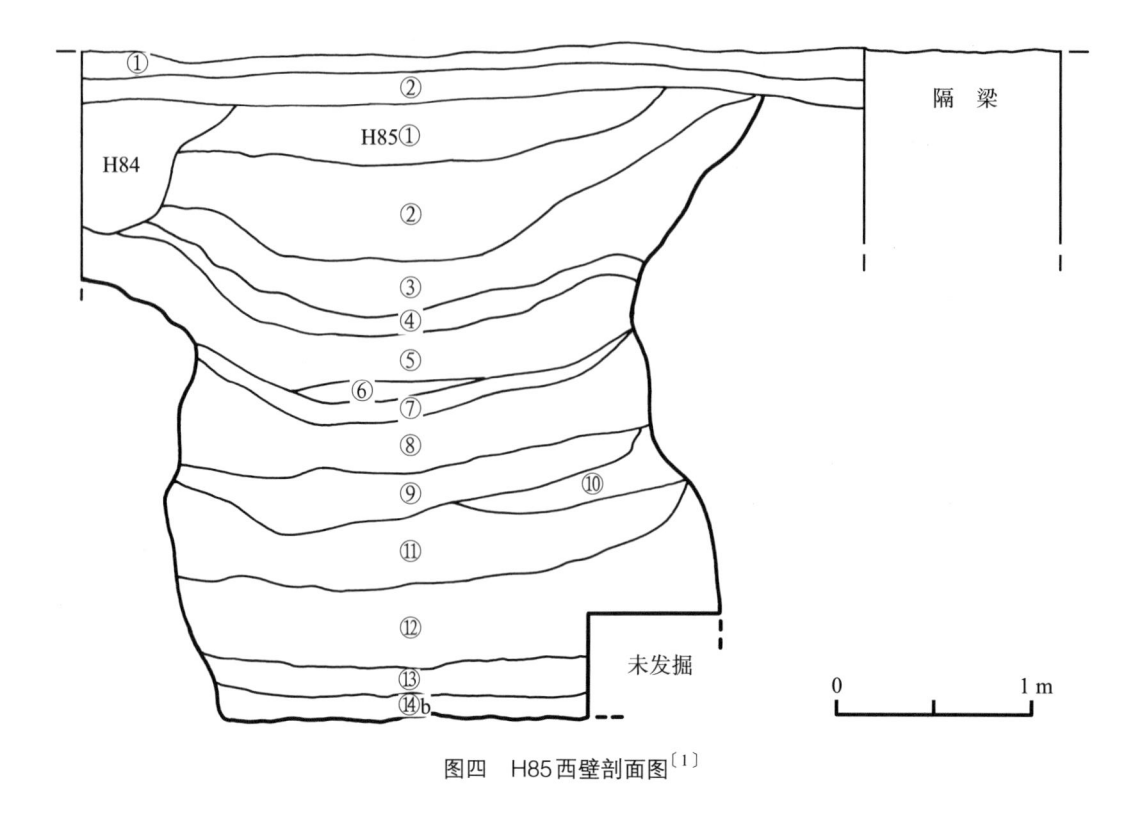

复营造形成的堆积不断加高形成了土丘[2]。半坡这类土丘式遗址，应该与此类似。其中发现的37号房址，就有三层不同的建筑堆积。这种居住习性，无论居于地上或地下，都表现出共同的特征。H85的废弃可能和坑屋顶部的倒塌有关，在第①②层发现的成块的草拌泥应该就是屋顶材料[3]。从那时开始，坑内堆积的形成已经与居住、储藏、圈养无关了。

虽然不同方面的独立研究对于解释H85堆积形成有相当吻合的一面，但也有抵牾之处。比如第⑩层出土了大量的炭化植物种子，但动物骨骼却是第⑦层之下最少的一层。第⑩层是一个夹层，它的底部和第⑨层基本在一个平面上，它们是否属于同一层面的堆积仍不确定。在发掘过程中，我们还没有仔细研究这两层堆积的关系（与其他层位不同），仅是在测试结果出来之后，才注意到这个问题。但发掘已经结束，已经无法对它们的关系

---

[1] 陕西省考古研究院、中美国际田野考古学校、西北大学文化遗产学院：《陕西高陵杨官寨遗址H85发掘报告》，《考古与文物》2018年第6期。
[2] 例如土耳其著名的恰踏霍裕克（Çatalhöyük）遗址即是其中一例。这类叫 hüyük, tepe, 或土丘的遗址，一般都是人类长期居住的结果。关中地区土丘式遗址，应该与这类土丘相似（中国科学院考古研究所、陕西西安半坡博物馆：《西安半坡：原始氏族公社聚落遗址》，文物出版社，1963年，第2页）。半坡报告称这类遗址多在渭河南岸，且多在河流中游。笔者曾经在泾阳一带作调查，有一处仰韶时代的遗址"灰堆坡"，据当地老乡云，平整土地之前，这里是个坡，遍布"瓦渣渣和灰土，是秦始皇焚书坑儒的地方"。这应该也是土丘遗址。
[3] 与半坡建筑屋顶的材料相同。

做再次观察,这就是发掘就是破坏,一旦疏于观察,就再也无法弥补。同时,由于我们认为坑内地面的垫土来自坑外,因此坑中出土的部分炭化种子也很有可能是随之带入的。

三、讨　论

H85坑屋位于杨官寨遗址的北区,属于庙底沟文化时期,是一片生活与生产活动区。该遗址因发现壕沟而被认为是一处环壕聚落,共发现庙底沟文化房址23座,均为圆形单室结构,面积15～25平方米,形式为半地穴式和地面建筑两类,未发现大型房址。但是,对H85的分析表明,被列为"灰坑"的这类遗迹中,可能有相当部分属于这类地下的坑屋,应该归入"房址"的范畴。我们想通过民族志和考古学的跨文化类比和对圭拉那魁兹洞穴遗址发掘的活动面观察,探讨一下杨官寨庙底沟时期居住在坑屋里先民的生计和社会结构。

坑屋被定义为任何位于地下不相连(noncontiguous)的建筑物。坑屋的屋顶通常是平的,由带叶的树枝、茅草或木板作为屋顶遮风避雨,人通过坑顶上的洞口用梯子出入房屋。一些坑屋通过地表气孔通风或排烟。坑屋冬暖夏凉,但是最多只能用十年。帕特里夏·吉尔曼(P.A. Gilman)提到,乔治·默多克(G.P. Murdock)对全球862个民族志案例的观察中,发现有84个族群利用半地穴式房屋或坑屋作为他们主要或次要的住宅,这类建筑大体分布在北纬32度以上,但是也有一些例外,如东非和南美的山区,还有台湾兰屿岛。她对世界各地坑屋的民族志研究总结了三个条件:(1)采用坑屋的地方都是非热带气候。(2)至少是一种双季(bi-seasonal)的栖居形态。(3)使用坑屋需要依赖食物储藏。她指出,坑屋比较适合比较寒冷的季节居住,而人口密度则和坑屋利用关系不大。她还发现,大部分使用坑屋的社群等级分化和政治复杂性都比较低,在默多克调查的84个社群里有69个并不见阶层和财富的分化[1]。吉尔曼的民族志观察对了解杨官寨的坑屋很有参考价值。

杨官寨庙底沟时期的地面房屋和坑屋基本都为圆形,这是世界史前早期住宅的普遍现象。美国考古学家肯特·弗兰纳利(K.V. Flannery)注意到,史前房屋建筑的演变表现为圆形房屋向方形房屋转变的趋势。圆形房屋今天仍然可见于非洲撒哈拉南部地区。这类房屋面积大约在10平方米,一般只住一人,至多两人。它不是一个核心家庭的居所,而是为单身男女安排的。一个村落中男女各有自己的房屋,往往分置在村落的不同位置[2]。

---

[1] Gilman, P.A., Architecture as artifact: pit structures and Pueblos in the American Southwest. *American Antiquity* 52(3) (1987), pp.538～564.

[2] Flannery KV, "The origin of the village as a settlement type in Mesoamerica and Near East: a comparative study," In *Man, Settlement and Urbanism*, ed. P.J.Ucko, R.Tringham and G.W.Dimbleby, Schenkman Publishing Company, 1972, pp.23～53.

杨官寨H85坑屋长宽为4.0米×2.3米,最深处为3.1米,因为坑壁竖直,所以坑底的居住面积不到10平方米。因此,这不是一个核心家庭的住宅。最初建造时,坑底有两个相对的土台,可能是用作床铺和台桌一类的设施,后来因坑内堆积的增厚而被掩埋,只能席地坐卧。

H85坑屋堆积分出了14层活动面,其中第⑬和⑭层是两个土台之间的堆积,坑屋的地面堆积从第⑫层开始。从活动面的堆积特征和共出遗存判断,这类坑屋是某个人或最多两人的起居室,在里面坐卧、炊煮食物、烧火取暖。他(她)不时需要带入食物、柴火、陶器等日用品、铺垫用的干草以及铺设新地面的黄土,而这些用品的残留或垃圾很难全部搬运出坑屋,造成坑屋的地面不断堆积而抬高。从对第①层到第⑭层发掘的描述来看,各层的堆积特点都比较相似,比如土质疏松、富含陶片、碎骨和有机质,有的还有红烧土块、炭块、灰烬和炭化植物。还有,如第⑨层是极为疏松的灰白色、灰色和红褐色的层理结构。这种堆积应该和居住者在坑屋内用火和反复踩踏火塘灰烬有关。H85坑屋土壤微结构分析也证明,其中第⑦、⑨和⑪层堆积是用火的结果。

肯特·弗兰纳利在发掘圭拉那魁兹洞穴遗址时,分辨出四层居住面,其特征与H85坑屋的居住面十分相似。比如,他是这样描述D层的:这是一层柔软的粉灰层,腐烂的树叶见于所有探方里,实际上D层的整个基质都含有人类带入洞穴的材料。在其他地方,地层的颜色因草木灰而呈灰色,大概是火塘中的灰烬踩踏到周围而造成的。对于C层,他这样描述:该层厚度不匀,一般5～20厘米。里面含有一层几乎纯白的灰,许多探方的白灰下为棕色到黑色的混合层。这些混合物似乎由腐烂的橡树叶子组成,可能是人们在此铺上树叶作为床铺。白灰可能是火塘的材料,火塘遗迹在走动的踩踏下几乎认不出来了,因此可能形成了大面积的白灰[1]。

杨官寨遗址社群应该处于平均主义的分节社会(segementary society),即以亲属关系聚集在一起,每个人和每个家户基本从事相似的生计劳作。在这个聚落里,人们可能主要从事栽培粟和黍的农业活动,饲养家猪,制作陶器和各种工具,并从事狩猎和采集。从H85坑屋植物浮选结果来看,提取到的8 209粒种子里,粟为25.34%,黍为3.86%,占比近三分之一,说明该社群对栽培植物的依赖度还是比较高的。这种经济基础可以维持相当数量的人口,在粮食和人口稳定增长的基础上可以逐渐向复杂社会发展。

杨官寨社群也许可以用默多克定义的"共居亲属群"(residential kin group)来形容。社群是由面对面关系形成的共居者的最大群体,借由合作性食物获取技术而得到更充裕的食物,通过互助和共享取得共同对抗暂时的匮乏或逆境的保证,生存的机会因通过社群

---

[1] [美]肯特·弗兰纳利编,陈淳等译:《圭拉那魁兹:墨西哥瓦哈卡的古代期觅食与早期农业》,上海古籍出版社,2019年,第74～75页。

组织而日益增强。默多克对氏族群体有三项主要定义:(1)必须具备一个结合其中心成员的单系继嗣法则。(2)构成氏族的群体必须具有共同居住的单位,如从父居或从母居。(3)这个社群必须展现真正的社会整合。默多克还提到民族志中多偶婚的观察,在他的250个样本中有195个社会至少允许有限的多偶婚,即一个男人同时与两个女人有婚姻关系,或一个女人与两个男人保持婚姻关系,或几个男人和几个女人同时保持关系。这三者之中,只有第一种最为常见。他还指出,没有证据表明群婚是婚姻的普遍形态,存在于任何地方或曾经存在过。婚姻必须仰仗经济上的供求,某种特定经济环境下的两性分工,会相当程度决定优先的婚姻方式。当女性对经济生活没有贡献时,一妻多夫是一种令人满意的调适。当两性对经济的贡献大致对等时,单偶婚比较有利。当女性对经济贡献很大,而一个男人的经济生产能够满足几个女人需求时,则适合一夫多妻的发展[1]。

杨官寨遗址勘探面积约80万平方米,在5 615平方米的发掘区发现了27座房屋和496个灰坑(其中许多应该是单人居住的坑屋)[2]。从聚落的范围和规模来看,其所属人群很可能是一种分节社会的氏族群体。如果能够知道居所和灰坑使用的时间长度,应该可以大致推算出聚落的人口规模。2015~2017年,陕西省考古研究院在杨官寨东部发现了一片庙底沟文化的大型墓地,总面积约9万平方米,发掘面积2万平方米,发掘庙底沟墓葬343座。这些墓葬都为小型单人葬和一些空墓,随葬品十分有限[3]。研究者认为墓葬反映了当时社会存在以个体作为基本的组织单位[4]。这个判断与上面对H85坑屋的分析判断吻合,这就是这批社群的每个人都住在自己的圆形房屋里,可能是以某种多偶婚为基础的共同居住单位,尚未有独立的核心家庭。但是,这个群体应该以某种继嗣规则共同生活在一起,每人从事基本的生计活动,但可能有部分的劳动分工,比如狩猎、农作和制陶。对杨官寨墓地出土的85例人骨的古DNA全基因组的分析表明,杨官寨遗址公共墓地内男性之间有稳定的遗传关系,女性的遗传来源比较多元[5],似乎为一种外婚制的从夫或从父居形式。由于当时生产力不高,财产的继承对这种平等主义社会而言尚不重要,所以不大会强调世系的赓续,因此核心家庭的纽带从居住方式和葬俗上几乎看不出来。

H85坑屋出土了多达89件陶环,而且都为幼儿尺寸,主要集中在第⑫到⑭层的堆积中,共45件。上面各层多寡不一,第⑤层也比较多,达16件。如果这些陶环是祈福婴儿避免夭折的辟邪饰件,那么这个坑屋有可能是母婴居住的。最下三层的特别之处还包括,动

---

[1] [美]乔治·彼得·默多克著,许木柱等译:《社会结构》,洪叶文化事业有限公司,1996年,第28、41、49、80、93页。
[2] 陕西省考古研究院:《陕西高陵杨官寨遗址发掘简报》,《考古与文物》2011年第6期。
[3] 陕西省考古研究院、高陵区文体广电旅游局:《陕西高陵杨官寨遗址庙底沟文化墓地发掘简报》,《考古与文物》2018年第4期。
[4] 王炜林等:《陕西高陵杨官寨遗址发现庙底沟文化成人墓地》,《中国文物报》2017年2月10日。
[5] 复旦大学文少卿副教授测试分析,成果待刊。

物骨骼占所有出土标本的60%（225件），包括鳙鱼、金鹰，以及蛋白质含量很高的淡水鳖等野生动物。第⑭层植物遗存的密度是其他层位密度的百余倍，粮食作物粟、黍，禾本科杂草狗尾草、马唐，以及秃疮花、夏至草、泥胡菜也主要集中在这层，其中包括可能治疗妇女疾病的三种药用植物。这些数量大、种类多以及罕见遗存共出的现象，都暗示这座坑屋最初居住者的特殊性。这不禁令人推测，这个坑屋的始建阶段很可能是用作孕妇分娩的产房或母婴居室。这个推测并非臆想，因为在H85附近曾发现一具没有葬具的胎儿[1]。

四、小　　结

科林·伦福儒和保罗·巴恩指出，遗址形成过程对考古研究至关重要。只有通过对发现物及其相关背景的仔细分析，我们才能开始重建与之有关的人类活动。绝大多数考古遗址是使用、埋藏、再使用等多次反复的一系列复杂过程形成的产物。当这些出土材料能够为我们提供各种考古学问题的信息时，我们就要努力去了解这些材料的系统背景，即人工制品、生态物所涉及的古人生活，以及与生产、使用和废弃有关的方式[2]。

本文以杨官寨遗址的壕沟和灰坑为对象，讨论了文化活动和人类行为对考古遗址的改造，并以H85坑屋为研究个案，探讨了该坑屋各层在堆积过程中的人类活动和居住面改造。本文还根据出土的人工制品、动植物分析、土壤微结构观察、遗址墓地的葬俗，在人类学和民族志资料的帮助下，初步探讨了当时先民的生计和社会结构。H85坑屋虽然为单一的居住结构，但是在当时的分节社会，这种居住方式是社群成员的普遍特点，而且这种居住方式也是社会结构的反映，并能和墓地的葬俗特征相对应。在人类学理论的指导下，我们能够与世界各地处于相同发展层次的分节社会进行比较，从而能够由微见著，透物见人。我们希望，今后对于类似杨官寨这样的大型聚落，需要对聚落布局、家户特点、器物功能以及墓地葬俗进行有整合的研究设计和分析，并通过多学科交叉提炼各方面的信息，这样才能够更好地进行历史重建。

叶娃，西北大学1978级考古学专业，现工作单位为中美国际田野学校。

---

[1] 胎儿由美国加州大学河滨分校人类学系的贝丽姿（Elizabeth Burger）教授鉴定。
[2] [英]科林·伦福儒、保罗·巴恩著，陈淳等译：《考古学：理论、方法与实践》，上海古籍出版社，2015，第34页。

史前黄河流域与印度河流域的文化互动

施兰英

巴基斯坦地处西亚、西南亚、南亚、中亚等古代文明交会的十字路口,是古代丝绸之路上重要的节点,区域内的印度河流域曾经产生过著名的以哈拉帕(Harappa)文化为代表的印度河文明,特别是20世纪末以来在俾路支斯坦发现的近一万年前的玛哈伽(Mehrgarh)文化,不仅被认为是南亚文明的最早起源地,同时也是古代世界主要的文明中心之一。这里同时也是佛教的诞生与早期传播的重要区域,历来为全世界的考古学家研究的热点。2018年4月下旬经过实地勘察后,我们选定位于伊斯兰堡和塔克西拉之间的巴哈塔尔(Jhang Bahatar)的土墩遗址作为发掘地点进行发掘。值得一提的是,这是我国在巴基斯坦境内对世界著名的哈拉帕文化遗址首次进行独立发掘。

一、发掘介绍

巴哈塔尔遗址位于巴基斯坦伊斯兰共和国伊斯兰堡近郊的阿托克市,地理坐标为北纬33度41分15秒,东经72度41分46秒,海拔高程为480米。很多哈拉帕文化遗址都呈现出土墩形态,巴哈塔尔遗址也是一处土墩形态的史前遗址,直径约80米,现存高度约11米。遗址现地面上可以看到密布的陶片和石块等。这种土墩遗址是被人类长期居住以后所遗留下来的生活垃圾堆积所造成,也就是说多少代人居住在这同一地点,住宅建了毁,毁了又建,多少年之后便形成了这样一种土墩或高台。这种土墩遗址最早出现在西亚地区,是西亚地区典型的早期遗址堆积,后来在中东、中亚,乃至东欧也很常见。

根据地面陶片和土墩剖面的堆积情况,以及以往的调查材料来看[1],土墩上部堆积为

---

[1] M. Rafique Mughal, "Exploration in Northern Punjab: Campbellpur and Rawalpindi districts", *Pakistan Archaeology* 8 (1972), pp.131～132.

历史时期的遗存，大约8～10米以下开始出现哈拉帕文化的堆积层。根据已发掘出土的大量的陶器、石器、铜器、玻璃以及费昂斯（Fainence）等来看，该遗址时代最早为哈拉帕文化科特·迪吉类型（Kot Diji Phase, c. 2800～2600 BC），经过吠陀时代（Vedic Civilisation, c. 1500～522BC）到孔雀王朝（Mauryan Empire, c. 300～200 BC）。该遗址是一处史前时期到历史时期的聚落遗址，上部主要是伊斯兰时期至近代的遗存，下部为哈拉帕文化时期的遗存，底部或许有早于哈拉帕时期的遗存。科特·迪吉为一地名，位于巴基斯坦信德省海尔普尔以南约24千米处的印度河东岸。1955年和1957年，巴基斯坦考古部在此发掘，揭露了一个时代在公元前近3 000年的早期印度河文明，属于哈拉帕文化第二阶段，亦称科特·迪吉类型。

2018年11月20日，一支由河北师范大学、南京大学、湖北省文物考古研究院组成的联合考古队进驻巴哈塔尔遗址，开始进行正式的考古发掘工作。进场布方时，首先在遗址东部的已经被取土破坏的部位，选择正东西向布设了一条探沟，长度40、宽度2米。该探沟又被分割为2米×10米一个的四个发掘单位，由四组发掘队员同时进场，分别负责发掘。

由于土墩已被破坏，故残余的文化堆积并不太厚，厚度在1米左右，第4层下和5层下灰坑分布十分密集，打破关系较多，形状多呈圆桶形、锅底形，部分为深2～3米的袋状坑（图一）。灰坑内包含物丰富，如在编号为H15的灰坑内一次出土完整陶器15件。H32为一个袋状坑，同层位打破H25，在其底部出土3件完整陶器；H16底部与坑壁交界之处有一圈规律放置着的许多可以复原的破碎陶器。在一些灰坑的底部，如H9底部发现一层带石灰质的白色硬质地面，根据其他地区科特·迪吉类型发掘的情况来分析，为白灰面。此外，在壁和底交界处规律分布着直径约10厘米的洞，其底部曾经有过木构设

图一　巴哈塔尔遗址发掘现场

施,如是,该袋状坑则为地穴式房屋。

已编号小件和样本数量千余件,计有玻璃、蚌壳、陶和费昂斯制作的手镯与珠子(图二)、陶塑动物与人像;青铜和铁制作的小刀、钉等;石器有马鞍形磨盘、球形研磨器、石叶刮削器、砍砸器(图三)、石斧等;陶器主要是泥质红陶,器形有短颈圆鼓腹罐、大瓮、钵等,多为圆底或小平底(图四)。纹饰有密弦纹、三角形刻划纹,碗钵外部口沿的宽带黑彩、菩提叶纹、波浪纹的彩陶等,特别是黑白二彩的使用,很有特色(图五)。

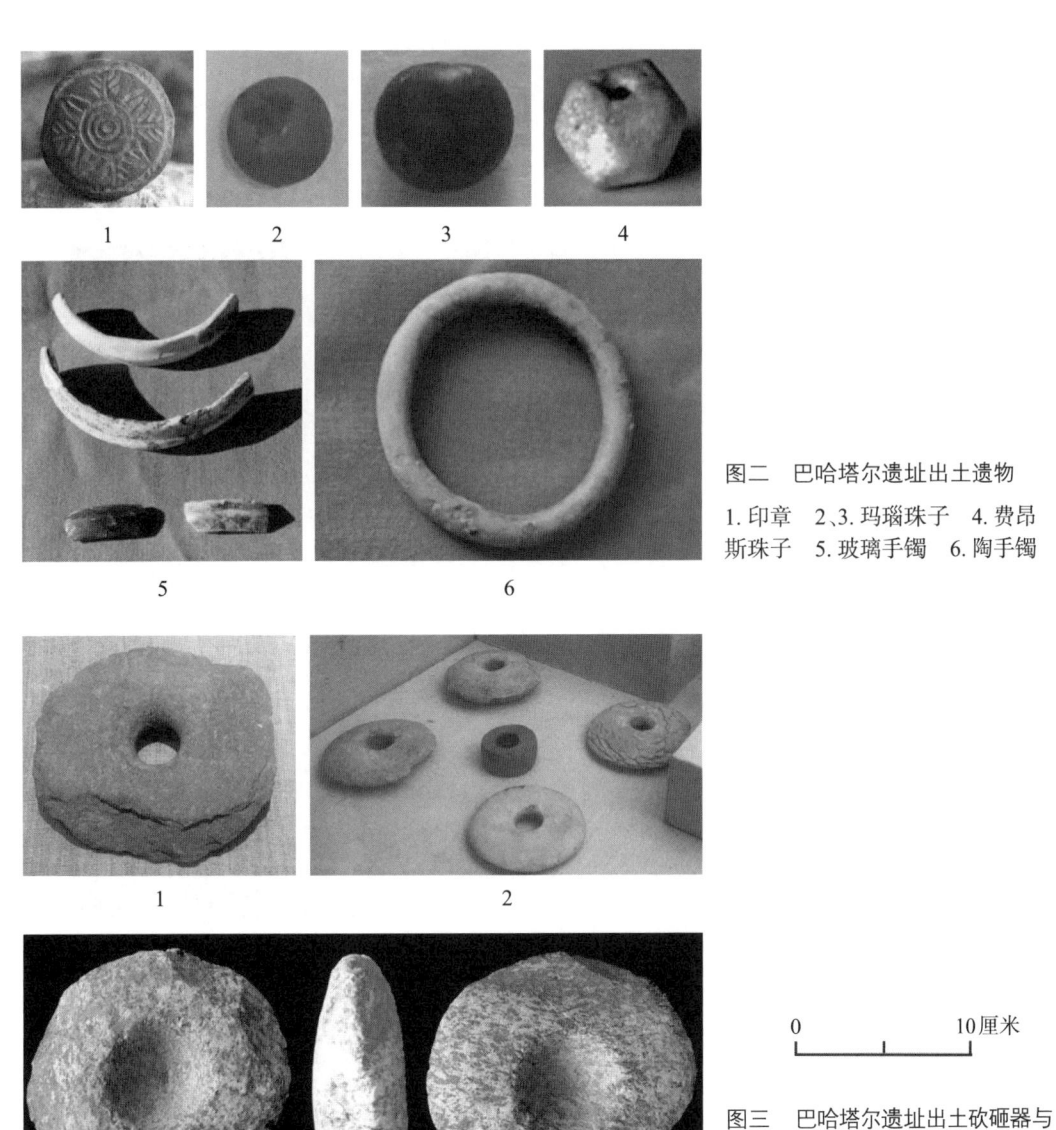

图二 巴哈塔尔遗址出土遗物

1. 印章 2、3. 玛瑙珠子 4. 费昂斯珠子 5. 玻璃手镯 6. 陶手镯

图三 巴哈塔尔遗址出土砍砸器与青海地区出土砍砸器比较

1. 青海贵德罗汉堂马家窑出土盘状砍砸器 2. 哈拉帕博物馆展品 3. 巴哈塔尔遗址出土盘状砍砸器

史前黄河流域与印度河流域的文化互动　229

图四　巴哈塔尔遗址出土陶器

图五　巴哈塔尔发掘出土科特·迪吉类型彩陶纹饰

二、主要发现、认识及学术意义

本次发掘工作选择了该遗址已遭破坏的东部进行布方,意图就是避开遗址上部厚达近8米的晚期遗存地层,重点发掘哈拉帕文化的遗存,或更早的文化遗存。就这一学术目的而言,本次发掘是一次非常成功的尝试,在东西向40米长的探沟范围内,普遍发现了丰富的哈拉帕文化时期的遗迹和遗物。

巴基斯坦是我们的邻国,我国的青藏高原与南亚次大陆虽然谈不上一衣带水,却也是隔山相望。自古以来,喜马拉雅山脉不仅不是两边人们来往的障碍和阻隔,恰恰相反,却是连接两地文化互动的通道与走廊[1]。

前面我们谈到距塔克西拉博物馆西南方2千米处的萨拉伊·霍拉遗址,该遗址距巴哈塔尔遗址西北约7千米,20世纪60年代末经过发掘,其发掘报告发表在 *Pakistan Archaeology* 1972年第8期上。萨拉伊·霍拉也是属于科特·迪吉类型的遗址,出土的器物与我们发掘的一样。

关于印度河文明的起源,不同的学者有不同的看法,而且不同时期也有着不同的观点。马歇尔认为印度河文明有着自己悠久的历史,是本地起源的,他对此坚信不疑[2]。他的看法获得了柴尔德的支持,柴尔德认为"印度河文明是人类生活适应特定环境的完美表现",摩亨佐·达罗遗址所表现出来的现代印度文明的古老特征,足以说明了这个文明具有历史传承性[3]。而惠勒却与马歇尔等人相反,认为印度河文明是在美索不达米亚文化影响下产生的,而摩亨佐·达罗和哈拉帕等遗址的砖构遗迹被认为是"异族统治"(alien domination)的建筑标志[4]。20世纪70年代初萨拉伊·霍拉遗址的发掘者哈利姆(M. A. Halim)直言萨拉伊·霍拉出土的陶器风格是通过克什米尔的布尔扎洪(Burzahom)文化受来自中国北方仰韶文化的影响[5]。然而自从20世纪80年代后,随着俾路支斯坦的玛哈伽文化的发现与发掘,南亚次大陆的考古学界都众口一词地认为哈拉帕文化源自玛哈伽文化,认为玛哈伽文化传播到印度河流域,便成为印度河文明[6]。

---

[1] van Driem, George, *Nepal: An Introduction to the Natural History, Ecology and Human Environment in the Himalayas*, Royal Botanic Garden Edinburgh, United Kingdom, 2015, pp.318～325.

[2] Marshall, J., *Mohemjo-daro and Indus Civilization,* Arthur Probsthein, 1931, Vol.1, pp.vi～viii.

[3] Childe, V. G., *New Light on the Most Ancient East*, Routledge and Kegan Pail, 1952, pp.183～184.

[4] Wheeler, M, *The Indus Civilization*, Sang-E-Meel Publication, 1997, pp.24～27.

[5] Muhammad Abdul Halim, "Excavations at Sarai Khola, Part II," *Pakistan Archaeology* 8(1972), pp.1～112.

[6] Parpola, Asko, *The Roots of Hinduism: The Early Aryans and the Indus Civilization,* Oxford University Press, 2015, p.17.

尽管如此,哈拉帕文化与中国仰韶文化之间的相似与相同,则是不言而喻的。这种相似首先来自陶器,亦即那些红陶黑彩风格,甚至有些纹饰,它们几乎如出一辙。图六中的这种纹饰被称作"西阴纹"或"四叶花瓣纹"。我们可以将其分作两部分来看,白的部分可以视为四叶花瓣,黑的部分则像十字交叉,西方称"马耳他十字"(Maltese cross)。中国的则因最早发现于山西西阴村,故称"西阴纹"。通过对比,我们可以看到两者之间的相似程度。与此相似的还有对三角纹等(图六)。直到公元前一千年左右,这种来自喜马拉雅北麓的影响才逐渐式微。譬如萨拉伊·霍拉遗址Ⅰ期和ⅠA期(过渡期)陶器完全为手制,器物底部往往有篮纹或席纹,有些器物施以泥质陶衣。但到了萨拉伊·霍拉第Ⅱ期,风格巨变,譬如素面短颈罐,一系列有横槽的(或密弦纹,Ⅶ型)、折沿器皿(Ⅷ型),以及器盖(ⅩⅢ型)等过渡期中刚刚出现的器物在第Ⅱ期中便很普遍了。这些器物在旁遮普、信德和俾路支斯坦等地的哈拉帕文化中非常普遍。而随着这些器物同时出现的还有红玉髓(carnelian)、青金石(lapis lazuli)、玛瑙(agate)等质地的珠子和陶手镯(terracotta bracelets)。萨拉伊·霍拉的发掘者认为这一切说明在公元前三千年纪印度河流域发生的一种文化的变化,即先前与中国所建立的接触换成了与西南亚之间的联系[1]。

不仅是仰韶文化,哈拉帕文化实际上与中国甘青地区的马家窑文化、西藏的卡若文化之间,都有着互动关系。譬如卡若出土的陶器主要有钵、罐、盘等,均为平底,以泥条盘筑法制作,底部印以席纹。有一种容器的表面出现不规则的扫痕,被认为是在陶器成型后经细树束或扫把刮扫后所致的扫痕。卡若遗址出土了1 664片陶片,这种有扫痕的陶片占陶片总数7.8%。有趣的是卡若遗址出土的这种扫痕,发掘者称其为"抹刷纹","纹痕深浅不一,纵横交错,极不规整,似在制陶过程中用粗纤维或草抹刷器表时所留的痕迹,一般饰于作炊器用的深腹罐上"[2]。而我们在巴哈塔尔的科特·迪吉文化单位中,也发现很多这种"抹刷纹"。尤其是在克什米尔地区发现的公元前两千多年前的布尔扎洪文化,与昌都卡若文化有着诸多的相似与相同。很多学者认为印度河流域的哈拉帕文化和中国黄河流域的仰韶和马家窑文化有着很多的互动,而这种互动正是通过克什米尔地区的布尔扎洪文化来实现的。学者们通过对两个遗址由碳-14测年所提供的年代数据的比较,认为发现卡若遗址年代稍早于布尔扎洪遗址,布尔扎洪遗址是卡若文化向泛喜马拉雅地区传播的结果,而且这条传播路线就是中国西藏与内陆地区,以及与南亚次大陆地区之间移动往来的"麝香与丝绸之路"[3]。甚至有些学者认为布尔扎洪遗址与黄河流域的仰韶文化也有诸

---

[1] Muhammad Abdul Halim, "Excavations at Sarai Khola, Part II", *Pakistan Archaeology* 8(1972), pp.1～112.
[2] 西藏自治区文物管理委员会、四川大学历史系:《昌都卡若》,文物出版社,1985年,第136页。
[3] 霍巍:《喜马拉雅山南麓与澜沧江流域的新石器时代农业村落——兼论克什米尔布鲁扎霍姆遗址与我国西南地区新石器农业文化的联系》,《农业考古》1990年第2期。

多联系[1],是"彩陶文化"西渐的证据[2]。

20世纪,巴基斯坦的考古学家也是这么认为的,但随着玛哈伽文化发掘和研究的深入,他们认为将布尔扎洪遗址看作是"仰韶新石器文化中的一种悠久传统的扩散"[3],是不成熟的观点,他们认为布尔扎洪遗址的文化因素在玛哈伽文化中有着深厚的传统。玛哈伽文化不仅是布尔扎洪遗址的文化源头,而且被认为也曾经深刻地影响着南土库曼斯坦,乃至伊朗北部的早期新石器文化。不仅陶器,石器亦然,譬如凹背弧刃半月形穿孔石刀或长方形穿孔石刀等,则应置于整个东亚文化传统范围[4]。

图六 哈拉帕文化与仰韶文化彩陶比较
1、2. 仰韶文化彩陶上的花瓣纹 3、4. 哈拉帕文化彩陶上的花瓣纹与三角纹

---

[1] 徐朝龙:《喜马拉雅山南麓所见的中国北方新石器时代文化因素——浅谈克什米尔地区的新石器时代遗址布鲁扎霍姆(Bruzahom)》,《农业考古》1988年第2期。
[2] 韩建业:《"彩陶之路"与早期中西文化交流》,《考古与文物》2013年第1期。
[3] Mughl, M.R., "Excavaton at Jalilpur," *Pakistan Archaeology* 8(1972), pp.117～124.
[4] J.G.谢菲尔、B.K.撒帕尔:《巴基斯坦与印度的前印度河文化及早期印度河文化》,《中亚文明史》第一卷,中国对外翻译出版公司,2002年,第177～206页。

我们在巴哈塔尔遗址发现一种带孔盘状石器，与其形状相近的马家窑的圆盘器来自青海贵德罗汉堂，标牌说明是纺轮，但这不可能，这个圆盘直径约13厘米，中间孔直径约2厘米，不可能是纺轮。而巴哈塔尔遗址也出土有类似的中间带孔的圆盘器。巴基斯坦学者认为是权杖首，但我们认为是圆盘砍砸器，因为所有出土的这类石器的周边缘刃均有使用过的砍砸痕迹，如罗汉堂出土的这件便有明显的使用痕迹。有的甚至不需要安装在杖头使用，即不需要木头手柄，可以直接手持石器使用，所以中心圆孔没有穿透，巴哈塔尔出土的这件即是如此（参见图三）。

我们在巴哈塔尔发现的菱形项链坠或纺轮，与马家窑出土的同类器物也毫无二致（图二，4），特别是陶手镯（图二，6），若将其放在一起，根本无法区别。只是马家窑文化的陶手镯数量较少，而哈拉帕文化中出土的这种陶手镯可以说是海量。这与陶手镯的大量使用和易于损坏有关（图七）。

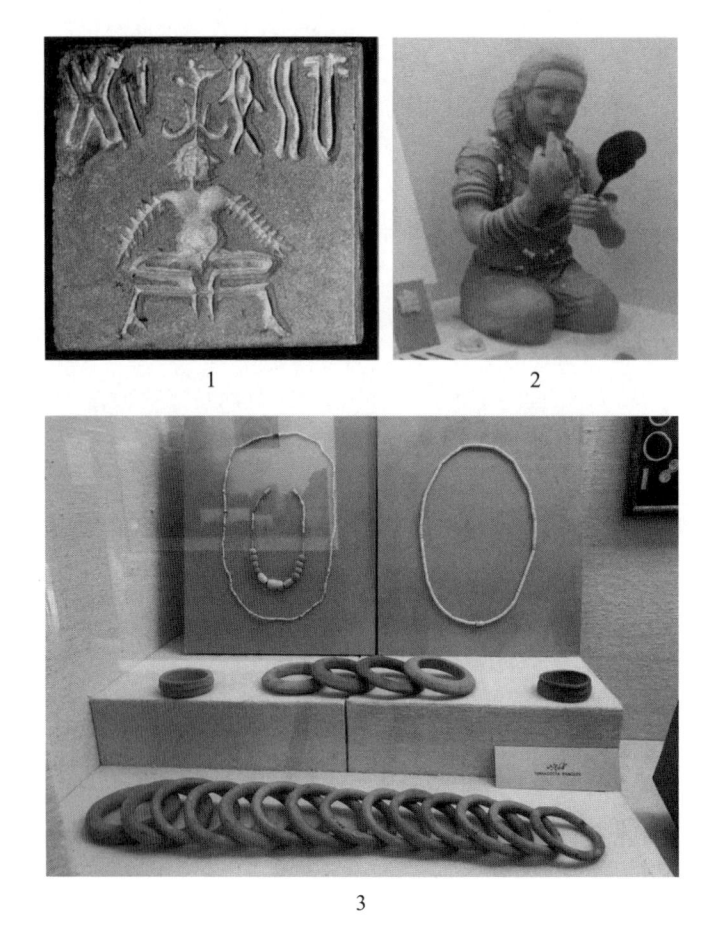

图七　哈拉帕文化出土陶器

1.哈拉帕印章图案中双臂戴满臂钏的湿婆神　2.哈拉帕博物馆现代塑像　3.哈拉帕博物馆陈列的陶手镯

此外，尤其值得注意的是装饰品中的海贝和费昂斯。首先是费昂斯可能来自哈拉帕文化。在我们发掘的巴哈塔尔遗址科特·迪吉文化层中也发现费昂斯珠子，时代在距今4 800年。印度河谷发现的时代最早的费昂斯珠子是距今5 000多年哈拉帕文化早期或马哈伽文化晚期的[1]，不过最近有报道说，在玛哈伽文化Ⅱ期（5500BC～4800BC），就已经发现了上釉的费昂斯珠子（Glazed Faience beads）（图八，2）[2]。从目前的考古资料看，我国最早的费昂斯发现于新疆，距今不到4 000年[3]，但事实上在青海马家窑文化中的出土材料中，早就出土过费昂斯，只是发掘者不认识，错将其视作骨珠（图八，1）[4]。

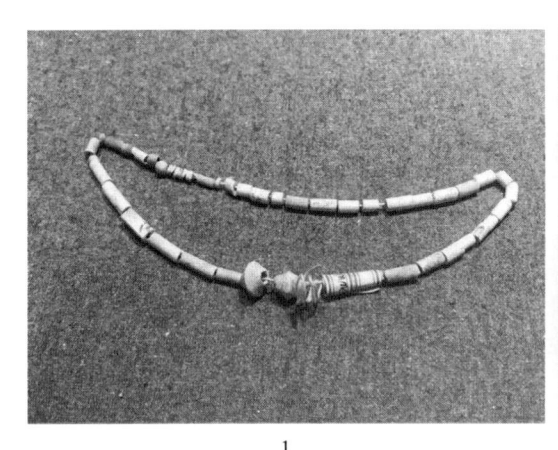

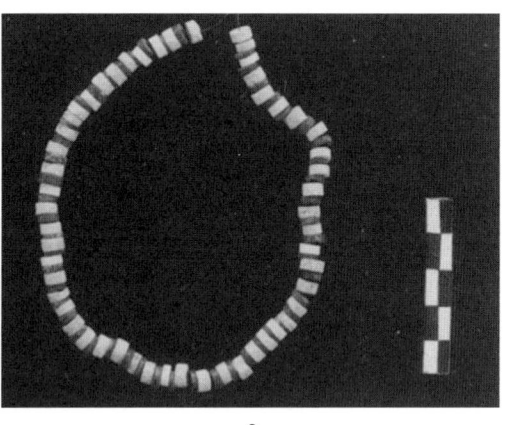

图八　玛哈伽文化与马家窑文化出土项链
1.马家窑文化出土石、骨、费昂斯项链（中间的菱形项链坠即为费昂斯）　2.玛哈伽文化Ⅱ期的费昂斯项链

卡若遗址出土的装饰品中，珠子有10枚，质地有大理岩、硬玉、黏土岩、孔雀石、骨等；形状有圆形、扁圆形、管形、葡萄形等，其上均有一穿，对穿而成。此外还出土项饰两串，每串出土时均集中在一起。项饰有长方形珠和管珠两种，长方形珠系黏土岩制成，珠体较薄，孔的位置不甚固定，或在中心，或偏一端；管珠系鸟类腿骨片制成。与此形成对比的是曲贡遗址和墓葬，无论早期或晚期，竟然未出土任何项饰类的珠子或人体悬挂饰品，这是一个令人非常费解的现象。

---

[1] Vidale, M., Early Harappan Steatite, Faience and Paste Beads in a Necklace from Mehrgarh-Naushero (Pakistan), *East and West* 10(1989), pp.291～300; Kennoyer, J. M., Faience Ornaments from Harappa and the Indus Valley Civilization, *Ornament* 17(1994), pp.35～39.
[2] 参见Tribune网站2019年5月6日快讯："9000年前的马哈伽遗址需要保护"（9000-year-old Mehrgarh needs to be preserved）（网址：https://tribune.com.pk）。
[3] 新疆文物考古研究所：《新疆萨恩萨伊墓地》，文物出版社，2013年。
[4] 在贵德县博物馆的马家窑文化展品陈列中，有一串标着"马家窑文化"的珠子，其中坠饰我们认为是费昂斯。

吐蕃时期进贡长安的贡品之一是"瑟瑟"，史书记载波斯产"瑟瑟"[1]，而吐蕃人与波斯人多有往来，所以吐蕃变成了唐朝输入"瑟瑟"的来源地[2]。所谓"瑟瑟"即指绿松石和孔雀石，由于绿松石的主要产地在土耳其，故又称土耳其玉。藏语之所以将其称为"瑟瑟"，学者们疑其来自波斯语。波斯语称绿松石为"jamsat"，而"瑟瑟"可能是这个词的对音省译[3]。从宝石的加工来说，与西藏邻近的印度河文明[4]，乃至于前哈拉帕文明都以生产加工这种珠饰而闻名[5]。卡若遗址出土的硬玉，是指其产地也在喜马拉雅，如缅甸翡翠。但其加工，如蚀花玉髓，即藏语中的"瑟瑟"（zig），应该还指硬玉，即翡翠、玉髓或玛瑙，包括由蚀花技术制成的"天珠"[6]，这种蚀花玉髓最为盛行的就是哈拉帕文化[7]，而其更为久远的源头可以追溯到玛哈伽文化。我们以为卡若的珠子和项饰，包括甘青地区马家窑文化出土的同类器物，应该都是由泛喜马拉雅廊道传播而来的。

此外还有海贝的来源问题。卡若遗址出土海贝10枚，童恩正在报告中指出：

> 穿孔贝属于宝贝（Cowrie shell），此类贝主要产于南海，但在仰韶文化、龙山文化以及黄河上游诸石器时代文化中，经常可以发现以作宝贝作为装饰品的情况，这似乎是我国原始文化的共同特征之一，所以国外有的学者是以宝贝的传播作为一种文化因素的传播而加以考虑的。卡若遗址远离南海，竟然也发现了这种贝，这除了证明它的居民与我国其他类型的新石器时代文化的居民有着共同的意识以外，也反映了当时部落之间的交换，不论是直接的或间接的，已经达到了很远的范围。[8]

也就是说，童恩正认为卡若遗址出土的贝产自中国南海，普遍见诸仰韶、龙山以及马家窑文化，那么出土于卡若遗址的海贝定然也是来自中原地区新石器文化因素之一。然

---

[1] 参见《魏书》卷一〇二《西域传》、《周书》卷五〇《异域传下》、《北史》卷九七《西域传》、《隋书》卷八三《西域传》等。
[2] 王尧：《吐蕃金石录》，文物出版社，1982年，第58页；张云著：《上古西藏与波斯文明》，中国藏学出版社，2005年，第292～300页。
[3] 汪大渊著，苏继庼校释：《岛夷志略校释》，中华书局，1981年，第256～257页。
[4] Gajjar, N., *Ancient Indian Art and the West-A Study of Parallels, Continuity and Symbolism from Proto-historic to Early Buddhist Times*, Bombay, 1967, pp.15～18.
[5] J.G.谢菲尔、B.K.撒帕尔：《巴基斯坦与印度的前印度河文化及早期印度河文化》，《中亚文明史》（第一卷），中国对外翻译出版公司，2002年，第177～206页。
[6] 夏鼐：《我国出土的蚀花的肉红石髓珠》，《考古》1974年第6期；汤惠生：《藏族饰珠"Gzi"考略》，《中国藏学》1995年第2期。
[7] 赵德云：《中国出土的蚀花肉红石髓珠研究》，《考古》2011年第10期。
[8] 西藏自治区文物管理委员会、四川大学历史系：《昌都卡若》，文物出版社，1985年，第154页。

而近年来的发现与研究表明,贝在中国的出现与传播,应该是全新世5000年以后的事。比卡若早一点的是青海宗日遗址出土的海贝。从碳-14年代来看,宗日遗址的两个碳-14测年数据为距今5 685±225年和距今5 650±140年[1],稍早于卡若遗址,但可视为同时期的新石器文化。安特生说在渑池的仰韶文化中发现海贝,但验诸后来发现的仰韶文化,均不见海贝,后来夏鼐先生在核验安特生在河南渑池发掘的地层时发现,安特生将晚期的文化地层当作仰韶文化了[2]。

1993年10月25日的《中国科学报(海外版)》头版登载了中国地质科学院地质力学研究所钱方教授在青海省海西州昆仑山口的西大滩发现一万年前人类遗迹的文章[3]。钱方教授发现的遗物包括石器等人工制品、兽骨、灰烬等,其中最为引人注目的是发现一枚经过切割和钻孔加工的人体悬挂装饰品海贝。对同层位出土的两件动物骨骼标本(W2、W3)进行热释光测年(Thermoluminescence dating)后,分别获得距今为17 290±1 210年和18 910±1 510年两个年代数据。

根据日本学者白川静的考证,甲骨文和金文中所有的"贝"无一例外全部都是子安贝的象形[4]。殷商时期出土的海贝亦然,比如三星堆"祭祀坑"共计出土海贝约4 727枚,主要为货贝、白色环纹货贝、黑色虎斑纹贝,均为海洋性贝类,而其中的白色环纹货贝,亦即子安贝[5]。子安贝,英文称作"cowry"或"cowrie",拉丁学名为"*Monetaria moneta*"。现在我们知道这种宝螺(也称宝贝)科(Cypraeidae)的热带海洋腹足纲软体动物,只生活在红海和印度洋[6]。

从中国旧石器时代晚期以来的考古资料来看,海贝最早出现于青海的马家窑文化和西藏的卡若文化。直到龙山文化时期,海贝才普遍见诸中国内陆地区,这一现象便从一个方面暗示着海贝应该来自南亚次大陆,或准确地说来自哈拉帕文化。

我们这次一共清理了36座灰坑,其中几座值得进一步探讨,譬如H9。该灰坑底部直径3.3米,深3.5米,靠近底部的四周坑壁上规律分布着许多直径10厘米左右的洞,疑地表原有木构设施。灰坑的壁和底,都涂抹有3～6厘米的青膏泥。据此,我们认为H9是地穴式房屋。灰坑的填充物很丰富,分层清晰,灰烬与各种人工制品以及生物制品混在一起。换句话说,这个坑起初很可能是作为住房使用的地穴式房屋,废弃后才变成了垃圾坑。

---

[1] 陈洪海、格桑本、李国林:《试论宗日遗址的文化性质》,《考古》1998年第5期。
[2] 夏鼐:《夏鼐日记》(四),华东师范大学出版社,2011年,第407页。
[3] 吴宇、周国洪:《东昆仑地区一万年前有人类生存》,《中国科学报(海外版)》1993年10月25日第1版。
[4] 白川静著,张莉译:《白川静文字学的精华》,天津人民出版社,2012年,第112页。
[5] 张善熙、陈显丹:《三星堆文化的贝币试探》,《四川文物》1989年第S1期;四川文物考古研究所:《三星堆祭祀坑》,文物出版社,1999年,第150、419页。
[6] Doolin, A., Cowries, *Hawaiian Shell News*, New Series No.306, 1985, Vol. XXXIII No. 6.

考古学家在昆奈尔（Kunal）的ⅠA期，即科特·迪吉期也发现了窖穴式住房。这些住房被称作房屋，其制作方式为先挖一个深1.1、底径2米的坑，地面经过拍打，坑壁经过抹泥。坑口的柱洞表明坑口上方有至少2米高的外表涂泥的篱笆墙。而ⅠB期则开始出现面积更大的坑，而且坑壁用土坯砌筑后用泥抹光。此外在贾利普尔（Jalilpur）、哈拉帕等地发现钟形（bell-shaped，即袋状）的小型储藏坑，壁和底都经过抹泥处理；在卡立邦甘（Kalibangan）也发现有科特·迪吉时期的住房，为土坯建筑，在建筑内还发现有灶、白灰（或青膏泥）地面的窖藏灰坑、马鞍形磨盘。卡立邦甘发掘的科特·迪吉期的时代，其碳-14校正年代在2900～2800BC[1]。

仰韶文化也发现很多类似地穴式房屋的灰坑，其壁与底有的有木结构，并涂以1～4厘米厚的草拌泥（亦即古汉语中的"墐"）用于防潮[2]，有的甚至在出口处盖以顶棚以遮蔽雨水。近年来在陕西杨官寨仰韶文化遗址发掘的灰坑中，也发现这种袋状灰坑，譬如"H85的壁面基本竖直，坑底部的结构基本呈对称分布，可能是其原初用途的直接证据，与房屋建筑内的'土床'或上下台阶一类的设施十分相似，种种迹象表明H85很有可能为一处史前先民长期居住的地穴式房屋建筑遗迹"[3]。虽然萨拉伊·霍拉遗址的发掘者认为科特·迪吉文化类型发现的这种袋状居住坑可能受到来自仰韶文化的影响，但俾路支斯坦玛哈伽文化出土有时代更早的这种袋状居住坑，因而从玛哈伽传入巴哈塔尔的可能性更大。

玛哈伽是南亚最早的拥有农业和畜牧业的遗址之一，"驯化小麦品种、早期农业、陶器以及其他考古文物，一些驯化植物和畜群动物等与后来印度河文明之间有相似之处"。据帕波拉说，玛哈伽文化传播到印度河流域，便成为印度河文明[4]。在公元前八千多年前的玛哈伽Ⅰ期中发现的是六棱裸大麦（H. vulgare subsp.）[5]，俗称青稞。我们在巴哈塔尔遗址也发现许多六棱裸大麦的植硅体。青藏高原最早的青稞发现于距今3 700年前的山南昌果沟[6]。中国西藏与南亚次大陆为邻，西藏的青稞应该来自印度河流域。

---

[1] Lal B.B., Joshi J.P., Thapar B.K., Bala M., *Excavation at Kalibangan: The Early Harappans(1961～1969)*, the director general archaeological survey of India, 2003.
[2] 杨鸿勋：《仰韶文化居住建筑发展问题的探讨》，《考古学报》1975年第1期。
[3] 陕西省考古研究院、中美国际田野考古学校、西北大学文化遗产学院：《陕西高陵杨官寨遗址H85发掘报告》，《考古与文物》2018年第6期。
[4] Parpola, A., *The Roots of Hinduism: The Early Aryans and the Indus Civilization,* Oxford University Press, 2015, p.17.
[5] Jarrige C., Jarrige J.F., Meadow R., et al., *Mehrgarh: Field Reports 1974～1985 from Neolithic Times to the Indus Civilization*, the department of Culture and Toutism, 1995, pp.59～66.
[6] 傅大雄、张俊卿、田存余等：《雅鲁藏布江中部流域发现古青稞（Hordeum vulgare L. var. undum）炭化粒》，《西南农业大学学报》1994年第6期；傅大雄：《西藏昌果沟遗址粟（Setaria italica）碳化粒的发现》，《四川农业大学学报》1997年第1期。

之所以在前面零零碎碎地进行了一些初步比较,主要是基于一个"文化包裹"(cultural package)的概念,很多西方学者在研究青藏高原文明时,经常使用这个概念[1]。包裹的意思有点像我国学者经常使用的"因素"意蕴,不过包裹一词更使人一目了然的是其"外来的"这样一层含义。此外,如果不适合使用"体系"或"系统"等词汇的话,还有多样一体化的意蕴。最后,也是最主要的,亦即包裹一词所蕴含的"传递"的意义,而不是文化因素分析中所采用的正本清源意图。换句话说,有时候,特别是在资料阙如不完整的情况下,对于文化的互动,我们只辨认其"上流",而不追溯其"源流"。通过对巴基斯坦印度河谷哈拉帕文化遗址的发掘,通过对史前文化互动的观察,我们发现虽然青藏地区地处高原,环境恶劣,但文明的进程似乎并未受这种环境的影响,文化的互动、包裹的互递、因素的互渗远远超出了我们先前的认识。

施兰英,2010～2013年在南京师范大学文博系随汤老师攻读硕士学位,现工作单位为河北师范大学。

---

[1] van Driem, G., *Languages of the Himalayas: An Ethnolinguistic Handbook of the Greater Himalayan Region*, Leiden: Brill, 2001, p.417; Mark Aldenderfer, Zhang Yinong, The Prehistory of the Tibetan Plateau to the Seventh Century A.D.: Perspectives and Research From China and the West Since 1950, *Journal of World Prehistory* 18(2004), pp.1～55.

试论欧亚草原地理环境因素与早期农业发展的困境
——以俄罗斯南乌拉尔地区为例

吴传仁

一、前　　言

欧亚大陆北部呈现出环境恶劣、生态生产力较低和食物资源短缺等特征。从地理分布范围来看,其中心位置又确保该地区在史前和历史时期都发挥了突出的作用。在史前时期,欧亚大陆北部社会的众多环境特征刺激了独特的生态适应的发展,并形成了独特的生活方式和社会结构。欧亚大陆北部的三个主要生态特征是内陆性、北方性和大陆性。由于其西部、南部和东部远离海洋,该区域大部分地区十分干旱。水分是决定植被数量和潜在粮食产量的关键因素。北部地区特有的寒冷天气和较少的日照时间,极大限制了该地区人类和动物种群的可用资源。平坦和广阔的地域构成了该地区的大陆性气候,远离沿海海洋区的大片陆地带来了极端的温度波动,影响了气候,并对当地自然资源的生长季节造成了总体限制。综合起来,这些特征为欧亚大陆北部的人类生活方式预设了一个恶劣且多有限制的环境[1]。

二、农业和农牧业

自20世纪初以来,从尼古拉·伊万诺维奇·瓦维洛夫和V.戈登·柴尔德开始,许多学

---

[1] Christian, David, *A History of Russia, Central Asia and Mongolia, Volume 1: Inner Eurasia from Prehistory to the Mongol Empire*, Wiley-Blackwell New York, 2008.

者研究了农业的起源及其在世界许多地方的二次传播[1]。重要的是,被称为"次级产品革命"的畜牧业,已经与这些重要的过程联系在一起[2]。在过去的一个世纪里,欧亚大草原农业传播的大部分年表已被绘制成地理地图[3]。根据最近的植物考古学数据,目前关于这一主题的研究领域中最重要的空白之一是欧亚大陆北部的乌拉尔东南部地区。

植物考古学是研究古代世界早期农业出现和扩散的基本方法。欧亚大陆北部植物考古学研究缺乏的主要原因是苏联解体后考古调查的总体匮乏以及对不同考古研究方法上的侧重和取舍(如偏重动物考古学的发展)。就该地区早期生业系统而言,动物考古学方法在过去二十年中得到了更好的确立,并对了解欧亚动物驯化的出现以及史前晚期草原社会的早期畜牧和农牧模式至关重要[4]。

在动物驯化和社会发展的讨论中,马的驯化改变了人类的运输、交往和战争的形式,这一直是欧亚大陆的一个主要研究课题。在乌拉尔东南地区青铜时代农业与社会发展关系的讨论中,植物考古学和动物考古学研究之间的数据和信息相当不平衡。乌拉尔东南部地区最近的考古研究表明青铜时代没有农业[5]。在这篇文章中,我将讨论可能影响该地区农业发展的关键因素。

(一)欧亚草原农业的早期证据

植物的驯化和新兴的农业实践始于世界各地的几个中心,并随之向邻近的不同地区扩散。有几个环境因素影响了这些过程,包括天气模式、降水、土壤和水资源。因此,农业传播的规模和方式在很大程度上取决于自然环境以及为克服这些限制而进行的社会和技术创新与改造。

技术进步包括两个关键的因素:植物特征的改变和自然环境的改变。例如,中国最早的国产小麦证据可以追溯到公元前2500年左右[6],在公元前2000年后,小麦才被用作自给经济的重要组成部分。其中一个主要原因是小麦本身的特性。小麦对自然温度和水

---

[1] Harris, D.R., *The origins and spread of agriculture and pastoralism in Eurasia*, UCL Press, 1996.
[2] Sherratt, Andrew, The Secondary Exploitation of Animals in the Old World, *World Archaeology* 15(1), 1983, pp.90~104.
[3] Spengler, Robert. Agriculture in the Central Asian Bronze Age. *Journal of World Prehistory* 28, No.3(2015), pp.215~253.
[4] Olsen, Sandra, "The Exploitation of Horses at Botai, Kazakhstan", in *Prehistoric Steppe Adaptation and the Horse*, ed. Levine, M., C. Renfrew, and K. Boyle, McDonald Institute for Archaeological Research, 2003, pp.83~104.
[5] Ruhl, L., C.Herbig, and A.Stobbe, Archaeobotanical analysis of plant use at Kamennyi Ambar, a Bronze Age fortified settlement of the Sintashta culture in the southern Trans-Urals steppe, Russia, *Vegetation History and Archaeobotany* 24, No.3(2015), pp.413~426.
[6] 赵志军:《小麦传入中国的研究——植物考古资料》,《南方文物》2015年第3期。

分的需求与中国大部分地区的年气候模式相冲突。然而,中国通过改变生长季节和建设新的灌溉系统,为小麦种植提供了合适的气候环境。因此,在没有详细的古植物学资料的情况下,仅依靠植物特征和自然环境的限制,很难预测农业实践的真实情况。从中国小麦驯化的历史中我们可以看到,对于新环境中的新作物,技术改进需要很长时间。此外,在驯化植物的早期历史中,即使技术进步也不足以支持其在一些困难的自然环境中的可持续生长。由于环境和技术的限制,人们永远不要期望在欧亚大陆北部的苔原地带找到农业的证据。没有哪一种重要的现代作物是在欧亚大陆北部驯化的。因此,驯化作物在该地区的扩散和接受是学者需要理解的一个重要问题。由于环境的限制,欧亚大陆北部存在农作物的最早证据大多是在边境地区发现的。这些地区是农业向欧亚大陆北部扩散的主要地带。关于欧亚大陆北部的农业实践和社会发展之间的关系问题,利用这些出土植物的考古遗存、年代信息、环境数据和考古记录,是可以部分回答的。

欧亚大陆北部是大片的草原地带。南部边缘的山脉形成了一个天然的边界,几个天然的地形入口提供了进入巴尔干半岛、高加索、阿富汗和中国北部的通道。苔原地区和北冰洋是陆地北部边缘的清晰边界。从东到西,生态因素比地形本身更关键。普里皮亚季沼泽以西的自然地貌、地质、植被和气候各不相同,而白令海以西的地貌和气候则更加统一。毫无疑问,这些地区存在着各种各样的气候、地貌、生活方式和文化。从史前到现在,不同区域尺度的地理和生态特征的可变性和相似性决定了社会的发展。

欧亚大陆北部的主要地理特征是,它是世界上最广阔的统一的平地。除了自然边界之外,阻碍人类和动物流动的唯一障碍是大河。这种地形缺乏地理上的障碍与游牧社会的主导地位有助于解释欧亚大陆北部大型文化、政治和军事组织的出现[1]。在青铜时代中期,欧亚草原地带的边缘和核心区域之间更广泛的区域互动表现为物质文化的总体相似性[2]。研究这些相互作用的学者普遍强调农牧经济对于支持青铜时代中后期欧亚草原社会复杂化的重要性[3]。

南乌拉尔地区位于欧亚大陆北部草原和森林草原生态带的边界地带。不同地区对社会、经济和政治发展的重要性已被许多学者所强调[4]。这里有足够的降雨量来支持牧草的生长,但对于大草原上的森林来说是不够的。由于降雨不稳定,该地区的农业生产很困难,历史上人类社区依靠狩猎和放牧为生。草原的地形特征也为居住在该地的人群

---

[1] Christian, David, *A History of Russia, Central Asia and Mongolia, Volume 1: Inner Eurasia from Prehistory to the Mongol Empire,* Wiley-Blackwell New York, 2008.
[2] Kohl, Philip, *The Making of Bronze Age Eurasia*, Cambridge University Press, 2007.
[3] Kuzmina, Elaina, *The Prehistory of the Silk Road*, University of Pennsylvania Press, 2008.
[4] Frachetti, D. Michael, Multiregional Emergence of Mobile Pastoralism and Nonuniform Institutional Complexity across Eurasia, *Current Anthropology* 53, No.1(2012), pp.2~38.

提供了更大范围的流动性。该地区一直以来是研究游牧起源、传播和发展机制的重要区域。驯化谷物的使用（农牧业导向）是该地区大多数先前社会经济发展模式的一个重要因素[1]。然而,这些模型都没有利用欧亚北部史前时期不同考古文化的农业实践的详细知识,并且对农业的传播和采用做了很多假设[2]。为了理解农业向欧亚大陆北部扩散和接纳的规模和过程,植物利用的更详细的证据是至关重要的。

1991年苏联解体之前,苏联在欧亚地区的大量考古项目经常集中在中亚绿洲地区的大型农业定居点,以及大草原和森林大草原铜器和铁器时代的土墩墓（库尔干人）。在这些项目进行期间,发掘者几乎没有开展植物考古学工作。苏联和后苏联时期对农业考古证据的研究几乎完全基于识别与农业相关的人工制品,如镰刀、锄头和研磨工具[3]。陶瓷上的颗粒印记也在几个例子中被报道过。然而,仅仅依靠可能与农业有关的人工制品来判断农业是否存在是有问题的,因为特定工具形式的功能是假定的。例如,青铜或铁镰刀也可以用来收集作为饲料的野生植物资源。

如果没有植物考古学研究成果的相互验证,单纯使用磨石作为农业证据也是有问题的。磨石遍布欧亚大陆中部,陶器上的颗粒印记可能是社会中农作物使用证据的重要线索,但必须考虑磨石也可以用于加工野生植物,包括野生谷物、块茎和坚果。另外,使用陶器上的谷物印记作为支持当地农业实践的证据,也需要结合从环境和植物考古工作中获得的具体证据。尽管这些形式的证据在解释农业实践时缺少确定性,但当与植物考古学数据结合起来时,它们确实提供了重要的支持证据。

1991年苏联解体之前,很少有外国考古学家能够进入苏联进行合作考古研究。20世纪90年代末,几个新的国际合作研究项目开始出现在欧亚大陆。这些项目侧重于研究定居点和当地自给经济模式[4]。这些研究项目为更全面和多学科地研究欧亚北部地区晚期史前生存实践提供了新的机会。重要的是,古植物学和古民族植物学研究的实施极大地提高了对该地区农业传播和利用的理解。

分析周边的农业起源地与农业扩散和传播地区,有助于我们理解欧亚大陆北部农业

---

[1] Renfrew, Colin, " Pastoralism and Interaction: Some Introductory Questions", in *Ancient Interactions: East and West in Eurasia*, ed. K. Boyle, C. Renfrew, and M. Levine, McDonald Institute for Archaeological Research, 2002, pp.1~10.

[2] Spengler, Robert, N. Ryabogina, P. Tarasov and M. Wagner, The spread of agriculture into northern Central Asia: Timing, pathways and environmental feedbacks, *Holocene* 26, No.10(2016), pp.1527~1540.

[3] Koryakova, L., and A.Epimakhov, *The Urals and Western Siberia in the Bronze and Iron Ages*, Cambridge University Press, 2007.

[4] Hanks, Bryan, and J.Johnson, Modeling Human-Environment Dynamics and Socio-Economic Change in the Bronze Age Eurasian Steppe (2100~1500 BCE), Paper presented at the 77th Annual meeting of the Society for American Archaeology, 2012.

实践的动因与过程,对于我们了解农业在社会演变和经济发展中的作用也是至关重要的。乌拉尔东南部地区远离任何早期植物驯化的中心,扩散对于农业的传播可能起到了主要的作用。学者们经常讨论这种扩散的两种一般模式:(1)与新石器时代农业社区有关的扩散过程;(2)当地狩猎采集群体逐渐采用新驯化的动植物物种[1]。由于特殊的地理和生态特征,边境地区和连接其他地区的山区"门户"地区是欧亚大陆北部最早接受农业的地区。

农业和绵羊及山羊的驯化似乎已经从亚洲西南部穿过伊朗高原向东扩散到中亚。公元前6000年,位于中亚西部、土库曼斯坦南部伊朗高原东北边缘水源充足的山麓地带,其农业以小麦和大麦为基础。这一地区的哲通遗址对于记录植物驯化和动物使用的早期转变是最为直接的证据。在这个遗址中发现了小麦和谷物在黏土块上的印记,绵羊和山羊遗骸的发现表明了农牧生计经济在该定居点的重要性。

在该地区的另外两个考古遗址,托戈洛克(公元前5730年)和夏加尔(公元前5050年),发现了小麦和大麦的证据。一些学者认为,根据这一证据,哲通文化出土的植物考古遗存代表了一种早期农业扩散的模式(人口扩散模式demic diffusion)。然而,很难确定哲通文化的扩散是否代表了一个人群向该地区迁移的过程或者技术的传播,还是说有一个更为复杂的过程,让当地的原住民社区采用驯化的植物和动物。无论如何,哲通文化的发展代表了中亚农牧化的一些最早证据,但这种发展与中亚和中北亚的北方草原和森林草原区之间的明确联系难以确定,这表明不稳定的条件影响了当时农牧化的广泛传播。

在西部大草原,特里波利文化(公元前5000年)已经发现了早期畜牧业的证据。这些社会种植小麦、大麦和小米。牛、绵羊、山羊和猪都用作肉类和次级产品。位于顿河以东的同期狩猎采集群体正在开发野生动物、植物和河流资源,有证据表明其与更定居的特里波利社区进行了交流[2]。相比之下,由于与欧洲的紧密学术联系和数十年的相关植物考古学研究,西部大草原的这些发展中有更多的植物考古学数据可用。该地区的大量植物考古学报告已被用来证明该地区内栽培作物的扩散。这些信息对于记录早期农业在欧亚大陆的分布是至关重要的,对于理解农业的传播和这种过程在区域上的具体限制也是有用的[3]。在东部大草原,撒拉兹姆(Sarazm)是一个重要的农业定居点,位于塔吉克斯坦北部的泽拉夫善Zarafshan山谷。它在公元前4000年到公元前3000年被占领。该位置位于

---

[1] Harris, D.R., *The origins and spread of agriculture and pastoralism in Eurasia*, UCL Press, 1996.
[2] Frachetti, D. Michael, Multiregional Emergence of Mobile Pastoralism and Nonuniform Institutional Complexity across Eurasia, *Current Anthropology* 53, No.1(2012), pp.2～38.
[3] Spengler, Robert, Agriculture in the Central Asian Bronze Age, *Journal of World Prehistory* 28, No.3(2015), pp.215～253.

一系列农业定居点（Namazga纳马兹加Ⅳ）的东北边缘，这些定居点分布在科佩特Kopet Dag山脉的北麓生态区[1]。该地区是理解农业向欧亚大草原扩散的重要场所。考古研究表明，这些社区高度依赖绵羊和山羊放牧。石磨、杵、小麦和大麦的证据说明，生业经济包括了家庭谷物加工[2]。

贝加什遗址是农业实践早期植物考古学证据的另一个重要地点。它位于哈萨克斯坦东南部的准噶尔山脉的山麓干草原上。炭化黍和小麦通过系统浮选从火葬埋葬和相关的陪葬火坑中获得。来自小米和小麦种子的直接测年数据大约是公元前2460～前2150年。这为黍稷和小麦出现在欧亚大草原的同一地点提供了一些最早的证据。此外，所发现的烧焦种子都来自埋葬环境[3]。

欧亚大陆远东地区最早的农业证据来自Krounovka-1遗址的新石器时代晚期组遗存。该遗址位于Primorye地区南部Krounovka河谷，是扎伊桑诺夫卡（Zaisanovka）文化晚期综合体的典型代表。从Zaisanovka文化层的沉积物中浮选回收了黍稷和谷子（Setaria italica）。这个遗址的年代大约是公元前3500年[4]。

欧亚大陆中北部细石器技术的相似性表明，中石器时代和新石器时代（约公元前6000年至4000年）的里海南部和乌拉尔山脉南部之间存在一个互动区。根据对Mullino遗址发现的动物和鱼类遗骸的分析，自给经济似乎严重依赖动物和水生资源。不幸的是，近年来在这些地点开展的工作很少，Matyushin提出的接触区也没有得到更充分的研究[5]。

乌拉尔南部地区一直被认为是早期农牧业出现的重要地点。中亚北部更广阔地区内马的驯化已经被认为与哈萨克西北部的博泰文化有关[6]，此外，驯化绵羊和山羊也扩散到了该地区。学者们积极讨论了辛塔什塔—彼得罗夫卡（Sintashta-Petrovka）社区在

---

[1] Spengler, Robert, C. Chang, and P. Tourtellotte, Agricultural Production in the Central Asian Mountains: Tuzusai, Kazakhstan (410～150 BC), *Journal of Field Archaeology* 38, No.1(2013), pp.68～85.

[2] Spengler, Robert Michael D. Frachetti and G.J. Fritz, Ecotopes and Herd Foraging Practices in the Steppe/Mountain Ecotone of Central Asia During the Bronze and Iron Ages, *Journal of Ethnobiology* 33, No.1(2013), pp.125～147.

[3] Frachetti, D. Michael, "The Dzhungar Mountain Archaeology Project: Reconstructing Bronze Age Life in the Mountains of Eastern Kazakhstan", in *Beyond the Steppe and the Sown: Proceeding of the 2002 University of Chicago Conference on Eurasian*, 2006.

[4] Tao Li, Chao Ning, Irina S. Zhushchikhovskaya, Mark J. Hudson, Martine Robbeets, Millet agriculture dispersed from Northeast China to the Russian Far East: Integrating archaeology, genetics, and linguistics, *Archaeological Research in Asia*: 22, 2020.

[5] Matyushin, G., "Problems of inhabiting central Eurasia: Mesolithic-Eneolithic Exploitation of the Central Eurasian steppes", in *Prehistoric Steppe Adaptation and the Horse*, ed. Levine, M., C. Renfrew, and K. Boyle, 2003, pp.367～393.

[6] Outram, A., N. Stear, R. Bendrey, S. Olsen, A. Kasparov, V. Zaibert, N. Thorpe and R.P. Evershed., The Earliest Horse Harnessing and Milking, *Science* 323(2009), pp.1332～1335.

青铜时代中期的发展，大多数人接受了这些群体的定居性质，以及利用马、牛、绵羊、山羊以及家猪或野猪的农牧战略[1]。Zdanovich根据在相关定居点发现的镰刀形工具，认为农业生存实践也是经济的一部分。辛塔什塔—彼得罗夫卡遗址出土的驯化谷物已有报道，但这些都是在不使用浮选方法的情况下偶然发现的，同时报道的例子很少[2]。据报告，在Alandskoye定居点的房屋地板上发现了小米（黍属）遗存，在Arkaim和Alandskoye定居点的陶器中发现了小米和小麦碎片。根据谷物碎片的发现，有学者认为农业在Arkaim遗址的自给经济中发挥了重要作用。然而，Koryakova和Epimakhov认为，由于该地区恶劣的气候条件，加上缺乏大型储存设施的证据，这些群体的农业生产仍然值得怀疑[3]。

欧亚大陆北部农业的早期证据揭示了时间和空间上的显著差异和差距。然而，毫不奇怪，迄今为止已确认的证据表明，欧亚大陆中部和北部的边境地带和地形关口似乎是首先出现农业扩散证据的区域，许多地理和生态变量影响了这种趋势。从地理上看，蒙古高原在空间上非常靠近农业兴起的一个重要核心区域（中国北方），并且似乎没有任何明显的自然障碍阻碍农业的传播。然而，这里缺乏早期农业的证据。此外，欧亚大陆西部和中部边缘地区的农业传播和接纳过程和中北部也有很大不同。前两个地区，显示采纳和使用农业的明确证据的最早遗址通常严重依赖于其他形式的生计（畜牧和狩猎采集），农业成为这些经济中的一个额外组成部分[4]。

农业实践的半工业化传播可能很少发生在欧亚大陆北部，因为农业在迄今已知的当地大多数考古学文化中并不是一个重要的组成部分。在欧亚大陆北部，早期的农业形式可能并没有比其他本地化和传统的生存策略（狩猎、采集、捕鱼和放牧）更具优势。因此，在对欧亚大陆北部复杂社会的起源和发展的研究中，驯化谷物的采用或传播和使用可能不会提供当地或区域自给经济发生巨大变化的证据，而是反映了文化习俗的其他方面，如仪式、贸易和交换。这些模式还表明，与欧亚大陆北部相关的环境限制对农业生活方式的传播和采用至关重要。

---

[1] Gaiduchenko, L.L., Organic Remains from Fortified Settlements and Necropoli of the "Country of Towns". In Regional Specifics in Light of Global Models BC 378 Complex Societies of Central Eurasia from the 3rd to the 1st Millennium. Volume2: The Iron Age; Archaeology, Geoarchaeology, and Palaeogeography; Beyond Central Eurasia, edited by Jones-Bley, K. and D. G. Zdanovich, pp 400～418, Institute for the Study of Man, Washington D.C, 2002.

[2] Zdanovich, G.B., and D.G. Zdanovich., "The 'Country of Towns' of the Southern Trans-Urals", in Ancient Interactions: East and West in Eurasia, ed. K. Boyle, C. Renfrew, and M. Levine, McDonald Institute for Archaeological Research, 2002, pp.249～264.

[3] Koryakova, L., and A.Epimakhov, The Urals and Western Siberia in the Bronze and Iron Ages, Cambridge University Press, 2007.

[4] Spengler, Robert, N. Ryabogina, P. Tarasov and M. Wagner, The spread of agriculture into northern Central Asia: Timing, pathways and environmental feedbacks, Holocene 26, No.10(2016), pp.1527～1540.

(二)南乌拉尔地区青铜时代缺乏农业生产证据的可能原因

在欧亚大陆北部,由于早期驯化植物分布的限制,小麦、大麦和小米是唯一可用的选择。总的来说,欧亚大陆北部的中央草原地区值得重点关注。因为考古证据表明,就人类流动和物质资源的贸易和交换而言,这是东西方之间的一个重要互动区。因此深入了解该地区驯化植物的利用情况和考古遗址出土的驯化作物证据是一个至关重要的问题。

当人们从南向北移动时,中部草原地区的气候从温暖急剧转向寒冷。该地区北部边缘7月平均气温为6～8摄氏度,南部边缘为22摄氏度。气候变动与几个因素有关,包括远离大西洋,靠近北极、西伯利亚和中亚高压气候区[1]。

乌拉尔山脉南部地区西部山坡比东部山坡更加潮湿。降水量的差异每年约为100～150毫米。气候属于大陆性气候,冬季漫长寒冷多雪,夏季温暖,春秋过渡时期明显。平原地区的降水量在温暖季节达到400～500毫米,全年约为500～600毫米[2]。整个地区由森林、森林草原和干燥草原组成。在北部,大型河网密布。这些河谷在夏季为晚期史前人类和动物种群提供了丰富的生物资源和植被。

根据更广泛的区域古环境研究,在公元前2500年左右有一次显著的更冷更干旱的气候转变[3]。在此期间,森林减少,草原和沙漠扩大,冬天变得更冷、更长。南乌拉尔地区Karagaily-Ayat河谷的微区域古环境研究表明,公元前2400～前1570年气候相对湿润[4]。青铜时代相对潮湿的天气极大地影响了定居和生存模式的变化,理论上为驯化谷物的栽培提供了更适宜的气候。

已有的植物考古学数据表明,即便利用这一环境信息,乌拉尔东南部青铜时代种植小麦仍然存在相当大的风险。能否种植该作物需要根据当年的年降水量来确定。虽然这个问题可以通过灌溉来解决,但目前已有的考古学资料并不能反映当时该地区已存在明确的灌溉系统。如今,春小麦在该地区很常见,然而,种植什么作物的决定会因4～5月的天气条件而发生重大变化。根据当地村民的说法,如果4月下旬的天气低于某个温度,种植小麦的风险就特别高。

---

[1] Koryakova, L., and A.Epimakhov, *The Urals and Western Siberia in the Bronze and Iron Ages*, Cambridge University Press, 2007.

[2] Koryakova, L., and A.Epimakhov, *The Urals and Western Siberia in the Bronze and Iron Ages*, Cambridge University Press, 2007.

[3] Anthony, David, *The Horse, the Wheel and Language: How Bronze Age Riders from the Eurasian Steppes Shaped the Modern World*, Princeton University Press, 2007.

[4] Krause, Rudiger and L.N. Koryakova, *Multidisciplinary investigations of the Bronze Age Settlements in the Southern Trans-Urals*(Russia), Habelt-Verlag, 2013.

大麦的种植同样受到潜在问题和风险的制约。对于小米种植来说，最大的问题是收获前季节(7～8月)的高降水，这是该地区典型的气候特征(据笔者询问当地的农人)。因此，在青铜时代中期(公元前2100～1700)，许多问题可能影响了占据该地区的牧民社会对农业谷物的采纳和使用。此外，正如一些学者所建议的那样，采取以农牧为导向的生计方式可能并不是辛塔什塔—彼得罗夫卡定居点所反映的定居模式的必要条件[1]。

如上所述，该地区的家养谷物可能与贸易或小规模种植有关，几乎没有证据表明更广泛地采用和使用农业。由于环境的限制和技术的不足，很可能乌拉尔东南部地区青铜时代似乎并不适合农业实践。考古证据表明，乌拉尔东南部地区青铜时代的主要生业系统是畜牧业，或者正如最近所争论的那样，是一种多资源畜牧业，除了家畜放牧之外，还利用野生植物、动物和鱼类资源[2]。

将农业纳入生计系统的潜在选择是基于利润最大化和生计经济的风险最小化的综合考量。在青铜时代，乌拉尔地区东南部的农业开展是一个高风险的生业系统。此外，与有明显证据的其他生存系统(野生资源和畜牧业)相比，这将是一项劳动密集型的季节性活动。从成本劳动的角度来看，一年一次的农业循环可能会影响其他生业系统的生产效率。例如，如果农田占据了当地水源区的很大一部分，相应的预留给牧草的资源地块也会减少。另外，农业生产的周期，如收割农作物的季节性劳动力与收集冬季饲料以维持畜群的劳动力需求的选择也是一个需要考虑的因素。对于乌拉尔地区东南部青铜时代的牧民社区来说，农业可能不是一个有吸引力的生存系统。相反，在水源区附近最大限度地收集野生资源的选择可能风险更小，劳动强度更小。因此，在青铜时代，广谱资源畜牧业可能是南乌拉尔地区更适合和更可持续的生计经济。

（三）南乌拉尔地区青铜时代畜牧生业近期研究新发现和未来展望

最近在南乌拉尔地区的一些研究表明，青铜时代畜牧群体的发展可能与农作物的利用和农业种植没有直接关系[3]。例如，乌拉尔山西南麓萨马拉河谷(Samara Valley)青铜时代的克拉斯诺萨马尔斯科(Krasnosamarskoe)遗址没有出土农作物，但发现了大量的可

---

[1] Chang, Claudia., and Koster H.K., "Bones: Toward an Archaeology of Pastoralism", in *Advances in Archaeological Method and Theory*, 1986.

[2] Hanks, Bryan, A.M. Ventresca, M.Judd, A. Epimakhov, D.Razhev, and K.Privat., Bronze Age diet and economy: New stable isotope data from the Central Eurasian steppes(2100～1700BC), *Journal of Archaeological Science* 97(2018), pp.14～25.

[3] Ruhl, L., C.Herbig, and A.Stobbe, Archaeobotanical analysis of plant use at Kamennyi Ambar, a Bronze Age fortified settlement of the Sintashta culture in the southern Trans-Urals steppe, Russia, *Vegetation History and Archaeobotany* 24, No.3(2015), pp.413～426.

供畜牧群体利用的炭化野生植物资源,支持了当地半定居模式的畜牧生业经济[1]。乌拉尔山东南部Kamennyi Ambar遗址的古环境研究表明,青铜时代的农业种植缺乏直接的证据,而更多地表现出一种密集利用野生植物资源的生业模式[2]。同时在该地区开展的针对人类和动物遗骸的稳碳氮稳定同位素研究结果表明,鱼类资源也是这些草原畜牧群体重要的生业资源。贝斯塔马克(Bestamak)和利萨科夫斯克(Lisakovsk)墓地的稳碳氮稳定同位素数据表明,个体主要摄入陆生动物蛋白,可能主要来自牛奶和肉类,但某些个体的N15值偏高,可能反映了补充性的鱼类消费[3]。

因此,南乌拉尔地区青铜时代的这些最新研究成果挑战了欧亚草原传统的农业生产与畜牧业发展之间互动关系的理论框架。新的研究强调,狩猎—采集—渔民传统在欧亚草原的早期畜牧群体生业系统里仍然很重要。这些结果表明,在青铜时代畜牧生业研究中需要一个新的维度,未来的研究不仅要关注畜牧群体生业经济的类型和经济取向上的研究,也要进一步了解广谱资源畜牧业的意义及其在复杂人地环境关系和资源可持续性发展中的作用。与已有的大量畜牧群体出土动植物遗骸的研究相比,对野生植物资源利用的实证理解是在许多早期畜牧群体自给自足经济研究中最为缺失的组成部分。

吴传仁,上海科技大学助理教授。

---

[1] Popova, L., *Political Pastures: Navigating the Steppe in the Middle Volga Region (Russia) during the Bronze Age*, Ph.D. dissertation, Department of Anthropology, University of Chicago, 2006.

[2] Krause, Rudiger and L.N. Koryakova, *Multidisciplinary investigations of the Bronze Age Settlements in the Southern Trans-Urals*(Russia), Habelt-Verlag, 2013.

[3] Ventresca, A.Miller., *Social Organization and Interaction in Bronze Age Eurasia: A Bioarchaeological and Statistical Approach to the Study of Communities*, Ph.D. Dissertation, Department of Anthropology, University of Pittsburgh, 2013.

"两创"视域下非遗类展览宏大叙事的构建

马海真

一、前　　言

创造性转化和创新性发展(以下简称"两创")是继承和弘扬中华优秀传统文化的有效途径,既遵循了文化发展的根本规律,也是中华优秀传统文化传承发展的原则和行动指南。重点落在创新性发展、创造性转化在现实生活中的运用以及对现代化建设的启示上。非物质文化遗产是长期活跃在群众中,与百姓生活息息相关的中华优秀传统文化,实现创造性转化和创新性发展具备肥沃的基层土壤,有助于成果转化落地,创新性发展更能体现出现代性。以非遗的载体为展示对象,"透物见人",借助展览让更多的人了解非遗背后的文化意义和继承发扬的必要性。这类展览多是非遗项目、非遗展演、相关技艺的展示,资料碎片化、缺乏条理性,这种特殊性在展览叙事化的背景下,"讲故事"缺乏连贯性和历史性。宏大叙事就是将零散的碎片化的史料在一定的历史时间中有序地排列起来形成具有因果联系的历史必然。"是对历史发展规律的探索与认知。其理论旨在探索历史发展的一般规律,再以规律解释历史事件"。"两创"视域下,以展览内容为叙事文本,清晰的故事线和逻辑结构通过艺术化的形式设计来构建非遗类展览的宏大叙事结构,从而让贴近百姓生活的非遗故事置身在历史的长河中,让"非遗故事讲得更生动"。

---

* 本文系2025年度滨州市社会科学规划课题项目《文旅融合视域下 深挖红色资源 赋能博物馆助力地方发展》(项目编号:25—XWZX—010)的阶段性成果。

二、非遗类展览构建宏大叙事的必要性

非物质文化遗产是人类智慧和创造力的结晶,代表着一个地域、一个民族甚至整个人类共同的文化记忆和民族认同。然而,随着时间的流逝和非遗传承人的断层传承,许多非遗技艺正濒临消亡和失传的危险。展览展示是直观唤醒人们非遗保护意识的重要途径,通过展示非遗技艺、活动项目等向公众传递非物质文化遗产保护传承的价值观念,激发大众非遗保护的意识。同时,非物质文化遗产是地方的名片,以非遗为展示对象,精心组织策划内容丰富多样、形式新颖独特的展览展示活动,吸引更多观众参与到展览共创中,以第一人称的视角了解非遗,厚植非遗保护传承的意识。

非遗类展览的定义可以分为广义和狭义两类,"广义上,非遗的展示形式可以包括:正规与非正规教育中的非遗主题实践活动、非遗相关现场展演、非遗商品售卖推广活动以及借助新媒体开展的线上活动等都属于非遗展示的范畴"。"狭义上,就是通过非遗相关实物展品的有形陈列和动态多媒体以及交互式的、多感官的、沉浸式的无形陈列,采用阐释、演示、体验等展示辅助手段,加深参观者对非遗的理解,在发挥保存、传播、研究、教育等基本功能之外,在宣传、弘扬、传承、振兴层面促进非遗的保护。"从非遗类展的定义中可以看出,展览的主体是单个的项目或是技艺,处于零散状态的特性导致在叙事上难以形成一定的逻辑性和连续性,缺乏故事性的表达。构建宏大叙事是实现故事性表达的重要途径:在宏观的时间和空间中"把故事讲出来",让观众在历史的时间长河中感受非遗的魅力。通过宏大叙事的构建,来自不同背景和文化的人们相聚在博物馆共同分享对非遗项目的热爱,对非遗技艺的传承发扬,促进不同地域之间以及不同年龄之间的交流与对话,为非遗保护传承创造合适的环境。

两创视域下,非物质文化遗产在新时代被赋予了新的内涵,以文化新业态的形式展现出来,亟须新的方式予以展示。展览是以非遗技艺以及背后所蕴含的文化内涵为阐释对象,通过独特的环境布置、流线设计和展品陈列等,突出非遗项目的历史渊源、文化内涵以及其技艺的独特性。巧妙的空间划分和灯光效果的运用,构建宏大叙事的场景,将观众带入一个仿佛穿越时空的场景中,使他们能够身临其境地感受到非遗项目所蕴含的丰富历史和文化知识,见人、见物、见精神,在非遗的精神中获取指导现实工作的"妙招",从而实现在保护的前提下传承的目的。

非遗类展览通过构建宏大叙事,让"非遗故事"发生在优秀传统文化形成的各个阶段,每个阶段都是宏大叙事的有机构成部分。构建宏大叙事可以作为博物馆语境下非遗的话语输出和审美趋向。博物馆从神圣的殿堂"走入"寻常百姓家,逐渐成为优秀传统

文化传承和交流的不可缺少的场所和平台。博物馆视域下，非物质文化遗产的保护传承也有了新的平台和方式，传统和现代在博物馆里碰撞出创新的火花。作为展示文化多样性、共享审美活动的空间，每一位参观者都会在这里亲身体验、感悟以获取有价值的信息。

三、非遗类展览构建宏大叙事的方式

展览叙事化转向是从20世纪开始的，依据一定的线索"讲故事"，策展人将不同的事件遵循时间顺序纳入一个可以被观者理解和接纳的语言框架中，从而赋予其特殊的历史意义。以时间为线索组织展览，这种方式最强调时间秩序和故事情节的连贯性。故事情节的介入让更多独立的、个体的展览元素有了聚拢统一的可能，甚至超乎本来的时空限制从而结合成为一个被认同的、不可分割的统一体。比如，滨州市博物馆联合恩施州博物馆在2023年非物质文化遗产日联合推出的"衣被天下——蓝印花布与西兰卡普联展"，就是在整个故事性的框架下，每单元按照时间顺序构建起一个一个的故事情节，这些故事情节就是整个宏大叙事的组成部分。第一部分"历史沿革"主要通过展品、实物和图片文字形式，讲述蓝印花布和西兰卡普的历史渊源及文化内涵。第二部分"织染技艺"在时间顺序下，通过现场实物、展品及复原的蓝印花布和西兰卡普的织染的场景，讲述蓝印花布和西兰卡普的织造技艺，体验两种技艺的相同点和不同点。第三部分"题材纹样"讲述蓝印花布和西兰卡普上的字在不同时期的题材纹样，以小见大，观察和体会中国传统文化在服饰和实物上的传承脉络，感受每种图案背后蕴含的朴素情感与人文气息。第四部分"传承创新"通过实物、展品及图片文字的形式，展现目前滨州与恩施两地对蓝印花布和西兰卡普作为省市和国家非物质文化遗产在传承和保护方面所作的努力，以及蓝印花布和西兰卡普在文创方面的成就，为非遗的"活态化"传承和创新探索更多可能。非遗展览以有形的物质形态通过艺术化的表现形式体现无形的精神。在这个过程中，读懂"故事"尤为重要，所以展览的叙事性起到了关键性的作用——将单个的看似不相关的非遗技艺项目与历史事件、技艺承载物以时间为顺序串联成为具有必然因果联系的历史片段。孤立的非遗项目和单个的历史事件作为展览的展出对象，不再被认为是缺乏线索性和条理性。在宏大叙事的构建中，展览的实施者构建起一个完整的叙事逻辑——在历史进程和文化发展的宏观语境中以非遗承载物阐释非遗项目、技艺等的展览叙事逻辑。然而，非遗项目、技艺、展演等载体本身并不能自然构成宏大叙事本身，需要用阐释的方式将不同时期不同地域看起来孤立的个体用历史事件联系起来，组成相互关联的故事。非遗技艺与历史事件结合转化为宏大叙事还是要回归到文本本身，也就是大纲内容。

首先体现在大纲内容上，以时间为线索或是分类别构建出一个或几个叙事性"故事"，展品是故事中的主角也是关键点，用展品讲故事。根据大纲文案不同的叙述模式，主要分为非遗项目主题展、非遗综合展、非遗主题展。非遗项目主题展是指介绍某一位非遗项目的代表性传承人、非遗项目的专题非遗展，包含一些文献、视频、照片以及口述史等资料。在展陈文本构思中，叙述模式采取非遗的空间性和时间性相结合的方式，通过构建宏大叙事把这些散乱的资料整理起来，建构成有机的整体，每一部分不再是单独的个体，而是这个故事中的一个重要情节。非遗综合展是指全面、整体展现某一评估体系下所有非遗项目类型的展览，呈现一个地区、族群的非遗综合面貌。这一类型的展览是一个地区自带地域文化特征的单独的项目的集合，相互之间缺乏关联性和文化属性。在构建展览文本时，要把一个地区的非遗项目放在这个地域文化的历史发展中展示，突破各个独立非遗项目的个性，寻找其共性。能成为非遗项目，就必然有传承性，既有过去，又要有活态的当下，更要有光明的未来，这都可以作为故事情节的节点。非遗主题展是选取非遗在当代依然存在的价值，形成主题并进行展示和诠释的展览。这一类展览关注的是挖掘非遗的当代价值，把当下的相关实践作为故事的高潮或是转折点，从造福当代人中实现传承。让展品回到当时"故事"发生的时间和地点，展品的历史价值才会得以实现，从而阐释其背后隐藏的文化价值。历史事件在特定的空间中发生，那些承载着不同的历史事件、民族认同、群体记忆的地点呼唤起对往昔的鲜活感觉。展览同样发生在空间中，在主观的空间和客观的时间中构建了宏大叙事。非遗展览遵循活态保护、系统性保护、生产性保护的策展理念以及"见人、见物、见生活"的策展原则。

"人"是一个群体，比如传承人、保护人、参与人等，"物"是非物质文化遗产可视化的物质载体，诠释物品所承载的文化属性和内涵。因此，非遗展览的展示对象并不仅仅限于物质也就是承载物，还包括活动、情景、技艺、项目等形式，无论哪种形式都围绕"人"这个核心。宏大叙事的构建就是把不同的"人"放置在一定的历史序列中，赋予其情景化的展示，还原特定历史时期的"生活"情景，观众在展览中"见生活"，也就是在场景循序渐进的变化中表现其代表的文化基因，唤醒观者的群体记忆。展览的内容是在充分的田野调查的基础上重新解构整合总结提炼出来的，具有可读性和易理解性。生活化的展览被大多数"非专业观众"理解和接受，在展览内容中，创新是必不可少的因素，可以使展览避免同质化，给观众带来全新的体验。同时，展览呈现一些新鲜、有趣并且具有独特视角的内容，通过独特的展示方式和展示手法来吸引观众的注意力，这就是所说的展览内容的深度性和独特性。比如，"衣被天下——蓝印花布与西兰卡普联展"中，策展人设计了从棉花到棉布再到蓝印花布的一个大场景展示，观众在场景的展示中感受到浓浓的生活气息，从而得到情感上的升华。

非遗展览的故事化就是在宏大叙事的构建中形成的,比如彝族的火把节体现得特别明显。这是少数民族传统节日最早被收录进国家非物质文化遗产名录的非物质文化遗产。火把节上,众人围着火把祈福,跳左脚舞,这种氛围很自然地就把其他人带入进去,在非遗传承人的带动下一起舞动起来。彝族火把节最完整、最丰富地保留着人类群体文化演进的历史轨迹,这种展演式的非遗带动更多的人参与,形成非遗的传承。国家级非物质文化遗产——土家族"哭嫁"的展演中,非遗传承人以历史阶段为背景,沉浸式还原土家族姑娘出嫁时娘家人依依不舍的场景。这些都是在历史的某一个阶段产生、兴盛然后传承下来的,由政府部门主导加以保护以促进其赓续传承。每个不同时期的"故事"组合起来就是整个故事宏大叙事的构建,同时也保留了非遗展览的完整性和生产性。

四、非遗类展览宏大叙事的艺术性表达

宏大叙事的构建不仅体现在展览内容上,同时体现在展览的形式设计中。展览内容是客观存在的事实基础上的学术研究成果。而形式设计则是站在观众的角度通过艺术化处理以喜闻乐见又极具吸引力的方式把展览呈现出来,这就给了策展人更大的自主性。遵循"见人、见物、见生活"的原则和非遗的活态保护、生产性保护、整体性保护方式,根据观众参与展览获取信息的主要方式以及展览业态去划分,可以将非遗类展览的形式划分为三类:非遗活动展、非遗展品展、非遗情境展。

从展览实践来看,非遗活动展是以举办非遗活动为展览主体的展览形态,是观众直接参与展览,与传承人面对面交流的最好方式,比如山东沾化的"渔鼓戏"、湖北黄梅县的"黄梅戏"等,这类展览是典型的"见人"的展览。在形式设计的构思中,策展人联系历史事件,通过宏大叙事和形式设计艺术化处理,把个体的展演活动放入历史的时间长河和突出的历史事件中,让非遗活动有"历史性",呈现前因后果,而不是单纯的一个展演活动。观者在参观的过程中也成为了展览的一部分,与传承人互动。动态化的展示代入感强,观众在观展的过程中不自觉地加入展览的活动中,真正做到沉浸式观展、参与性观展。非遗展品展的展品不仅包括传统艺术、传统技艺类非遗项目的作品,还包括展现传统技艺、传统艺术、民俗、传统戏剧、曲艺等各类非遗项目的承载物(历史的和当下的),比如西兰卡普就是恩施土家族染织技艺的承载物或者见证物,蓝印花布就是黄河三角洲地区染织技艺的承载物。这类展览以展品为中心构建故事,通过展品的关联性传递要表达的信息。

这类展览是典型的"见物"的展览——"物"是在众多的非遗承载物中精挑细选的具有精神属性又受市场和大众欢迎的物品。各个非遗物质承载物都是独立的个体，甚至是毫不相关的独立的个体。仅仅用叙事的方式，这类展览可能会成为一个由各种不同的故事组成的一个杂乱的篇章——缺乏线索，没有连贯性，亦没有主题思想。采用宏大叙事的目的是消除这种独立的隔阂，通过艺术化的手法把一个地域的非遗展品放在整个地域文化的叙事环境中，每个独立的个体都是这个故事的主角。每一个展项之间建立叙事关系，在形式设计上可以引入数字化的方式，线上线下相结合，共同构成故事的情节。非遗情景展是指呈现非遗在历史中存在的景象、空间、环境等，通过实景或数字模拟技术让观众身临其境、直观地走进非遗的原生场景，达到沉浸式体验的效果。这类展览是典型"见生活"的展览，通过非遗展览再现地域文化认同和文化基因。故事性强，游客置身展览中，就如同在真实的生活中一样，促使展览与观众的情感高度统一。博兴吕剧博物馆在形式设计中加入了现场实时展演的环节，观众游览至此处，就如同真的在戏院听戏一样，还有茶水点心，生活气息浓厚。昆曲博物馆的昆曲展演更是情景展的典型，观众在展演中感受生活、感知艺术。艺术化的展现形式在宏大叙事的构建中起到了画龙点睛的作用。这类展览构建宏大叙事具有天然的优越性，过程性的生活气息让观众切身体会到非遗的魅力，加之时间背景的辅助，更具有真实性，使展览叙事具备符号聚合轴和组合轴的双重模式。这类展览内容是源于生活又高于生活，是艺术化的生活，这种艺术化就体现在形式设计上。不同的叙事方式达到的预期效果是不一样的，形式设计的艺术化是构建非遗类展览宏大叙事的重要方式。对于展览文本中主题明确、分量重的关键部分，在形式设计的构思中需要通过比喻、隐喻、夸张等手段突出展示，展示设计可以通过影像、声音等多媒体技术的应用，将非遗项目的技艺过程和传承故事以更加生动形象的方式展示出来。观众可以更加直观地了解非遗项目的制作技艺和传承方式，增强参与感和情感的共鸣。对于展览文本中描述较少的部分，但是对于展览的主题的表达起着举足轻重的作用，这就需要借助艺术化的手段实现诸如场景再现、沉浸式展出等来渲染展览氛围，突出展示效果。比如"衣被天下——蓝印花布与西兰卡普联展"中，大染坊这个场景在展陈文本仅有寥寥几句话，但是在整个展览的氛围营造和叙事表达中都有着举足轻重的作用。策展人在形式设计中把展厅的一个角落顶上和周边贴上镜子，呈现出一个场景复原的开放式大场景，运用玻璃的反射原理，把原来狭窄的空间做成大染坊的实景，场地显得宽敞大气，再辅助以刮浆场景、染缸等染布的过程，活灵活现地让整个大染坊过程性展示出蓝印花布的制作流程，突出了蓝印花布印染之后晾晒的壮观场景。

艺术化在展览的形式设计中，运用一些特殊的方式和声光电等塑造艺术化的形象和沉浸式的氛围，用来表达展览的情感，策展人以观众的视角设计展出形式，呈现出观众易于接受的形态,引导观众在愉悦轻松的氛围中观展。在不断变化的实体空间中,策展人无法左右观者在参观展览中的行为,但是展览可以通过艺术化的形式设计引导观众的观展行为和状态。此外,在展示设计中,还可以通过设置互动性的设计元素,让观众参与到非遗技艺的体验中。例如,在"衣被天下——蓝印花布与西兰卡普联展"中设置了印染环节,让观众可以亲自体验蓝印花布的印染过程,从而增加他们对非遗传承的理解和认同。同时,还可以运用艺术手法和创新技术,将非遗项目与当代艺术相结合,创作出以蓝印花布的原料蓝色和白色的棉线以及西兰卡普的原料五颜六色的彩线制作的艺术装置"经纬大业",让展览更具有趣味性。通过现代化的表现方式和设计手法,使非遗项目在展览中焕发出新的生机与活力,吸引更多的年轻人和外国友人关注和了解非遗传承的重要性。在"衣被天下——蓝印花布与西兰卡普联展"中设置的"比目连枝"连连看游戏,让观众动手参与到展览中,在参与中深入了解蓝印花布的历史渊源和文化内涵。

非遗类展览在形式设计上注重布局、色彩、灯光等元素的协调与统一,营造艺术品质高的展览展示空间。同时,展览设计中还融入了当代艺术元素,使传统文物与现代艺术相得益彰,各显风采,展现出不同时空交汇的美感。这也是构建宏大叙事艺术化表达不可缺少的元素。"衣被天下——蓝印花布与西兰卡普联展"中借助灯光、风扇、架子、染好的蓝印花布等元素营造了大染缸场景,观众沉浸式观展,游走在植物染料的清香中。同时,在最后一部分"传承与创新"中融入了现代化元素,现代纹样和古代纹样相互比对,体现了在创新中传承发扬。此类展览在形式设计上要注重空间叙事的构建和展厅流线的设计相结合,空间叙事结构决定了展览的故事性和主题,展厅流线是策展人在做好观众前置调查的前提下设计的引导观众有效参观的路径。通过预先设计好的路径参观,将观众引向关键的展品重要展示信息点,并形成逻辑性的故事叙述,从而构建出一个完整的叙事空间,这也是构建宏大叙事在形式设计上的体现。

五、结　语

结合非遗类展览具有自身的特性,构建宏大叙事可以真实全面地进行物的展示,从而反映其背后的文化意义,观众沉浸式观展,产生情感认同。博物馆通过对非物质文化承载物的展览展示、体验活动等方式传递着博物馆视域背后的文化内涵。在"两创"视域下,非遗类展览是非遗文化在文博领域开拓创新传承的一种新探索。构建宏大叙事是展览和场馆的双重需要,有助于促进不同地域不同民族之间的文化交流,相互融合,帮助不同文化背景的群体获得存在感和归属感。以博物馆为平台,多种文化进行"跨文化认同"表达,在相互交流碰撞中探索人类文化遗产保护传承的新模式。展览通过构建宏大叙事,讲出非遗故事,让非遗保护意识深入观众之中,拓展了非遗保护的覆盖面,同时也是非遗类展览"见人、见物、见生活"的体现。

马海真,2009～2012年在南京师范大学文博系随汤老师攻读硕士学位,现工作单位为滨州市博物馆。

考古微信公众号传播研究
——以"南京考古"为例

黄芝林

一、引　言

随着数字社会的持续演进,移动互联网技术迅猛发展,新媒体技术在各行各业得到了广泛应用,其中微信公众号作为新媒体平台之一,已成为公众日常生活中不可或缺的信息获取途径。

微信公众号也是公众考古重要传播渠道之一,通过推文可以向公众普及科学和真实的考古学,让公众认识考古,了解考古,加强公众的文化资源保护意识,实现考古成果的公众化传播。

近年来,关于博物馆微信公众号的研究日益增多,分类细致,有的以博物馆群体作为研究对象,如陈伊歆选取了以故宫博物院为代表的9家国家级重点博物馆,分析了国家级博物馆微信公众号在运营与传播方面的特征、传播内容、传播效果、存在的问题及完善途径;有的以单个博物馆官方微信公众号为研究对象,如任翔清以首都博物馆官方微信公众号平台为例,探析博物馆微信公众号宣传推广模式;也有的以微信公众平台作为研究对象,如刘颖认为通过精准定位、深挖内容、议程设置、网络社区传播等多种途径,微信公众号可以塑造并展示清晰完整的博物馆形象等等。而针对考古类微信公众号的研究相对较少,多以考古类公众号为切入点,如段玉坤借助微信搜索和西瓜数据服务平台,对当前考古类公众号进行结构和运营状况的分析。"南京考古"是笔者所在单位于2018年创建的微信公众号,主要推送南京最新考古发现,传播考古知识,宣传遗产保护理念。本文即以"南京考古"微信公众号的数据为基础,从账号运营、推送信息、用户构成等方面入手,分析和探讨该类公众号的特点和问题,以提升"南京考古"微信公众号的传播效果,丰富考古成果在社会层面的转化途径,加强整个社会对考古工作和文化遗产保护的重视。

二、"南京考古"微信公众号概况

(一)运营主体

"南京考古"属于已认证公众号,账号运营主体是南京市考古研究院。公众号简介为:推送南京最新考古发现,传播考古知识,宣传遗产保护理念。公众号名称源于南京市考古研究院的简称,展示了工作地域、内容和研究对象,简洁明了,方便查找,利于传播。微信头像则是采用本单位院徽再创造,用"文字+图标"的组合不仅能快速吸引公众注意,而且可以及时获取单位信息,提高公众号辨识度。

(二)平台类别

微信公众号分为订阅号、服务号、企业号三种类型。"南京考古"属于订阅号,主要功能是为用户传达行业资讯,分享专业知识、传递学术资讯、宣传文保理念,适用对象多为媒体和个人。

(三)平台建设

南京市考古研究院成立于2017年,"南京考古"微信公众号则于翌年的11月注册和推出,相较于其他考古类公众号可谓新生力量。截至2023年12月31日,公众号共发布推送消息301篇,关注人数为5 017人。公众号首页页面的专栏分类采用多级菜单方式,为公众提供了菜单式阅读,公众可以根据需求进入二级阅读界面。"南京考古"微信公众号在一级菜单设置中,共设置了"众观考古""专题品鉴""信息分享"3个栏目。在"众观考古"菜单下设置了"最新资讯""考古回顾""他山之石""考古科普"4个二级栏目;在"专题品鉴"菜单下设置了"精品文物""科技文保""公众考古""考古人故事"4个二级栏目;在"信息分享"下设置了"我院简介""会议通知""院内动态""好书分享""联系我们"5个二级栏目。

三、公众号推送消息研究

推送消息是指公众号管理员在后台撰写、编辑、发送给用户的一类消息,具有形式多样、方便快捷、目标精准、互动高效等特点,是微信公众号重要的基础功能。

(一)推送消息的内容分析

表1是"南京考古"推送的六大内容分类,总共有301篇文章,主要采用2018年11月至2023年12月为样本,将推送的消息按照内容分为院务动态、考古发现、公众考古、人物专题、考古科普、通知公告六大类加以分析。

院务动态,主要介绍了单位的工作动态,可以展示考古的日常工作与行业发展,增进公众对考古院日常工作的了解,缩短考古与公众的距离,揭开考古的神秘面纱。

公众考古,主要包含了本单位组织举办的一些考古知识讲座、考古与博物馆联合举办的公众考古活动及考古成果展。通过讲解考古知识、展示考古成果,调动公众参与到考古中,提高公众对考古工作的热情。如"南京考古"曾推出"南京城市考古讲坛"系列讲座,邀请了一些学术大咖讲授南京城市的考古研究发现,受到了公众的关注和喜爱。

考古科普,主要为遗迹遗物的科普和文物保护工作介绍,通过浅显易懂的小短文简要地交代了文物出土时间、年代、大小、形态、质地等基础信息及发现意义。

考古发现,主要介绍了近年来我院一些重要的考古发掘项目的新发现,从历史、艺术、科学价值等方面解读发掘项目,为中国考古学科提供新的内容信息及新的认识,是展示我院学术动态的指向标,如《南京发现长干古城》一文,公布了南京西街遗址的重要发掘成果——长干古城的年代、性质和保护等问题,受到了广泛关注;《南京市溧水区秀园西苑二期古代墓葬》则简要汇报了该地块墓葬的形制、出土器物、年代推断及发现意义,有1万+的阅读量,是公众号成立以来最高的阅读量。

通知公告,主要为宣传、推广便民信息或节日祝福等,有助于拉近和公众的距离,打破考古"高高在上"的刻板印象,有利于单位正面形象的构建。

人物专题,主要展示了单位一些优秀考古人员的介绍、访谈,取得的一些考古奖项,通过记录考古人员的日常工作内容,让公众感受到考古从业者们认真的工作态度,展现考古人积极向上的形象。

在推送信息数量方面,"南京考古"月平均推送消息数为6篇,平均每周1～2篇,其中院务动态数量最多,有88篇,占比29.23%,数量最少的为人物专题,有9篇,占比2.99%。从推送消息总数来看,公众号推送数量活跃度一般,推送信息篇数较少,主要推送的消息集中在院务动态、公众考古、考古科普、考古发现四大类(表一)。

(二)语言风格

在推送消息传播中,语言风格是公众了解传播主体的重要参考依据。符合自身定

表一 "南京考古"推送消息内容分类

分类	数量(篇)	约占比例(%)	内容
院务动态	88	29.23	单位工作动态
公众考古	62	20.59	讲座、研学、办展等
考古科普	53	17.61	考古遗迹遗物的简报、研究论文
考古发现	47	15.61	考古新发现的介绍
通知公告	42	13.95	宣传、推广便民信息或节日祝福等
人物专题	9	2.99	获奖人员的介绍或访谈

位与账号定位的语言风格，能够加深公众记忆，吸引公众关注，从而留下深刻印象。作为新媒体之一的微信，相较于报纸、广播、电视等传统媒体，具有传播渠道多元、信息密度高、互动性好、语言风格多元化等特征。"南京考古"属于官方账号，因此推送消息语言风格以客观严谨为主，像考古发现、考古科普类的文章，都是按考古报告的格式和语言风格进行编辑，简单直白，开门见山，鲜少使用形容词进行修饰。这种语言风格主要针对考古圈内人士，但对于普通民众来说较为深奥枯燥，缺乏吸引力。此外，推送消息的标题在公众号传播中也扮演着举足轻重的角色。标题不仅是推送消息的总结与概况，让公众一目了然；同时，标题也是影响公众阅读的关键，好的标题可以吸引公众的驻足欣赏。靳莎、邹嘉诺在《浅析微信公众号标题对传播效果的影响——以北京地区国有博物馆为例》一文中通过对比文章标题等方法，总结出文章标题是引领读者走进内容的第一要素。如何通过标题来吸引公众阅读也是微信公众号管理人员应该思考、改进的问题。

四、阅读量分析

对一个微信公众号来说，内容是核心，内容对后续推广及传播的影响是巨大的，因此内容的优劣不仅能影响消息的传播，更能影响读者对公众号的关注度。

公众号内容运营以用户为导向，在选择内容时需要考虑到服务、推广及传播，推送用户喜欢的内容，甚至需要及时推送具有吸引力和传播力的内容才能有效提升用户的关注度,加速信息的传播。

微信公众账号阅读数据源于推送消息发出之后收获的点击数即阅读量,微信公众账号具有固定的阅读量统计方法,每条消息末尾左下角处会显示详细的阅读量。

通过表二,我们可以看出推送消息阅读量前十以考古发现及公众考古为主,说明公众在浏览推送消息时,最感兴趣的内容为考古发现及公众考古活动。考古发现类消息主要为近些年来我院发掘的一些重要考古项目的简报及相关研究,公众考古类消息主要是近期举办考古知识的讲座、组织的重要公众考古活动以及我院联合南京市博物总馆举办的一些考古展览。值得关注的是公众对考古先进人物的事迹或访谈也是非常感兴趣的。同时,单位动态类消息则阅读量较低,表明公众对此类消息的兴趣较弱。公众号推送消息《南京市溧水区秀园西苑二期古代墓葬》浏览量最高,高达16 547次,远高于其他推送消息,其余推送消息浏览量约在几百至一千,表明公众号推送消息之间存在差异较大。此外,推送消息获得"在看"标记后,可以在很长一段时间内显示在微信好友的"看一看"功能模块中,产生持久的扩散传播。因此,"在看"数能够在一定程度上反映出推送消息信息的传播持久性。统计显示,"南京考古"推送消息"在看"数量在10以下,传播持久性较弱。

表二 "南京考古"推送消息阅读量前十数据

序 号	标 题	阅读量	类 型
1	南京市溧水区秀园西苑二期古代墓葬	16 547	考古发现
2	连续四天,精彩不停！CCTV-10《探索·发现》将播出纪录片《上坊东吴大墓》	3 241	公众考古
3	南京市六合区污水处理厂宋代墓葬	3 050	考古发现
4	南京六合区钟林村西晋墓葬	2 733	考古发现
5	南京五佰村孙吴丁奉家族墓出土精品文物赏	2 570	公众考古
6	南京发现长干古城	2 302	考古发现
7	江苏南京西营村南朝佛寺遗址入选2021年度全国十大考古新发现初评	2 223	考古发现
8	南京考古新发现｜明太祖长女临安公主、第六女怀庆公主墓	2 166	考古发现
9	十大考古初评项目｜南京五佰村孙吴丁奉家族墓地之丁奉生平篇	2 013	考古发现
10	讲座预告｜秦淮河畔文脉长——江南贡院的历史、考古与价值	2 011	公众考古

表三　"南京考古"阅读量过千推文类型占比

类　　型	数量(篇)	占类型比(%)	占总数比(%)
通知公告	3	7.14	0.99
考古科普	8	15.09	2.65
考古发现	18	38.29	5.98
公众考古	22	35.48	7.3
单位动态	3	3.4	0.99
人物专题	5	55.55	1.66

"南京考古"阅读量过千推文分布

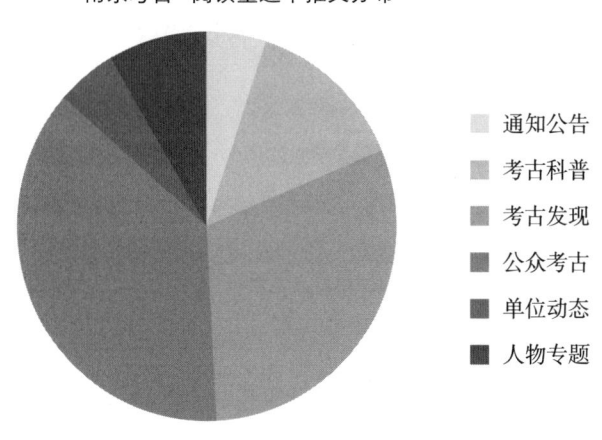

图一　"南京考古"阅读量过千推文分布

从图一和表三中我们可以看出公众阅读量最高的前三类为公众考古、考古发现及考古科普。由此可见,公众对公众号推送消息有明显的偏好,有关考古发现的介绍及研究是最感兴趣的,阅读量前十主要是公众考古及考古发现类,阅读量过千的推文主要为公众考古及考古发现类。人物专题类虽然推送数量较少,但是热门度很高,公众也很感兴趣。

五、公众号受众分析

从推送消息内容来看,"南京考古"的受众群体有一定的局限性。推送消息要求公众

考古微信公众号传播研究　263

对考古或历史知识有一定的基础了解,语言简洁,用词专业,对于抱有"猎奇"心理阅读的受众来说相对枯燥乏味,也是"南京考古"推送号受众人数增长缓慢的原因之一。下文中的图表数据均为截至2023年12月31日,从"南京考古"微信公众平台后台截取的关注用户的各项数据信息。

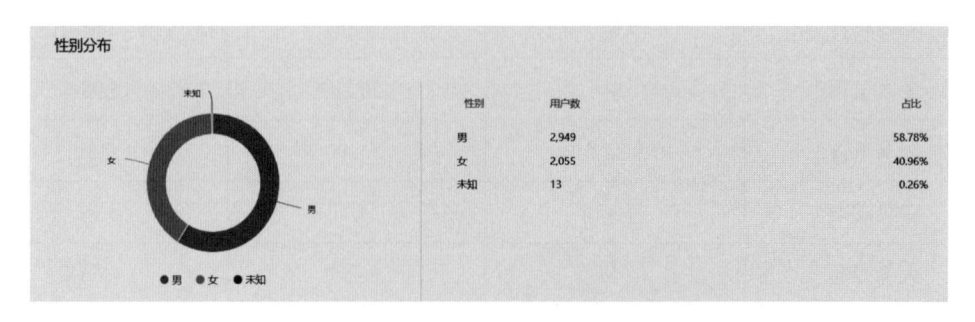

性别	用户数	占比
男	2,949	58.78%
女	2,055	40.96%
未知	13	0.26%

图二 "南京考古"公众号受众性别分布

从图二统计结果看,男性受众的分布要高于女性,两者人数相差近900人,由此可见男性对考古推送消息更感兴趣。

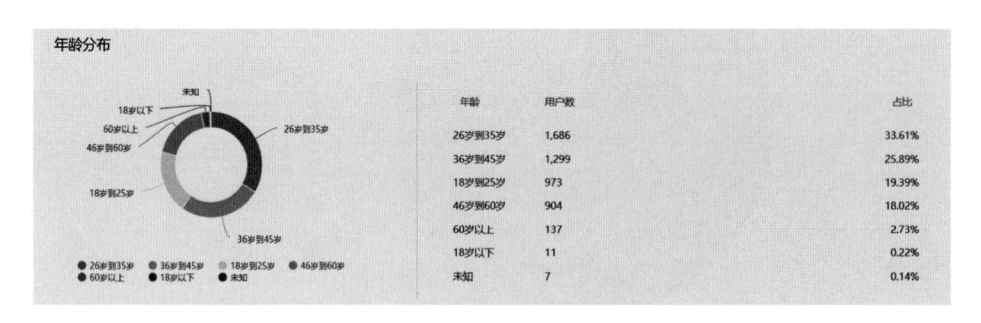

年龄	用户数	占比
26岁到35岁	1,686	33.61%
36岁到45岁	1,299	25.89%
18岁到25岁	973	19.39%
46岁到60岁	904	18.02%
60岁以上	137	2.73%
18岁以下	11	0.22%
未知	7	0.14%

图三 "南京考古"受众年龄分布

从年龄分布来看,26～35岁受众数量最多,其次是36～45岁,26～45岁占据了公众数量的一半以上,60岁以上及18岁以下最少,可见公众号的受众群体主要为中青年。

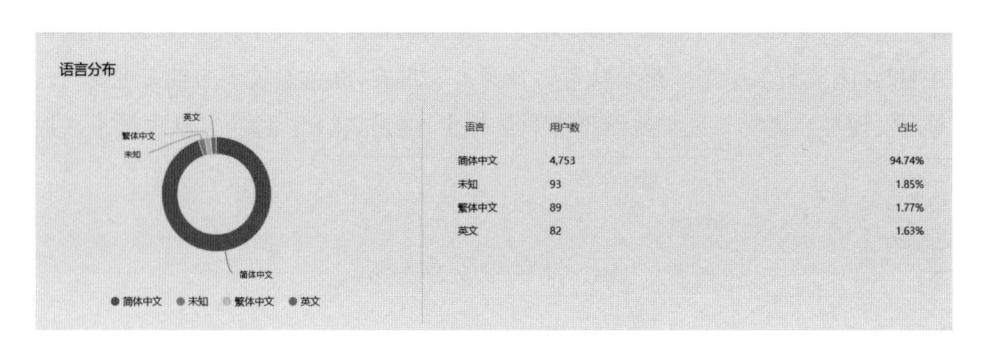

语言	用户数	占比
简体中文	4,753	94.74%
未知	93	1.85%
繁体中文	89	1.77%
英文	82	1.63%

图四 "南京考古"受众语言分布

从图四我们可以看出,"南京考古"的受众约96%都是中文用户,英文用户人数不足百人。

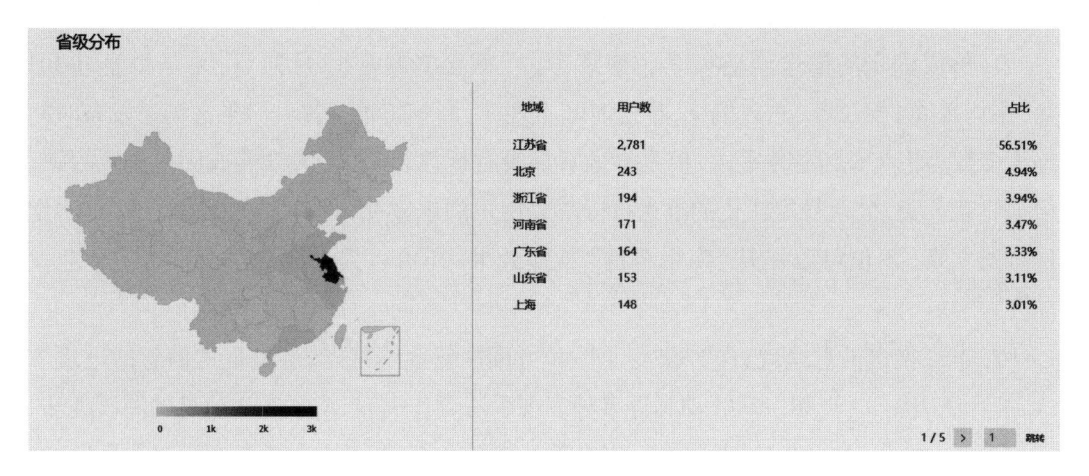

图五　"南京考古"受众在各省分布

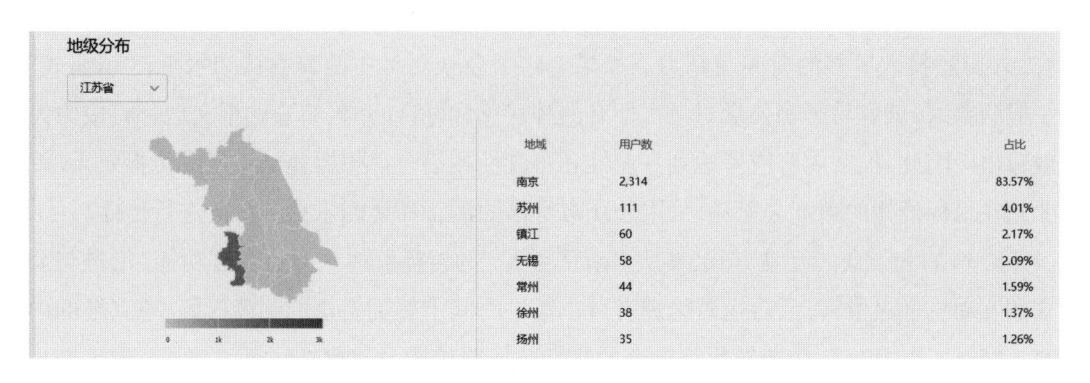

图六　"南京考古"受众在江苏省各市分布

从图五、六来看,"南京考古"受众还是以本省用户为主,本省用户占总人数的56.51%,用户数为2 781,其余各省市200人左右或低于200人。本省用户中南京本地用户占绝大多数,高达83.57%,人数为2 314,其余各市人数为100人左右或以下。

六、"南京考古"微信公众号提升策略

开通官方微信公众号是为了让公众走进考古、了解考古。通过以上第一手数据和文本资料的搜集与分析,我们了解到"南京考古"微信公众号的开设情况、推文数量、阅读量、关注人数及分布等,并发现"南京考古"的传播力较弱,在关注度、阅读量和推文内容

方面均有严重的不足和提升的空间。下面针对"南京考古"微信公众号存在的问题和不足，提出一些想法和思路，以促进"南京考古"日后的运营与发展。

1. 形成固定的推送消息频率。"南京考古"截至2023年12月31日，推送消息共301篇，平均每周1～2篇，总数偏少，推送时间不规律，影响传播力提升。推送消息发布时间绝大多数为下午5点定时发送，但是推送日期没有规律，不利于大众养成固定浏览习惯。根据研究表明，公众号规律化的推送可以培养用户的忠诚度，提升大众阅读好感，定时定量推送文章，不仅可以提升"南京考古"传播效果，还可以提升大众对南京考古事业关注度。

2. 丰富推送消息呈现方式，要专业性和可读性兼容。首先，丰富推送消息的呈现方式，综合使用图文、视频、音频、动画等多种表现手法创作内容，增添图文消息的阅读趣味，满足受众个性化、多元化的阅读需求，提升阅读体验。其次，考古类推文在满足严谨性、专业性等要求的基础上，还应注重内容的可读性。过于学术式的宣教会使公众觉得考古推文晦涩难懂，枯燥沉闷，影响传播效果。根据动机理论，人们对感兴趣、符合自身需要的内容，才愿意投入更多的时间与精力。如果忽略了公众对考古的普遍认知水平，"填鸭式"一股脑塞入，就容易影响公众对考古怀有的神秘感和好奇心，再精彩的推文也都将成为无效输出。因此，推文内容应考虑到专业性和可读性相结合。想要达到良好的传播效果，就要站在目标群体的角度去思考，采用公众听得懂的语言和喜闻乐见的形式进行传播。

3. 增加和公众的互动方式，扩大"南京考古"的传播群体。开通留言功能，增进与公众的互动。通过留言，后台运营管理者可以第一时间了解到公众的阅读喜好、感兴趣的内容。同时，通过交流，也能够提高公众的黏性和意愿传播力。此外，"南京考古"的传播主体较为单一，因此传播效果也受到了一定的影响。可以通过举办有关学术会议、讲座，吸引对南京考古事业感兴趣的学者及研究人员；加强与学校、博物馆等机构的合作，通过开展考古研学活动、举办考古成果展等方式，增进公众对考古知识的了解，扩大"南京考古"的辐射面。

七、结　语

"南京考古"是具有鲜明地方特色的微信公众号，该平台的创建为喜爱南京考古事业的用户提供了一个便捷的交流平台。通过发布南京考古工作相关的推送消息，增强了当地人的文化凝聚力，也提高了"南京考古"微信公众号的传播和宣传力度。如何有效运营微信公众平台，开展对南京考古成果的研究、保护、宣传、利用，是需要运营管理者思考的问题。通过对"南京考古"的研究,笔者认为通过固定的推文频率、丰富推文的呈现方式,实现可读性与专业性兼容、增进与公众的互动方式,可以促进"南京考古"传播力的提升,达到高效的传播效果。

> 黄芝林,2010～2013在南京师范大学文博系随汤老师攻读硕士学位,现工作单位为南京市考古研究院。

概念史视角下的"萨满""萨满教"与"萨满教考古学"

石宇轩

一、引 言

从它们被创造出来的那天起,"萨满"(shaman)和"萨满教"(shamanism)及其附属的一系列相关术语所引致的诸多问题就在被学者们不断地探讨着。这些术语的内涵与外延的巨大包容性吸引着宗教学家、人类学家、考古学家、历史学家对其进行旷日持久的讨论。"萨满/萨满教"以及"萨满教考古学"是什么或者不是什么,如何去看待这些术语,本文为读者展示的就是这一颇显复杂的学术讨论景象。似乎很少有某一个术语在被学者使用了数百年后仍然没有一个能被大多数学者所认同的定义或范畴,同一个术语在不同学者那里有着不同的所指,某些相关术语在许多学者看来其实属于同一范畴,这种颇显混乱的局面可以看作是诸多"萨满"相关研究观点受到争议的原因之一。本文无意参与到这场旷日持久的讨论中,仅从这些概念的产生、发展与接受的角度展示学界讨论的不同面向。为了客观起见,笔者尽量避免对各位学者的不同观点进行价值判断。在这里必须要强调的一点是,笔者无意在文中提出一个不同于以往的"萨满"或"萨满教"的定义或范畴,这既不现实也没有必要。

二、"萨满"与"萨满教"

一个不可否认的事实是,不管"萨满"或"萨满教"在不同学者那里有着怎样不同的所指,它们所指代的现象早在这两个术语被创造之前就早已存在。如果抛开对史前或者原史时代的人类早期信仰是否可以被称作"萨满教"的一系列相关讨论,符合人类学意义上的现代"萨满/萨满教"的记载和描述早在近八百年前已就存在。13世纪中叶被法国国王派往蒙古朝廷的方济各会修士鲁斯布鲁克的威廉(Wilhelm av Ruysbroek)描述了一个蒙古神谕师(cham)用鼓敲打地面使自己疯狂,恶灵降临附体并发出神谕的场景。这被现代学者认为是典型的萨满降神会[1]。在中国,这一类记载可以追溯到南宋时期,成书于12世纪末的《三朝北盟会编》记载有女真语的汉语音译"珊蛮"一词,意为老年女性巫师[2]。中文里如今通行的"萨满"二字最早可见于民国初年发表于《地学杂志》上的《萨满教》一文,从文中的相关描述可以看出此文作者所参考的材料极有可能是西方学者整理的民族志材料,故此"萨满"二字应是外文音译[3]。

同其他人类学术语一样,现代学术意义上的"萨满"(shaman)一词是伴随着殖民扩张而产生的,从这个角度上讲,"萨满"是被现代世界"发现"的。17世纪,随着西伯利亚被沙俄征服,广袤的未开发地区被用作犯人的流放地。作为俄国反对东正教改革的领导者,1661年阿瓦库姆·彼得罗维奇(Аввакум Петрович)被流放到了西伯利亚,在这里他看到了埃文基人(Evenki)中被称作"šaman/ sama:n"(萨满)的拥有超常技能的人所进行的仪式,1672年他的自传被译为法文,从此"萨满"一词正式进入西方世界[4]。此后,更为常见的"shaman(萨满)"被创造了出来,用于指代西伯利亚不同部落间拥有类似超常能力的人[5]。在19世纪,有观点认为"šaman"一词出自巴利语(Pali)的"samana"(梵语"śamana")和汉语的"沙门",但这已经被证明是错误的[6]。

至于"萨满教",相对于英文中的"shamanism"这一包含"-ism"可以表示"主义""行为""特征""状态"等性质词缀的术语,汉语的传统译名从字面上而言似乎已经将其定性为一种宗教。事实上国际学界对"萨满教"争议的焦点即主要集中于它是否可以

---

[1] Anna-Leena Siikala, "The Interpretation of Siberian and Central Asian Shamanism", in: Anna-Leena Siikala, Mihály Hoppál, *Studies on Shamanism*, Akadémiai Kiadó, 1992, p.15.
[2] 徐梦莘:《三朝北盟会编》卷三《政宣上》秩三,上海古籍出版社,1987年,第21页。
[3] 善之:《萨满教》,《地学杂志》1914年第6期;色音、乌云格日勒:《中国萨满教研究百年回眸》,《世界宗教文化》2016年第1期。
[4] Juha Pentikäinen, *Shamanism and Culture*, Etnika Co, 1998, p.49, 81; Peter Jordan, "The materiality of shamanism as a 'world-view': Praxis, artefacts and landscape", in: Neil Price (ed.), *The Archaeology of Shamanism*, Routledge, 2001, p.87;杰里米·纳贝尔、弗朗西斯·赫胥黎:《穿越时光的萨满:通往知识的五百年之旅》,社会科学文献出版社,2017年,第17~18、254页。
[5] Neil S. Price, "An archaeology of altered states: Shamanism and material culture studies", in: Neil Price (ed.), *The Archaeology of Shamanism*, Routledge, 2001, p.4.
[6] Anna-Leena Siikala, "Siberian and Inner Asian Shamanism", in: Anna-Leena Siikala, Mihály Hoppál, *Studies on Shamanism*, Akadémiai Kiadó, 1992, p.2.

被认为是一种宗教或者在什么方面可以被视为宗教[1],如果不能被看作是宗教,那么它的性质又如何。与一百多年来形形色色的关于"萨满教"是否为"宗教"(religion)的激烈争论不同的是,起初并未有人将"萨满"与"宗教"联系在一起[2],当基督教准备将西伯利亚纳入自己的势力范围时,作为需要被消灭的异教——"萨满教"(shamanism)的概念才开始出现[3]。弗拉基米尔·伊里奇·乔切尔森(Владимир Ильич Иохельсон)认为"萨满教"是北亚宗教崇拜的表现[4],在此基础上弗拉基米尔·赫尔曼诺维奇·博戈拉兹(Владимир Германович Богораз)在呼吁学者们应该将"萨满教"当作一种宗教来研究,并认为它代表了北亚地区的一种已经发展到一定程度的宗教[5]。

如果"萨满/萨满教"的概念及相关研究仅局限于北亚地区的话,那么它在各方面将无法具有今天这样大的知名度及影响力。早在19世纪末,米哈伊洛夫斯基(Mikhajlovskij)便提出了"萨满教"是一种普遍的宗教形式的观点[6],J.斯塔德林(J. Stadling)认为"萨满教"代表了人类最原始的宗教思想,是一种万物有灵的世界观[7]。20世纪60年代,对进步、物质和理性主义等西方文明支柱的反思和对人性、精神以及非理性的重视使西方知识界对非西方文化的关注超过了以往[8],米尔恰·伊利亚德(Mircea

---

[1] Anna-Leena Siikala, "The Interpretation of Siberian and Central Asian Shamanism", in: Anna-Leena Siikala, Mihály Hoppál, *Studies on Shamanism*, Akadémiai Kiadó, 1992, pp.18~19.

[2] Neil S. Price, "An archaeology of altered states: Shamanism and material culture studies", in: Neil Price (ed.), *The Archaeology of Shamanism*, Routledge, 2001, p.4.

[3] N. Thomas, C. Humphrey (eds), *Shamanism, History and the State*, University of Michigan Press, 1994; Andrei A. Znamenski, *Shamanism and Christianity: Native Encounters with Russian Orthodox Missions in Siberia and Alaska, 1820~1917*, Greenwood Press, 1999; Neil S. Price, "An archaeology of altered states: Shamanism and material culture studies", in: Neil Price (ed.), *The Archaeology of Shamanism*, Routledge, 2001, p.4.

[4] Waldemar Jochelson, "The Koryak", In: Boas Franz (ed.), *The Jesup North Pacific Expedition*, Memoir of the American Museum of Natural History 6, 1905~1908, p.47, 参见Anna-Leena Siikala, "The Interpretation of Siberian and Central Asian Shamanism", in: Anna-Leena Siikala, Mihály Hoppál, *Studies on Shamanism*, Akadémiai Kiadó, 1992, p.19。

[5] W. Bogoras, "K psikhologii shamanstva u narodov severo-vostochnoj Azii", *Etnograficheskoe obozrenie 1~2*, Moskva, 1910; I. S. Vdovin, "The Study of Shamanism among the Peoples of Siberia and the North", *LXth International Congress of Anthropological and Ethnographical Sciences*, Chicago, 1973; Anna-Leena Siikala, "The Interpretation of Siberian and Central Asian Shamanism", in: Anna-Leena Siikala, Mihály Hoppál, *Studies on Shamanism*, Akadémiai Kiadó, 1992, p.19.

[6] V. M. Mikhailovskii, *Shamanstvo*, lzvestija Imperatorskogo obsbcbestva ljubitelej estestvoznaniya, antropologii i etnografii, XII, 1892; Anna-Leena Siikala, "The Interpretation of Siberian and Central Asian Shamanism", in: Anna-Leena Siikala, Mihály Hoppál, *Studies on Shamanism*, Akadémiai Kiadó, 1992, p.19.

[7] J. Stadling, *Genom Sibirien på spaning efter A The Interpretation of Siberian and Central Asian Shamanism ndrée*, Stockholm, 1901; Anna-Leena Siikala, "The Interpretation of Siberian and Central Asian Shamanism", in: Anna-Leena Siikala, Mihály Hoppál, *Studies on Shamanism*, Akadémiai Kiadó, 1992, p.19.

[8] Andrei A. Znamenski, *The Beauty of the Primitive: Shamanism and Western Imagination*, Oxford University Press, 2007, pp.x~xi, 166~169.

Eliade)1951出版并在1964年被翻译为英文的《萨满教：古老的狂迷术》(*Le chamanisme et les techniques archaïques de l'extase*)一书的诞生恰逢其时。与之前民族学家不同的是，伊利亚德从宗教史的角度研究"萨满教"，将它看作是人类历史上最古老的宗教，是现存其他宗教的源头，其本质为一种迷狂术，他认为全球各地普遍存在过"萨满教"[1]。但学者们认为他的描述过于抽象而从未在现实世界中存在过[2]，事实上"他试图揭示萨满教作为一种宗教现象的本质，并将其置于宗教历史的视角中"[3]，"为理解人类共有的基本宗教经验开辟了新的视野"[4]。他在自己的作品付梓前曾自信地评价道：

> ……我不能怀疑我的工作的创新性和价值。第一次，所有的萨满——而不仅仅是西伯利亚和中亚的"经典"萨满——都被描绘出来并从宗教史的角度来予以解释。……最重要的是，对理解普遍的精神历史的重要意义。[5]

正如安娜—莉娜·西卡拉(Anna-Leena Siikala)所评价的那样，伊利亚德的成功不在于他提出的问题而在于他处理问题的方式，他的某些观点已经被广泛吸收而成为了一种普遍知识，以至于人们没有注意到他们对于萨满教的一般认知是从何而来的[6]，从这个方面而言，他不仅如安德烈·A.兹纳姆斯基(Andrei A. Znamenski)所评价的那样"拓展了萨满教隐喻的地理边界"[7]，从某种程度上而言他也打破了"萨满教"的文化藩篱。

另一些批评声音来自人类学阵营，他们对伊利亚德作为研究者只使用二手资料而不去进行田野调查的研究方式感到不满[8]。他没有在非西方群体中进行调查的经历，也拒绝

---

[1] 米尔恰·伊利亚德著，段满福译：《萨满教：古老的入迷术》，社会科学文献出版社，2018年，前言：第1～10页，正文：第1～10页。

[2] Mihály Hoppál (ed.), *Shamans and traditions*, translated by Orsolya Frank, Bálint Sebestyén, Péter Simoncsics, Akadémiai Kiadó, 2007, p.12.

[3] Anna-Leena Siikala, "The Interpretation of Siberian and Central Asian Shamanism", in: Anna-Leena Siikala, Mihály Hoppál, *Studies on Shamanism*, Akadémiai Kiadó, 1992, p.22.

[4] Anna-Leena Siikala, "The Interpretation of Siberian and Central Asian Shamanism", in: Anna-Leena Siikala, Mihály Hoppál, *Studies on Shamanism*, Akadémiai Kiadó, 1992, pp.24～25.

[5] Mircea Eliade, *Le messi del solstizio. Memorie 2. 1937～1960*, traduzione dal romeno di Roberto Scagno, Jaca Book, 1995, pp.124～125。

[6] Anna-Leena Siikala, "The Interpretation of Siberian and Central Asian Shamanism", in: Anna-Leena Siikala, Mihály Hoppál, *Studies on Shamanism*, Akadémiai Kiadó, 1992, p.22.

[7] Andrei A. Znamenski, *The Beauty of the Primitive: Shamanism and Western Imagination*, Oxford University Press, 2007, p.180.

[8] Anna-Leena Siikala, "The Interpretation of Siberian and Central Asian Shamanism", in: Anna-Leena Siikala, Mihály Hoppál, *Studies on Shamanism*, Akadémiai Kiadó, 1992, p.16; Andrei A. Znamenski, *The Beauty of the Primitive: Shamanism and Western Imagination*, Oxford University Press, 2007, pp.180, 187.

了澳大利亚原住民甚至他在美国的住所附近原住民的邀请[1]。玛乔丽·曼德尔施塔姆·巴尔泽（Marjorie Mandelstam Balzer）认为他的作品是"不可靠的、充斥着错误和欺骗性引用的伪学术著作"[2]。如果伊利亚德是一名人类学家的话这种批评没有什么错，但作为一名宗教史家，伊利亚德使用宗教现象学的方法去研究萨满教并没有不妥之处，他的目标是"揭示隐藏在厚重文明层下的共同古代模式。他对萨满教本质的洞察是破译这些普遍古老模式所做出的努力的一部分[3]"。就像无法要求历史学家必须在亲自进行过田野考古发掘后才能在相关领域拥有发言权一样，我们也似乎无法苛求一个宗教史家使用人类学的田野方法去进行宗教学的研究。伊利亚德的意义在于将一般的文化现象置于更广泛的背景中去理解，从而"试图捕捉人类宗教体验中的普遍元素"[4]，这是单纯通过人类学田野调查研究所难以达到的，正如道格拉斯·艾伦（Douglas Allen）所评价的那样，"他的（学术）遗产价值可能在强调狭隘的学术验证过程方面是有限的，但在强调想象力、思辨思维、大胆的哲学反思和新的、有机的、整体的、综合的公式的理论方法方面更有价值"[5]。

在"萨满教"被认为是"宗教"的同时，亦有许多学者并不赞同将其划归"宗教"。早在19世纪中期，马蒂亚斯·亚历山大·卡斯特伦（Matthias Alexander Castrén）就对"萨满教"是一种宗教的看法提出了质疑，他认为它更应当被看作是一种行为模式（pattern of behaviour）[6]。史禄国（Сергéй Михáйлович Широкогóров）认为万物有灵的观念是"萨满教"的基础，但从本质上讲"萨满教"与万物有灵观念并无不同[7]。在精神分析学兴起之后，"萨满教"是一种心理学和精神病学概念的看法被广为采纳[8]，宗教信仰的性质被忽略[9]，其中最为知名的应该是欧盖·奥尔马克（Åke Ohlmarks）提出的"萨满教"是一种由

---

[1] Alice Beck Kehoe, "Archaeology of Shamanism", in: Claire Smith (ed.), *Encyclopedia of Global Archaeology (Second Edition)*, Springer, 2020, p.805.

[2] Marjorie Mandelstam Balzer, *Shamanism: Soviet studies of traditional religion in Siberia and Central Asia*, M. E. Sharp, 1990, pp.47～48.

[3] Andrei A. Znamenski, *The Beauty of the Primitive: Shamanism and Western Imagination*, Oxford University Press, 2007, p.172.

[4] Andrei A. Znamenski, *The Beauty of the Primitive: Shamanism and Western Imagination*, Oxford University Press, 2007, p.172.

[5] Douglas Allen, "Prologue: Encounters with Mircea Eliade and his legacy for the 21st century", *Religion* Vol.38, No.4, 2008, pp.319～327.

[6] Neil S. Price, "An archaeology of altered states: Shamanism and material culture studies", in: Neil Price (ed.), *The Archaeology of Shamanism*, Routledge, 2001, p.4, 参见 M. A. Castrén, *Vorlesungen über die finnische Mythologie*, Nordische Reisen und Forschungen Vol.3, 1853.

[7] 史禄国：《北方通古斯的社会组织》，内蒙古人民出版社，1985年，第566页。

[8] Neil S. Price, "An archaeology of altered states: Shamanism and material culture studies", in: Neil Price (ed.), *The Archaeology of Shamanism*, Routledge, 2001, p.4.

[9] Anna-Leena Siikala, "The Interpretation of Siberian and Central Asian Shamanism", in: Anna-Leena Siikala, Mihály Hoppál, *Studies on Shamanism*, Akadémiai Kiadó, 1992, p.19.

寒冷和贫困导致的"极地癔症"（arctic hysteria）的解释[1]。

尽管"萨满教"的实践活动需要某种特殊的精神和神经特性，但多数学者认为它首先是一种有关信仰的现象[2]。迪奥塞吉·维尔莫斯（Diószegi Vilmos）在他的作品里使用了"néphit"（民间信仰）和"ősi hitvilág"（古代信仰）这样的词来表示"萨满教"的内涵[3]。以理论见长的多莫特·特克拉（Dömötör Tekla）和沃格特·维尔莫斯（Voigt Vilmos）也不以"民间宗教"（folk religions）来定义"萨满教"[4]。而乌拉·约翰森（Ulla Johansen）则更进一步认为"萨满教不是一种宗教，而是一种各种宗教中都存在的现象，即萨满教活动"[5]，正如约翰·兰金·古迪（Sir John Rankine Goody）所指出的那样，传统是多层次、平行和重叠的，平行的概念系统覆盖了不同的宗教领域[6]，"萨满教"可以依附于不同的体系。欧盖·赫尔特克兰茨（Åke Hultkrantz）"超越了萨满教形成于欧亚大陆北部的传统宗教或任何原始社会的宗教的简单假设"[7]，将"萨满教"看作是一种"围绕着萨满及其活动的信仰、仪式和传统的综合体"[8]，他指出"萨满教的核心是通过一个专业的、有灵感的中介——萨满——的狂迷经历所建立的与超自然世界的联系"[9]。尤哈·彭蒂凯宁（Juha Pentikäinen）认为"萨满教"是与生态、经济、社会结构等有许多相互关联的一种世界观或一种"思维语法（grammar of the mind）"，面对"萨满教"一词的使用已经远远超出了它

---

[1] Åke Ohlmarks, *Studien zum Problem des Schamanismus*, Gleerup, 1939; Neil S. Price, "An archaeology of altered states: Shamanism and material culture studies", in: Neil Price (ed.), *The Archaeology of Shamanism*, Routledge, 2001, p.5.

[2] Anna-Leena Siikala, 'The Interpretation of Siberian and Central Asian Shamanism', in: Anna-Leena Siikala, Mihály Hoppál, *Studies on Shamanism*, Akadémiai Kiadó, 1992, p.19.

[3] Vilmos Diószegi, *Glaubenswelt und Folklore der sibirischen Völker*, Akadémiai Kiadó, 1963; Mihály Hoppál (ed.), *Shamans and traditions*, translated by Orsolya Frank, Bálint Sebestyén, Péter Simoncsics, Akadémiai Kiadó, 2007, p.12.

[4] Voigt Vilmos, *Glaube und Inhalt. Drei Studien zur Volksüberlieferungen*, L. Eötvös Universität, 1976; "Shamanism in North Eurasia as a Scope of Ethnology", 1978, in: V. Diószegi, Mihály Hoppál (eds), *Shamanism in Siberia*, Akadémiai Kiadó, 1996, pp.59～80; Mihály Hoppál (ed.), *Shamans and traditions*, Akadémiai Kiadó, 2007, p.12.

[5] Ulia Johansen, "Further Thoughts on the History of Shamanism", *Shaman* Vol.7, No.1, 1998, p.2; Mihály Hoppál (ed.), *Shamans and traditions*, Akadémiai Kiadó, 2007, p.12.

[6] John Goody, *The Logic of Writing and the Organization of Society*, Cambridge, 1986; Anna-Leena Siikala, "The Interpretation of Siberian and Central Asian Shamanism", in: Anna-Leena Siikala, Mihály Hoppál, *Studies on Shamanism*, Akadémiai Kiadó, 1992, p.19.

[7] Peter Jordan, "The materiality of shamanism as a 'worl Shamanism in Siberiad-view': Praxis, artefacts and landscape", in: Neil Price (ed.), *The Archaeology of Shamanism*, Routledge, 2001, p.87.

[8] Åke Hultkrantz, "A Definition of Shamanism", *Temenos* 9, 1973, p.36; Anna-Leena Siikala, "The Interpretation of Siberian and Central Asian Shamanism", in: Anna-Leena Siikala, Mihály Hoppál, *Studies on Shamanism*, Akadémiai Kiadó, 1992, p.19.

[9] Åke Hultkrantz, "Ecological and phenomenological aspects of shamanism", in: V. Diószegi, M. Hoppál (eds), *Shamanism in Siberia*, Akadémiai Kiadó, 1996, p.4; Peter Jordan, "The materiality of shamanism as a 'world-view': Praxis, artefacts and landscape", in: Neil Price (ed.), *The Archaeology of Shamanism*, Routledge, 2001, p.87.

被创造出的特定文化背景下的原始含义这一现实,他认为有必要区分西伯利亚地区所使用的"萨满"和其他词语所称呼的具有相同社会功能者的不同文化系统[1]。米哈伊·霍帕尔(Mihály Hoppál)从社会的角度理解"萨满教"为一种通过符号中介过程来构建有意义语义体系的制度[2],相比宗教而言它更应该是一种复杂的信仰体系[3]。

从功能主义或者现象学的角度来看,安娜—莉娜·西卡拉认为"萨满教"不存在什么信仰,而是由一个民间共同体所执行的一系列实际活动,但从认知的角度来看,它可以被认为是一种宗教形式甚至是史前的文化现象[4],"萨满"的任务是为精神世界创造一种交流状态[5]。同样从认知的角度理解"萨满教"的还有尼尔·普赖斯(Neil Price),他认为"萨满教"可以被认为是一种"对现实本质的特殊感知"[6]。彼得·乔丹(Peter Jordan)认为"萨满教"是一种交流手段,萨满实践是人与超自然生物在三界世界间展开的对话,是"人类与精神领域更广泛对话的一个维度",包括交流的媒介和交流的地点两个方面[7]。而萨满教史研究者兹纳姆斯基将"萨满教"看作是一种"隐喻(metaphor)和一种活生生的精神技巧"[8]。

在经过漫长的讨论后,"原始宗教""信仰/习俗"和"巫术/魔法"似乎成为了"萨满教"性质较为主流的解释[9]。在上述"萨满教"范畴内的讨论之外,另一类声音似乎更加值得倾听。相较于"萨满教"是什么或者不是什么,这类观点认为"萨满教"这个词并不应该被用于描述被称作"萨满教"的那些事物。"萨满教"这个词在阿诺尔德·范热内普

---

[1] Juha Pentikäinen, *Shamanism and Culture*, Etnika Co, 1998, p.59, 61, 81, 87; Peter Jordan, "The materiality of shamanism as a 'world-view': Praxis, artefacts and landscape", in: Neil Price (ed.), *The Archaeology of Shamanism*, Routledge, 2001, p.87.

[2] Mihály Hoppál, "Folk Beliefs and Shamaism of the Uralic Peoples", in: P. Hajdú (ed.), *Ancirnt Cultures of the Uralian Peoples*, Corvina, 1975, pp.215 ~ 242; Mihály Hoppál, "Shamanism: An Archaic and/or Recent System of Beliefs", in: Anna-Leena Siikala, Mihály Hoppál, *Studies on Shamanism*, Akadémiai Kiadó, 1992, p.129.

[3] Mihály Hoppál, "Shamanism: An Archaic and/or Recent System of Beliefs", in: Anna-Leena Siikala, Mihály Hoppál, *Studies on Shamanism*, Akadémiai Kiadó, 1992, p.130.

[4] Mihály Hoppál (ed.), *Shamans and traditions*, translated by Orsolya Frank, Bálint Sebestyén, Péter Simoncsics, Akadémiai Kiadó, 2007, pp.14 ~ 16.

[5] Anna-Leena Siikala, *The Rite Technique of Siberian Shaman*, Helsinki, 1978, p.319; Mihály Hoppál, "Shamanism: An Archaic and/or Recent System of Beliefs", in: Anna-Leena Siikala, Mihály Hoppál, *Studies on Shamanism*, Akadémiai Kiadó, 1992, p.127.

[6] Neil S. Price, "An archaeology of altered states: Shamanism and material culture studies", in: Neil Price (ed.), *The Archaeology of Shamanism*, Routledge, 2001, p.13.

[7] Peter Jordan, "The materiality of shamanism as a 'world-view': Praxis, artefacts and landscape", in: Neil Price (ed.), *The Archaeology of Shamanism*, Routledge, 2001, pp.87 ~ 88, 101.

[8] Andrei A. Znamenski, *The Beauty of the Primitive: Shamanism and Western Imagination*, Oxford University Press, 2007, p.ix.

[9] Taksami Chuner Mikhailovich, "Siberian shamans", in: Juha Pentikäinen, T. Jaatinen, I. Lehtinen, M-R. Saloniemi (eds), *Shamans*, Tampere Museum, 1998, pp.14; Neil S. Price, "An archaeology of altered states: Shamanism and material culture studies", in: Neil Price (ed.), *The Archaeology of Shamanism*, Routledge, 2001, p.5.

（Arnold Van Gennep）看来过于模糊而不能准确地用于描述任何事物：

> ……这是一种对语言的滥用。（实际上）并没有萨满信仰或仪式，所以也没有萨满教，最简单的原因就是，萨满教这个词语并不能用来指代那种能够通过一系列习俗来表达自己的一系列仪式。唯一能够确认的是，确实有扮演宗教和社会角色的这类人存在。[1]

相对于范热内普对"萨满教"词义准确性的担忧，克利福德·格尔茨（Clifford Geertz）更担心的是复杂的民族学文化现象经过学者的概括总结为术语，这些术语在使用时无法还原文化现象的复杂性：

> 在这个层面上，不同的宗教传统经常被解释为一些凝练的形式，如"泛灵论""前泛灵论""图腾崇拜""萨满教""祖先崇拜"，以及许多其他枯燥空洞的分类，靠着这些分类宗教民族志学者使他们的材料丧失生命力。[2]

也有学者试图解构"萨满教"，对这一范畴提出的最具破坏性的批评莫过于迈克尔·T.陶西格（Michael T. Taussig）将"萨满教"认为是面对外国帝国主义侵略时文化生存冲动的一种非常晚期的表现的论断[3]，与之类似的是约安·米尔丁·路易斯（Ioan Myrddin Lewis）将其化约为"一种不同社会对不断出现的特定情况的持续反应"[4]。

面对"shamanism"（萨满教）这个术语被学者们过度阐释而使它的内涵和外延极度模糊的状况，彭蒂凯宁引入了一个新的术语"shamanhood"，以此希望能改变这种局面[5]，与之类似的还有"shamanship"，这两个新术语受到许多学者的欢迎[6]。对于被认为

---

[1] 杰里米·纳贝尔、弗朗西斯·赫胥黎主编，苑杰译：《穿越时光的萨满：通往知识的五百年之旅》，社会科学文献出版社，2017年，第47页。

[2] 克利福德·格尔茨著，韩莉译：《文化的解释》，译林出版社，2014年，第150页。

[3] Thomas Michael, "Shamanism Theory and the Early Chinese Wu", *Journal of the American Academy of Religion* Vol.83, No.3, 2015, p14；参见 Michael Taussig, *Shamanism, Colonialism, and the Wild Man: A Study in Terror and Healing*, University of Chicago Press, 1987。

[4] Thomas Michael, "Shamanism Theory and the Early Chinese Wu", *Journal of the American Academy of Religion* Vol.83, No.3, 2015, p.21；参见 I. M. Lewis, *Ecstatic Religion: A Study of Shamanism and Spirit Possession*, Routledge, 1989。

[5] Juha Pentikäinen (ed.), *Shamanhood, Symbolism and Epic*, Akadémiai Kiadó, 2001; Mihály Hoppál (ed.), *Shamans and traditions*, translated by Orsolya Frank, Bálint Sebestyén, Péter Simoncsics, Akadémiai Kiadó, 2007, p.12.

[6] Neil S. Price, "An archaeology of altered states: Shamanism and material culture studies", in: Neil Price (ed.), *The Archaeology of Shamanism*, Routledge, 2001, p.6, 参见 Juha Pentikäinen, "Shamanhood in the Processes of Northern Ethnicity and Identity", *Senri Ethnological Studies* Vol.66, 2004, pp.207～215; Elvira Eevr Djaltchinova-Malec (ed.), *Shamanhood and art*, Akadémiai Kiadó & Polish Institute of World Art Studies & Tako Publishing House, 2014。

是存在"萨满教"地区的不同"萨满教"文化现象和传统,使用这两个词有利于研究者在"shaman"(萨满)的外壳下对各个地区不同传统的讨论中既能衔接前人对"shamanism"(萨满教)的讨论又不至于陷入无止境的概念争论中。

我们可以看到的是,越来越多的学者加入"萨满教"研究的队伍中来,相关研究也在朝着精细化的方向发展,但学者对"萨满教"内涵和外延的争论似乎并不会随着研究的深入或者新术语的发明而结束。如果我们抛开对"萨满教"概念、内涵、性质等方面的大量讨论仅对"萨满教"这个意义的外壳进行审视便会发现它似乎仅仅只是一种现代学术的产物,在人类学家将有关"萨满教"的知识告诉那些被认为是存在"萨满教"的民族或部落之前并没有哪个群体认为自己信奉"萨满教","萨满"这个埃文基人中具有通神能力者的称呼在其他部落中有着不同的名称,不同部落的"萨满"之间也存在着许多差别[1]。诚如尼尔·普赖斯(Neil Price)所言:

> ……萨满教的概念一直是一个外部强加的结构,除了在它的研究者的头脑中,根本不存在于任何地方。……作为一个术语和一个概念,萨满教完全是一种学术创造,因此它无疑是一种有用的工具,用来描述一种仪式行为和信仰模式……[2]

对于学者而言"萨满教"是个好用的工具,它可以将纷繁复杂的现象用一个词进行概括。正如兹纳姆斯基所指出的那样,学者塑造"过去"和"现在"以适应当代的品位,流行文化、意识形态、学术活动和研究者的生活经历共同塑造了"萨满/萨满教"的观念[3],在很大程度上研究者的兴趣和目的决定了"萨满教"的形象[4],他们在这个词里看到了他们想看到的东西。在学界之外的某些流行的理解中"萨满教"已经涵盖了几乎任何一种有

---

[1] Neil S. Price, "An archaeology of altered states: Shamanism and material culture studies", in: Neil Price (ed.), *The Archaeology of Shamanism*, Routledge, 2001, p.6; Peter Jordan, "The materiality of shamanism as a 'world-view': Praxis, artefacts and landscape", in: Neil Price (ed.), *The Archaeology of Shamanism*, Routledge, 2001, p.91; Z. P. Sokolova, "A survey of the Ob-Ugrian shamanism", in: M. Hoppál, O. J. von Sadovszky (eds), *Shamanism: Past and Present*, Fullerton, 1989, p.155; V. M. Kulemzin, N. V. Lukina, *Znakom'tec': Khanty*, Nauka, 1992, pp.112~113; Anna-Leena Siikala, "Siberian and Inner Asian Shamanism", in: Anna-Leena Siikala, Mihály Hoppál, *Studies on Shamanism*, Akadémiai Kiadó, 1992, p.2.

[2] Neil S. Price, "An archaeology of altered states: Shamanism and material culture studies", in: Neil Price (ed.), *The Archaeology of Shamanism*, Routledge, 2001, p.6.

[3] Andrei A. Znamenski, *The Beauty of the Primitive: Shamanism and Western Imagination*, Oxford University Press, 2007, p.x.

[4] Anna-Leena Siikala, "The Interpretation of Siberian and Central Asian Shamanism", in: Anna-Leena Siikala, Mihály Hoppál, *Studies on Shamanism*, Akadémiai Kiadó, 1992, p.17.

关灵魂和其他世界存在的信仰,"萨满"可以指代几乎任何一种可以沟通不同世界间的媒介[1]。很显然,"萨满"和"萨满教"已经被不加限制的意义蔓延所解构,当它什么都能指代时它已经什么都不能指代了。

继续使用"萨满"和"萨满教"这样的术语是危险的,使用一个含义模糊的术语会使相关主题的学术探讨变得困难,学者在阐述自己的观点前必须花费大量精力解释自己对这个术语的理解,在倾听其他学者观点的同时需要明白他人对这个术语是如何阐释的,在学术讨论中因为以上两个步骤出现问题而产生的学术公案屡见不鲜。但在另一方面,几个世纪以来我们对于原始文化相关知识的爆炸性增长在很大程度上得益于"萨满"和"萨满教"这两个术语的使用,对原始文化的讨论有相当一部分都是在这两个术语的名义下进行的,术语的模糊与不确定使学者能够不断拓展我们对于原始文化相关认识的边界。如果说以上只是学界所受到的影响,那么新萨满教(Neoshamanism)的出现以及萨满知识的流行就与大众相关了,人们可以通过各种渠道接触到与"萨满"有关的事物而对它或多或少有所了解,忘记了它曾经只是个艰涩的学术术语。模糊性的另一面是包容性,这在"萨满"和"萨满教"这两个术语上体现得淋漓尽致。

从另一种角度去考虑,"萨满"这个术语虽然在进入学界时带有某些偶然性,但却能被学者们一直沿用至今,这似无法用"偶然"来进行解释。20世纪60至70年代是"萨满"文化在西方知识界流行的开始,虽然大部分有关"萨满"的相关研究都是由西方学者以他者的视角进行的,但这个源自非西方世界的术语在兹纳姆斯基看来满足了当时在西方知识界流行的反西方文化的心理需求[2]。另一方面,相对于"巫师""巫医""女巫"这些或许带有某些负面含义的词汇,"萨满"和"萨满教"这些源自研究对象的音译词汇似乎更加中性而不带有偏见色彩[3],这或许在某种程度上满足了学者对"客观性"的追求,但同时他们也并不会放弃对"巫"这类传统表述的使用,许多学者在他们的作品中将"萨满"与"巫"混在一起使用,比如张光直。在张氏的作品中,"萨满"与"巫"似乎存在着某种可以相互替代的关系,"萨满教"和"巫教"也是如此,他曾直言萨满即巫[4]。

针对"萨满/萨满教"这个范畴经常被指责的术语定义不统一、模糊了具体情况中的显著行为差异以及忽视了不同文化中的特定术语及框架这一类的问题,克里斯汀·S.万

---

[1] Neil S. Price, "An archaeology of altered states: Shamanism and material culture studies", in: Neil Price (ed.), *The Archaeology of Shamanism*, Routledge, 2001, p.6.
[2] Peter Jordan, "The materiality of shamanism as a 'world-view': Praxis, artefacts and landscape", in: Neil Price (ed.), *The Archaeology of Shamanism*, Routledge, 2001, p.188.
[3] Peter Jordan, "The materiality of shamanism as a 'world-view': Praxis, artefacts and landscape", in: Neil Price (ed.), *The Archaeology of Shamanism*, Routledge, 2001, p.188.
[4] 张光直:《中国古代史在世界史上的重要性》,《考古学专题六讲》,文物出版社,1986年,第10页。

普尔（Christine S. VanPool）解释道，作为一个客位（etic）术语的"萨满教"并不是一种需要确定其本质的范畴，只要在特定语境、环境或文化中被明确定义，它在分析问题这个层面上就是有用的[1]。如果只使用定义不存在分歧的术语那么考古学将几乎没有术语可用，许多术语在不同的文化和语境中有着非常不同的含义[2]。作为一种跨文化的范畴，"萨满/萨满教"给学者提供了一种研究不同文化中相似文化现象的模式，这种模式不可能完美展现不同文化现象间的差异，但如果不使用它文化现象间的比较就无从谈起了[3]。与之类似的是，在不同文化中对于与"萨满"具有相似功能者的具体称呼，即主位（emic）称呼在这个研究对象被更加尊重的时代理应被学者应用于他们研究当中，但对那些相信"萨满教"存在于史前世界的学者而言这一点似乎难以做到，因为这些称呼已经随着产生这些称呼的古老文明一起消失了[4]，研究者无法确定良渚人或者红山人对于他们中类似"萨满"的人员是如何称呼的。从这种意义上来讲"萨满/萨满教"这个既具有跨文化属性又能在分析具体问题时可以被灵活解释的范畴似乎成为了某种可以被广泛接受的选择，正如托马斯·迈克尔（Thomas Michael）所说的那样：

> 萨满教作为一个总体类别是有用的，它允许我们在杂乱的代表集合周围放置一堵意义之墙，这些代表可能本质上相同，也可能不同，这取决于我们对其理解的严格程度或灵活程度。更严格的定义有时会将大量证据排除在该类别之外，而更灵活的定义则允许更广泛地纳入范围。[5]

对于一些学者而言，这个范畴被创造出来之时就具有的某种"原始"属性使他们相信"萨满/萨满教"不仅具有跨文化的属性，还具有超越历史的属性，考古学家将它带入了历史研究的领域。

---

[1] Christine S. VanPool, "The signs of the sacred: Identifying shamans using archaeological evidence", *Journal of Anthropological Archaeology* Vol.28, 2009, p.179.

[2] Christine S. VanPool, "The signs of the sacred: Identifying shamans using archaeological evidence", *Journal of Anthropological Archaeology* Vol.28, 2009, p.179; 参见 R. C. Dunnell, "The notion site. In: Rossignol", L.Wandsnider, (eds.), *Space, Time, and Archaeological Landscapes*. Plenum Press, 1992, pp.21～42; J. I. Ebert, *Distributional Archaeology*, University of Utah Press, 2001。

[3] Christine S. VanPool, "The signs of the sacred: Identifying shamans using archaeological evidence", *Journal of Anthropological Archaeology* Vol.28, 2009, p.179; 参见 M. Ember, C. R. Ember, "Worldwide cross-cultural studies and their relevance for archaeology", *Journal of Archaeological Research*, No.3, 1995, pp.87～111。

[4] Christine S. VanPool, "The signs of the sacred: Identifying shamans using archaeological evidence", *Journal of Anthropological Archaeology* Vol.28, 2009, p.179.

[5] Thomas Michael, "Shamanism Theory and the Early Chinese Wu", *Journal of the American Academy of Religion* Vol.83, No.3, 2015, p.14.

三、"萨满教考古学"

对于"萨满教"是古老的这一论断而言，它的支持者和反对者似乎都没有决定性的证据证明自己观点的正确性，从某些方面而言这两方都基于一些先验的信念而不是经过检验的证据来作为出发点搜集证据进行论证，一方坚持认为历史上存在一种宗教"底层"，而另一方坚信不存在一种从旧石器时代延续至今而内核不发生改变的宗教，虽然客观而言依靠现有的理论及技术手段想要证明其中任何一方的观点都是极其困难而趋近于不可能的，但必须要承认的是从方法论上来看二者的观点同样不可靠。针对学界目前对于"萨满/萨满教"的内涵与外延仍存在极大争议的现状而言，"萨满教考古学"这个术语无疑反映了其中的一种偏见，即以伊利亚德为代表的学者认为"萨满教"曾经在历史上广泛分布于世界各地，一些学者相信存在能反映这种"事实"的古代物质遗存。

与一些学者所认为的"萨满教考古学"是一种滥觞于伊利亚德的普遍萨满教理论的流行所产生的副产品的观点不同的是[1]，当多数学者还在将"萨满教"的时空范围框定于近代西伯利亚之时就已经有考古学家宣称在史前发现了它。20世纪初位于法国比利牛斯山脉的北部的三兄弟洞窟（Grotte des Trois-Frères）被发现，洞内布满距今约16 000年前的史前岩画，其中最著名的一幅岩画为一个鹿头人身的形象，拿破仑—亨利·贝古恩（Napoléon-Henri Begouën）和步日耶（Abbé Henri Breuil）认为这与狩猎巫术有关，这个形象类似于萨满或巫师[2]。

1952年，在伊利亚德的《萨满教：古老的狂迷术》出版次年发表的《萨满教史前史的考古学研究》（Ein archäologischer Beitrag zur Urgeschichte des Schamanismus）一文中，霍斯特·基什内尔（Horst Kirchner）认为创作于距今15 000年前的拉科斯洞窟（Grotte de Lascaux）中的一幅岩画所表现的是萨满进入恍惚的状态[3]。到了60年代，受伊利亚德作品

---

[1] Andrei A. Znamenski, *The Beauty of the Primitive: Shamanism and Western Imagination*, Oxford University Press, 2007, p.180；安德烈·兹纳姆斯基著，徐峰、郭卉译：《洞中意识：当考古学遇上萨满教》，《北冰洋研究》第四辑，上海三联书店，2021年，第202页。

[2] Ronald Hutton, *Witches, druids, and King Arthur, Hambledon Continuum*, Hambledon Continuum, 2003, p.33，参见 Henri Bégouën, Henri Breuil, "Un dessin relevé dans la grotte des Trois Frères à Montesquieu-Avantès (Ariège)", C. r. Ac. *Inscr.*, 1920, p.45, 303; Henri Bégouen, "La magie aux temps prehistoriques", *Mémoires de l'Académie des Sciences, Inscriptions et Belles-Lettres*, 1924, ii, pp.417～432; "The Magic Origin of Prehistoric Art", *Antiquity*, No.3, 1929, pp.5～19; "Les bases magiques de l'art prehistorique", *Scientia, fourth series* Vol.33, 1939, pp.202～216。

[3] Horst Kirchner, "Ein archäologischer Beitrag zur Urgeschichte des Schamanismus", *Anthropos*, XLVII, 1952, p.275；米尔恰·伊利亚德著，段满福译：《萨满教：古老的入迷术》，社会科学文献出版社，2018年，第506页。

启发的安德里亚斯·劳梅尔（von Andreas Lommel）通过对岩画的研究认为史前和现代的原始部落艺术源于萨满教，他总结出了四个主题：人与动物的形象、复合生物、人或兽搏斗的形象以及"X射线风格"（X-ray style）的绘画，而萨满在降神仪式中经常将自己变成动物[1]。约瑟夫·约翰·坎贝尔（Joseph John Campbell）指出在这种具有"X射线风格"的美术品中，人或动物的"骨骼结构和内脏器官被用抽象的手法表现出来，有时会绘出从嘴或脖子到心脏、肺或胃的'生命线'（lifeline）"，劳梅尔认为这一艺术风格在旧石器时代晚期随着人群的迁徙被从它的发源地西欧带往全球各地[2]。

"萨满/萨满教"的概念很快被带入到了中美洲考古的领域。20世纪60年代中期，彼得·T.弗斯特（Peter T. Furst）通过将距今3 000年前的西墨西哥陶器中头戴角状装饰的人物图绘与现代西伯利亚与北美洲现代萨满的服饰进行比较，反驳了认为这种陶器表现的是普通人日常和世俗情感的流行看法，认为陶器所描绘的人物是守护墓葬的萨满[3]。弗斯特重新审视了奥尔梅克文明（Olmec）的一坐一立两个美洲豹人（Man-Jaguar）的雕像，它们的面部有半人半兽的特征。他发现雕像上有一条清晰的分界线将分别像人与像美洲豹的头后部与面部分开，推测雕刻者是想展示人类皮肤逐渐剥离以显露出其中的美洲豹的状态，表现的是奥尔梅克萨满向美洲豹转化的场景，表示萨满继承自美洲豹神性的显现[4]。

相对于发现考古材料中的"萨满转化状态"，弗斯特对于"萨满教考古学"的另一贡献在于他接受了伊利亚德"萨满教底层"的看法从而发展出的亚美萨满教模式（Asian—American Shamanism）假说。20世纪70年代，他通过研究发现亚洲和美洲的萨满教诸多相似之处，由此认为亚洲和美洲存在一个共同的以萨满教和狩猎—采集经济为基础的古意识形态底层，他总结为八条特征：

1. 萨满教中诸多现象均产生于巫术，"转化"是萨满教象征系统的基本原则；
2. 宇宙是分层的或重叠的，通常分为上中下三层，各层之间有一个中央柱相连。世界通常分为四个象限，由南北和东西中轴分隔，各个方向对应特定的颜色；

---

[1] Andreas Lommel, *Prehistoric and Primitive Man*, McGraw-Hill, 1966.
[2] Joseph Campbell, *The Way of the Animal Powers*, Summerfield Press, 1983, p.132.
[3] Peter T. Furst, "The Olmec Were-laguar Motif in the Light of Ethogrpic Relity", in: Elizabeth P. Benson (ed.), *Dumbarton Oaks Conference on the Olmec*, Dumbarton Oaks Research Library and Collection, 1968, p.170.
[4] Andrei A. Znamenski, *The Beauty of the Primitive: Shamanism and Western Imagination*, Oxford University Press, 2007, pp.181～182；参见 Peter T. Furst, "The Olmec Were-laguar Motif in the Light of Ethogrpic Relity", in: Elizabeth P. Benson (ed.), *Dumbarton Oaks Conference on the Olmec*, Dumbarton Oaks Research Library and Collection, 1968, p.170。

3. 人与动物是平等的；

4. 人与动物可以相互转化，萨满常有动物助手；

5. 万物有灵；

6. 人与动物的灵魂存在于骨骼中，所以人与动物可以通过骨骼再生。萨满出神常常要经历身体的骨骼化状态；

7. 灵魂与肉体可以分离，灵魂丢失是疾病的常见原因。萨满可从神灵世界取回灵魂以治愈疾病；

8. 一种并不普遍的现象是萨满通过服用致幻植物而出神。[1]

这似乎可以算作是考古学对人类学知识消化吸收后的再生产。张光直在这一假说的基础上提出了"玛雅—中国文化连续体"一说。

"萨满教考古学"中最负盛名而又争议最大的是"神经心理学假说"，詹姆斯·大卫·路易斯—威廉姆斯（James David Lewis-Williams）受到杰拉尔多·雷切尔—多尔马托夫（Gerardo Reichel-Dolmatoff）对德萨那（Desana）印第安人在意识变型状态（Altered States of Consciousness，简称ASC）下产生幻象的研究的启发，结合民族志材料，对非洲西南部的桑人（San people）岩画进行了解读[2]。他发现现代桑人部落中的萨满舞蹈和桑人的岩画上的图案有着某种类似性，而普通人和萨满在意识变型状态中所看到的内视（entoptic）图像具有高度的相似性，在简单的几何图案以及大脑依据个人和文化经验调整的图案出现后复杂而真实的幻象就显现了，路易斯—威廉姆斯推测萨满在意识变型状态下绘制了这些岩画[3]。这种"神经心理学"的研究方法被复制到了北美和欧洲的岩画研究中，很快它因为被滥用而招致大量非议[4]。萨满的狂迷或恍惚状态被迈克尔·詹姆斯·哈纳（Michael James Harner）称之为"萨满意识状态"[5]，这在其文化架构内被认为是一种超

---

[1] Peter T. Furst, "Shamanistic survivals in Mesoamerican religion", *Actas del XLI Congess internacional de Americanistas III*, 1976, pp.149～157，总结自张光直：《中国古代文明的环太平洋的底层》，《辽海文物学刊》1989年第2期，载氏著《中国考古学论文集》，生活·新知·读书三联书店，1999年，第357～369页。

[2] 安德烈·兹纳姆斯基著，徐峰、郭卉译：《洞中意识：当考古学遇上萨满教》，《北冰洋研究》第四辑，上海三联书店，2021年，第206～210页。

[3] 安德烈·兹纳姆斯基著，徐峰、郭卉译：《洞中意识：当考古学遇上萨满教》，《北冰洋研究》第四辑，上海三联书店，2021年，第208～212页；参见Jean Clottes, David Lewis-Williams, *The shamans of prehistory: trance and magic in the painted caves*, Harry N. Abrams, 1998。

[4] 安德烈·兹纳姆斯基著，徐峰、郭卉译：《洞中意识：当考古学遇上萨满教》，《北冰洋研究》第四辑，上海三联书店，2021年，第226～230页。

[5] Christine S. VanPool, "The signs of the sacred: Identifying shamans using archaeological evidence", *Journal of Anthropological Archaeology* Vol.28, 2009, p.180；参见Michael Harner, *The Way of the Shaman: A Guide to Power and Healing*, Bantam Book, 1980。

自然的体验。万普尔认为所有的萨满意识状态都是基于意识变型状态产生的,但并非所有的意识变型状态都可以被认为是萨满意识状态[1]。

在今天,越来越多的主题被纳入了"萨满教考古学"的研究范围内,诸如性别和身体、身份、景观等等[2],曾经为解决具体问题而作为考古学中程理论之一的"萨满教"已经融入了认知考古学中,成为了研究在"萨满教"语境下人类过去意识形态的"萨满教认知考古学","这意味着萨满教不仅是理论和方法,而且是目的和对象"[3]。对于考古学家而言,不管是"萨满教"意识形态所创造出的物质遗存还是物质遗存中所蕴含的"萨满教"意识形态都是难以被发现辨识的,正如科林·伦福儒和保罗·巴恩所指出的那样,"这些信仰系统并非总是能从物质文化中表现出来",当它们表现出来时,"并非总能与日常生活的其他活动区分开来"[4]。

对于如何解决上述问题似乎已经有了一个很明确的答案,"萨满教考古学"这个术语本身就已经说明了这种研究方法/倾向/范式与人类学之间不可分割的关系,这种关系在步日耶观察三兄弟洞窟的那幅著名岩画时联想到人类学中的"萨满"形象之时就已经开始。将考古材料与人类学中相关材料进行类比是"萨满教考古学"最常用的方法,学者在考古学材料中"辨认"出了"萨满教"中的"宇宙山""宇宙树""萨满服饰""神秘数字"等相关元素,这是一种相对可靠的研究方法。不过,对于数千甚至数万年前的"宗教信仰",基于现代原始部落研究所得的人类学知识能否适用是一个很有争议的问题,学者可以在多大的程度上将现代原始部落的观念投射到古人的头脑中[5],同一类型文化在不同地区间的差异是否应该被充分考虑,对此普赖斯提醒学者"利用人类学的类比来弥补有时是巨大的时间和地点上的差距是一个很大的诱惑"[6]。

至于其他方法,似乎只有"神经心理学"这种中程理论取得了一定的成功,不过如果不把它同人类学类比的方法一起使用的话,它就会变成一个看似解释力无边实则什么也解释不了而只会"贪婪吞噬史前艺术的怪兽"[7]。很显然,不存在一种能够识别考古材料

---

[1] Christine S. VanPool, "The signs of the sacred: Identifying shamans using archaeological evidence", *Journal of Anthropological Archaeology* Vol.28, 2009, p.180.

[2] 参见Neil Price(ed.), *The Archaeology of Shamanism*, Routledge, 2001。

[3] 汤惠生:《考古·岩画·萨满教——我的考古历程与学术认知》,《岩画研究》第7辑,宁夏人民出版社,2021年,第141~170页。

[4] 科林·伦福儒、保罗·巴恩著,陈淳译:《考古学:理论、方法与实践(第六版)》,上海古籍出版社,2015年,第385页。

[5] 安德烈·兹纳姆斯基著,徐峰、郭卉译:《洞中意识:当考古学遇上萨满教》,《北冰洋研究》第四辑,上海三联书店,2021年,第226页。

[6] Neil S. Price, "An archaeology of altered states: Shamanism and material culture studies", in: Neil Price (ed.), *The Archaeology of Shamanism*, Routledge, 2001, p.10.

[7] Robert Layton, "Shamanism, Totemism and Rock Art: Les Chamanes de la Préhistoirein the Context of Rock Art Research", *Cambridge Archaeological Journal* Vol.10, No.1, 2000, p.184.

中"萨满教"的单一方法,对此扎尔·哈萨诺夫(Zaur Hasanov)提出的一种复合方法或许可供学者参考:

  1. 研究那些在宗教仪式中使用的萨满工具,这些工具是从民族志材料和它们的象征意义中了解到的;
  2. 学习萨满仪式、萨满概念或世界观系统的象征主义;
  3. 在研究了民族志资料中有关萨满教的工具和概念及其象征符号后,确定萨满教的痕迹:
  (1)文献资料;
  (2)考古材料(丧葬仪式和器物);
  (3)语言(词源学的成果);
  4. 当文献材料与考古、语言和民族志材料相互印证,揭示相关的世界观基础时,研究结果就可以被认为是可信的;
  5. 一个被埋葬物体的位置或其他物体之间的关系;
  6. 地理定位:
  (1)在我们地球的不同地方,萨满教在世界观和物质工具方面有完全不同的、有区别的类型特性。因此,用于比较研究的民族志资料应来自与相关考古文化相同的地区或其起源地区;
  (2)如果一种与世界观有关的装饰物在语义上与某种动植物物种有关,人们应该比较装饰物流行的地理位置与被使用的物种的地理位置;
  7. 人们应该通过使用 C^{14}、化学分析、有机残留物分析、古土壤分析和其他技术结合自然科学研究,确定神话概念和功能最初出现的时期。这还可以帮助复原寻找到的语义和功能。自然科学的数据应该与文献资料和考古发现相比较,以便印证。[1]

这种方案兼顾了文化—历史考古(Culture-historical archaeology)、过程考古(Processual Archaeology)以及后过程考古(Post-Processual Archaeology)的方法来寻找考古材料与其可能背景之间的关系。当然,可以很确认的一点是不论学者使用怎样精细的研究方法,同一属性或者不同属性的材料之间的关系是通过学者的主观判断建立起来的,考古材料

---

[1] Zaur Hasanov, "A Method for Determining the Practice of Shamanism in Archeological Cultures", *Anthropology & Archeology of Eurasia* Vol.55, No.3～4, 2016, pp.188～231.

所表现的"先民的思维"是学者进行的有依据的主观建构的结果,这种主观判断以及主观建构被称为学术想象力(scholarly imagination)或者"考古超现实主义"(archeological surrealism)[1]。对于考古学中的信仰方面的研究,弗斯特、大卫·惠特利(David Whitely)、兹纳姆斯基等学者主张打破实证主义对考古学的垄断,强调运用想象力的重要性[2]。反对者认为这是在鼓励"猜测"[3],但上述学者的研究皆有理有据,运用想象力不是盲目的猜测,若称之为"合理的推测",则"想象"的意味全无。对此,迈克尔·尚克斯(Michael Shanks)认为这种想象是一种"创造性的理解",考古学想象力(archeological imagination)是联系研究考古材料不同方法的桥梁[4]:

> 为了重建废墟背后的世界,为了让古董陶器碎片背后的人们重新焕发活力,这些碎片是过去的一部分:这是考古学想象力的工作,是考古学的核心创造力和能力,但也根植于许多通常与现代性有关的文化倾向、话语和体系中。考古学的想象力植根于一种情感,一种对痕迹和遗迹、对记忆、时间和时间性、对历史结构的普遍态度。[5]

鉴于考古学只能研究被保存下来的物质性的遗存这一局限性,在研究过程中想象力的加入是必要的,例如当学者清理出一座墓葬时,虽然在绝大部分的墓葬中都没有直接写明随葬品和墓主人的直接关系,但我们似乎可以毫无疑问地认为墓中的随葬品应该是墓主人生前所用之物或者至少跟墓主人存在着某种关系,这种随葬品与墓主人关系的判定是依据后世文献中的相关记载或者现存的丧葬制度或习俗通过想象推断出来的,在考古学中这种程度的想象通常被认为是可以接受的。但对于使用想象力研究"先民的思维"这种程度的阐释就不得不考虑这是否会更多地体现了研究者自身或者研究者所处社会或时代的偏好而不是研究对象本身是什么这一问题。

对于用"萨满/萨满教"来解释考古材料这一问题,普赖斯认为由于某些固有偏见和局限性,重建古代萨满仪式是几乎不可能的[6],学者会不知不觉地将考古材料放置在了基

---

[1] 安德烈·兹纳姆斯基著,徐峰、郭卉译:《洞中意识:当考古学遇上萨满教》,《北冰洋研究》第四辑,上海三联书店,2021年,第200页。
[2] 安德烈·兹纳姆斯基著,徐峰、郭卉译:《洞中意识:当考古学遇上萨满教》,《北冰洋研究》第四辑,上海三联书店,2021年,第200、204、238页。
[3] 安德烈·兹纳姆斯基著,徐峰、郭卉译:《洞中意识:当考古学遇上萨满教》,《北冰洋研究》第四辑,上海三联书店,2021年,第228页。
[4] Michael Shanks, *The archaeological imagination*, Left Coast Press, 2012, p.17.
[5] Michael Shanks, *The archaeological imagination*, Left Coast Press, 2012, p.25.
[6] Neil S. Price, "An archaeology of altered states: Shamanism and material culture studies", in: Neil Price (ed.), *The Archaeology of Shamanism*, Routledge, 2001, p.11.

于现代人类学调查所得出"萨满/萨满教"框架下,从而失去了对其他可能性的思考机会。它提供了一种可能性的思考,但当它在成为某种强势的解释时,其他可能性的解释就很难出现了。考古学者应该清楚自己所得出的一切结论都是关于"过去的现在"而不是"过去"本身[1],正如大卫·弗雷德尔(David Freidel)、琳达·谢勒(Linda Schele)和乔伊·帕克(Joy Parker)所提醒的那样,作为研究者"我们对过去的看法总是受制于现在",对过去的重建"只是一种阐释,而不是真正的原始事实"[2]。

四、小　结

作为现代"学术发明"的一环,现实世界真实存在的一类人物"萨满"及其复杂的仪式规范、神话系统乃至世界观,经由学者的归纳总结与再加工,形成了现今学术意义上的"萨满教",考古学者将这个被发明的"古老"概念用于解释已经消逝的古老社会。尽管它并不完美,但"萨满"、"萨满教"和"萨满教考古学"依然是我们认识和研究原始文化和远古社会为数不多的工具之一。不论我们是否愿意承认"萨满"在原始信仰研究这一领域具有话语霸权,仅从海量的文献篇目来看,存在于铅字中的"萨满"便使一切想要跳脱出"萨满"叙事去研究原始信仰的想法失去了实现的可能。从这一点而言,现存的和已经消逝的原始信仰都或多或少依靠"萨满"这副躯壳展示在学界面前,难免沾染"萨满"的气息。

石宇轩,南京师范大学文博系2018级硕士研究生。

---

[1] Michael Shanks, *The archaeological imagination*, Left Coast Press, 2012, p.36.
[2] David Freidel, Linda Schele, Joy Parker, *Maya cosmos: three thousand years on the shaman's path*, William Morrow, 1993, p.36.

殷墟、良渚与施昕更

夏　勇

1921年河南渑池仰韶村的发掘被视为中国考古学的开端。1926年李济携袁复礼在山西汾河流域的调查及在西阴村的发掘则是中国学者第一次主持的考古发掘。瑞典地质学家安特生在1921～1924年为中国政府聘用时正职是地质工作,进行考古调查和发掘是出于个人兴趣及工作相关性。这一时期的考古调查和发掘与许多新兴学科一样,还缺乏统一的学科目标、发展规划和实施计划。距安特生发掘仰韶村七年后,1928年3月,中央研究院历史语言研究所(以下简称史语所)诞生于广州。所长傅斯年面对"自然送给我们的出土的物事"毁坏了许多、复任搁置,痛心疾首。面对一片空白的中国田野,抱着极大的野心极为迫切地要去抢救[1]。

一、史语所的开拓性工作

1928年7月,傅斯年派董作宾赴河南南阳与安阳考察,8月往殷墟。据调查结果,11月即在安阳的小屯开始中国历史上第一次由官方最高学术机构主导的考古发掘[2],开启了民国时期为中国考古学赢得国际声誉的十五次殷墟发掘。

1930年因中原大战的爆发,殷墟第三次发掘被迫中断。战争东起山东,西至襄樊,南达长沙,祸及半个中国。战事自4月开始,11月才结束。史语所考古组人员不得不留在北

---

[1] 傅斯年:《历史语言研究所工作之旨趣》,《中央研究院历史语言研究所集刊》第一本第一分,1928年10月。
[2] 1927年由李济带队的西阴村发掘,是由清华研究院组织,受美国弗利尔艺术馆(Freer Gallery of art)资助。同行的袁复礼是丁文江作为支持借给李济的,并无任何官方行政部门或学术部门出面组织。

京,整理三次殷墟发掘所获资料。

在动荡局面下,时任考古组负责人的李济为了寻找殷墟文化的来龙去脉,毅然派人调查可能的发掘地点。1928年至1929年,吴金鼎对济南以东的东平陵和龙山镇城子崖遗址进行了六次调查,发现龙山文化的黑陶等遗物遗迹[1]。在第三次殷墟发掘匆忙结束后,本已准备在山东临淄进行试掘。但在前期的调查辅证下,李济偕吴金鼎于1930年10月复查了龙山与临淄等地,遂选定龙山镇城子崖作为发掘地点。

1930年11月7日至12月7日史语所对城子崖遗址进行了发掘。成果与殷墟发掘时学界对其的迫切期望相比无法相提并论。放在中国考古学史上,却是异常重要的一个里程碑。发掘前一天,11月6日,新成立的山东古迹研究会在山东大学召开城子崖遗址新闻发布会。李济在会上的演讲,充分说明了他对城子崖寄予的厚望[2]。

中原大战甫一结束,史语所即开始了殷墟的第四次发掘,梁思永成为其中的关键一员。他是组内唯一受过系统考古学训练与田野实践的科班人员。梁思永发现的"后冈三叠层",在考古学史上占有重要意义。1931年10月,梁思永又带队第二次发掘城子崖遗址。1934年梁思永发表了由中国学者独立撰写的第一部考古学发掘报告《城子崖》[3]。两年后施昕更在整理、编写良渚遗址报告时,无论是编写规范还是研究上,《城子崖》是唯一的参考资料。

在中央层面成立专门的业务机构,有组织、有系统地开展考古工作,力图解决历史界、文化界关心的商文明、中国文化本土说等内容。这种通过新颖的田野发掘和研究方法、取自地下的新史料,对地方学人和各类学术团体也产生了催化和刺激作用。各地也开始了追溯本地文化的过程。由施昕更主导的浙江杭县良渚发掘及其报告,就是这样一个受中心影响下的地方奠基。

1936年8月成立的吴越史地研究会致力于江浙两省古文化的研究。这是中国近代史上第一个研究区域文化的民间学术团体。1936年8月30日,蔡元培在隆重的成立会上如此表述研究会的宗旨:

> 今日为吴越史地研究会举行成立会,同人等发起斯会宗旨,实源自古荡、钱山漾、绍兴、金山等处,先后发现古代石器陶器后,颇足供历史上参考价值,证明江浙两省在五六千年以前,已有极高文化;当非如传说所云,在春秋时代,江浙

---

[1] 吴金鼎:《平陵访古记》,《中央研究院历史语言研究所集刊》第一本第四分。
[2] 李济:《发掘城子崖的理由与成绩》,《李济文集(一)》,上海人民出版社,2006年。
[3] 中央研究院历史语言研究所:《中国考古报告集·城子崖》,1934年。

尚为野蛮之区。现该项古物,遗留在江浙各地者,当必甚多。深望本会成立后,各地会员能继续多所发现,以供研究,借以明了历史演化及先民生活之情况云。[1]

当时旅居北京,在东方文化事业总委员会工作,组织编撰《续修四库全书总目提要》的桥川时雄对中国文化界极为关注。在受赠《杭州古荡新石器时代遗迹之试探报告》后,给予如下评价:"吾等虽不认同此小册子为学术研究上的伟大成果,但吴越人企图改变历来对其故地的文化研究的观察方法,从这企图中可看出地方文化复苏的迹象,在此小册子中也可看出这种动向。他们认为,中国古代的文化发祥地黄河流域,所举文献例如孔丘的《春秋》中吴越的相关记述不过是其百分之一而已;故举《左传》《竹书纪年》《史记》所述当时吴越文化的地位,又据民国十九年南京栖霞山及今年三月杭州古荡出土的石器、铜器、铁器等,得出黄河流域的新石器文化和江浙地区的新石器文化各自独立的有力结论。"[2]

研究会总干事卫聚贤1936年两次至浙江杭州古荡遗址进行调查和发掘,时在西湖博物馆担任地质组绘图员的施昕更全程参与。从中受到启发,他向中央古物保管委员会呈请发掘执照后,于年底便开始在家乡良渚镇择点发掘。

之所以要详述史语所从建所到施昕更发掘良渚之间的主要考古发掘活动,就是想铺展、复原出这样一个背景:施昕更最终能想到并实践良渚遗址的发掘,是现代考古学传入中国后带来的余蕴,是史语所在各地系统调查和考古发掘带来的学术和社会的直接和间接影响。当时史语所重点是在中原的殷墟、胶东的龙山遗址,向南不过是王湘到安徽发现了萧县花家寺遗址。施昕更虽然从未受过系统的考古训练,却因吴越史地研究会的活动和古荡发掘的诱因下,实现了长江下游地区有史以来第一次科学的考古发掘活动,掘下了考古良渚文化第一铲。

二、相互提携的地质学与考古学

傅斯年在《旨趣》末尾表达了像地质学看齐的愿望,高呼"要把历史学语言学建设得和生物学地质学等同样"。夏鼐在回顾五四运动对中国考古学影响时写道中国近代考古

---

[1]《吴越史地研究会昨成立》,《申报》1936年8月31日。转引自高平叔:《蔡元培全集(第七卷)》,中华书局,1989年,第113页。
[2] 桥川时雄:《中国学界的趋势和北平文化的崩坏》,《民国时期的学术界》,北京大学出版社,2023年,第108页。或许是当局者迷,从1937年7月出版的《吴越文化论丛》中看到,作者胡行之和刘之远显然不在桥川时雄所言的"他们"之列。从行文看,刘之远也从事地质工作。

学"其中一个特别有关的科学是地质学"[1]。鉴于对开发矿产和实业方面的重要性，地质学在清末便被引入国内。当时延聘了外国的地质专家，也培养了一批我国自己的地质学家。他们在野外工作过程中，发现了遗迹、遗物，进而开展相关研究的情况并不少见。1919年春，翁文灏嘱将赴热河、丰田调查地质的调查所人员朱庭钴在工作之便，留意人类遗迹的搜寻。后者果然发现了新石器时代的石斧等工具，这引起了安特生的注意。安氏遂将薪俸捐出，用力从事此项工作，以后有安阳等处之发现[2]。1920年，丁文江因国内地质学家对古生物学不够专精，故在访问欧美时物色人才。美国哥伦比亚大学葛利普应邀来华，担任地质调查所顾问技师兼北京大学地质系古生物学教授[3]。地质学是以田野工作为主要手段来做研究的一门科学，它所使用的地层学也是考古学的方法论之一。因着工作方法、田野对象的相近，晚建的考古学与其有着天然的亲近。地质学家已经先于考古学家在工作中或多或少地开展了考古研究，地学知识也较早进入国内教育体系，成为一种知识资源[4]。

国困民乏之际，地质学在初期也颇为艰难。开拓者构建了长远的发展规划，却面临着无人可用的局面而不得不"选择了研究与教育同时进行的模式"[5]。即便进入国民政府时期，地质调查所也因机构变动等缘故，经费短缺，曾一度加挂"国立北平研究院地质研究所"等机构的牌子，以求解决一部分工作经费。在史语所开展田野发掘初期也曾面临过资金与人员方面的困境，如第二、三次殷墟发掘的经费源于美国弗利尔艺术馆，在双方合作终止后，工作顷刻陷入停顿。除学科本身的亲近关系，两大学科开拓者之间的私谊，也给予了史语所不少支持。随着海外留学的梁思永、吴金鼎和夏鼐等相继归来，专业人员得到了空前的充实，其中的青年骨干经殷墟发掘的锤炼而被称为"十兄弟"，迅速占据了国内的领头雁位置，无愧于中央最高研究机构的名声，在国内外声誉上均超过了建立时间更早的北京大学国学门和同为官方研究机构的北平研究院。

至1936年，施昕更申请发掘执照挖下良渚第一铲，除考古作为新生力量引领潮流外，无论是当事人还是考古学发展本身，都带有地质学的色彩。前述安特生的若干考古发掘、西阴村和殷墟发掘均有地质学家和古生物学家的参与。接受过现代科学教育的董聿茂和盛莘夫对其中的学术价值和开拓价值应当是非常清楚的。1937年"浙江果有石器时代乎"的激烈争论，想必也一定程度上也影响了省立西湖博物馆对此事的态度。

---

[1] 夏鼐：《五四运动与中国近代考古学的兴起》，《考古》1979年第3期。
[2] 李学通：《翁文灏年谱》，山东教育出版社，2005年，第28页。
[3] 李学通：《翁文灏年谱》，山东教育出版社，2005年，第31页。
[4] 查晓英：《地质学与现代考古学知识在中国的传播》，《历史研究》2006年第4期。
[5] 张九辰：《地质学与民国社会：1916～1950年》，山东教育出版社，2005年。

三、施昕更其人其事

1929年，以"发展实业、振兴社会文化"为主题的西湖博览会大获成功，由此催生了西湖博物馆。同年浙江省政府设立省立西湖博物馆。在施昕更还是以学生身份作为西湖博览会讲解员时，他便认识了钟国仪并成为挚友。1930年进入西湖博物馆后，施昕更因擅长绘画成为地质矿产组的绘图员，在浙江境内开展地质工作。

《浙江省博物馆系年》对建馆以来的档案进行了较为全面的梳理，结合其他资料摘录相关条目，可勾勒出施昕更在省立西湖博物馆工作的粗略线条[1]。

民国十八年（1929）12月4日，在浙江省政府为筹建浙江省西湖博物馆训令中，拟订的《浙江省西湖博物馆章程》第九条为"本馆为缮写文件、绘制图表，得雇佣书记员及绘图员"。

民国二十年（1931）5月9日，《浙江省立西湖博物馆章程》经省政府委员会第395次会议修正通过在案，第四条规定了人员设置："本馆设馆长兼部主任一人，专任部主任一人，馆员八人至十二人，事务员三人至五人，雇员三人至五人，并得设练习生一人至三人。"即所雇人员为17至27人。

在民国二十年（1931）9月2日浙江省教育厅的文件中，要求省立西湖博物馆呈送职员名单以备案。职员共计25人，分为总务处、历史文化部和自然科学部。自然科学部共计10人，包括董聿茂、钟国仪、盛莘夫、施昕庚等，人数为三部之中最多。

民国二十年（1931）7月25日至9月19日，自然科学部矿产组盛莘夫、施昕庚赴在西湖附近采集标本约80件。

民国二十年（1931）9月27日至10月3日，自然科学矿产组盛莘夫、施昕庚赴长兴采集及考察地质之工作日记约80件。

民国二十一年（1932）3月18日至5月30日，自然科学部矿产组盛莘夫、施昕庚赴余杭、临安、新登、分水、桐庐等地采集标本约350件。

民国二十一年（1932）9月20日，派地质矿产组施昕更赴长兴煤矿矿区采集煤系植物化石标本。

---

[1] 1929年出版的《西湖博览会总报告书》，施昕庚即以管理员身份列于《会员录》中。黄莺：《浙江省博物馆系年》，北京图书馆出版社，2007年。书中所记"施昕庚"来自档案。

民国二十二年（1933）10月27日至11月22日，派施昕更调查浙西苕溪流域地质矿产，施昕更作《调查苕溪流域地址矿产工作日记》。

民国二十五年（1936年），自本年至明年，本馆施昕更在老家余杭良渚、长命、安溪一带多次考察，发掘了石器、陶器和玉器，搜集了大量实物资料，绘制了百余张图片，写出5万余字考古报告《良渚——杭县第二区黑陶文化遗址初步报告》，从此揭开了良渚文化研究的序幕。

施昕更初名兴根，后改为鑫庚[1]。从档案看，最迟在1932年9月已改名"昕更"。在数次野外工作中，施昕更分别在1932年9月和1933年的10月开展了独立的野外工作，1935年代表博物馆参加了全国性的地质会议，充分证明施昕更敏而好学、工作能力日渐增长，为1936年的考古发掘奠定了地质专业基础。

关于1936年前后杭县第二区良渚镇的一系列活动，无论是当时的报纸期刊等出版物，还是后面的各类记述，相对都很详细、完善[2]。此处，根据时间顺序，再行整理一番，以方便了解其人其事。

发掘古荡之因，据卫氏《古荡报告序》和《吴越考古汇志》记载，可以勾勒出事件经过。1936年3月，卫聚贤因事赴南京，在立法委员何遂处见到他在杭州古玩铺买的三个石箭头及有几何形花纹的完整陶器三件。何遂以为："这石箭头南方不会有的，恐古玩商人从北方带来，假充南方出土的。"此年5月，卫氏因"吴越史地研究会事赴杭"向陈万里借瓷器展览时，在古玩店又发现石箭头和石铲，询之出处，店主曰古荡。他赶到古荡时，第一公墓施工待毕。卫聚贤从工人处购得石箭头、石铲等石器，完整与残缺者共三十余件。依古荡发现的石器，卫聚贤推论"一方面可证明我六年以前的学说江南有新石器文化，江浙文化本位性不误，一方面可将江浙文化拉长。"[3]

1936年5月31日，按照与西湖博物馆的商定，卫氏一行九人前往古荡公墓进行试掘[4]。试掘自上午九时起到下午五时止。于公墓内试掘三坑，墓外试掘一坑。第一坑由于地层已被翻过，第二坑为旧时墓道，全无所获。第三坑里有黑褐色土的文化层，故先后得瓷片、几何形纹陶片与完整石铲一个。公墓外试掘之坑因地处近代坟墓间，发掘难度很大，仅得石器二件而停止试掘。此次试掘共得石器十六件，陶器陶片三件。因有施工和西

---

[1] 来自其弟施海潮回忆文《忆家兄昕更二三事》。
[2] 张炳火、蒋卫东：《也谈良渚文化的发现人》，《良渚文化探秘》，人民出版社，2006年。
[3] 卫聚贤：《杭州古荡新石器时代遗址之试掘报告·序》，《杭州古荡新石器时代遗址之试掘报告》，1936年。
[4] 浙江省立西湖博物馆、吴越史地研究会：《浙江古荡新石器遗址试掘报告》，1936年。古荡遗址后改名为老和山遗址，位于今浙江大学玉泉校区，见《杭州老和山遗址1953年第一次的发掘》（《考古学报》1958年第2期）。

湖博物馆经费匮乏等客观因素,主事者又缺乏考古发掘技能,加之卫聚贤下午在杭州青年会有演讲,试掘仅历半天就宣告结束。

此次发掘所获虽少,对于有明确目的的卫聚贤而言,并不算白挖一通,也为第二年与胡行之等人的论战铺垫了基础。就在这一论战酝酿和兴起时,当时负责绘图记录地层的施昕更受到启发,"似乎给了我一种暗示,古荡与杭县北部应有相互联系的关系"。在发掘第二天,也就是6月1日,他即赶回家乡良渚,去搜集儿时常见的黑陶,核实自己的印象。随即在西湖博物馆支持下,按照《中华民国古物保存法》第八条规定,呈请发掘执照。

1936年古荡挖宝式的发掘,启发了施昕更采用正规考古程序进行良渚文化研究史上的第一次发掘。他还整理出版了报告,并将遗物纳入馆藏,构成了一个完整的考古作业链。可惜因战火纷飞,不管是施昕更还是忙于西迁的浙江当局,都无力做进一步深入的工作。

施昕更采取的发掘方法注重地层关系,这是他加入西湖博物馆后受到的地质训练的结果。同为地质从业者,而且是科班出身、专业水平、工作成果和社会地位远超施昕更的安特生,在中国开展的考古发掘就没有这么讲究了。1914年,安特生被当时的北洋政府聘任为矿业顾问,在中国开展工作期间才开始对考古产生兴趣。1964年北京大学历史系考古教研室编写的《中国考古学(二)·新石器时代》讲义,在第11页对安特生在中国的考古活动有如此记录:

> 1921年,他根据助手刘长山提供的线索,主持了河南渑池仰韶村的发掘,那是在中国考古史上第一次企图用近代方法,并且工作量较大的一次工作……
>
> 安特生的工作并没有一套完整的方法。绝大多数的遗址是委之于完全没有经过考古训练的助手采集和主持发掘的,层次不分,也缺乏必要的田野记录。即便是他亲自参加的几次工作,也非按照规定的方法有目的有计划地发掘,而是东挖一块西挖一坑,并且常常不挖到底。其结果是层次混乱,共存关系不明,往往把不同时期的东西都混杂在一起了。

事实上直到1928年由史语所主导、董作宾负责的第一次殷墟发掘,在方法上也是如此。

施昕更发掘良渚后,除在报告体例、器物描述和研究上直接学习《城子崖》外,初稿完成后"承该所(史语所)梁思永、董作宾、刘耀、祁延霈、吴金鼎诸先生指正及补充之处甚多"[1],落款时间为1937年4月。不可避免地,施昕更在对资料的解释上跟随了梁思永命

---

[1] 施昕更:《良渚——杭县第二区黑陶文化遗址初步报告》,浙江省教育厅,1938年,第3页。

名的龙山文化。棋盘坟等几个遗址具有不同于城子崖黑陶文化的显著特色,施昕更谨慎表达了自己的观点,也使得梁思永在1939年发表的《龙山文化——中国文明的史前期之一》中将龙山文化分为三个区域,杭州湾区"在这些遗址里所收集的遗物,尤其是陶片,显示出不可忽视的确定的地域差异……大量的圜底、圈足和平行横线的凸纹,是这个地区所以异于其他两区的特征"。[1]

在报告出版前,施昕更曾寄了一份清稿给梁思永,想请他写序。梁先交给刘燿(尹达),未及看完全面抗战便爆发了,"事情便耽搁下来"[2]。因此,今天我们看到的报告没有序言,代之以施昕更1938年8月在瑞安写下的卷首语(副标题为"谨以此纪念我的故乡")及困于上海孤岛的卫聚贤写下的校后记。摘录卷首语第一段如下:

> 这本报告,是随着作者同样的命运,经过了许多患难困苦的历程,终于出版了,虽然是值得欣慰的事情,但是此书既成,反不忍卒读,更感慨万端!遥想这书的诞生地——良渚——已为敌人的狂焰所毁灭,大好河山,为敌骑残踏而黯然变色,这报告中的材料,也已散失殆尽,所以翻到这书的每一页,像瞻仰其遗容一样的含着悲怆的心情。

刘燿在长沙补写瓦房村发掘报告的初稿时,在最后注记中同样烙下了时代怒火:

> 别了,这相伴七年的考古事业!
> 在参加考古工作的第一年,就是敌人铁蹄踏过东北的时候,内在的矛盾燃烧着愤怒的火焰,使我安心不下去作这样的纯粹学术事业!但是,事实的诉语影响了个人的生活,在极度理智的分析之后,才压抑了这样的矛盾,暂时苟安于"考古生活"之内。[3]

这样的情绪,不是知识分子的独有,而是每一个有良知公民的切肤之痛。1932年,中国地质学领军人物翁文灏就写道:"在这种国破家亡的时候,环境及良心都不允许我们在职业工作之外不想别的心思。"[4]

1937年"七·七事变",战火殃及沪杭,浙江省立西湖博物馆董聿茂馆长除将珍贵物

---

[1] 梁思永:《龙山文化——中国文明史前期之一》,《考古学报》第七册,1954年,第10页。
[2] 陈存恭等:《石璋如先生口述历史》,九州出版社,2013年,第267页。
[3] 转引自张光直《二十世纪后半的中国考古学》,《古今论衡》创刊号,1998年,第39页。
[4] 翁文灏:《我的意见不过如此》,《独立评论》1932年第15期。

品密藏余杭长乐林牧公司外,与馆员携带案卷及参考物品,辗转南迁,先后在富阳、兰溪、永康、丽水和松阳等地驻留。据钟国仪夫人钱惠磬回忆,施昕更在兰溪赶上南撤的博物馆后,须臾不离身的便是一只装着《良渚》原稿的藤条筐[1]。在西撤途中,施昕更被裁。原因或许是学历不够高、工作成绩不够大。发掘并撰写的考古报告,在乱世之中,不过是一堆稿纸。转投史语所无望后,最终施昕更经董馆长介绍担任瑞安抗日自卫会秘书[2]。

在报告出版翌年,施昕更不幸染病在瑞安去世,享年27岁。《瑞安日报》对此的报道为:他的死虽不至于影响国家民族,但至少在抗战建国的过程中失掉了一个有用的青年[3]。关于这份出版后带到后方仅少量分发的报告,至50年代成为对外交流资料的一种:1954年10月9日,中国与民主德国国立博物馆交流专业书,有良渚报告一册。而早在1953年11月,中国即寄送过一本《良渚》给民主德国科学文化考察团洛克罗拉,及复函一件(良渚手册另寄)[4]。随后,报告又复沉库房中。

相比史语所等科研机构开展的考古发掘和研究,施昕更的发掘,从人员到机构,再到实证和理论上无疑属于暗流[5],也未见日记等细致资料可以回访当时的工作过程,但施昕更以其科学的素养和系统的工作,得到了梁思永和董作宾的关注和肯定。今天我们认定施昕更主持的三次考古发掘是良渚文化研究的开端,首先是从程序上,省立西湖博物馆作为学术机构根据《中华民国古物保存法》申报了采掘执照,具有合法性,这一点便超越了民国时期绝大多数的所谓发掘。其次,发掘按照地层进行,同样遵循了科学的原则。而发掘的起因仅仅是施昕更个人的好奇,对乡土的感情,最后落实的行动并非仅仅为了验证自己的记忆而胡乱挖掘。第三,《良渚》报告的编写质量,即便在1949年之后很长一段时间内,也是首屈一指的,这一点往往为学界所忽略。省立西湖博物馆虽然是因博览会而起,但专业人员的充实和指导,给了施昕更短暂的学术生涯以健康的成长环境。

即便如此,施昕更的去世,在兵荒马乱的年代,也确乎微澜,甚至其墓地所在,至今都无法确认[6]。

---

[1] 钱惠磬:《慨然话当年》,《良渚遗址随想》,杭州良渚遗址管理区管委会、余杭区良渚文化学会、余杭区作家协会,2002年。
[2] 董聿茂:《我所知道的施昕更先生》,《良渚文化》,余杭县政协文史资料委员会,1987年。
[3] 姚今霆:《良渚文化考古研究的先行者——施昕更小传》,《南北朝前古杭州》,浙江人民出版社,1992年。
[4] 黄莺:《浙江省博物馆系年》,北京图书馆出版社,2007年,第117页。
[5] 徐坚:《暗流:1949年之前安阳之外的中国考古学传统》,科学出版社,2012年。
[6] 杭州良渚遗址管理区管委会、余杭区良渚文化学会、余杭区作家协会:《良渚遗址随想》,2002年,第98页。

四、余　声

浙江的考古活动与中国其他地方一样，随着抗战的全面爆发被按下了暂停键。自梁思永和董作宾之后，外地学者前往考察良渚的石璋如和夏鼐也都是史语所人员。1946年，石璋如因参与接收各文化机关和文物，自南京至上海暂居，想去杭州见施昕更，结果到了西湖住下后才知施已去世。何天行时任西湖博物馆历史文化部主任，赠送石璋如一本《良渚》报告并陪同前往良渚考察。

夏鼐在1949年年底，"偕同学石兴邦、李泂、党华赴良渚考察，并请前西湖博物馆主任董聿茂先生引导"[1]。

20世纪上半叶，时代大潮东奔西流，无论是普通百姓还是各领域的精英，都在一浪接一浪的裹挟中东摇西摆。施昕更的良渚发掘在当时能够登上报纸为大众所知，已是幸运。如果不是他的心心念念和一众前辈好友的支持，《良渚》报告的夭折是很自然的事情。老和山、长坟、苏家村、吴家埠等遗址还会继续被发现，反山、瑶山也依然会显出真容，但施昕更其人其事，若无《良渚》报告的留存，恐怕只是一朵无声的浪花。

张忠培先生在12年前的龙年寄语中有一段话：

> "一代新人超旧人。"超旧人者，并非整个新人的一代，而是一代新人的先锋。同时，一代人的先锋也难以超越前代"旧人"的先锋所处时代赋予他们的，或所以成就其为先锋的时代所赋予的长处，故各代先锋均有其鲜明的时代特色。"旧人"的成就当是"新人"向前走去的出发点，是"新人"建设新一层宝塔的基础。"时势造英雄"，但人无作为，不去发挥能动性，时势是不能自然地生出英雄的，时势造出来的并不全是英雄，时势只为出现英雄提供客观条件，而在此客观条件下能创造新时势，才能成为英雄。所以，确切些说，时势只能为出现英雄创造新时势提供客观条件。"新人"的先锋或创造新时势的英雄，是自我塑造出来的，是竞争出来的，是自我闯荡出来的，绝不是培养或是教育出来的。仅靠给他人提供条件，而不能发挥超群的能动性者，缺乏自觉和不去顽强拼搏的年青人，绝不能成为创造新时势的先锋或英雄。[2]

---

[1] 夏鼐：《夏鼐日记（卷四）》，华东师范大学出版社，2011年，1949年12月28日星期五。
[2] 张忠培：《龙年寄语：和青年朋友们共勉》，《中国文物报》2012年2月24日。

施昕更就是这样自觉成长的考古先锋。史语所在殷墟掘下的第一铲,历经8年的持续发酵,最终影响了东南地区的一位博物馆的地质从业者,成为我们今天反复颂及的良渚文化第一人。

虽然他本人和旁人在当时当地都不会有这个意识,更多的是与尹达一样"燃烧着愤怒的火焰"直至生命的最后一刻。

他尽到了自己的心,说出了自己的话,留下了《良渚——杭县第二区黑陶文化遗址初步报告》这本报告,走出了我们今天还在继续前行的路。

夏勇,2003～2007年就读于南京师范大学文博系,
2007～2010年随汤惠生老师在南京师范大学文博系攻读硕士学位,
现工作单位为杭州市文物考古研究所。

A VERY PRODUCTIVE FRIENDSHIP

ROBERT G. BEDNARIK

This paper provides a veritable example of how a friendship between two scholars in different parts of the world can facilitate the detailed collaboration between specific research traditions in their respective countries and even lead to significant changes in their nations' research paradigms in a particular field. It can be seen as an affirmation that the ideals of pure science transcend all cultural, political and economic aspects of nations. In addition to providing humanity with a credible interpretation of the world in which we exist, science is also one of the most influential forces uniting humanity.

Although I had corresponded with Professor Tang Huisheng for a few years previously, it was at a conference in 1991 that I first met him in person. Since this event was instrumental in establishing the China-Australia connection in rock art studies, it is worthwhile considering how this relationship came to be formed. The 'International Conference of Rock Art Study, Recording and Conservation' was held in the city of Yinchuan, in the Ningxia Hui Autonomous Region of China. It took place from 5 to 10 October 1991 and was chaired by the President of RARAC (the Rock Art Research Association of China), who at the time was Professor Chen Zhaofu, and the Vice Chairman of the People's Government of Ningxia Province, Cheng Faguang. The latter's participation was a fair indication of the event's significance. Ningxia is a relatively small province, far from the (at the time) rapidly developing eastern provinces, and this event might have been the first time the citizens of its capital, Yinchuan, hosted a significant number of foreigners. It was the first time a rock art conference had been held in China that was attended by a sizeable number of international delegates.

About 130 Chinese scholars and a small army of officials and translators participated in this event. They were joined by 29 foreigners, one of whom was an Italian cultural attaché. Of the remaining 28 rock art scholars, ten were Australian members of the Australian Rock Art Research Association (AURA). Other countries represented at the conference were Canada, Denmark, France, Germany, India, Japan, the United Kingdom and the USA, whose delegates were also mostly AURA members. The strong Australian presence was a fair indication of AURA's dynamic global role in rock art research at the time. After all, per capita, the Australians even outnumbered their hosts more than five times at the Yinchuan conference.

The main objectives of the event were:

- to establish a worldwide awareness of the significance of Chinese rock art, especially that of the Helanshan, just north of Yinchuan;
- to draw attention to the universal deterioration of this cultural resource;
- and to discuss the study and recording methods in China and compare them with those of other countries.

The first of these objectives was paramount, as the global discipline still seemed largely unaware of Chinese rock art. Indeed, one of its most prominent practitioners, Prof. Emmanuel Anati, published a world map of the distribution of known rock art on which China was left entirely blank (Anati 1984: Fig 5). In fact, the first report of Chinese rock art published in a language other than Chinese had only appeared in the same year in an Australian journal (Wang 1984). It was followed by Tang's first paper in English three years before the Yinchuan event in that same journal (Tang 1989). This points to the origins of the strong 'rock art connection' between China and Australia.

When I met a very young Dr Tang in Yinchuan, I was struck by his earnestness and scholarly integrity (Figure 1). He spoke good English, which at that time was rare among Chinese academics, and I soon became aware that he was well-informed about global developments in rock art research. As we spent a good deal of time together, I marvelled not just at his encyclopaedic knowledge of China's archaeology or his organisational talent but at his down-to-earth, practical approach to solving complex issues. This latter adeptness I found confirmed on countless occasions ever since, as I will recount below, and I believe that it has been instrumental in Tang's ascent as a leading scholar in his field.

The following year, Dr Tang secured a scholarship from the Ministry of Foreign Affairs of Italy to spend parts of 1992 and 1993 studying the petroglyphs of Valcamonica, based at the Centro Camuno di Studi Preistorici in Capo di Ponte. In 1995 I invited him to join the Editorial Advisory Boards of two Australian journals, *Rock Art Research* and *The Artefact: Pacific Rim Archaeology* (Tang 1993a, 1993b). He was appointed Vice Director of Qinghai Archaeological Institute in 1996, a position he held until 2001. In addition, he was also the Secretary of the Qinghai Archaeology Research Association for the same period, and in 1997 became a professor at the Qinghai Archaeological Institute. During this period, he acquired great insights into the distant past of the Tibetan Plateau (Tang and Hare 1995; Tang and Gao 2004; Tang 2006). In 2001, he took up a position as a professor at the prestigious Nanjing Normal University.

Figure 1   From left, the author, Dr Tang Huisheng and Prof. Li Fushun, October 1991

By the late 20th century, significant bodies of rock art had become known in the majority of the provinces of China, defining the country as one of the rock art-richest. At the beginning of the 21st century began the discovery of a major corpus of petroglyphs in the Central Plains region, mainly in Henan Province. Cupules dominated it, and Prof. Tang led the recording surveys. In his definitive report on this substantial cultural resource (Tang 2012), he mentions that the petroglyphs occur on over 10,000 panels. He then meticulously planned a dating strategy for the widely dispersed rock art body. Tang had already introduced microerosion analysis in China for estimating the ages of some petroglyphs of Qinghai Province (Tang and Gao 2004). He knew I would attend the IFRAO Congress in Guiyang City, Guizhou Province, in July 2014, so he proposed to undertake an extensive tour of Henan sites together before that event. With his local collaborator, Dr Liu Wuyi, Deputy Mayor of Xinzheng, Prof. Tang established a support group in Henan called the Rock Art Centre of Juci Mountain, referring to the mountain in central Henan that is believed to have been closely associated with Huangdi, the Yellow Emperor. This perhaps partly mythical figure is traditionally credited with founding

Han culture in the third millennium BCE. That is rather more important than it might seem. Much later, I discovered that the Yellow Emperor cult is of great national significance, and it became relevant that we had demonstrated that rock art had been created at Mt Juci around 4520 years ago. Not that this is pertinent: Henan cupules' initial fourteen age estimates ranged from about 910 to 4520 years, suggesting that the period of cupule production extended over much of the past five millennia.

  Be that as it may, the excellent planning and execution of many field trips in central and southern Henan and the enthusiastic support by the team of over twenty wonderful people made the expedition most pleasant and memorable (Figure 2). Juci Mountain is of schist, a rock unsuitable for microerosion analysis, but it often contained veins of pure quartz. Where cupules intrude on such formations, the method can thus be applied. The various southern Henan sites we surveyed, around the smaller city of Fangcheng, are all on granite. As this rock contains both quartz and feldspar crystals, the two minerals used in the method, the task was relatively easy here. Having also planned to pay short visits to two classical petroglyph sites in China, we found time to travel to Helanshan, Ningxia, and Jiangjunya, Jiangsu, before

Figure 2 Near Mt Juci, June 2014. Prof. Tang Huisheng at the microscope, assisted by two of his students, Dr Xiao Bo (left) and Dr Jin Anni (right)

the conference (Tang et al. 2017). Both sites have long histories of exploration that led to numerous conjectures about the possible ages of their petroglyphs. For instance, the rock art at Helan Mountain has been claimed to be from various periods ranging from the final Pleistocene to recent centuries, by various indirect methods, including even pollen analysis. We managed to secure five microerosion direct age estimates that clustered well around 2000 years before the present. At Jiangjunya, a similar age range had been proposed, and our seven estimates also ranged widely, from about 360 to 5380 years bp (Figure 3). However, an age of 10,000 years is unlikely for any motif there, let alone for the entire corpus as proposed by some (e.g. He 2015: 94).

Figure 3 At Jiangjunya, July 2014. Prof. Tang Huisheng (left) and the author (photo by Zhang Jiaxin)

Upon concluding this fieldwork, we travelled to Guiyang to participate in the 18th Congress of the International Federation of Rock Art Organisations (IFRAO), hosted by the Rock Art Research Association of China. The perhaps most consequential announcement made at that event was by Prof. Tang on 18 July 2014, when he proclaimed his plan to establish an international centre of rock art dating at a Chinese university. After considering alternative homes for the facility, it was established at Hebei Normal University in Shijiazhuang on 16

Figure 4 Professor Tang at the entrance of the newly established International Centre of Rock Art Dating in April 2019

June 2016. As the first institute in the world dedicated to the age estimation of rock art as a global discipline, this initiative was a keystone in forming a robust scientific tradition of rock art studies in China (Figure 4). Already in 2010, IFRAO's *Rock art glossary* had been translated into Chinese by Prof. Tang in anticipation of, and preparation for, China's embrace of rock art (Bednarik et al. 2010). Another factor in this was the painstaking translation of my textbook *Rock art science: the scientific study of palaeoart* by Tang's student, Dr Jin Anni (Bednarik 2020).

In 2015, Prof. Tang conducted not just another rock art dating expedition but two of them. The first, in June, brought us to four provinces: Xinjiang, Ningxia, Guangxi and Henan. In October, we worked in the Inner Mongolia Autonomous Region and again in Henan Province. Of these, only Inner Mongolia and Henan yielded significant dating information. This does not suggest that the many other site visits were unproductive — much to the contrary. All the many dozens of sites examined by Tang's team in 2015 provided us with valuable insights. However, most of the rock art in Xinjiang and all we saw in Guangxi consisted of rock paintings that were not amenable to any dating method used. The petroglyph sites we examined were on rock types unsuitable for microerosion analysis.

Nevertheless, we could still detect clues to the ages of some rock art. For instance, paintings in the small rockshelter Dunde Bulake in northernmost Xinjiang had been speculated to date from the Upper Palaeolithic and represent the earliest depiction of skiing. We were able to constrain the age of the site's paintings to under 3500 years by geomorphological observation, which means that they are considerably later than the presumed skiing imagery at Zalavruga in Karelia, which is assumed to be around 5000 years old. In all of such archaeological claims about rock art, e.g. what it depicts and how old it is, we need to remember that such claims are always made outside of proper science. There is no reason why archaeologists' interpretation attempts of rock art should have more credibility than those of, for instance, children or rock art tourists. All interpretations of rock art by cultural aliens are equally subjective expressions of pareidolia (Figure 5).

Figure 5   Red paintings in a granite rockshelter in northernmost Xinjiang, including apparent depictions of aeroplanes and rockets

A 'face' or 'mask' petroglyph at Xiao Fengshan near the village Xia Paozi in Inner Mongolia, one of a few petroglyphs on a huge rhyolite block, provided an age of 4730 + 1400/ ~ 810 years bp. This places it in the late Neolithic, but the date was secured before I discovered that there is extensive occupation evidence of that period in the area. Therefore, this determination was essentially arrived at in a 'blind test', as in several previous instances in Europe and South America. Unfortunately, the weather conditions were not the best during our work in 2015. For instance, we experienced a snowstorm north of Chifeng in Inner Mongolia and much rain in Henan. Nevertheless, in October we managed to secure a series of five new microerosion dates from three sites at Mt Juci, Xuanluoling, Taibailing and Paomaling. The results obtained at the first two sites were consistent with previous work there in 2014, but the last location provided a significantly younger age, of around 1040 years bp. Irrespective of the precision of the many Mt Juci dates now in hand, it can be regarded as certain that the production in the area, especially of cupules, extended over a lengthy period of at least 3500 years.

Prof. Tang's next rock art dating expedition was to Heilongjiang and, for the fourth time, to Hubei Province. The Heilongjiang part of it, from 6 to 10 June 2017, was supported by the Propaganda Department of Daxinganling Prefectural Committee of Heilongjiang. It was of particular interest because that region's rock art, the northernmost in China and an essentially Siberian environment, had not before received any sustained attention. Moreover, our testing of dating by the controversial uranium-thorium method raised some profound questions. We took samples of thin, reprecipitated calcite accretions at two rock painting sites, Mohe and Yilin. We discovered that samples of the same very recent, coeval deposit, taken just a few centimetres apart, returned utterly different results that were also far too high. Of even greater concern is that several split samples processed by two different laboratories yielded totally different findings (Tang et al. 2020a; Tang and Bednarik 2021). These results suggest massive detrital thorium contamination and uranium removal, documented previously by various other teams.

Nevertheless, our work allowed us to secure reliable maximum ages for pictograms at two other of the many sites we examined. At Tayuan and Tiantaishan, the ages of the support surfaces of the paintings could be delimited by microerosion analysis. The first of these sites even delivered a surprising detail. A small panel of a few red paintings includes a zoomorph claimed to depict a rhinoceros and to be, by implication, of the Pleistocene. However, microscopy established that the 'head' of the animal form had been carefully modified very recently by indirect percussion using a metal tool to render it to appear to bear a horn. These traces are entirely fresh and lack the thin silica film underlying the pictograms. It is considered that these marks were made in recent years to create the impression that a woolly rhinoceros had been depicted.

From 11 to 17 June 2017, we were in northern Hubei Province at the invitation of Zhao Wei. He owns two goldmines there, a huge luxury hotel and other assets. He had found numerous petroglyph sites on the large tracts of land he controls and wanted us to determine their significance and ages. Like that of nearby southern Henan Province, the main body of the rock art consists almost entirely of cupules, a group of three sites forming the Hua River Complex in a hilly wooded area close to the city of Tongbai. Other sites examined in the region were Baishiyan, the Quarry Site, Yutangang and Xiaolinzhen. Eight microerosion results were secured from six of these sites, ranging from about 650 to 1270 years bp. These age estimates are relatively young, suggesting that perhaps this region was a late outlier of the cupule traditions of Henan (Tang et al. 2020b).

There was also a spectacular rock art collection near Xiaolinzhen, on a flat-topped sediment mound next to a dirt road. Laid out systematically on the hill's top were about twenty blocks of various sizes, up to several tonnes in weight. They bore a wide variety of petroglyphs, and their petrography implied that they had been collected from various sites. As I examined them, I detected gouge marks caused by heavy machinery, and I looked for Prof. Tang to tell him that this site had only been created a few years ago. I found him checking some trees on the slope of the mound, and he told me that, in his opinion, the sediment around them had only been placed most recently. This was one of the numerous occasions when I observed that his interpretation of the empirical evidence coincided precisely with mine. Independent of one another, we had arrived at the same conclusion. The mound had been created by earthmoving equipment, which was then used to transport the large rocks and place them in a deliberate pattern (Figure 6). This facility of arriving at identical deductions, often by different routes and sometimes by the same, is one of the great advantages of our relationship:

Figure 6 The recently created earth mound near Xiaolinzhen, on the flat top of which are numerous decorated rocks collected from various sites, June 2017. This is not an authentic rock art site

we understand one another so easily.

In April 2019, Prof. Tang organised yet another rock art tour of China. After my investiture as a Chair Professor at the Hebei Normal University in Shijiazhuang on 4 April, and after we both delivered lectures to an audience of 2000 at the 13th International Forum of Huangdi Culture in Xinzheng, we travelled with the team to Fujian at the coast. Following our participation in the conference 'First Fujian Rock Art Forum: Ecological Protection and Utilisation of Rock Art Culture' by the China Rock Art Academy (Prof. Wang Jianping), we visited two sites but were blocked from the first by a river. However, the other turned out to be particularly interesting. It is located on the small island Ding Men Yu, just a few hundred metres offshore of the city of Dongshan. The island consists essentially of vast piles of granite tors. The ancient rocks on this tourist destination bear distinctive weathering phenomena, such as tafoni and honeycomb features, but on one boulder near the summit occurs a large rock marking of a kind not before recorded by geology. It is considered a large petroglyph depicting a rising sun, but doubts had been expressed, and it was my task to decide whether this feature was a rock art motif or a natural marking. It consists of a series of radiating lines emanating from a semicircular edge upwards (Figure 7).

Figure 7 Compressive–tensile rock marking on granite tor at Ding Men Yu island, Fujian, China

My prescribed task was straightforward because even the most superficial examination of the grooves showed that each one followed a linear stress fracture of less than 1 mm in width. So, this was clearly not a petroglyph. Much more difficult was the explanation of how the marking came into existence; its formation process had not been explained before. Fortunately, I could draw on previously observed similar examples of radial stress fissures in rock, which are the result of percussive impact. Also, my examination of many nearby granite tors located several other instances of the same phenomenon, albeit not quite as well formed and not occurring at locations accessible to close inspection. In all cases, the presumed impact point was surrounded by a semicircular body of mechanically degraded rock, from the edge of which extended radially arranged linear cracks surrounded by more degraded rock that had become susceptible to higher weathering rates.

When I explained my interpretation to Prof. Tang on site, another of those magic moments of instant communication between him and me occurred. "Would this theory not also account for the radial lines often found on the ventral faces of stone tools, where they are also centred on the striking point?", he replied. I was stunned: the same thought had already occurred to me, and his response showed me how much we were 'on the same wavelength'. It is moments like this that make being a researcher so incredibly rewarding.

In the absence of any previous knowledge about the phenomenon, I resorted to learning from the very similar effects of explosives on rock. I named the phenomenon 'compressive-tensile rock marking' when I introduced it to science (Bednarik 2019). As the shock wave travels through the rock in a concentric circular pattern, it damages the rock fabric by compressing it until a point when the inertia of the surrounding rock arrests the kinetic energy. The remaining energy is then dissipated as the rock mass fractures in a radial pattern, reacting to the tensile stresses. The phenomenon first identified at Ding Men Yu island explains the tribology of rock when it is subjected to sudden impact. Tribology is the science of interactive surfaces in relative motion and is possibly the most relevant of the sciences in rock art research. Come to think of it: much the same applies to archaeology. All artefacts created in the first 99.6% of human history (i.e. before the mid-Holocene) are the result of tribological processes. Therefore, tribology is essential to a deep understanding of archaeology. However, until I raised the matter of the relevance to the discipline, nobody had ever thought of it in that way. Having a thought that no human being has had before is another of the most thrilling experiences of a scientist.

Prof. Tang organised one more successful rock art expedition just before the COVID-19 pandemic ended easy travel for years. In August 2019, he led a team of rock art researchers to the southeastern corner of Qinghai Province and neighbouring parts of Sichuan Province. In particular, the Yushu Tibetan Autonomous Prefecture, near the sources of the Yangtze, Yellow and Lancang Rivers, is exceedingly rich in petroglyphic rock art and Buddhist inscriptions. The journey began with attending the 'Qinghai-Tibet Plateau Rock Art Forum' in Shiqu, Sichuan (elevation $\sim$ 4100 m asl), by invitation of the Suchuan Shiqu County People's Government Chief. The event included lecture presentations, forum discussions and visits of two rock art sites in the region. Rimugou Site is a cliff, the top of which served as a Tibetan burial platform in the past. The site is now a Buddhist prayer centre, densely decorated with mostly zoomorphic petroglyphs. Arizha is a site that stands out with its prominent central motif, a large image apparently of a carnivore resembling a tiger.

We then travelled to Yushu City to make it our base, from which to explore rock art in various parts of Yushu Prefecture. Guided by Lari Jiayangnima, we examined seven major sites of petroglyphs and Buddhist inscriptions (Figure 8), plus a site of extensive scratches by Tibetan bears in an abandoned monastery. We tried very hard to find datable petroglyphs at all these sites but succeeded only at one, the Kewa Site near Chengwen Township. Among several decorated blocks is an elongate slab, about 1.3 m long, containing a 4 $\sim$ 5 cm wide stratum of quartzite running the entire length of the slab. A line of one of the petroglyphs on this panel crosses over the vein, and after a thorough search, a suitable micro-wane was located. It yielded an age of 2089 + 218/ $\sim$ 295 years before the present (2019), which places the petroglyph in the Han Dynasty. At the Maisong Site, we did manage to find a motif that was

Figure 8   Buddhist inscriptions superimposed over much earlier carnivore images, Bise site complex, Dengerqu River, Yushu Tibetan Autonomous Prefecture, Qinghai Province

crossed by three quartz veins, yet despite strenuous efforts, we failed to find a suitable microwane on the quartz (Li et al. 2022).

Nevertheless, Prof. Tang's impeccable planning and execution of the expedition made this another pleasant and productive experience. He had been investigating ancient antiquities and monuments of Yushu since May 1984, and indeed, as mentioned above, had been Vice Director of Qinghai Archaeological Institute from 1996 to 2001. I imagine it must have been quite an experience for him to return to his old stamping ground, now as the most senior rock art professor in the country, bringing his own international team with him. Moreover, he introduced microerosion analysis in China in 1998, precisely in Qinghai, about 25 years previously (Tang and Gao 2004; Jin et al. 2016). What an extraordinary journey!

In establishing the world's first agency dedicated to directly dating rock art, the International Centre of Rock Art Dating (ICRAD), Tang has single-handedly catapulted China into a leading role in global rock art research. There is no such bureau anywhere else, including in Australia, where these techniques were first introduced. Tang has facilitated the ongoing transition of Chinese rock art studies from the traditional, essentially art-historical and 'stylistic' directions to scientific research. Chao Ge (2022: Fig. 4) explains that the phases of China's rock art studies are the same as those in the rest of the world: simple observation, followed by non-standard recording (in China since the 4th century CE, significantly earlier than elsewhere), then phases of academic interest, stylistic study, and finally scientific study. However, the transitions to the last three stages in China occurred later than elsewhere.

Tang played a crucial role in the last of these transitions, which in China began during the final years of the 20th century and in this conservative discipline is still continuing. If it had to be attributed to any specific development, one might point to isolated examples such as the first attempt at radiocarbon-dating a calcite deposit at Huashan (Qin et al. 1987) or the first Chinese applications of microerosion analysis at sites in Qinghai (Tang and Gao 2004). However, to my mind, of greater importance than individual dating results (which are simply testable propositions) is the adoption of scientific thinking and the establishment of formal structures implementing it, such as the ICRAD. Scientific contemplation differs greatly from natural human patterns of thought in that it is based on falsifiability rather than perceived truths and is often counterintuitive to human reason. Since rock art is primarily regarded as an archaeological resource and phenomenon, and archaeology is a humanity rather than a science, this revolution in rock art science is a challenging transition and will occupy many decades. What has clearly emerged from the above description of ICRAD's activities since its inception is that it pursues a consistent strategy under Prof. Tang's leadership. It has embarked on a significant program of securing microerosion data from many parts of the country, far more than anywhere else in the world, and it has applied other dating methods. Its testing of the method of uranium-thorium analysis of specific types of calcite deposits has illustrated the need for and application of falsifiability. This work has also proved the usefulness of other scientific approaches, such as concerning the technology of rock art production. This was exemplified by the participation of Prof. Giriraj Kumar in most of these expeditions, a specialist in rock art replication work. The technology of rock art, its tribology, its chemical and physical analysis, calibrated colourimetry, differentiation from numerous kinds of natural rock markings that may closely resemble rock art, its recording and conservation are some of the other scientific approaches, and just like dating methodology, they also need to be developed in China.

I should clarify that when I use the term 'science', I am not implying the everyday use of the word but referring to a particular state of mind, accepting that no human has access to objective reality. Indeed, every human's construct of reality differs from everyone else's because each of these concepts reflects an individual's life experiences, as ontogenic understanding modifies the human brain through its plasticity. Not only are all these experiences different, but human perception and cognition never evolved to define reality correctly. They adapted to meet evolutionary processes and pressures. It has even remained unknown how humans convert the neural signals our brain receives to create a semblance of reality. Yet we can only understand or correctly interpret others if they largely agree with us about what is true, reasonable or justified (Quine 1960; Hollis 1967; Kuhn 1970; Davidson 1984). So, in a scientific mode of thought, we first need to divest ourselves of the academic dogmas accumulated over centuries and accept that humans lack facts or certainties, dealing instead with propositions and probabilities open to interrogation. Therefore, our data must be presented in a falsifiable format: they must be testable; otherwise, they are irrelevant to proper science.

This is particularly difficult to attain in rock art science because the mass of subjective information that dominates the discipline is so hard to displace in a field governed by non-scientific approaches for centuries. The 'great leap forward' China is achieving in this field right now needs to be seen against this background. Prof. Tang's endeavours are central to this development, and his long-term friendship with me, an Australian rock art scientist, has influenced his scientific direction. I have admired his scholarly integrity since first meeting him and have since discovered impressive details about his struggle to be accepted into the discipline. Just as impressive has been his physical fitness, which seems to exceed that of anyone I know personally. His athletic performances in the field have been nothing short of awe-inspiring. I recall an occasion when we were in the northern Helan Mountains one very rainy day and preferred to sit in the cars, waiting for the pouring rain to stop. Tang decided to look for some sites and, undeterred by the weather, climbed the rocky crags around us, often disappearing from sight and then popping up somewhere a great distance away. It was incredible how much ground he could cover in such rugged terrain, running much of the time. On the Tibetan Plateau we had to access one site by travelling on horseback through very steep and rocky ground, whereas Tang chose to cover the distance on foot. Or there was the occasion when he sampled the rock painting site Yilin in Heilongjiang to analyse a carbonate accretion on a panel several metres above the ground of a near-vertical cliff face. Drilling into the rock while precariously hanging on to it with one hand demanded a superhuman physical effort. Tang, however, performed such feats quite routinely and seemed surprised by my astonishment.

His physical fitness would be remarkable, by any standards, if he were twenty or thirty years old, but it is truly extraordinary as he was approaching the age of seventy. But not as extraordinary as his scholarly contribution to the transition of Chinese rock art research to a scientific framework.

Prof. Robert G. Bednarik

REFERENCES

Anati, E. 1984. The state of research in rock art. *Bolletino del Centro Camuno di Studi Preistorici* 21: 13～56.

Bednarik, R. G. 2019. Compressive-tensile rock markings. *Geological Magazine* 156(12): 2113～2116.

Bednarik, R. G. 2020. 岩画科学——远古艺术的科学研究(*Rock art science: the scientific study of palaeoart*, Chinese edn), transl. by Jin A. Shaanxi People's Education Press (Shaanxi Xinhua Publishing & Media Group), Xi'an.

Bednarik, R. G., A. Achrati, M. Consens, F. Coimbra, G. Dimitriadis, Tang H., A. Muzzolini, D. Seglie and Y. A Sher 2010. *Rock art glossary: a multilingual dictionary*, second edn. Occasional AURA Publication 16, Australian Rock Art Research Association, Inc., Melbourne.

Chao G. 2022. Is rock art science regional or universal? A discussion based on the development of the discipline in China. *Rock Art Research* 39(1): 22～31.

Davidson, D. 1984. *Inquiries into truth and interpretation*. Clarendon Press, Oxford.

He L. 2015. *Research on official script fonts of stele inscriptions in the two Han Dynasties*. China Social Sciences Press, 248 p. ISBN 978-7-5161-6326-9.

Hollis, M. 1967. The limits of irrationality. *Archives Européenes de Sociologie* 7: 265～271.

Jin A., Zhang J., Xiao B. and Tang H. 2016. Microerosion dating of Xianju petroglyphs, Zhejiang Province, China. *Rock Art Research* 33(1): 3～7.

Kuhn, T. 1970. *The structure of scientific revolutions*, 2nd edn. University of Chicago Press, Chicago, IL.

Li M., Lari J., Tang H., Li Y. and R. G. Bednarik 2022. The 2019 survey of petroglyphs in the Qinghai-Tibet Plateau, western China. *Rock Art Research* 39(2): 143～154.

Qin S., Qin T., Lu M. and Yü J. 1987. *The investigation and research of the cliff and mural paintings of the Zuojiang River valley in Guangxi*. Guangxi National Printing House, Nanning.

Quine, W. V. O. 1960. *Word and object*. MIT Press, Cambridge, MA.

Tang H. 1989. A study of petroglyphs in Qinghai Province, China. *Rock Art Research* 6(1): 3～11.

Tang H. 1993a. Theories and methods in Chinese rock art studies. *Rock Art Research* 10(2): 83～90.

Tang H. 1993b. The management and conservation of Chinese rock art. *AURA Newsletter* 10(1): 1～4.

Tang H. 2006. Opposition and unity: shamanistic dualism in Tibetan and Chinese pre-Historic art. *Rock Art Research* 23(2): 217～226.

Tang H. 2012. New discovery of rock art and megalithic sites in the Central Plain of

China. *Rock Art Research* 29(2): 157 ～ 170.

Tang H. and R. G. Bednarik 2021. Rock art dating by ^{230}Th/^{234}U analysis: an appraisal of Chinese case studies. *Archaeological and Anthropological Sciences* 13(1); doi:10.1007/s12520-020-01266-0.

Tang H. and Gao Z. 2004. Dating analysis of rock art in the Qinghai-Tibetan Plateau. *Rock Art Research* 21(2): 161 ～ 172.

Tang H. and J. M. Hare 1995. Lithic tool industries and the earliest occupation of the Qinghai-Tibetan Plateau. *The Artefact: Pacific Rim Archaeology* 18: 3 ～ 11.

Tang H., Jin A., Li M., Fan Z., Liu W. and G. Kumar 2020b. The 2017 rock art mission in Hubei Province, China. *Rock Art Research* 37(1): 67 ～ 73.

Tang H., G. Kumar, Jin A. and R. G. Bednarik 2020a. Rock art of Heilongjiang Province, China. *Journal of Archaeological Science: Reports* 31; doi:10.1016/j.jasrep.2020.102348.

Tang H., G. Kumar, Liu W., Xiao B., Yang H., Zhang J., Lu Xiao H., Yue J., Li Y., Gao W. and R. G. Bednarik 2017. The 2014 microerosion dating project in China. *Rock Art Research* 34(1): 40 ～ 54.

Wang N. 1984. An introduction to rock paintings in Yunnan Province (People's Republic of China). *Rock Art Research* 1(2): 75 ～ 90.

PROF TANG HUISHENG AS I KNOW HIM

GIRIRAJ KUMAR

China is one of the countries having the richest treasures of rock art in the world. However, this treasure needed its authentic scientific dates to claim its proper antiquity.

Prof. Tang Huisheng as a leader and great organiser of Rock Art Dating Mission

Prof. Tang Huisheng, now onwards, Tang, was on a mission to obtain scientific dates for Chinese rock art. He, established an International Commission in the leadership of Prof. Robert G. Bednarik (Australia), Convener, IFRAO, in 2014. Besides, he also invited me (Prof. Giriraj Kumar) to participate in this project as his team member. The Mission carried out several direct dating expeditions to date Chinese rock art (petroglyphs), especially by the microerosion dating method since 2014 onwards till 2019.

The International commission carried out expeditions as follows:

2014: Mt. Juci in Zhengzhou, Xiaomazhuang, Huihuimo, Wufuling, Zhaodian in Henan, Helanshan and Dawu in Ningxia, Jiangjunya and Zhuijiuyan in Jiangsu.

2015: Xiaopaozi in Chifeng, Inner Mongulia, Altai and Kangjiashimenzi in XinJiang, Daxinganling in Heilongjiang, Yunxian in Hubei.

2016: Huashan in Guangxi, Xianzitan in Fujian.

2019: Shiqu in Sichuan, Chengduo in Qinghai.

The International Commission in the leadership of Prof. Tang Huisheng and Robert G.

Bednarik obtained more than 200 microerosion dating data from 20 rock art complexes. So obtained microerosion dates for the Chinese rock art range in time from 5380 yrs BP to 650 yrs BP. Thus, the rock art dating expeditions were significant in establishing a first timeframe for Chinese rock art and helped China to obtain scientific dating credibility to its invaluable rock art heritage. For this remarkable achievement credit goes to Prof. Tang Huisheng, the leader of the Chinese Rock Art Dating Mission by microerosion dating method.

Prof. Tang established ICRAD, first rock art dating facility in China

During the expedition we discussed many issues, and in 2014 ～ 15 Robert suggested to Tang to establish an International Centre for scientific dating of rock art in China. That would be the first of its kind in Asia. Tang picked up the idea and explored the possibility for the same in two universities. Ultimately, he got success, and Prof. Tang Huisheng founded the International Centre of Rock Art Dating (ICRAD) at Hebei Normal University on May 16, 2016. The leading scientist of this centre is Professor Bednarik (Australia). Besides, Prof. Giriraj Kumar (India), Prof. Maxime Aubert, Prof. Paul Tacon (Australia) were the vising professors of this Centre for three years. The Centre will establish a comprehensive global information database that includes all the direct dating projects and results of petroglyphs and rock paintings in the world since the early 1980s and conduct rock art dating research in China. It was taken very well by the international community of rock art scientists. Credit goes to Prof. Tang Huisheng for this Chinese great achievement to establish such an important Rock Art Dating Centre, first of its kind in China in particular and in Asia in General,.

Prof. Tang as a man of firm determination and strong zeal to accomplish the task.

Once Prof. Tang was a chain smoker and wine consumer. Though he runs about 10 km daily, but somehow, he suffered from a stroke in 2017 which he survived. Then his doctor advised him to quit smoking and drinking; and he immediately obliged himself with that great decision. It might have been a great challenge for him, but he was firm on it, and since then he never touched a cigarette and wine.

Tang as a loving teacher

During our rock art dating programme in China, we were always accompanied by some of his students and friends, who were highly devoted and dedicated to accomplish the task assigned to them. One of them is Prof. Xiao Bo who is working in the Research Centre for Nationalities, Guangxi Minzu University and another one is Dr Jin Anni who is associated with the School of History, Nanjing University in Jiangsu Province. I observed that Anni is highly devoted and disciplined research scholar and a task master. During the rock art dating expeditions Prof. Tang. relied on her with full confidence. She is very good in translation and translated Robert's book on, '*Rock Art Science: the scientific study of palaeoart*', in Chinese. During the expeditions she was also the go-between for Robert Bednarik while we used to take our breakfast and meals, sometimes for me also. In the company of great scholars, she mastered microerosion dating method of petroglyphs. At present she is the youngest rock scientist in China capable of carrying out rock art dating missions, and she is already working on this mission.

It is because of love for their teacher Prof. Tang Huisheng that his students are bringing a memoir in his honour in the leadership of Dr Lanying Shi. It is to gift him on his 70th birthday in 2024.

Prof. Giriraj Kumar
Professor in Rock Art Science and Indian Culture
President, Rock Art Society of India (RASI)

岩画：从青藏高原到印度河上游

李永宪

提到印度河，必然要先从青藏高原说起。

青藏高原的总地势是由西北向东南倾斜，即西北高、东南低，所以才有了长江、黄河的"大江东去"。其实青藏高原西部也是冰川发育、融水成流的江河源头，印度河（Indus）、雅鲁藏布江（Brahmaputra）都发源于此。始于高原东、西两端的江河虽然流向不同，但人类在"交通工具"出现之前，那些切割深度不同、纵横交错的汇水河谷便是古代人群往来迁徙的唯一通道，由此也决定了高原与相邻地区文化关联的地理缘由。

中国考古学家认为，西藏西部早在旧石器时代就与南亚西北的印度河上游有了交流互动[1]。西藏东部新石器时代以粟（小米）为标志的"卡若文化"发现之后，考古学家们又讨论了它与克什米尔（Kashmir）的布鲁扎霍姆（Bruzahom）遗存等南亚文化的种种关联[2]。近年来中国考古队在巴基斯坦北部Jhang Bahatar遗址的发掘，发现了更多印度河文明与中国西部史前文化的关联例证[3]。历史时期法显、玄奘们的西天取经及传法之路，唐、吐蕃与印度河上游"勃律""乌苌""迦湿弥罗"等地的关联，汉、藏文文献可谓史不绝书，印度河上游与青藏高原及中土大地的交往可谓由来已久。

"印度河上游"在地理概念上有两层意思，自然地理上一般指从源头（中国西藏西部）到（巴基斯坦）伊斯兰堡西南150千米的加拉巴格（Kalabagh）之间的干流河段；而在

---

[1] 吕红亮：《西藏旧石器时代的再认识——以阿里日土县夏达错东北岸地点为中心》，《考古》2011年第3期。
[2] 霍巍：《喜马拉雅山南麓与澜沧江流域的新石器时代农业村落——兼论克什米尔布鲁扎霍姆遗址与我国西南地区新石器时代农业文化的联系》，《农业考古》1990年第2期；俞方洁、李勉：《我国西南地区与南亚新石器时代的文化联系——以卡若文化与梅尔伽赫文化为例》，《重庆师范大学学报（社科版）》2018年第6期。
[3] 指笔者参加的中国河北师范大学、南京大学、湖北省考古研究所联合实施的"2018～2020巴基斯坦印度河文明考古发掘"项目，在伊斯兰堡西北Jhang Bahatar遗址发掘出土的陶器及其纹样、粟类作物、袋状灰坑遗迹等，皆显示其与中国西部史前文化有所关联。

南亚文明和青藏高原古史研究等领域中,"印度河上游"(Upper Indus Valley)则主要指它的高原峡谷河段,即从中国西藏西部流经拉达克(Ladakh)、巴尔蒂斯坦(Baltistan)、斯卡都(Skardu)、吉尔吉特(Gilgit)、吉拉斯(Chilas)等地以迄伊斯兰堡以北120千米的塔科特(Thakot)的干流河段,印度河上游穿越喜马拉雅与喀喇昆仑两大山系之间,海拔从4 000米降至1 200米。这段河流先由东南流向西北,与吉尔吉特河汇流后折向南流,至吉拉斯以东复向西流,在达苏(Dasu)附近折转向西南,然后与斯瓦特河(Swat R.)、喀布尔河(Kabul R.)合流,最后进入旁遮普平原(Punjab,印地语"五河"之意)。

印度河上游是世界上岩画最为丰富的地区之一,早在100年前,德国人弗兰克(August Hermann Francke)就已注意到印度河上游岩画与青藏高原的关联。他指出西藏西部岩画的北界一直分布到印度河上游吉尔吉特(巴基斯坦北部)一带。意大利藏学家图齐(Giuseppe Tucci)则进一步认为,克什米尔、斯皮提(Spiti)等印度河上游地区是中亚"巨石原始文化"进入古代西藏的一条重要通道[1]。从1979年起,哈桑·达尼(Hassan Dani)与卡尔·耶特马(Karl Jettmar)、哈拉德·郝普曼(Harald Hauptmann)等学者经数十年的联合调查,在印度河上游地区记录了三万多个岩画图像和数千条文字题刻[2],引发了学术界对这一地区的更多关注。英国学者欧文·纽梅尔(Eewin Neumayer)认为,印度河上游喜马拉雅山区(Indian Himalayas)的岩画显示了更为广泛的文化关联,该地是南亚次大陆岩画与欧亚大陆岩画的分界[3]。不过,要认识印度河岩画与青藏高原岩画的关联性,首先应对青藏高原的岩画及其历史背景有基本的了解和掌握。

1985年中国学者对西藏西部岩画的调查拉开了西藏岩画科学研究的序幕[4],经过1984～1987年、1990～1992年、2007～2011年三次大规模的田野调查,青藏两省区域内已发现岩画遗存约200处,除分布在青海湖周围和雅鲁藏布江中游的40余处岩画外,约有150处岩画集中分布在从西藏西部的班公湖一带到青海的通天河、川西北高原雅砻江河源段之间,大致处于北纬32°～36°,东经78°～98°这样一个狭长地带,在东西长约2 300千米,南北宽约500千米,海拔4 200米以上的这片"北方台地"[5],岩画记录了高原古代游牧部族的斑斑足迹。

---

[1] 参见[意]G.杜齐著,向红笳译:《西藏考古》,西藏人民出版社,1987年。
[2] 参见《巴基斯坦北部文物:报告和研究》1～5卷(Antiquities of Northern Pakistan, Reports and Studies, 1～5, 1989～2004);《巴基斯坦北部地区考古卷材料》1～7卷(Materialien zur Archaeologie der Nordgebiete Pakistans, 1～7, 1994～2005)。
[3] Eewin Neumayer, *Rock Art of India: The Prehistoric Cave-Art of India,* Oxford University Press, 2011.
[4] 仵君魁、张建林:《西藏日土县古代岩画调查简报》;张建林:《日土岩画的初步研究》,《文物》1987年第2期。
[5] 藏语称藏北高原为"羌塘",意为"北方台地"。

将青藏高原岩画与印度河上游岩画进行对比观察，可见诸多类同之处：

1. 岩画遗存形式有崖面岩画、大石岩画、岩厦岩画、洞穴岩画四种，前两种占多数。

2. 岩画图像的制作有凿刻法（敲琢、凿刻）和涂绘法（"剪影式"平涂、线条描绘）两大类，其中凿刻法是最主要和常见的。

3. 岩画图像以动物类为多，依次为人物、符号、建筑、车辆器具等类；图像组合的场景或寓意主要为畜牧、捕猎、演武争战、仪式、神灵崇拜、舞蹈等等。

4. 岩画的时代大致分为两个阶段：早期岩画主要表现牧业生活，大致处于距今3 000～1 700年；晚期岩画出现了与佛教相关的内容，为公元3世纪至吐蕃政权时期及其之后的历史时期。

5. 岩画遗存地附近常有石构墓葬、祭礼遗迹、石器地点与之共存，它们之间有时代和文化上的关联性[1]。

岩画是不可移动的遗迹，它定位了所属人群的活动范围，当历史上的政治疆界尚未明确之前，文化的地缘性则主要体现在生业方式和地理环境的类同上。青藏高原及印度河上游岩画的类同性，把整个高原岩画的分布向西延伸到了与"帕米尔山结"（图一）[2]相连的南亚西北高原，由此也将我们的视线扩展到亚洲游牧文化互动的"内亚高地走廊"[3]。

在青藏高原及印度河上游的岩画图像中，可以见到学界称为"斯基泰—西伯利亚"（Scythia-Siberia）艺术的"动物纹风格"（Animal style）等中亚文化因素，如装饰性极强的公鹿和"豹/虎逐鹿"的图像组合，以及来自北方草原的双轮单辕畜力车、双峰骆驼等图像（图二）。而那些与岩画共存一地的石丘墓、石堆墓以及西方学者称为"巨石文化"的礼仪性石构建筑等遗迹，也都指向了青藏高原、印度河上游与中亚游牧文化的关系。岩画中神格化的"鹰人""巫师/祭司"和"剪影式"牦牛等图像，则凸显了包括印度河上游在内的整个高原岩画的地域特色。来自中亚草原的文化影响与高原本土的地域特色，在印度河上游及其河源的西藏西部形成了一个区域性的"岩画圈"（Petroglyph Cluster），它们不仅表现出相类同的主题场景，从某些相隔数百千米、造型构图完全一致的图像组合中，我们可以观察到一种稳定的"图像格套"，即图像化的"表意语汇"。简言之，印度河上游与青藏高原的岩画共性（图三），显示了印度河上

---

[1] 参见李永宪：《西藏原始艺术》第五章《高原猎牧部族的'原始语言'：岩画艺术》，四川人民出版社，1998年；河北教育出版社，2001年。

[2] "帕米尔山结"亦称"亚洲山结"，即聚合兴都库什山脉东段、喀喇昆仑山脉及喜马拉雅山脉西段、天山及昆仑山西段的亚洲极高山区。

[3] "内亚高地走廊"（Mountainous Corridor of Inner Asia）指连接中亚地区萨彦岭、阿尔泰山、天山、帕米尔高原与青藏高原西端海拔2 000米以上的"山地文化"走廊。

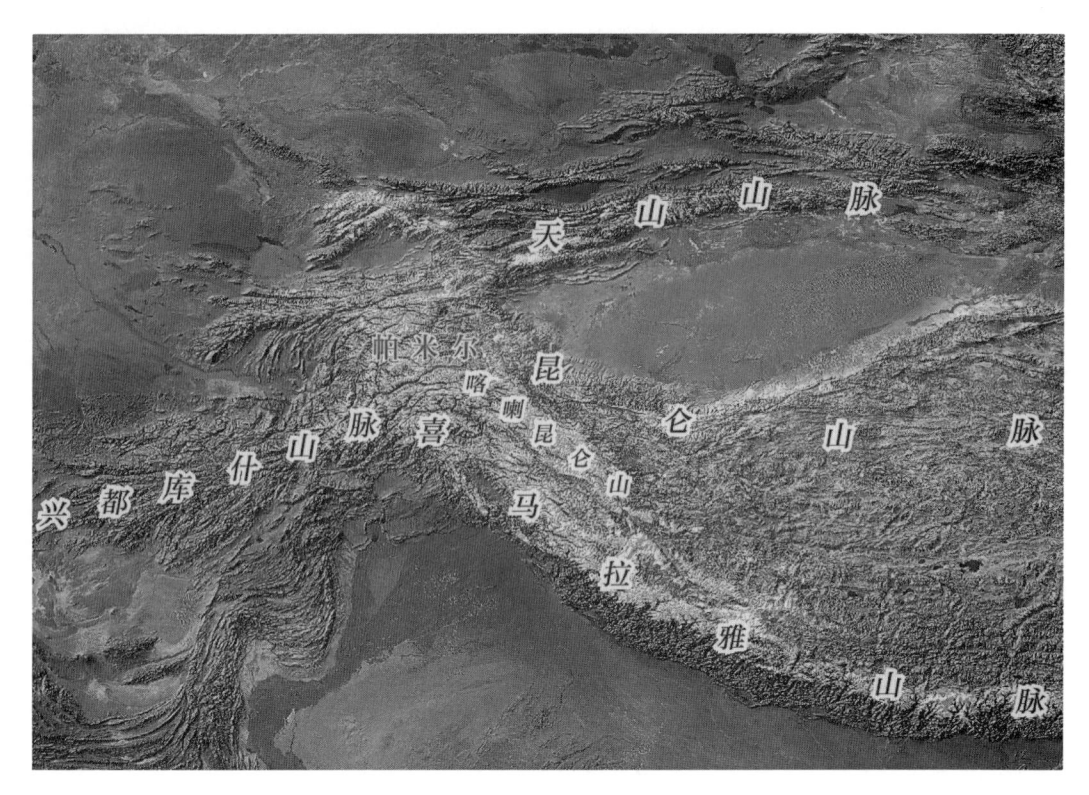

图一　"帕米尔山结"地势图

图二　印度河上游岩画动物、青藏高原岩画动物

游在青藏高原与中亚文化接触中的"路口"意义,另一方面也反映出青铜时代应是青藏高原与中亚游牧文化交流互动的一个高峰,故有研究认为高原岩画表明"古代西藏曾强烈参与过欧亚草原文化",而这种参与则反映了"高原丝绸之路"的形成与历史延续。

图三　西藏西部与印度河上游的"豹逐鹿"图像比较
（拍摄者：李永宪、Bellezza）

结合中国考古队最近在印度河上游吉拉斯的岩画调查[1]，可知印度河上游的岩画可分为两类：一类是以猎牧生业为主、具有中亚"动物纹风格"特征的早期琢刻岩画，另一类是由多文种题刻和塔、佛教刻像等构成的历史时期岩刻。据中国学者研究，印度河上游的大、小"勃律"（Bruzha）自公元7世纪起一直受青藏高原吐蕃政权、古格政权等控制[2]。历史时期岩刻中包括有公元8、9世纪至12世纪的藏文题刻，其主要内容一是涉及吐蕃、古格时期重要人物及其在地活动，如出现有古格国王沃德（Vol-lde）、贵族杰巴益西（stong dbon rgyal ba ye shes）、杰辛（rgya shin）、吐蕃大臣禄东赞（Blon stong btsan）、高僧尚吉松杰（Zhang skyid sum rje）等人的名字[3]。二是关涉唐军征战西域的事件或行径，如8世纪前期唐军将领高仙芝率部征战吐蕃戍堡（连云堡遗址）时从西域出发并往返于小勃律之间的路线[4]，或记录有中亚、西域、汉地的兵士信息。拉达克塘孜（Tangtse）地方与藏文共存的粟特文题刻还记录了公元815年前往吐蕃的景教使者[5]。这些信息或线索，反映了唐、吐蕃势力在印度河上游的活动背景以及与多个民族互动的地域因缘。

在佛教图像方面，印度河上游以各种佛塔最多，其年代可早至公元1～5世纪，在吉尔吉特北部和瓦罕走廊一带的"十字架式"佛塔与藏文题刻则多为公元8世纪左右的遗存。斯卡都（Skardu）曼斋（Manthel）的一铺摩崖刻像以释尊居中，左右分别为弥勒、观

---

[1] 指2020年1月笔者参加的中国考古队对吉拉斯一带塔尔班（Thalpan）、夏迪亚（Shatial）及曼塞赫拉（Mansehra）等岩画、岩刻地点的田野考察。
[2] 古格王朝（王国）是9世纪西迁阿里的吐蕃王室后裔吉德尼玛衮建立的西藏地方政权，其后分封长子贝协德—日巴衮为拉达王，辖印度河上游的玛域（Manyul）、拉达（la dags）等地；封次子扎西衮为布让王；封三子德祖衮为古格王，史称"阿里三围"，12世纪初"阿里三围"分治后拉达克进入王国时代。
[3] 参见夏吾卡先：《西喜马拉雅地带发现的古藏文题刻研究述评》，《中国藏学》2019年第4期。
[4] John Mock. *Tibetans in Wakhan: New Information on Inscriptions and Rock Art*, Revued'Etudes Tibétaines, no.36, October, 2016, pp.121～141; *The Red Buddha Hall Road Revisited: New Information about the Tibetan and Tang Empires in Afghanistan Wakhan*, Revued'Etudes Tibétaines, No.45, Avril, 2018.
[5] 参见夏吾卡先：《西喜马拉雅地带发现的古藏文题刻研究述评》，《中国藏学》2019年第4期。

音,周围环绕坐佛20尊构成典型的曼荼罗结构,这种图式亦见于敦煌画稿[1]。这些图像有助于分析佛教传入青藏高原的路线与时间。

综合起来看,印度河上游地区的岩画、岩刻主要体现了该地与青藏高原互动的两段历史背景,一是公元前一千纪至公元前后中亚游牧文化与青藏高原牧业文化的交流,一个是公元7世纪以降唐、吐蕃势力在该地区的政治军事存在和宗教文化传播。印度河上游最早的汉字题刻为公元5世纪的"大魏使谷巍龙今向迷密使去"一行隶书,即巴基斯坦罕萨的灵岩2号汉文题记[2],它记录了公元444～453年间北魏使者经由印度河上游出使迷密(今乌兹别克斯坦撒马尔罕东南)之行。其时印度河上游是地处"葱岭以南"的高原部落联盟"女国"[3]领地的西界,至公元六世纪,"女国"与隋政权之间仍有"朝贡"关系,公元7世纪被吐蕃征服并成为其一部分。

从青藏高原到印度河上游,河流、图像、通道这三者传达了一种综合性的文化关联,而这种地缘文化背后的人群至今仍可辨识。

后记:应李曼、徐峰二位学弟所嘱,本文系为《陟彼南山——汤惠生教授七秩荣庆论文集》提交的一篇小文。之所以写岩画、写青藏高原、写印度河上游,皆因这些恰是我与汤兄多年来同行共赴的地方和彼此都感兴趣的学术话题。汤兄涉足岩画研究比我早,因三十年前他的一篇名为《青海岩画:史前艺术中二元对立思维及其观念的研究》的文章我们相识,知道他早在20世纪80年代就曾策马昆仑、遍行西海调查研究过不少高原岩画,而我则是90年代初才开始从事西藏岩画的调查研究。青藏两省区同处高原,而岩画又是高原特有的文化遗存,包含了青藏早期文化的诸多因素,从旧石器时代到青铜时代的很多话题我们都讨论过,交流互动也就多了起来。而我们的另一个共同喜好是驾车远行,从20世纪90年代租驾一辆"粤拓"从成都出发考察四川广汉的三星堆遗址,到近年从海南共和盆地南下四川甘孜稻城一带的高原岩画考察,我们数次分别从成都和南京、石家庄出发再汇合,驾车行走在高原各地,对青藏岩画有了更多发现与观察,而这些也影响了多位年轻的岩画研究者关注和研究青藏高原,比如惠生带的几位博士研究生,相信他们将比我

---

[1] 参见夏吾卡先:《西喜马拉雅地带发现的古藏文题刻研究述评》,《中国藏学》2019年第4期。
[2] 据马雍先生考证,"迷密"即汉文史籍中始见于《魏书》与《北史》的西域国家迷密,隋唐时期昭武九姓中的米国。《魏书》记载迷密国遣使汉地仅有正平元年(451)正月这一次,故谷巍龙的此次出访当在此前或稍后——参见王银田:《丝绸之路与北魏平城》,《暨南学报(哲社版)》2014年第1期。
[3] 汉文史籍所称"葱岭"即帕米尔高原。《隋书》卷八十三列传四十八:"女国,在葱岭之南,其国代以女为王。王姓苏毗,字末羯,在位二十年。……气候严寒,以射猎为业。出鍮石、朱砂、麝香、牦牛、骏马、蜀马。尤多盐,恒将盐向天竺兴贩……开皇六年,遣使朝贡,其后遂绝。"学界多认为此"女国"即为青藏高原西部的"象雄"(Zhang zhung,汉译"羊雍""羊同""杨童"等)。

们在青藏岩画研究上有更多的学术贡献。惠生秉性豁达、勇敢,这不仅在学术文章中表现出相当的独立精神与批判意识,更在行动上表现为觅新、向前的一种意识。几个年度的巴基斯坦北部考古发掘项目,如不是他坚持与多方协调,三个单位的南亚考古之旅是难以想象的。记得那次沿印度河上游而行的田野调查,塌方、恐袭、冰雪路等一系列险阻都是在惠生坚定不移的信念影响下,取得了应有的成绩,从那时起,我心中便视汤兄为中国考古学界的勇者!

是人总要老去,汤兄与我皆70叟矣,我祝愿他在学术理想与现实生活中都能永葆活力、勇向前行!

2024年6月
记于拉萨西藏大学校舍
李永宪,西藏大学教授。

考古是一种令人羡慕的生活方式
——汤惠生老师的考古随笔印象

徐　峰

2023年11月，收到汤惠生老师新著两种：《石头的记述：寻访史前岩画随笔》与《观念的叙述：考古学的认知与散记》。虽说汤老师近年在他的个人公众号"惠生盘古"刊载随笔游记不断，我都曾在第一时间拜读过这些妙笔生花的文字。但是待其采撷精华，重新编排配图成书后，又另有一番新鲜感。岁月不居，距离他上一部出版的考古随笔《考古三峡》，已是十八年相隔了。

记忆不禁回到二十多年前，彼时我还是一名在南京师范大学文博系就读的学生。在一次栖霞山户外摄影实践中，我第一次见到刚刚调至南师大的汤老师，他和系里的刘远修老师站在一起，高个、皮肤黝黑。我对汤的第一印象是：不像江苏这边的人。在随后他给学生上课，与之有进一步的交流，尤其是他带我们在三峡田野实习后，学生们对汤的印象出现了一些标签：charming、英文好、博学、很man。一直到今天，这些印记仍然牢固地与汤老师连在一起。

从2004年开始，我跟随汤老师攻读硕士学位，读他发表过的各类文字。我想从那时候起，我就意识到汤老师是坚持两支笔写作的学者。一支笔写学术性论文，另一支笔写随笔散记。常年用两支笔写作的人多少会兼容学术的严谨枯燥和随笔的轻松趣味。汤老师的文字很好地融合了这两点。

在他的第一本随笔《经历原始：青海游牧地区文化调查随笔》中，除了调查记录岩画外，会时不时穿插西部旷野的风景、风物、趣闻以及相应的人生感悟。由于文字引人入胜，所以他的随笔往往很快就能翻完，用今天评价电影的话说：全程无尿点。

在调查野牛沟岩画时，他写道：

> 开始时的浪漫与新奇经过一天的马背摇晃后，全部散落在戈壁滩中，剩下的只有疲惫和困倦。为了避免白天戈壁的灼热，我们连夜赶路。时值农历十五，黄色的圆月像灯笼一样低低地垂在天边，我们骑在马上的影子照出足有一里长。晚上的戈壁安静得像坟墓一样，偶有被马蹄声惊破梦境的小动物陡然间从马蹄下窜出，为我们驱走不少睡意。

能够骑着马在戈壁滩夜行，这种经历本就非常人所有，心情肯定兴奋，当这种心情遇上擅长文字表达者，只需对自然景象做些实际的刻画，再添些艺术和心理的建设，一段不俗的描写便水到渠成。

在卢山调查时，他又展示了一段捕鱼的乐趣：

> 当天晚上我们露宿在卢山脚下。江河清澈见底，一群群湟鱼来回穿梭，每条都有尺余长。没带渔具，我们撕开衬衣，然后在上面戳几个小眼，硬是用这种原始的"渔网"捕了十余条。除了盐没有任何佐料，不过如此鲜嫩的鱼也用不着佐料。有鱼无酒，只好就着岩画，品尝着历史的味道。

这段描写充满了画面感，会让我联想到美国导演罗伯特·雷德福拍过的《大河恋》，男主角是大帅哥布拉德·皮特。他扮演桀骜不羁的小伙，在蒙大拿西部的河流里钓鳟鱼。影片充满诗意，仿佛一幅优美动人的印象派油画。

正如汤老师给他的"惠生盘古"公众号写的介绍：讲考古、做田野、摩岩画。岩画研究是他的主攻领域，但同时他也是一名田野考古学家，他曾用二元对立思维来分析青海岩画，以至于有一次碰到一位同行，误以为他是搞哲学的。实际上他是西北大学正宗考古学专业出身。搞岩画是向上攀爬，做考古则是向下深挖，共同点则是四处奔波。奔波是田野考古人的典型生活方式。傅斯年曾说："如不去动手动脚的干——我是说发掘和旅行——他不能救他自己的命。"此语说得有些严重，但是我想对于汤老师这样的考古人而言，没有发掘和旅行，那该多么无趣。

从20世纪90年代末到21世纪前十年，汤老师参加了峡江地区文物保护工作，从西北跑到了西南。

长江三峡，诗歌长廊之地。景致氤氲湿润、氛围空蒙迷离。如此环境，怎能不激发人的文学表达。三峡文物保护的那些年里，曾经诞生过不少与三峡有关的诗歌、游记和电影作品。没有公开发表的，就更不知凡几。

在这些与三峡有关的考古随笔中，汤老师的《考古三峡》无疑是其中格外突出的一本。《经历原始》中的文笔延续到了《考古三峡》中,他将考古、诗词歌赋、俗事、民生融冶于一炉,读来饶有趣味。这本书原名《烟雨三峡》,汤老师告诉我,他在工地只花了一个月就写好了,当时我就震惊了。笔力和文思,真如该书首页形容滔滔江水的"银河落九天的气势和一泄如注的暴力"。书中文字先是在文物报连载,为出版社见到,赞之,遂支持出版,为了突出"三峡考古"这个主题,改为《考古三峡》,但是这么一改,个性和灵气就被削弱了。汤老师提到此事,难掩遗憾。

也是在这一部考古随笔中,我见识到汤老师挺拔魁梧的身躯下其实有一颗敏感、细腻的文心。多少年以后,我对汤老师的家事有了更多的了解。其祖汤增璧,1904年以官费留学日本,追随孙中山、黄兴加入同盟会,人民报社助章太炎编民报,任副主编。撰述文词,鼓吹革命。汤增璧擅诗。少壮之时,意气豪横,出语雄浑,"塞上秋风悲战马,神州落日泣哀鸿"。晚年心境颓唐,则有"怅望紫金山下路"句。其父汤钟琰,1936～1940年就读北师大,曾获新月派诗人饶孟侃亲炙。钟琰教授对唐代诗人李贺与李商隐情有独钟,曾与汤老师言:"长吉奇诡,义山旖靡"。而汤增璧曾为《滇粹》作序,也曾谈及李商隐,文有"黯没于蛮烟瘴雨中"一句,意境悲愁。不得不说,诗心和文心,在血脉中是可以遗传的。汤老师在他的随笔中一直有赋诗、引诗的传统,自应在这种传承中来体会,我看他近年的文字,这种叙事技巧更加明显和娴熟。

《经历原始》和《考古三峡》的风格在随后的田野岁月中如水流淌。每至一地,常有随笔,或长或短,六十以后,文字愈发轻松诙谐,偶尔扮演"段皇爷",色而不淫。关系相近的读者一读,哈哈一笑。在这些随笔中,汤老师的足迹遍布世界,奔波得更远了。不,用奔波来形容把这活说得辛苦了。实际上,我看他是乐此不疲。跑着跑着,论文写了,风景赏了,美食尝了,美女也打量了。然后他又贼勤奋,别人下车撒尿、上车睡觉,他则利用这段时间码字,关键还是在手机上码的,近七十的人了,发不白、眼不花,你说气人不气人。他姓汤,被称为"靓汤"的 Tom Cruise 也姓汤。我开玩笑说,他们都活成了 mission impossible 的样子。

翻阅《石头的记述》和《观念的叙述》,我数了数,跑过的地方,仍以边陲之地为主。汤老师在给同为岩画研究者的杨惠玲写的序言中,第一句即出手不凡:"西北地区自古为边陲之地,戎狄荒服,'怅乔木荒凉,都是残照'"!汤其实祖籍江西萍乡,地道的南人,然而文化却将之熏陶塑造成了西北人。他爱西北,在"孔雀东南飞"的大潮中,他把家安在了六朝金粉之地,然而他的心灵却常常游弋在雪域高原和异域的历史中。

在扎西半岛岩画考察中,他借景抒心:

> 山上的喇嘛寺院、飘扬在风中的经幡、过山口时撒向空中的弄他(风马旗)、

扔向峭壁的哈达、飞在天上的鹰鹫、凿刻在岩石上的凹穴、绘制在崖壁上的天梯……这一切都是引领人们的精神通往高处进入天堂的媒介与象征。向上，通往高处，不仅是宗教的旨归，也是我们精神文明的归宿。

最近几年，汤老师的随笔文字中，最引人注目的是他对南亚次大陆古代文明的素描。他开始了"异域的讲述"。《十日谈：印度岩画与宗教文物纪行》《新西游记：巴基斯坦访古》可以视为中国考古学"走出去"时代背景下一名考古学者以外来眼光观察文化上的"他者"。这两篇散记写得可谓繁复、眼花缭乱，神庙、岩画、各式各样的印度人名地名、美食、美人等，被汤老师的妙笔炮制成了一块"至尊披萨（Supreme Pizza）"。

汤老师曾说："考古是一种生活方式。"我一直觉得他这句话没有说清楚。什么不是一种生活方式。看了他的随笔散记后，我认为他想说的是，讲考古、摩岩画、盘古侃天、惠生惠色，是他为之得意、令人羡慕的生活方式。

快乐的"舞铲阶级"
——三峡考古往事

董 磊

前些日子,徐峰找到我说,你大学里不是就喜欢舞文弄墨吗,汤老师马上七十大寿了,我们也快毕业20周年了,你就写一篇和汤老师相关的学习、生活的文章送给他吧。

汤惠生老师,是给我们南师大文博系第一届学生授过课的老师,汤老师给我们上课、聊天,带着我们去三峡考古工地实习了2个月,同吃同住,每天一起在考古现场挖土晒太阳。

那时候的汤老师是我们这群乳臭未干小男生的人生梦想:你们想一想,一个身材高挑,潇洒有型,英文贼流利的帅大叔,给你们授课的时候时不时讲到他在意大利研究岩画的那些岁月,那是多么令20年前那群小男生羡慕嫉妒的场景。因此当时班上的男生群体里就有"我也希望将来到汤老师这个年纪我也能这么男性魅力爆棚"的梦想。如今20多年过去了,我们也快到汤老师当年的年纪了,但是班上的男生,肥得肥,秃得秃,大家总归还是没能实现当年的梦想,可见汤老师果然是难以超越的。

作为创系第一届,我们班是南师大文博系真正意义上的大师兄、大师姐。汤老师在2001年从青海考古所调至我们系任教,并于次年与张进老师一起带队,带领我们全班同学奔赴重庆万州,参加长江三峡库区文物保护的抢救性发掘。当时全国的考古队会战三峡库区,因为一旦三峡蓄水后水平面上升,很多遗址就被淹没到水下,这也是为什么我们这些刚学了一年专业知识皮毛的菜鸟们有机会去参与实地发掘的根本原因。

2002年9月大二上学期开学后,我们全班即乘船沿江而上,从南京去往重庆。我在船上第一天开始写日记,给自己的日记定名为《快乐的舞铲阶级——我的三峡考古纪行》,到深秋乘船返回南京,两个多月的时间,一共写了50多篇日记,回到南京后陆续发布在了"西祠胡同"论坛。多年之后,日记本早已不见,西祠胡同也破产倒闭,当年的那些日记,只言片语都没有留下，只依稀记得一些片段。

万万没想到，如今却可以将这个标题拿来作为回忆和汤老师在一起考古实习生活的主题，也算是将这丢失文稿的遗憾弥补上了些许。

去程的船上并没有什么特别印象深刻的记忆，那是我们集体第一次坐3天2夜的船去往千里之外的远方，船上无非和老师还有同学们聊天、打牌，以及在甲板上躺着晒太阳。反倒是回程发生了惊心动魄的事情：船快到汉口的时候，我上铺因为三峡漂流受了风寒，在船上吐血不止，当时只有张进老师带着我们29个学生，他不可能带人下船就医而放着28个学生自己坐船回南京解散，更不可能29个学生集体在武汉下船等待。因此便由我带着上铺在汉口港下船到武汉市急诊打点滴，其余同学和老师按照原计划继续回宁。上铺的同学在下船次日傍晚病情稍稳定后，我们二人乘船回宁。自此以后，上铺经常向朋友谈及我曾救他狗命，说的就是这事，不过这都是这趟考古实习的后话了。

此次行程第一个让我记忆深刻的，要属万县（今万州区）码头那高斜的台阶和精壮的棒棒们。晚上在县城宾馆住宿一晚，次日一早去往万州胡家坝，开始为期近2个月的考古实地发掘。当年拍摄了大量实习照片，这些照片辗转跟在我的电脑硬盘和移动硬盘里20多年，留下了美好的回忆。

图一　田野教学

当时我们在考古工地的课程分为两种,一种是老师在驻地讲课,另外一种是在考古探方里现场教学,汤老师这方面经验丰富,在进入我们系之前在青海省考古所干了近二十年田野考古。而且当时还会请一些西南地区知名的学者专家到驻地来给我们授课,这是待在校园里很难获得的学习方式。比如瓷器研究大家陈丽琼先生就从重庆远道而来给我们上了一星期的课。

当年驻地的生活异常艰苦,现在的学生也许不一定能想象。生活无非吃住行,最多加个乐,对不对?

吃上面,由于西南湿气重,每顿饭里菜和汤必有花椒,基本上只要你不小心咬到一颗花椒,那恭喜你,今天这顿饭就一个味道了,因为你的味蕾已经短时间内阵亡了。桌子是没有的,凳子也不够人手一把,所以吃饭时是这样的:

图二 坐在地上吃饭

最右边的人就是汤老师,我们每人一个搪瓷碗装饭,一个搪瓷盆装菜,饭吃完再去打汤。菜一般是一荤一素,任何汤里都肯定有花椒,而且工地的民工告诉我们,这伙食已经很好了。

住方面,都是临时租的民房,根据房间大小、能放下的床位来安排几个人一间,铺的都是干稻草。西南民居前必有猪圈,猪圈前是厕所,厕所有个小门,在我们去了之后门上开始挂牌子,正面"有人",反面"无人",有时候风吹牌子翻个个儿,就会出现有人在门口等很久大声问"请问谁在里面拉了这么久啊"的情况。最搞笑的是,当你蹲了一会儿的时候,没准你回头一看,会发现猪趴在后面正盯着你近在咫尺的屁股哼哼唧唧。

行,完全靠走。你还想靠什么?给你辆心爱的小摩托你倒是在山地里开给我们看看啊。九十月重庆什么天气大家都知道,白天工地上晒一身汗,想要洗澡?热水澡?做梦吧!那年代万州山里自来水都不通,吃水全靠桶挑,所以每天每2个女生可以有一热水瓶热水擦洗身体,男生则除了喝一口热水之外什么都没有,每天想洗澡就一个方式:走!走路的走!走3里山路下山去江边的小池塘里洗澡,洗完澡爬3里山路回到营地,基本上又是一身臭汗。而且池塘里蚂蟥众多,我就被咬过不止一次。

再来说乐,也就是娱乐,除了聊天打牌就是出去野。信号那是一点都没有的,手机也毫无用处,报纸杂志也是想都别想,唯一一台老师的笔记本电脑是不可能给你玩CS的。至于出去野能野到什么程度?有一次在驻地后面的山涧里玩水,好不乐乎!

再说一些三峡生活其他趣事吧。这就又要提到"行",出行的行。我们大概半个月可以去江对面镇上逍遥半天,基本上就是上午过江、中午搓一顿馆子、下午租个招待所房间给所有同学排队洗热水澡,洗澡时各自自由行动采购些需要的物资,傍晚前集体坐船回到驻地。

渡江的船是铁皮船,第一次乘船有些害怕,乘过两次也就习惯了。有时候遇到赶集,船舱里就会挤着鸡鸭鹅、羊、兔子,甚至是牛。

图三　渡船过江

当年如果逛过中国十线小县城的小卖部，就会发现，什么假货都有，我们当初就买到过很多。比如：

康帅傅方便面，包装一模一样，但师傅少了一横。

雕娃超能皂，雕字巨大，你仔细看才发现后面还有个娃字，再仔细一看人家包装细节也很到位，在那个展翅飞翔的大雕脖子上确实趴着个小娃娃，虽然基本被羽毛盖住了。

"雲碧"，不仔细看根本看不出来居然不是雪碧。

治治瓜子，嘿嘿，你以为是恰恰瓜子吗？不可能的！绝对不可能！

你以为我在跟你们讲故事！这可真的都是当年的生活。

所幸镇上有一家邮政超市，东西质量都没问题，当年我们班每次去镇上洗澡，基本上都会把那间极小极小的超市的两排货架上的零食、饮料、日用品给搬空。

那一年的中秋节是在驻地过的，这大概是我第一次中秋节不和家人一起过。最记得当时特地做了8菜1汤，汤是酸汤鱼，菜基本都是凉菜，但是以荤菜为主。那场面真的是风卷残云，大家只顾着咽顾不上嚼，20岁的小伙子多能吃啊。所幸我们班18个女生11个男生，这要是反过来男生多女生少，还真是不够吃。

那一年我印象最深刻的就是43度的诗仙太白酒，老师们搞了几箱，大家敞开了喝，一个个喝得面红耳赤跟老师称兄道弟。我因为不喝白酒，这一生到现在为止加起来喝了不超过一斤白酒，那一晚占了7两。

万州的大山里和江边也有不少先民留下的古迹，有时候路过了，汤老师会给我们讲，尤其是岩画、石刻，是他的专长。我最记得有一次汤老师指着崖壁上的射箭小人问我们知道不知道这代表什么寓意，我们猜是狩猎或者战争，汤老师说：不不不，这里的射箭的方向上并没有猎物或者对面而立的战士，那说明不是战争和狩猎行为。你们再看看，这个蜿蜒的刻痕是什么？这是河流，确切地说这就代表长江。先民们这些岩刻的寓意是希望把自己的子孙后代像拉弓射出的箭矢一般，远远地繁衍出去、扩散出去，将血脉开拓到更下游，去更遥远的地方开枝散叶。

在考古驻地还有一件必做的事儿就是去其他考古队工地拜(pin)访(jiu)。因为全国考古队会战三峡库区，大家的发掘地点基本上都不太远，而各个考古队之间本身都挺熟悉，所以互相串门就很正常。

那会儿各个考古队驻地全是爷们，女性仅限做饭的大妈和挖土的当地村妇，哪里听说过一个驻地近20个20岁江南姑娘这种好事？所以周围的考古队都很热情地联系汤老师：老汤哎，你来哎，这么多年没见，过来喝酒哎。来嘛来嘛，我们有酒有菜，就等你哎！

所以那会儿出去拜(pin)访(jiu)过一两次，汤老师带了10个学生，6女4男，唯一的要求就是：能喝！因为我们是去挣我们系面子的。喝完酒桌上对方大凡有一个说话还利索

图四　汤老师讲解石刻

的,都说明我们这次拜(pin)访(jiu)不成功。

为期2个月的万州胡家坝考古实习,我们在汤老师、张进老师的指导和带领下,一共发掘了2片墓葬群,其中1片是西汉时期,另一片是宋代。西汉墓葬群最大的M1号墓刚好就是我所在的小组发掘的,这座墓是此次发掘中人骨唯一完好的,同时也是唯一出土了一口铁釜的墓葬。可见这座墓的主人在生前也是个大户人家的"老太君"。

为什么说她是老太君呢?因为从盆骨判断是女性,从牙齿的磨损程度判断是50多岁,50多岁在当时绝对是高寿。最离谱的是,老太君尸骨长度为176厘米,比我还高。

以上就是我们这一届学生和汤老师在三峡考古工地2个月的一些回忆,篇幅所限只能根据有汤老师在镜的照片进行了一些拓展,只言片语道不完那段岁月的感受和受益,尤其是几位老师的谆谆教诲和爱护:带着30个年轻人在千里之外,不仅要管我们的学习,还要管我们的生活起居,生病不适,乃至心理压力。为师为父,一样不落。

由于年代久远又没有寻到日记,所以上面说的这些内容,其中一些时间、文字和专业性方面的描述,难免有一些偏差和谬误,如果您看到了还请见谅。

董磊,南京师范大学文博系2000级本科生。

附录：汤惠生教授著述目录（按年代排列）

一、英文文章

1. A Study of Petroglyphs in Qinghai Province, China. *Rock Art Research*, 1989: 2.

2. Qinghai Petroglyphs. *International Newsletter on Rock Art*, 1992, Vol.6.

3. Theory and Methods in Chinese Rock Art. *Rock Art Research*, 1993: 2.

4. An Analysis of Archetypal Elements in Qinghai Petroglyphs. *Rock Art Quarterly*, 1993, Vol.3.

5. The Management and Conversation of Chinese Rock Art. *Newsletter of Australian Rock Art Research Association,* 1993: 1.

6. Chinese Pictographic Characters and Rock Art. *International Newsletter on Rock Art*, 1995, Vol.11.

7. Lithic Tool Industries and the Earliest Occupation of the Qinghai-Tibetan Plateau. *The Artefact: Pacific Rim Archaeology*, 1995, Vol.18.

8. Dualistic cultural Concepts in Primitive Art. *International Newsletter on Rock Art*, 1997, Vol.18.

9. Dating analysis of rock art in the Qinghai-Tibetan Plateau. L'art Avant L'histoire: la conservation de l'art préhistorique, pp.73 ~ 84. SFIIC, Champs-sur-marne, Paris.

10. Opposition and unity: A study of Shamanistic dualism in prehistoric art. *Bollettino del Centro Camuno di Studi Preistorici,* 2001 ~ 2002(33).

11. Dating analysis of rock art in the Qinghai-Tibetan Plateau. *Rock Art Research,* 2004: (21)2.

12. Searching for the Earliest Art of China: An Evaluation and Confirmation of the Palaeolithic Rock Art in China. *Art* 2004(441): 9.

13. Shamanistic dualism in Tibetan and Chinese pre-Historic art. *Rock Art Research*, 2006: (23)2.

14. A New Discovery of Rock Art and Megalithic Sites from the Central Plain of China, *Rock Art Research*, 2012: (28)2.

15. Preliminary report of the 2014 rock art dating expedition of China, *Purakala,* Vol. 2014(24).

16. Direct Dating of Rock Art in China, *Purakala,* 2015(25).

17. Microerosion dating of Xianju petroglyphs, Zhejiang Province, China, *Rock Art Research*, 2016: (33)1.

18. Naturalistic animals and hand stencils in the rock art of Xinjiang Uyghur Autonomous Region, northwest China, *Rock Art Research,* 2016: (33)1.

19. The earliest known logboats of Chian, *The International Journal of Nautical Archaeology* 2016(45)2.

20. The 2014 Microerosion Dating Project in China, *Rock Art Research*, 2017: (34)1.

21. The 2015 rock art missions in China, *Rock Art Research*, 2018: (35)1.

22. Discovery of new type of cave rock paintings in Guangxi Zhuang Autonomous Region, China. *Rock Art Research* , 2020(37)1.

23. The 2017 rock art mission in Hubei Province, China. *Rock Art Research,* 2020(37)1.

24. Rock art of Heilongjiang Province, China. *Journal of Archaeological Science: Reports*, 2020(31).

25. Rock art dating by 230Th/234U analysis: an appraisal of Chinese case studies. *Archaeological and Anthropological Sciences*, 2020 (13).

26. Interpretation of Rock Paintings: Praying for Rain in the Ming , from the Fen Jingzi Rock Art Site, Gong County, Sichuan Province, China. *Expression*, 2022(37).

27. Discovery of a new genre of rock paintings at Luobiao town, Sichuan Province, *Rock Art Research* 2023(43)1.

28. Survey and dating of the Baiyunwan rock art in the Jinshajiang River, China. *Rock Art Research* 2025(42)1.

29. Robert G. Bednarik's contribution to the dating of Chinese rock art, In Giriraj Kumar (*ed.*) *Study of Palaeoart of the World: A Quest for Understanding the Evolution of Human Constructs of Reality*, pp.49～58. New Delhi (INDIA): Pathak Publisher and Distributors.

二、中文文章

1. 关于侯国柱先生捐献敦煌经卷一事答读者问,《青海日报》1983年11月14日。

2. 影片《人生》的美学断想,《青海日报》1984年10月7日第4版。

3. 青灯梵音中的昙花梦——塔尔寺灯节一瞥,《青海日报》1986年3月24日。

4. 雪豹之死,《青海日报》1987年1月18日第3版。

5. 红高粱赞,《青海日报》1988年4月21日第4版。

6. 历史人格的审视——评王文泸的短篇新作《枪手》,《青海日报》1988年7月10日第4版。

7. 秋风逍遥,《青海日报》1988年11月27日第4版。

8. 青海卢山、野牛沟、怀头他拉、舍布齐岩画调查及研究,《青海文物》1989年总第2期。

9. 密宗"欢喜佛"考,《宗教学研究》1990年第1～2期。

10. 青海动物岩画和吐蕃苯教崇拜及仪轨,《文艺理论研究》1991年第1期。

11. 藏族文化系列谈(1～6),《群文天地》1991～1995年连载。

12. 藏族巨石文化论,《江河源文化研究》1992年第2期。

13. 藏传佛教寺院艺术,《中国藏学》1993年第2期。

14. 图腾制理论之检讨,《青海文物》1994年总第8～9期。

15. 试论青海岩画中的几种动物形象,《西藏考古》第一辑,四川大学出版社,1994年。

16. 图腾制与人类历史的起点,《中国历史博物馆馆刊》1995年第1期。

17. 藏族饰珠"Gzi"考略,《中国藏学》1995年第2期。

18. 北方游牧民族萨满教中的火、火神、太阳及光明崇拜,《青海社会科学》1995年第2期。

19. 青藏高原岩画年代分析,《青海社会科学》1996年第1期。

20. 神话中昆仑山之考述,《中国社会科学》1996年第5期。

21. 萨满教二元对立思维及其文化观念,《东南文化》1996年第4期。

22. 青藏高原的岩画与苯教,《中国藏学》1996年第2期。

23. 萨满教与岩画的比较研究,《泾渭稽古》1996年第4期。

24. 原始艺术中的"蹲踞式人形"研究,《中国历史博物馆馆刊》1996年第1期。

25. 关于萨满教和萨满教研究的思考,《青海社会科学》1997年第1期。

26. 青海玉树地区吐蕃早期佛教摩崖考述,《中国藏学》1998年第1期。

27. 岩画的直接断代——兼论青海岩画的微腐蚀断代,《远望集——陕西考古研究所华诞四十周年纪念文集》，陕西人民美术出版社，1998年。

28. 略论青藏高原的旧石器和细石器，《考古》1999年第5期。

29. 连臂舞的人类学考察，《青海考古五十年论文集》，青海人民出版社，1999年。

30. 宗日彩陶舞蹈纹释义，《宗日遗址：文物精粹及论述选集》，四川科学技术出版社，1999。

31. 岩画学的解释理论，《岩画》第2辑，知识出版社，2000年。

32. 二元对立与史前考古——人面像、兽搏图、饕餮等原始考古形象的解释，《考古》2001年第5期。

33. 死亡与再生——藏族断身和天葬仪轨源流考，《中国藏学》2001年第1期。

34. 经历原始——青海岩画调查记，《民族艺术》2001年第3期。

35. 青海史前彩陶纹饰的文化解读，《民族艺术》2002年第2期。

36. 岩画的断代技术与手段，《南京师范大学学报》2002年第6期。

37. 水洞沟与莫斯特：旧石器晚期的中国与西方，《中国文物报》2003年12月19日第7版。

38. 略说青海都兰出土的吐蕃石狮，《考古》2003年第12期。

39. 万州大地嘴发掘简报，《重庆库区考古报告集（1999卷）》，科学出版社，2003年。

40. 青海大通田家沟齐家文化遗址出土石器研究，《史前研究（2000年卷）》，陕西人民出版社，2004年。

41. 凹穴岩画的分期与断代，《考古与文物》2004年第6期。

42. 脚印岩画与"大人迹"，《民族艺术》2004年第4期。

43. 寻找中国最早的美术——旧石器时代岩画的确认与重估，《美术》2004年第9期。

44. 旧石器时代石斧的认知考古学研究，《东南文化》2004年第6期。

45. 岩画断代技术、方法及其应用，《文物科技研究（第二辑）》，科学出版社，2004年。

46. 昆仑山之神话考述，《山岳与象征》，商务印书馆，2004年。

47. 重庆市万州胡家坝汉魏墓葬发掘报告，《东亚古物（A卷）》，文物出版社，2004年。

48. 西藏打制石器的新材料，《第九届中国古脊椎动物学学术年会论文集》，海洋出版社，2004年。

49. 痛苦的欢乐：俞伟超先生逝世周年祭，《中国文物报》2004年12月31日第4版。

50. 古代文化中的碎颅与开颅，《民族艺术》2005年第3期。

51. 条析与整合——读水涛的《西北地区青铜时代考古论集》，《考古与文物》2005年第1期。

52. 考古的延伸——读蒙和平的"消失的三峡古镇"，《中国文物报》2005年8月31日第4版。

53. 史前石斧概论,《艺术史研究》7,中山大学出版社,2005年。

54. 太阳崇拜与萨满教宇宙观,《中国文物报》2005年8月10日第8版。

55. 关于宁夏大麦地岩画新闻报道的几点看法,《中国文物报》2005年11月25日第7版。

56. 烟雨三峡:夜发清溪向三峡,《中国文物报》2005年1月4日。

57. 烟雨三峡:初识万州,《中国文物报》2005年1月8日。

58. 烟雨三峡:陈家坝,《中国文物报》2005年1月10日。

59. 烟雨三峡:搬家,搬家,再搬家,《中国文物报》2005年1月14日。

60. 烟雨三峡:汉墓与宋城,《中国文物报》2005年1月20日。

61. 烟雨三峡:汉墓与宋城,《中国文物报》2005年1月26日。

62. 烟雨三峡:大地嘴的日子,《中国文物报》2005年1月28日。

63. 烟雨三峡:技工与民工,《中国文物报》2005年2月1日。

64. 烟雨三峡:武陵镇,《中国文物报》2005年2月4日。

65. 烟雨三峡:远古三峡,《中国文物报》2005年2月18日。

66. 烟雨三峡:三峡的巴文化,《中国文物报》2005年2月25日。

67. 烟雨三峡:汉墓与汉赋,《中国文物报》2005年2月27日。

68. 大麦地岩画的时代及相关问题,《岩画研究(2005)》,宁夏岩画研究院,2006年。

69. 三峡枝枝膀旧石器与Clark技术模式,《旧石器时代论集》,文物出版社,2006年。

70. 水洞沟与莫斯特,《旧石器时代论集》,文物出版社,2006年。

71. 峡江,见证七次大规模移民,《中国三峡建设》2006年第2期。

72. 万州大地嘴墓地发掘报告,《重庆库区考古报告集(1999卷)》,科学出版社,2006年。

73. 考古类型学的诞生与发展,《文博》2006年第4期。

74. 中国考古类型学的形成与发展,《文博》2006年第5期。

75. 美国北卡大学图书馆印象,《中国文物报》2006年9月14日。

76. 建立新型的高校文博专业实习教学模式,《中国高教研究》2006年第7期。

77. 关于宁夏大麦地岩画新闻报道的几点看法,《中国书画》2006年第3期。

78. 考古类型学方法论的学术检讨,《文博》2006年第6期;《中国社会科学文摘》2007年第2期转载。

79. 类型学的类型,《东亚古物》(B卷),文物出版社,2007年。

80. 将军崖史前岩画遗址的断代及相关问题的讨论,《东南文化》2008年第2期;《中国社会科学文摘》2008年第10期转载。

81. 考古类型学方法论的检讨,《俞伟超先生纪念文集·学术卷》,文物出版社,2009年。

82. 何以人面像,《岩画世界》2009年第1期。

83. 哈里斯矩阵:考古学地层观念的革命,《南京博物院集刊(11)》,南京博物院,2010年。

84. 汉代的器用与仙道,《艺术与科学》2010年第10期。

85. 青藏高原旧石器若干问题的讨论,《青海民族大学学报(社科版)》2010年第1期。

86. 中国岩画的保护,《中国教育报》2010年2月26日。

87. 中原地区的岩画与巨石遗迹,《中国文物报》2011年2月18日第7版。

88. 青藏高原史前的广谱革命,《青海民族大学学报(社科版)》2011年第1期。

89. 青藏高原史前考古学文化及其经济与社会,《考古学报》2011年第4期。

90. 玦、阙、凹穴以及蹄印岩画,《民族艺术》2011年第3期。

91. 四川汉源县背后山遗址发掘简报,《四川文物》2011年第6期。

92. "环之不周"与史前通天,《(第二届)萨满文化论坛文集》,吉林人民出版社,2011年。

93. 读《人间草木》:思考死亡,是为了活得高贵,《中国青年报》2011年6月14日。

94. 西藏青铜时代畜牧和游牧社会相关问题讨论,《清华大学学报(社科版)》2012第1期。

95. 对中原岩画还无法科学断代,《中国社会科学报》2012年5月7日第6版。

96. 中原地区的岩画与巨石遗迹,《岩画研究》(2007～2011),宁夏人民出版社,2012年。

97. 风动石:谁在大地上留下如此众多的壮观遗迹,《国家地理》2012年第8期。

98. 通往高处——张文华《高原系列》印象,《中国艺术报》2012年8月1日。

99. 中原地区的岩画与巨石遗迹,《考古与文物》2012年第6期。

100. 我是谁?我从哪儿来?——关于青藏高原史前的公共考古学,《青海湖》2012年第25期。

101. 高原考古学:青藏地区的史前研究,《中国藏学》2012年第3期。

102.《海西岩画》序,《西海都市报》2012年11月15日第D31版。

103. 青海昆仑山山口发现的细石器考古新材料,《科学通报》2013年第58卷第3期。

104. 依自不依他——汤增璧早期革命思想初识,《南京师范大学学报(社科版)》2013年第4期。

105. 哈里斯矩阵:考古地层学理论的新进展,《考古》2013年第3期。

106. 青藏高原青铜时代的酋邦社会结构与生活方式,《青海民族大学学报(社科版)》2013年第3期。

107. 具茨山岩画:中华文明可考的源头,《光明日报》2014年1月22日"国学特刊"。

108. 建立岩画学科的研究范式,《岩画学论丛》第1辑,中央民族大学出版社,2014。

109. 中国岩画研究的世纪回顾,《岩画研究(2014)》,宁夏人民出版社,2014年。

110. 四川高县罗场的岩画、崖墓及相关问题,《岩画学论丛》第1辑,中央民族大学出版社,2014。

111. 思想的形状——林逸鹏"云南印象"之印象,《明日风尚》(Chinese Art)2014年第24期。

112. 岩画学科的研究范式及相关问题,《南方文物》2014年第4期。

113. 再论卡若、曲贡等西藏史前遗址的相关问题,《藏学研究》2014年第10辑。

114. "养士"与"养宗亲"——对两汉官僚士大夫分俸对象的类型化分析,《历史教学》2014年3月下。

115. 从《临泽晋简》再看西晋"占田课田制"研究中的几个问题,《史学月刊》2014年第11期。

116. 十日谈:印度岩画与宗教文物纪行,《大众考古》2015年第2～4期(连载)。

117. "干禄不为贪"——对两汉士大夫官僚食禄心态与取向的宏观考察,《北京社会科学》2015年第5期。

118. "牧牛"宝顶山,《中国国家历史》2015年第3期。

119. 从实证到验证——《跨湖桥文化研究》读后,《考古》2016年第9期。

120. 夏鼐、苏秉琦考古学不同取向辨析,《中国社会科学》2017年第6期。

121. 2014年中国岩画微腐蚀测年报告,《岩画研究(2019)》,宁夏人民出版社,2019年。

122. 探寻人类精神文明起源,《中国社会科学报》2020年12月28日"史学纵横"。

123. 左江岩画年代与分期的几个问题,《中蒙俄联合岩画科考与论坛论文集(2015-2017)》,中国言实出版社,2020年。

124. 新疆阿尔泰地区彩绘岩画的时代问题,《中蒙俄联合岩画科考与论坛论文集(2015-2017)》,中国言实出版社,2020年。

125. 中国凹穴和人面像岩画的微腐蚀测年,《中蒙俄联合岩画科考与论坛论文集(2015-2017)》,中国言实出版社,2020年。

126. 中国马克思主义考古学派与类型学,《中国社会科学》2021年第9期。

127. 中国马克思主义考古学派与类型学,《中国社会科学文摘》2021年第12期。

128. 夏鼐:读书人生 马列信念,《中国社会科学报》2021年11月9日。

129. 寻找人类精神文明的起源,《新华文摘》2021年第5期。

130. 西藏邱桑手脚印遗迹及相关问题,《河北师范大学学报(哲学社会科学版)》2022年5期。

131. 青海省乐都北山石窟初探,《青海文物考古研究》,科学出版社,2022年。

132. 乐都北山石窟的功能、性质及相关问题,《青海文物考古研究》,科学出版社,2022年。

133. 文物上的鱼鸟图,《三江源生态》2022年第3期。

134. 2015年中国岩画之行,*Journal of Rock Art*, 2022(1)。

135. 危乎高哉 雷神安在？——花山岩画的多学科考察,《中国社会科学学报》2022年12月22日。

136. 从那羊山岩画看古代雷神祭祀仪式,《中国非物质文化遗产》2023年第2期。

137. 史前黄河流域与印度河流域的文化互动,《丝绸之路考古》第8辑,科学出版社,2023年。

138. 牛儿还在山坡吃草——江津灰千岩岩画的断代与识读,《大众考古》2023年第6期。

139. 左图右史·岩画百年,《石渠岩画》,四川人民出版社,2023年。

140. 有点特别,有点有趣——美国考古学教授肯诺耶印象记,《中国社会科学学报》2024年1月12日"语丝"版。

141. 行荒野,住古庙,食野果,访岩画——陈晓明和他的《寻访浙江岩画》,《中华读书报》2024年2月28日"国学"版。

142. 寻找金沙江彩绘岩画之旅,《人民日报》2024年1月20日"文化遗产"版。

143. 拉日玛鲸背石岩画,神启下的震撼,《中华读书报》2024年4月3日"文化周刊"版。

144. 史前考古学文化的演变与嬗变——以青海宗日遗址为中心,《齐鲁学刊》2024年第3期。《考古学》(人大书报资料中心)2024年第4期全文转载。

145. 天人合一叙事方式中的中国古代政治生态学,《中华读书报》2024年5月8日。

146. 藏北环纳木错湖区岩画遗存的时代分析,《西藏大学学报(社会科学版)》2024年第2期。

147. 流不走的岁月——《宗日文化的内涵与时代价值》序,《中国文物报》2024年9月6日。

148. 青海乐都北山石窟调查简报,《考古与文物》2024年第10期。

149. 遥远的发掘：在印度河谷探寻哈拉帕文化,《大众考古》2024年第8期。

150. 沙发考古随笔之随笔,《中国文物报》2024年11月1日"图书专刊"版。

151. 史前声画：彩陶中的昆仑,《青海日报》2024年11月29日。

152. 神话历史与神话中国,《中华读书报》2024年11月27日。

153. 考古学的历史面相,《中国社会科学报》2025年2月5日。

154. 青海史前彩陶纹饰中的昆仑,《西域历史语言研究集刊》第23辑,科学出版社,2025年。

155. 作为亚洲腹地的西藏西部古代岩画,《西藏大学学报(社会科学版)》2025年第3期。

156. 雨中行板:赛宗寺朝山的歌,《青海湖》2025年第1期。

157. 雅鲁藏布江流域的史前考古手记,《青海文物》,科学出版社,2025年。

158. 西藏纳木错环湖岩画考察手记,《西藏纳木错环湖科学考察报告》,科学出版社,2025年。

159. 金沙江白云湾岩画的铀系与碳14测年,《多学科背景中的中国岩画研究范式讨论会论文集》,中国社会科学文献出版社,2025年。

三、著　作

1.《中国古代房中养生》,香港繁荣出版社,1992年;台湾美憬出版公司,1997年再版。

2.《青海岩画——史前艺术中二元对立思维及其观念的研究》,科学出版社,2001年。

3.《青藏高原古代文明》,三秦出版社,2003年。

4.《经历原始——青海游牧地区文物调查随笔》,广西人民出版社,2004年。

5.《东亚古物·A卷》(主编),文物出版社,2004年。

6.《考古三峡》,广西师范大学出版社,2005年。

7.《中国岩画全集·西部卷一·青海岩画艺术》(参编),辽宁美术出版社,2007年。

8. *Rock Art Glossary: a multilingual dictionary* (参编) Occasional AURA Publication 2010, Melbourne.

9.《中国民主革命的先驱汤增璧》(副主编),甘肃人民出版社,2011年。

10.《中国藏地考古》(10卷,副主编),天地出版社,2014年。

11. 张云、石硕、拉巴平措等编:《西藏通史·早期卷》第十二章,中国藏学出版社,2016年。

12. *Palaeoart and Materiality: The Scientific Study of Rock Art* (副主编), Archaeopress, Melbourne, 2016。

13.《石头的记述:寻访史前岩画随笔》,西北大学出版社,2023年。

14.《观念的叙述:考古学的认知与散记》,西北大学出版社,2023年。

15.《青藏高原考古笔记》,青海人民出版社,2024年。

16.《思想的形状》,中州古籍出版社,2024年。

17.《发掘哈拉帕》,陕西人民出版社,2024年。

18.《2019年广西崇左岩画调查与研究》,云南人民出版社,2025年。

19.《中国古代精神文明与史前岩画》,河南出版集团,2025年。

20.《异域访古记》,陕西人民出版社,2025年。

21.《多学科背景中的中国岩画研究范式讨论会论文集》(主编),中国社会科学文献出版社,2025年。

22.《广西左江岩画资料集成》(5卷,主编),广西科技出版社,2025～2027年。

编 后 记

人生在世，处于由各种缘构成的千丝万缕的社会关系中。父母子女缘、夫妻缘、朋友缘，还有师生缘。古话叫"天地君亲师"。其中师生缘是一种特殊的缘分，我认为它兼有三种缘：首先是老师和学生；其次，如果碰到老师年龄和自家父母相当，则又更具"师如父"之感；再次是朋友缘，即"亦师亦友"。

我们非常有幸与汤惠生老师有这么一份师生缘。惠生师是1955年生人，属羊，今年虚七十。按照中华传统，七十乃大贺之年，尽管惠生师完全不似七十模样，身板依旧挺拔。数十年不变的牛仔裤打扮，仿佛仍是昨日的精神小伙。

惠生师祖籍江西萍乡，生于重庆，长于青海乐都。恢复高考后，他考入西北大学历史系考古专业，1983年毕业后在青海省文物考古研究所从事田野考古19年。2001年9月11日调入南京师范大学社会发展学院，在文博系任教。他曾开玩笑说，2001年9月11日世界上发生了两件大事。一件是"9·11"事件，另一件是他到南师大报到。从这一年开始，汤老师开始了教书、授课、传艺、解惑、育人的生涯，迄今已23年矣！23年来，他在南京师范大学与河北师范大学（其于2015年自南师大退休，为河北师范大学所聘）共培养了40余名硕、博研究生，指导她（他）们在岩画研究、艺术考古、区域文明、美术史等多个领域进行了学术探索。这些学生毕业后大多数能在考古文博单位工作，并沿着各自的研究方向继续耕耘和进步，取得了不俗的成绩。

惠生师长期从事青藏高原古代文明、岩画和史前艺术、认知考古学、中西文化交流等研究，兴趣广泛、思维活跃。迄今发表论文200余篇，出版著作10余部，著作等身。尤其在岩画研究领域，取得的成绩最大。他的岩画调查与研究始于青海，随日月推移而遍及天下。在岩画研究领域，早年他借鉴西方理论或视角探索岩画艺术的思想价值。近年则提倡"岩画科学"范式，利用微腐蚀和铀系测年方法开展了系列岩画断代工作。从东北的大兴安岭到西南的金沙江；从黄海之滨连云港将军崖到雪域天湖纳木措，都留下了他矫健勤力的身影。现今，汤老师已经是当代中国岩画研究的领军者。

除岩画外，他长期深耕西北沃野，沉浸于青藏高原的石器、彩陶、佛教、萨满教等文化领域，阐幽发微，多有创获。这与他对西北深沉的爱是分不开的。他曾自比风筝，飞得再高再远，牵引风筝的线始终系于西北大地。值得一说的是，近年在中国考古走出去的时代背景下，惠生师又勇挑重担，率队奔赴巴基斯坦，探索哈拉帕文明，作西游记。诚可谓"老骥伏枥、志在千里"。这种勇于更乐于开拓的精神和毅力，令人佩服和羡慕。

此外，正如考古学界并且溢出考古界非常熟悉且是格外赞赏的一点，惠生师是撰写随笔散记这类文体的高手。他的《经历原始》《考古三峡》以及新近出版的《石头的记述》《观念的叙述》均属于灵思泉涌的作品，文字功力不逊于专业搞文学的，诗词歌赋信手拈来，文风继承了其先辈（汤增璧、汤钟琰）所一再强调和青睐的"烟士披里纯"（inspiration，今译"灵感"）风格。读来因此轻松幽默，毫不枯燥。他的师兄秦汉史大家王子今先生盛赞其文"清逸飘洒，自然从容"，是考古美学的文字表现。

我们也正是从惠生师用心着力的这些领域汇编了三十余篇文章，来庆贺他的七十华诞。贡献文章的作者主体是受其亲炙的硕士和博士研究生，同时还包括了在岩画和考古学领域与其交往共进的学术合作者，如澳大利亚的贝德纳里克先生、印度的库马尔先生、四川大学的李永宪先生，也有大学同学（如叶娃女士）等等。这些文章从各个方面反映了惠生师与其好友和弟子们在共同辛勤作业的领域所取得的成绩与深厚的情谊。

编者
2024年12月